유진오 헌법사상의 형성과 전개

유진오 헌법사상의 형성과 전개

이 영 록

KSI 한국학술정보㈜

서 문

이 책은 2000년 여름 서울대학교에 제출한 박사학위논문을 약간의 수정과 함께 재록한 것이다. 무려 5년도 더 지난 시점에서 논문을 거의 그대로 다시 출간하려니 쑥스러운 마음이 앞서는 게 사실이다. 그동안 여러 번 주위로부터 출판을 권유받기도 했으나, 그때마다 망설여졌다. 나름의 다른 계획이 있기도 했지만, 학위논문 집필 당시 참조할 수 없었던 고 유진오 박사 유품들과 육필원고를 조만간 열람할 수 있으리라는 기대 때문이었다. 그러나 유감스럽게도 당분간은 유품 열람이 불가능하다는 것이 분명해졌고, 좀더 연구를 진행시켜 전면적으로 수정하려는 처음 계획도 지금으로서는 여의치 않은 사정이 되어 버렸다. 결과적으로 시기만 놓쳐 버린 감이 없지 않으나, 그래도 연구사적 의의는 있을 것이라 생각되어 어렵게 출판을 결심하게 되었다.

오랜만에 옛 논문을 훑어보자니 아쉬운 부분도 눈에 띄는 게 한둘이 아니다. 흘러간 시간은 내용은 고사하고 문체마저도 낯설게 만들어 놓았다. 그러나 어설프게 고치려다 원래 논문의 시간성만 훼손할 것 같아 수정은 그야말로 최소한에 그치고자 했다. 오탈자나 명백히 오류의 여지가 있는 몇 군데, 그리고 학계에서 아직 정착되지 못한 용어들을 현재의 추세에 맞게 통일적으로 정리한 것 등이 수정의 전부다. 아무쪼록 이 논문의 출간이 한국 헌정사나 법사상사의 연구에 조금이라도 도움이 될 수 있기를 기대한다.

출판을 결심하고 보니 논문을 완성하기까지 도움을 주신 여러분들이 떠오른다. 누구보다도 은사이신 최종고 선생님께 감사를 드리지 않을 수 없다. 서양 학문이 전부인 줄 알던 시절 한국법사상사의 중요성에 눈을 돌리게 된 것은 선생님 덕분이기도 했다. 또한 미지의 길을 이만큼이라도 올 수 있었던 것도 선생님의 선구적인 업적을 항상 길잡이로 삼을 수 있었기 때문이었다. 정긍식 선생님은 논문 준비와 심사 과정에서 문제에 부딪칠 때마다 격의 없이 조언을 구할 수 있는 든든한 선배 역할을 해 주셨다. 과연 하나의 논문이 될 수 있을까 고민하던 시기 용기를 내어 끝까지 갈 수 있었던 데는 선생님의 도움이 컸다. 김철수, 최대권, 성낙인, 세 분 선생님께 논문 심사를 받을 수 있었던 것은 지금 생각해 보아도 내게는 커다란 영광이자 행운이었다. 선생님들의 분에 넘치는 격려와 따끔한 지적은 지금도 잊혀지지가 않는다. 논문 심사 과정은 실로 나의 좁은 학문적 시야가 조금씩 틔어져 가는 과정이기도 했다. 선생님들의 숱한 지적과 조언 덕분에 논문이 이 정도라도 형태를 갖출 수 있게 되었음은 물론이다.

한국헌법사에 남다른 애정을 가지신 김효전 선생님께도 특별히 감사의 마음을 전하고 싶다. 선생님의 격려가 아니었다면, 논문의 때늦은 출간을 결심할 용기를 감히 내지 못했을 것이다. 선생님께서는 최근까지도 논문에 관심을 표해 주시고, 미처 찾아내지 못한 유진오의 글을 두 편이나 찾아 보내주셨다. 덕분에 이 책에서는 부록의 유진오 저작목록을 보완할 수 있었다. 논문 준비 과정에서 1년간 일본에 체류하면서 연구할 수 있는 소중한 기회를 제공해 준 일본국제교류재단(Japan Foundation) 관계자 여러분께도 감사를 드린다.

2006년 10월
빛고을 광주 백악골에서

목 차

제1장 서 론

제2장 초기 사상의 형성

제3장 제헌기 헌법사상의 배경

제4장 제헌기의 헌법사상

제5장 제헌기 이후 헌법사상의 전개와 균열

제6장 결 론

제1장

서 론

제1장 서 론

1. 연구의 목적과 의의

이 연구는 현민(玄民) 유진오(兪鎭午, 1906-1987)의 헌법사상을 민족주의와 민주주의의 상호 관련성이라는 측면에서 해명하고, 이로써 우리 근현대 법사상의 보다 나은 이해에 일조하려는 것을 일차적 목적으로 한다. 우리 근현대 법사에 있어 유진오의 의의는 물론 그가 우리 건국헌법[1]의 실질적 기초자였다는 사실에 대부분 기인한다.[2] 때문에 종종 그는 "헌법의 부(父)로 추앙"[3]받기도 하고, 구체적으로는 "바이마르헌법의 아버지라고 불리는 후고 프로이스(Hugo Preuss)에 비견"[4] 되기도 했다. 이런 점에서 근대 이래 근근이 전개되어 온 우리 헌법사상의 본격적인 법적 결실이자 이후 전개될 현대 헌법사상의 토대가 되었던 건국헌법, 그것을 해산한 유진오의 헌법사상이야말로 우리 근현대 헌법사상의 특징을 파악하는 데 가장 좋은 단면도를 제공한다고 보아도 과언은 아닐 것이다.

우리나라 근현대의 헌법사상은 많은 우여곡절과 부침 가운데서도 크게 보아 민주주의의 구현을 지향하여 진행되어 왔다고 말할 수 있을

---

1) 1948년의 대한민국헌법에 대하여 '제헌헌법'이라고 부르는 것이 일반적 관행으로 되어 있으나, 이는 동어반복적 용어여서 적합지 않은 표현으로 생각되므로, '건국헌법'이라는 용어를 사용하기로 한다. 권영성도 『신판 헌법학원론』(법문사, 1999), 90면 주)2에서 같은 견해를 보이고 있다.
2) 건국헌법과 유진오의 관계에 관해서는 제3장에서 다시 실증적으로 고찰될 것이다.
3) 한태연, "제헌헌법의 신화", 동아법학, 제6호, 동아대법학연구소, 1988, 72면.
4) 김효전, "한국헌법과 바이마르헌법", 공법연구, 제14집, 한국공법학회, 1980, 11면.

것이다. 물론 그 민주주의 사상은 우리의 전통사상으로부터 내재적으로 발전해 온 것이라기보다는 서구에서 발현되고 발전되어 온 것을 수용하는 형식으로 추구되어 온 것이다.[5] 그런데 모든 사상의 수용에는 당연히 수용 주체의 역량과 사회역사적 조건에 따른 변용이 일어나기 마련이다. 이 변용은 무엇을 수용하고 무엇을 거부할 것인가라는 수용 대상의 선택을 통해서 이루어지기도 하고,[6] 한편으론 수용과정에서의 의식적·무의식적 의미내용의 변질을 통하여서 이루어지기도 한다. 민주주의를 지향한 근대 서구헌법사상의 수용 역시 그러한 변용을 가정하지 않을 수 없다.

그럼에도 불구하고 이제까지의 해방 이후의 헌법사상에 대한 연구에는 민주주의라는 척도에 비춘 평가적 서술을 넘어, 헌법사상 그 자체를 '수용과정에서의 변용'이라는 관점에 착안하여 해명을 시도한 경우는 드물었던 것으로 생각된다. 이에 비하면 개화기 이래 해방 이전까지의 우리 헌법사상의 단초를 형성하고 있는 사상재(思想材)들에 대해서는 서구 법사상의 수용이 우리 근대사상의 주류인 저항적 민족주의에 의해 어떻게 촉진되고 또 제약되어 왔는지가 그런대로 밝혀져 있는 셈이다.[7] 여기에서 당연히 하나의 의문점이 발생하는데, 그렇다면 근대의 우리 서구 법사상의 수용, 특히 헌법사상의 수용에 중요한 결정

---

5) 오늘날 우리의 전통사상으로부터 민주주의적 전통을 찾으려는 노력이 적지 않게 일어나고 있다. 그렇다고 이러한 노력이 오늘날 우리가 이념으로 하고 있는 민주주의가 서구의 그것으로부터 유래했다는 사실 자체를 부인하는 것은 아닐 것이다.

6) 김창록, "일본에서의 서양 헌법사상의 수용에 관한 연구", 서울대 박사논문, 1994, 291면.

7) 최종고는 한말의 서양법 수용을 전체적으로 평가하면서, "서양적 민주주의와 법사상을 독특한 동양적 권위주의, 국가주의로 각색하여 받아들였고"라고 말하고 있다.[최종고, 『한국법사상사』(서울대출판부, 1989), 224면]. 그 외에도 김도형, 『대한제국기의 정치사상연구』(지식산업사, 1994), 110면과 이영록, "애국계몽운동기 자연법사상의 구조와 특징", 『현대법학의 이론(Ⅲ)』, 이명구박사화갑기념논문집(고시연구사, 1996), 712, 719면 등 참조.

요인이 되었던 민족주의는 해방 이후 현대 헌법사상의 형성과정에서는 그 추동력을 갑자기 상실하게 된 것일까, 아니라면 그것은 우리의 현대 헌법사상에 어떻게 영향을 끼치고 어떻게 반영되어 있는 것인가 하는 것이 바로 그것이다. 이와 관련하여 조금은 다른 맥락이지만, 최대권의 다음과 같은 문제제기는 여전히 설득력을 갖는 것으로 보인다.

> 우리나라 대부분의 교과서에서 헌법에 대하여 가치체계를 제시하는 이데올로기로서의 자유민주주의 및 사회주의와 헌법과의 관계는 다루고 있으나, 민족주의와 헌법과의 관계는 다루고 있지 아니함은 헌법현상에 크게 영향을 미쳐온 중요한 변수의 하나에 대한 고찰을 결하게 됨을 의미한다. 다른 한편 정치학자나 사회학자는 민족주의와 함께 자유민주주의를 빈번한 논의의 대상으로 하고 있으나 자유민주주의의 본질적 구성요소인 입헌주의에 관한 논의는 별로 행하지 아니하고 있다.[8]

이 연구는 이러한 문제의식에 대해 유진오라는 한 개인의 헌법사상을 통하여 사상사적 측면에서의 접근을 모색하게 될 것이다.

한편 이 연구가 성공적으로 진행된다면, 그 외에도 다음과 같은 점에 있어서 부수적인 기여가 있을 것으로 기대한다.

첫째는 유진오 연구에 있어서 나타나는 분야 간 불균형을 일부나마 해소함으로써 한국 근현대사에 있어서 그의 삶과 사상에 대한 총체적 평가의 전망을 한 단계 끌어올릴 수 있으리라는 생각이다. 사실 유진오는 비단 법학자로서뿐만 아니라 한국문학사에 있어 빠뜨릴 수 없는 문학가이자 대학교육의 재건과 성장에 지대한 공헌을 한 교육가로서, 나아가 고위 행정관료와 외교관, 그리고 정치인으로서도 "현란한 생애"[9]를 구가하며, 우리 현대사의 구석구석에 지울 수 없는 커다란 흔적을

---

8) 최대권, "민족주의와 헌법", 법학, 제25권 제1호, 서울대 법대, 1984, 62면.
9) 전광석, "헌법학자 유진오", 연세법학연구, 제2집, 1992.8., 50면.

남기고 떠난 현대사의 주역 중의 한 사람이다. 이런 점에서 그의 삶 전체에 대한 조망과 평가는 바로 한국의 현대사 자체의 정리를 위해서도 매우 중요하다고 할 수 있다. 그의 사후 일어난 소위 '현민 빈소사건'(殯所事件)[10]은 바로 그러한 연구의 필요성을 제기한 단적인 사례가 될 것이다. 그럼에도 불구하고 유진오에 대한 종래의 연구는 시기적으로 해방 이전에 해당하는 국문학 분야에 지나치게 편향되어 진행되어 온 감이 없지 않다.[11] 특히 본 연구와 밀접한 관련을 갖는 정치사적 관점에서의 연구가 전무한 사정은 본 연구를 위해서도 매우 유감스러운 일이라 하지 않을 수 없다.[12] 이런 점에서 이 연구가 비록 그의 생애에 대한 총체적 평가를 목적으로 한 것이 아니라 할지라도, 유진오 연구에 있어 그동안 소홀히 되었던 한 부분을 보충함으로써 장래 그에 대한 종합적인 평가에 참고자료가 될 수 있을 것으로 생각한다.

둘째로는 우리 건국헌법의 사상적 계보를 명확히 하는 데도 이 연구가 어느 정도 기여할 수 있으리라는 생각이다. 해방 후 우리의 헌법사상은 결과적으로 상당 부분 일본법을 모방하는 데 그친 다른 실정법과는 달리, 식민지 잔재의 청산이라는 강한 민족사적 요구에 의하여

---

10) '현민 빈소사건'이란 고려대에서 현민 유진오의 장례 문제를 중심으로 1987년 8월 31일부터 열흘 남짓의 기간 동안 전개된 일련의 사건들을 말한다. 사건의 발단은 그의 빈소가 고려대학교에 설치되자 이문영 등 5인의 교수가 "고려대가 국정자문위원의 빈소가 될 수는 없다"며 빈소 철거를 주장하면서 시작되었는데, 이튿날 일부의 학생들이 빈소의 조화를 직접 철거하면서 걷잡을 수 없는 사회적인 문제로 비화되었고, 이후 유진오에 대한 역사적 평가와 사회적 통념을 둘러싸고 뜨거운 논란이 야기되었다. 자세한 내용은 김태익, "현민 빈소사건", 월간조선, 1987. 10.을 참조할 것.
11) 유진오 문학에 관해 2000년 5월 현재로 국회도서관에서 검색되는 학위논문만 해도 17건에 이르고 있다.
12) 역사학계나 정치학계에서 유진오에 대한 연구가 도외시되고 있는 이유는 무엇보다도 최근의 인물에 대한 연구기피 경향에 있지 않은가 생각된다. 여기에 헌법을 정치의 종속변수 정도로밖에 여기지 않는 일반적 풍토와 전문 법학에 대한 접근의 어려움 등도 주된 이유가 되었을 것이다.

의식적으로 과거와의 단절이 강조되었다고 볼 수 있다. 다만 신국가의 정통성이라는 또 다른 요청에 의하여 3·1운동 및 일제강점기 임시정부와의 '정신사적' 관련이 말해지고 있을 따름이다.[13] 한편 건국헌법의 수용사적 연원에 대하여도 미국 헌법과 바이마르헌법의 영향에 치중하여 고찰되어 왔고, 그런가 하면 당시의 헌법학에 관해서는 특별한 고증 없이 일제 잔재가 이야기되고 있기도 하다.[14] 이 연구가 건국헌법의 사상사적 계보를 직접적인 주제로 한 것은 아니지만, '수용과 반(反)수용'이라는 관점에서 유진오의 헌법사상을 고찰하고자 하는 문제설정상, 그의 헌법사상의 형성과정을 살펴보는 가운데 이 문제에 관련한 전체적인 윤곽도 자연스럽게 드러날 것이 기대된다. 다시 말한다면, 유진오를 통하여 근대의 축적된 헌법사상이 어떻게 현대에 이어지고 있으며, 그 내용 결정에 어떻게 영향을 미치고 있는지, 해방 후 우리 헌법사상에 새로 투입된 것은 무엇인지, 그리고 이로 인해 일제강점기 동안의 사상적 제약은 완전히 극복되었는지, 아니라면 그 영향은 어떻게 나타나고 있는지 하는 점 등이 유진오의 헌법사상을 살펴보는 가운데 자연스럽게 탐색되게 될 것이다.

2. 기존 연구의 검토

유진오가 우리 현대 헌법사상의 형성에 끼친 영향을 감안하면, 오랫동안 그의 법사상에 관한 본격적인 연구가 방치되어 왔다는 사실은 매우 놀라울 정도이다. 다행스럽게도 오랜 무관심 끝에 유진오의 법사상

---

13) 대표적으로는 김영수, 『대한민국임시정부 헌법론』(삼영사, 1980), 201-202면.
14) 이에 대한 가장 대표적이고 진척된 주장으로는 한상범, "한국 법학계를 지배한 일본법학의 유산", 역사비평, 1991년 겨울호를 참조할 것.

이 최초로 주목받게 된 것은 1980년대 중반 법사학자 최종고에 의해서
였다. 그의 『위대한 법사상사가들(Ⅲ)』(1985)에 수록된 유진오론에는
생애와 더불어 그의 법사상이 헌법사상과 국제법사상, 법철학과 법학
교육론으로 나뉘어 소개되고 있으며,15) 『한국법사상사』에서는 유진오
를 '민주주의 법사상가'의 한 사람으로 자리매김하여 다루고 있음을 볼
수 있다.16) 최종고의 연구는 유진오의 법사상에 대한 최초의 연구라는
연구사적 의의 외에도 그의 생애와 법사상 전체의 면모를 제시했다는
점에서 그 가치가 인정되는 것이나, 법사상에 관한 부분은 저자의 표
현대로 "그의 글을 도큐먼트로 제시하는 문헌실증적 방법"17)을 채용한
결과, 그 이상 유진오의 헌법사상에 관한 체계적이고도 심도 있는 분
석은 행하고 있지 않다.

이에 대하여 유진오의 헌법사상을 헌법학적 입장에서 가장 체계적으
로 분석하여 소개한 것으로는 김철수의 연구가 있다. 유진오의 국가형
태 및 정부형태에 관한 사상과 기본권론에 초점을 맞추어 서술한 두
논문에서, 그는 유진오의 내각제 사상은 오늘날에도 여전히 의의를 가
지는 것이지만, 그의 기본권론은 오늘날 수용하기에는 무리가 따른다
고 결론을 맺고 있다.18) 그러나 그 결론이 암시하는 바와 같이 이 두
논문은 현재의 헌법학적 관점이 과도하게 투영됨으로써 역사적 맥락에
서의 유진오의 사상적 위치지움에까지는 이르지 못했다는 점과, 그의
전체 헌법사상을 핵심요소로부터 일관되게 유기적으로 파악하지 못했
다는 점에서 그 한계가 지적될 수 있다.

---

15) 최종고, 『위대한 법사상가들 Ⅲ』(학연사, 1985), 97-159면. 같은 내용이
    동인, 『한국의 법학자』(서울대출판부, 1989)에도 수록되어 있다.
16) 최종고, 『한국법사상사』(서울대학교출판부, 1993), 381-388면.
17) 최종고, 『위대한 법사상가들 Ⅲ』, 129면.
18) 김철수, "유진오의 헌법초안에 나타난 국가형태와 정부형태", 한국시민
    강좌, 제17집, 1995, 114면; 동인, "유진오의 기본권론", 한국법학교수회
    편, 『법학교육과 법학연구』(길안사, 1995), 323면.

유진오의 헌법사상에 대한 헌법학적 분석을 시도하면서도 그 핵심사상을 파악하려 한 노력으로는 오히려 김철수에 앞서 발표된 전광석의 「헌법학자 유진오」를 들 수 있다.[19] 그는 유진오의 헌법사상이 민주적 정당성의 문제를 소홀히 하고 있다는 점에 착안하여, 그의 헌법사상의 핵심이 민주주의 사상이라기보다는 '경제적 사회적 공동체 건설'에 있는 것으로 파악하고 있다. 특히 그의 논문에서는 경제적 사회적 공동체 건설과 민족주의와의 관련이 암시됨으로써, 몇 가지 사실에 대한 오류에도 불구하고 본 연구에 참고할 주목할 만한 가치를 보여주고 있다.

그러나 첫째로 그의 논지는 유진오의 헌법사상이 어떻게 민족주의와 관련이 되는지 설득력 있는 적극적 논거들을 제시하지 않고 있다. 그가 유진오에게서 경제적·사회적 민주주의 개념에 주목하고 그 결과로 유진오의 전체 사상에서 민주적 정당성의 문제가 소홀히 되었다는 점을 지적한 것은 정당한 것으로 보인다. 그러나 '경제적·사회적 민주주의'라는 개념 자체는 서구에서 생성된 것으로 그 개념 자체만으로는 우리의 특수한 민족주의 사상과 바로 연결되지 않는다. 이 점에서 유진오의 경제적·사회적 민주주의 사상과 민족주의 사상과의 관계에 대한 해명이 여전히 요구된다. 둘째로 그의 연구는 유진오의 헌법사상이 갖는 민주주의와의 적극적 관련성 내지는 그의 민주주의의 핵심내용을 밝히는 데에는 실패한 것으로 보인다. 이것은 그가 김철수와 마찬가지로 현재의 관점으로부터 유진오의 민주주의 사상을 평가적 입장에서 접근한 데 기인하는 것으로 생각된다. 그 결과 민주주의를 이념으로 하여 전개되어 온 한국의 현대 헌법사상사에 있어서 그의 헌법사상이 차지하는 민주주의적 의의가 완전히 무시되어 버린 점은 그 한계로 지적하지 않을 수 없다.[20]

---

19) 전광석, 앞의 글.
20) 그 밖에 유진오를 다룬 논문으로는 강경근, "한국의 정치와 공법학", 아태공법연구, 제3집, 1994. 10.을 들 수 있다. 이 논문은 한태연의 헌법학

이렇게 볼 때 한국 근현대 헌법사상사의 맥락에서 민주주의적 요소와 민족주의적 요소가 유진오의 헌법사상에 어떻게 핵심사상으로 수용되어서 어떻게 상호작용을 하고 있는지, 그리고 그 결과로 그의 헌법사상 가운데 나타나는 민주주의적 요소의 핵심내용은 무엇이며 그 한계는 무엇인지 하는 것을 밝히고자 하는 본 연구의 연구사적 의의는 나름대로 인정된다고 생각한다. 미리 밝혀 둔다면, 본 연구가 파악하는 바로는 민족주의 사상이 유진오의 헌법학에 미친 영향은 민족단결의 확보와 급속한 국가부흥의 주도자로서의 국가권력에 대한 과도한 기대로 나타나고 있으며, 그의 민주주의 사상은 민주적 정당성의 확보는 아니더라도 반독재의 의미는 지니고 있었다는 점을 밝히고자 한다. 그리고 그 상충되는 두 요구의 조화를 민의의 대변기관이라기보다는 애국적·합리적 기관으로서의 성격이 기대되는 국회에 거의 전적으로 위임하는 방식으로 해결하고자 했다는 점, 달리 말해서 엘리트 민주주의적 성격을 갖는 그의 의원내각제 사상에서 민족주의적 요구와 민주주의적 요구가 타협을 이루고 있다는 점, 그럼에도 불구하고 그의 헌법사상이 우리 헌정사에 있어 의미 있는 체계로서 정립되는 데는 실패했다는 점이 본 연구에서 제시하고자 하는 논지이다.

과 함께 유진오의 헌법학을 '역사적 헌법인식'이라는 입장에서 논한 것으로, 유진오의 헌법학 중 상해임시정부의 법통승계에 대한 인식이 없다는 점 등 극히 일부에 향하여져 있어, 본 연구의 주제와 전면적인 관련은 갖지 않는다. 이 논문은 그의 『헌법학』(법문사, 1998), 967-980면에 재수록되어 있다. 이외에 건국헌법의 내용을 다루면서 그 기초자인 유진오의 헌법학 내지 헌법사상에 관해 언급하고 있는 글들도 다수 발견되는데, 대표적인 것으로는 앞에서 언급한 김효전의 "한국헌법과 바이마르헌법"과 한태연의 "제헌헌법의 신화" 등이 있다.

3. 연구 범위와 방법 및 구성

이 연구는 유진오의 헌법사상을 대상으로 한다. 그러나 헌법사상 중에서도 그의 법사상적 의의에 비추어 제헌기의 헌법사상을 중심으로 고찰하게 되는 것은 불가피하다. 다만 제헌기 헌법사상을 명확히 하기 위해서는 그의 헌법사상의 형성과정과 배경 및 이후의 전개과정도 살펴보는 것이 필요하다. 제헌기 그의 헌법사상을 체계적으로 접근하는 체계적 접근방식과 아울러, 그 전후에 있어서의 사상적 편력과 행적을 시기적으로 고찰하는 형성사적 고찰방식을 병행하는 이유가 여기에 있다. 이 두 방법은 각각 그 자체로 법사상사적 의미를 가질 뿐만 아니라, 유진오 헌법사상의 핵심을 밝히는 데도 상호보완적으로 기능할 것이 기대된다. 이렇게 함으로써 기존의 연구가 유진오의 헌법사상을 시대구분 없이 고찰함으로써 빠진 몇 가지 오류에서 벗어날 수 있게 될 것이다.

가령 유진오 헌법학의 중심개념인 '경제적·사회적 민주의'를 표면적으로 파악하여 균등이념만을 그의 헌법사상의 핵심 특징으로 파악하는 것은 제헌기 이후 유진오가 경제적 균등이념에서 현저히 후퇴하고 있다는 사실을 의도적으로라도 외면하지 않으면 불가능한 일이다. 그러나 그의 헌법사상을 시기적으로 고찰하게 되면 제헌기 이후까지도 지속적으로 나타나는 요소는 오히려 균등의 이념에 결부되었던 국가에 대한 강조임이 드러나게 된다. 이런 관점에서 보면 제헌기 이전에 있어서 그의 사회주의 사상도 민족주의를 통하여 국가주의적으로 전환될 계기를 잠복시키고 있었다는 사실이 새로운 의미로 포착되게 될 것이다. 이러한 시기적 고찰을 통하여 그의 '경제적·사회적 민주주의' 개념이 근대의 저항적 민족주의의 유산인 국가적 가치를 현대 헌법학에 전달해 주는 이론적 도구로 기능하였음을 알 수 있게 되는 것이다.

연구의 서술방식과 관련하여 여기서 한 가지 더 말하고 싶은 것은

이 연구가 유진오의 헌법사상을 다룸에 있어 헌법학설사적 탐구를 의
도한 것은 아니라는 점이다.[21] 따라서 개개의 헌법이론 그 자체에 대
한 자세한 논구나 평가는 처음부터 자제되지 않을 수 없었다. 물론 민
족주의와 민주주의 사상이 유진오의 헌법사상에 어떻게 반영되고 있는
가를 알기 위해서는 그의 헌법학에 대한 헌법이론적 분석이 불가피한
것이 사실이다. 그러나 이런 경우라 할지라도 유진오 자신의 사상을
내재적으로 재구성하는 데 도움이 되는 한도에 국한하였고, 그 이상의
헌법이론 자체에 대한 관심은 포기되었음을 미리 밝혀 둔다. 여기서
잠깐 내재적 입장에 대하여 설명을 한다면, 그 의미는 한 사람의 사상
을 미리 정해진 어떤 기준이나 개념에 맞추어 설명하려는 태도가 아니
라, 해석자의 목적과 필요에 따라 해석의 대상이 된 사람의 사상을 재
구성하되 최대한 그 사람 자신의 입장에서 재구성하고자 하는 서술방법
을 뜻한다. 물론 그렇다고 하여 해석대상이 된 사람 자신이 표명하는
의식적 차원만을 고려한다는 이야기는 아니다. 오히려 유진오의 시대
와 같이 학문적 수준에 있어 자신의 사상을 그대로 이론화하는 데 한
계가 있었던 시대에 있어서는 헌법이론에는 포착되지 않는, 나아가 때
로는 그와 배치되기조차 하는 무의식적 혹은 은폐된 차원이 헌법사상
의 이해에 더 중요한 의미를 가질 수도 있다. 특히 우리의 경우와 같
이 헌법이 오랫동안 '장식적 헌법'에 머물러 왔던 상황에서는 사상에
있어서도 '장식적 사상'과 '실제의 사상'의 틈을 파헤치는 작업이 헌법
현상의 이해에 훨씬 도움이 될 수 있을 것이다. 이 연구에서 단지 유진
오의 헌법학적 저술만이 아니라 일반 논설이나 잡문류, 심지어는 그의
개인적 활동이나 사회적·정치적 배경까지도 그의 헌법사상을 파악하
는 소재로 삼고 있는 이유는 여기에 있다. 다만 자료와 관련하여 한 가
지 아쉬운 점은 유진오의 미공개 육필원고를 참조하지 못하였다는 점이

---

21) 이 글은 아무래도 법사상사적 서술방식을 취하게 될 것인데, 법사상사
의 의의나 방법론에 관해서는 최종고, 『한국법사상사』, 1-15면 참조.

다.[22] 이 점에 관해서는 후일의 연구에 의한 보완을 기대한다.

이 연구의 구성은 다음과 같다. 제2장에서는 우선 해방 이전까지 유진오에게 있어서 민족주의와 민주주의가 어떻게 서로 교섭하며 싹 터 오는지를 그의 성장과정을 배경으로 살펴보고자 한다. 이 과정에서 그의 민족주의와 민주주의의 성격을 근원적으로 규정짓는 요소들을 살펴보게 될 것이다. 또한 이후의 그의 헌법사상에서 중요한 의미를 갖는 몇 가지 개념틀과 방법론이 형성되고 있음을 발견하고, 그에 대한 고찰도 병행하게 될 것이다. 제3장은 제2장에 이은 예비적 고찰로서, 제헌기 헌법사상의 형성에 영향을 끼친 여러 배경들을 다면적으로 재구성하는 것을 목적으로 한다. 이를 위해 우선 해방 직후의 우리의 헌법사상적 배경을 통하여 당시 유진오의 헌법학이 담당해야 할 과제가 무엇이었는지를 살펴본 다음, 개인적 배경으로 해방 이후부터 건국헌법 제정 시까지의 유진오의 개인적 활동과 제헌기 그의 헌법사상을 규정짓는 현실인식 및 엘리트 지향성 그리고 당시 그의 정치적 입장에 대해서 살펴보기로 한다. 개인적 활동 중에서 헌법과 직접적 관련을 갖는 헌법기초 활동과 그와 관련된 제반 문제에 관해서는 그 중요성을 감안하여 별도의 제목으로 서술하게 될 것이다. 그 다음으로는 외국 헌법사상의 영향에 관해 중요한 것들을 중심으로 고찰하기로 하겠다. 여기까지의 고찰을 통하여 민족주의와 민주주의가 결합되는 '경제적 · 사회적 민주주의' 개념에 대해 유진오가 확신에 다다르게 되는 다양한 경로를 볼 수 있게 될 것이다.

제4장은 제헌기 유진오의 헌법사상을 '경제적 · 사회적 민주주의'라는 개념을 중심으로 하여 체계적 유기적으로 재구성하는 것을 목적으로

22) 유진오의 미공개 자료는 헌법초안, 기본권 연구자료, 한일회담 관련자료 등 총 6개 목재함의 분량인 것으로 알려져 있는데, 지난 1999년 12월 1일 당분간 미공개를 조건으로 고려대학교에 기증되었다. 수차례 고려대학교 측과 유족들에게 자료 열람을 요청하였으나 끝내 허락받지 못하였음은 유감이다.

한다. 그의 민족주의 사상과 민주주의 사상이 '경제적·사회적 민주주의' 개념을 통하여 헌법이론상에 어떻게 투영되고 제약되고 있는지가 이 장을 통하여 밝혀지게 될 것으로 기대한다. 제5장은 제헌기 이후 헌정의 전개에 따라 그의 헌법사상이 어떻게 적용되고 전개되는지를 추적한다. 이를 통하여 그가 중요하게 생각했던 가치를 재확인함과 동시에 그의 제헌기 헌법사상이 과연 우리 헌정사에 있어 유효하게 작동할 수 있었는지를 탐색하게 될 것이다. 마지막으로 결론에서는 이제까지의 내용을 간단히 요약하고, 한국 헌법사상사에 있어서 그의 헌법사상이 차지하는 역할과 한계를 평가함으로써 본 연구를 마치고자 한다.

제2장

초기 사상의 형성

제2장 초기 사상의 형성

1. 초기 생애와 사상의 형성

1) 근대성에의 열망: 출생에서 경성제대 예과시절까지

한 사람의 사상 형성에 끼친 최초의 영향을 가계(家系)로부터 찾고자 할 때, 유진오만큼 그러한 작업이 풍부한 결실을 맺을 수 있는 사람도 드물다. 유진오는 국권이 급속히 기울어 가던 1906년, 지금의 종로구 가회동 자리인 맹현(孟峴)에서 부친 유치형(兪致衡)과 모친 밀양 박씨 사이의 10남매 중 장남으로 태어났다. 그의 가계인 기계(杞溪) 유씨 집안은 일찍부터 개화사상에 눈을 떠 그 영향을 가장 깊이 받아들인 한말의 가장 대표적인 개화집안이었다.

부친 유치형은 1895년 3월에 대한제국의 관비유학생으로 일본에 건너가 게이오의숙(慶應義塾) 보통과를 졸업하고 이어 동경의 주오대학(中央大學)에서 3년간 법학을 공부한 후, 일본 사법성과 각 재판소에서 견습을 하고 귀국한, 당시로서는 최첨단 신식문물을 경험하고 체득한 사람이었다. 귀국한 후로는 공립 철도학교 교사로 있다가 1901년 당시 법부 산하의 법률기초위원회 위원으로 임명되었고, 그 후로도 주영공사관 서기관, 궁내부 회계과장·참서관 및 서기관, 어원사무국(御院事務局) 이사 등 관직을 역임하였다. 또한 1907년 6월에 수학원(修學院) 교관으로 임명된 이래 한성법학교·보성전문학교·양정의숙·대동법률학교 등에서 헌법·민법·해상법 등을 가르쳤다. 저술활동도 활발히 하여 『헌법』(1907)을 비롯하여 『해상법』(1907), 『물권법 1·2부』(1908),

『법학통론』 등을 저술하는 등 우리나라 근대법학의 수용에 선구자적
역할을 담당한 인물이었다.[1] 유진오는 부친의 이러한 경력에 대하여
자신이 제헌헌법의 기초위원이었고 보성전문학교의 후신인 고려대학교
에서 오랫동안 교육자로서의 길을 걸어온 것에 비추어, "선친께서 잠
시나마 법률기초위원을 지내신 일과 보성전문학교 창설 당시의 5, 6명
밖에 안 되는 교원의 한 사람이었다는 것은", "부자간에는 역시 무슨
운명의 연결 같은 것이 있는지도 모른다"고 술회한 적이 있다.[2] 그러
나 합병 후 그의 부친은 법률가로서의 길을 단념하고, 딱히 항일운동
도 아니고 그렇다고 당시의 법률지식인들에게 쉬운 유혹이었던 일제관
료로서의 출세의 길도 마다한 채, 한성은행에 취직하여 죽는 날까지 소
시민으로 비교적 유복한 생활을 영위했는데,[3] 덕분에 유진오로서는 한국
근대사의 격랑 속에서도 훗날 근대국가 건설에 일익을 담당할 수 있는
자양분을 마치 온실 속에서와 같이 섭취할 수 있었다.

친족 중에서는 우선 저 유명한 개화선각자 유길준(兪吉濬)이 바로
이 유씨 가문 출신이었다. 유길준이 유진오 집안에 끼친 영향은 상당
히 직접적이었던 것으로 보인다. 유길준의 생가가 유진오가 태어난 이
듬해 노량진으로 이사하기 전까지 서로 이웃 마을에 근접해 있었던 데
다가, 부친 유치형이 일찍이 일본 유학을 떠나게 된 것도 평소 남달리
존경하던 유길준의 권고와 도움에 힘입은 것이었다고 한다.[4] 유진오
자신도 어린 시절 유길준을 직접 대면하곤 했던 일들을 떠올리며, 그

1) 자세히는 최종고, "한국의 법률가상: 유치형(상)(하)", 사법행정, 한국사
   법행정학회, 1983. 2. / 3.; "유치형 일기", 법학, 제24권 제4호, 서울대 법
   대, 1983을 참조할 것.
2) 강수웅, "원로와의 대화: 현민 유진오 박사", 『민사재판의 해부』(사법행
   정학회, 1982), 256면.
3) 식민지 법률가의 존재양태에 대해서는 최종고, 『한국법사상사』(서울대출
   판부, 1989), 253-259면을, 특히 유치형에 관해서는 256면을 참조할 것.
4) "아버지를 찾아서", 『젊음이 깃칠 때』, 31면.

로부터 강렬한 인상을 받았음을 회고하고 있기도 하다.[5] 그 외에도 종친회 등을 통하여 어린 시절 유진오가 비교적 자주 접촉할 수 있었던 인물로서 유길준의 동생이었던 유성준(兪星濬)이 있었는데, 그 역시 일본의 게이오의숙(慶應義塾)과 메이지법률학교(明治法律學校)에서 수학하고 귀국해서는 한국 최초로 『법학통론』(1905)을 역술하고, 학부 학무국장(學部 學務局長)·내무협판(內務協辦)·법부(法部) 법제국장 등 관료생활과 보성전문학교 2대 교장을 지낸 개화적 인물이었다.[6] 또한 이 기계 유씨 출신으로서 유진오보다 12살 연상이었던 유길준의 차남 유억겸(兪億謙) 역시 일본에서 유학하고 돌아와 연희전문학교에서 법학을 가르치고 해방 후에는 연희전문의 후신인 연세대학교의 교장과 과도정부의 문교부장 등을 역임하기도 한 인물이었고, 그 밖에도 유진태(兪鎭泰), 유창환(兪昌煥) 등 근대문물을 도입하는 데 앞장섰던 많은 인물들이 이 기계 유씨 가계에서 배출되어 직간접으로 유진오에게 많은 영향을 끼치었다.

이러한 주위의 공기를 호흡하면서 유진오가 일찍부터 새로운 사조에 친숙할 수 있었던 것은 분명 당시로서는 일종의 특권이었다. 더군다나 근대문물에 의한 변화의 모습을 가장 가까이에서 지켜볼 수 있었던 도회지 서울에서의 출생과 성장은 일생 동안 마르지 않는 원천으로 지속될 '근대성'에의 열망을 소년 유진오에게 깊이 각인시켜 준 것으로 보인다.

이 때문에 이미 어렸을 적부터 비합리적이거나 봉건적인 옛 질서에 대한 반감이 안에서부터 자라고 있었다. 특히 개화사상가 집안이면서도 일상생활의 윤리적 측면에서는 여전히 전통적·보수적 색채가 강했

---

5) "잊을 수 없는 스승", 『구름 위의 漫想』, 265면. 그의 소설 「滄浪亭記」(1938)는 유년시절 유길준의 생가를 방문했던 당시의 기억을 바탕으로 한 소설로 알려져 있다.

6) 유성준에 대해서는 최종고, "한국의 법률가상: 유성준(상)(하)", 사법행정, 한국사법행정학회, 1985. 1./2.; 동인, "한국 최초의 법학통론", 법학, 제22권 제4호, 서울대 법대, 1981.을 참조할 것.

던 집안의 분위기에 부딪치면서, 전통적 유교적 가족제도에 대한 거부
감이 컸던 것 같다. 그의 유년시절의 회고에 신·구문화의 마찰과 가
부장제적 가족윤리에 대한 불만이 종종 등장하고 있는 것은 우연이 아
니다. 그러한 반발심이 청년시절 이후까지도 지속되어 서구의 합리주
의와 개인주의에 매력을 갖는 무시할 수 없는 개인적 동기의 하나로
작용하였던 것 같다. 그가 22세 때 쓴 일기는 근대의식의 세례를 받으
며 성장한 청년이 봉건적 가족제도 앞에서 얼마나 날카로운 대결을 경
험했는가를 보여주고 있다.

　　타파되어야 할 가족제도·봉건제도는 아직도 얼마나 뿌리 깊게
　조선에 존재하고 있는지! 조선의 장래는 멀다. 우선 개인주의·자
　유주의·사소유권의 자유가 발달하여야 한다. 그 뒤에야 프롤레타
　리아 혁명이고 무엇이고 가능할 것이다.[7][8]

　그의 소년시절은 유진오 자신의 표현대로 이러한 "낡은 것들에 대한
심한 반발"[9] 속에서 지내었던 것이다.
　그러나 이러한 표면적인 대립과는 별개로 그가 어린 시절 알게 모르
게 체득한 유교적 소양은 실은 그를 가장 저변에서 규정하는 요인으로
남아 있었다. 그가 노년에 들어 일생에 가장 결정적인 영향을 끼친 책
으로 소년시절 배웠던 『논어』를 들고, 그 속에 쓰여 있는 문구는 태반
잊어 버렸지만 그 책 속에 담겨 있는 근본정신은 나도 모르는 사이에
나의 피가 되고 살이 되어 '나'라는 인간의 근본을 형성하고 있음을 느

---

7) 인용은 표현에 변경이 없는 한에서 현대 맞춤법에 맞추어 쓰기로 한다.
8) 1927. 4. 1.자 일기, 『구름 위의 漫想』, 215면. 이보다 불과 두 달여 전의
　일기에도 다음과 같은 구절이 보인다. "나는 이 부부[부모] 싸움 속에서
　조선의 가족제도, 친족제도, 부부관계의 무참스러운 모순을 본다. 동시에
　과도기의 인간이 얼마나 가족주의와 개인주의 사이에서 방황하여야 하는
　가를 느낀다." 동년 1. 20일자 일기, 같은 책, 201면.
9) "열네살의 신랑", 『젊음이 깃칠 때』, 71면.

낀다고 말했을 때,[10] 그것이 결코 과장만은 아니었다. 물론 그 유교사
상은 가부장제적 요소나 반시대적인 요소들이 제거된 것이었다. 그는
이를 천(天)의 사상에 입각한 철저한 합리주의, 민본주의, 그리고 휴머
니즘이라고 이야기했지만,[11] 이에 하나를 덧붙인다면 그것은 무엇보다
도 조화의 정신이었다고 말할 수 있을 것이다. 전통적 유교사상이 유
진오의 헌법사상에 미친 영향에 관한 것은 매우 흥미롭고 풍부한 결실
을 예견할 수 있는 테마이기는 하지만, 논의의 초점을 흐리지 않기 위
해 이 연구에서의 본격적인 논의는 피하고자 한다. 다만 그의 생애와
사상에서 일관되게 나타나는 투쟁에 대한 거부감과 중용적 태도, 그리
고 선의(善意)에 대한 기대는 아마도 그러한 유교적 소양과도 무관하
지 않을 것이라는 점만을 말해 둔다.

어쨌든 그의 근대의식은 이러한 유교적 토양을 바탕으로 하여 자라
갔다. 그런데 근대의식의 성장에 빠뜨릴 수 없는 또 하나의 요소로 작
용한 것은 신식학교에서의 교육이었다. 물론 그것은 유진오 자신의 개
인적 재능이 덧붙여져 가능했던 일이다. 학교에 들어가기 전부터 이미
부친으로부터 천자문, 소학(小學), 산술, 한글 등을 모두 깨우쳤던 유
진오는 1914년 4월 신문화에 깬 서울의 명문 자녀들이 다녔다는 재동
보통학교에 입학한다. 우수한 성적으로 졸업한 그는 경성고등보통학교
(현 경기중고)에 무시험으로 입학할 수 있는 자격을 얻게 되지만, 연
령 미달 관계로 1년을 쉬었다가 이듬해인 1919년에 입학하게 된다. 경
성고등보통학교에서도 우수한 성적으로 학업을 마친 유진오는 졸업 직
전인 1924년 초 실시된 '제1회 대학 예과 고등학교 입학 모의시험'에서
조선인과 일본인을 통틀어 전체 수석을 차지하며 또 한번 두각을 나타
낸다. 막연한 식민지적 열등감에 싸여 있던 유진오는 이 시험에서 영
어와 수학은 물론 일본어까지도 일본인 학생을 월등한 차이로 제치고

---

10) "나의 독서편력", 『다시 滄浪亭에서』, 146면.
11) 같은 글, 147면.

수석을 차지하게 되자 스스로 대단한 자부심과 함께 자신의 실력에 확
신을 갖게 된다.

　경성고등보통학교를 졸업한 유진오는 그해 1924년에 설립된 경성제
국대학 예과 문과 A에 수석으로 입학한다. 경성제국대학은 일제가 3·1
운동 이후 거세져 가는 민립대학설립 운동을 무마하기 위해 소위 문화
정치의 상징으로 세운 대학으로, 적어도 형식적인 면에서는 일본의 제
국대학 제도를 충실히 준용하여 총장, 학부장의 선거, 평의회 및 교수
회의 규정은 물론, 부속병원, 도서관, 부속연구소에 이르기까지 하등의
차이가 없었고, 학과목의 구성이나 학문적 수준에 있어서도 일본의 제
국대학에 준하는 것이었던 것으로 알려지고 있다.12) 그러나 이렇게 설
립된 경성제국대학이 민족운동의 요람이 되지 않을까 하는 우려가 없
었던 것은 물론 아니었다. 조선총독부는 대학의 규모가 커지는 것을
엄격히 제한하고, 별도의 대학규정으로써 식민지 통치에 유용한 인물
양성이라는 교육방침을 명확히 함으로써13) 한편으론 강한 규제의 길을
열어 놓았던 것이다. 실제로 법문학부의 경우 십수 년을 지나도록 졸
업생 출신 조선인이 교수나 조교수로 채용되는 일은 없었다. 그럼에도
불구하고 마침 일본 내의 분위기도 소위 다이쇼(大正)데모크라시를 구
가하던 때여서 사상의 통제가 심하지 않았고, 대학 당국도 될 수 있는
대로 민족감정을 자극하지 않으려고 세심한 배려를 아끼지 않았기 때
문에 대학 내의 분위기는 상당히 자유스러웠던 것으로 전해진다.

　특히 유진오의 경성제대에서의 학창시절이 다이쇼데모크라시의 절정

---

12) 泉靖一, "舊植民地帝國大學稿", 김윤식, 『한일문학의 관련양상』(일지사,
　　1974), 312, 318면.
13) 경성제대 학칙 제1조에는 교육의 목적을 다음과 같이 규정하고 있었다.
　　"대학은 국가에 須要한 학술 및 응용을 교수하며 아울러 그 蘊奧를 연
　　구하여 특히 皇國의 道에 기초하여 국가사상의 涵養 및 인격의 陶冶에
　　유의하며 그로써 국가의 柱石이 됨에 족할 수 있는 忠良有爲의 皇國臣
　　民을 練成함에 힘쓰는 것으로 함"

기에 겹쳐져 있다는 사실은 그의 사상 형성에 중요한 의미를 갖는다. 다이쇼데모크라시로 특징지어지는 이 시기는 일본에서 사회 전반에 걸쳐 민주주의적 자유주의적 경향이 크게 확장되었던 시기이다. 정치 면에서 정당정치체제의 확립, 경제 면에서 국가통제로부터의 자본의 자립화를 비롯하여 학술 면에서도 '대학자치'로 대표되는 아카데미즘의 확립과 문화 면에서의 출판·저널리즘의 비약적 발전이 이 시기를 특징짓는 현상이었다.[14] 이러한 분위기를 발판으로 1918-19년경부터는 지식인과 학생층을 중심으로 무산정당운동이 활발히 일어나 결국 1926년에는 3개의 합법 무산정당이 탄생하기까지에 이르렀던 것이다.

경성제국대학은 식민지대학이라는 한계에도 불구하고 바로 '대학'이라는 특성 때문에 그러한 시대적 분위기가 가장 잘 반영될 수 있는 곳이었다. 가령 법문학부 교수 중에 자유주의자의 대표 격이었던 도자와(戶澤鐵彥) 같은 이는 철저한 다원주의자로 수업시간에도 반국가적 사고를 주입하였으며, 철저한 마르크스주의자였던 미야께(三宅鹿之助)도 수업시간을 아예 마르크스 경제이론을 설명하는 데 사용하며 총독부는 조선을 착취하는 착취기관이라고 노골적으로 비판했다고 할 정도로,[15] 극단적인 어용교수도 없는 것은 아니었지만 자유주의에서 극단적인 공산주의에 이르기까지 다양한 스펙트럼의 사상들이 거리낌 없이 거래되고 주장되었다고 한다. 이러한 대학의 분위기 속에서 유진오는 예과 2년을 슈투름 운트 드랑(Sturm und Drang)과 같은 생활로 보내게 된다. 특히 예과과정은 문과와 이과로 나누어 교양교육에 치중하였기 때문에, 근대적·보편적인 것으로 이해되었던 서구적 교양의 광범위한 습득이 보장되었고, 이를 통하여 그의 근대성에의 열망은 처음으로 여기에서 지적 충족성을 맛보게 된다.[16]

---

14) 三谷太一郎 / 임성모 역, "다이쇼데모크라시", 『브리태니커』, 제4권(한국브리태니커회사, 1993), 281면.
15) 이충우, 『경성제국대학』(다락원, 1980), 210면.

이 과정에서 문학이 유진오에게 끼친 영향은 결코 간과될 수 없다. 이미 경성보고 시절부터 수차 신문 현상에 시를 출품하여 입선되기도 하고 경성보고 졸업반이었던 5학년 말에는 몇몇 동창들과 시 동인지『十字街』를 발행하기도 하는 등 문학적 관심과 재능을 보여 왔던 유진오는, 대학 예과에 들어서도 학생회지인『淸凉』과『文友』의 편집에 관여하고 글을 발표하는 등 활발한 문예 창작활동을 전개하였고, 이 과정에서 본격적으로 서양의 근대문학에 빠져들게 된다. 남독이라 할 만큼 독서에 몰두한 시기였지만, 특히 이 시기 그에게 영향을 준 것은 하듸와 괴테, 그중에서도 특히 괴테였던 것 같다.[17] "나는 아무 반성 없이 조선의 괴테가 되리라는 뜻을 세웠다"[18]고 할 정도로 괴테에게 열광했던 그가 이 시기 괴테를 통하여, 그리고 그토록 탐독했던 그 수많은 서양의 근대작가들을 통하여 발견하였던 것은 바로 '개인', 그것이었다. 개인이 매몰된 전통적 윤리의식과 신사조의 영향으로 움트기 시작한 자의식과의 오랜 갈등이 보편적 근대성의 기초로서의 개인의 발견을 통하여 비로소 봉건성에 대한 근대성의 투쟁이라는 사상적 형태로 다져지게 되며, 그 기초를 확립하게 된다.

그러나 이 시절 그가 보편적 근대성의 기초로서 획득한 개인의 발견은 아직 정치나 사회의 제 관계에서 자기의 실현을 주장할 수 있는, 그러한 의미에서의 개인은 아니었다. 정치적 의미에서의 개인주의는 여기에서는 아무 관련이 없다. 그것은 봉건제도하의 무매개적 집단주

---

16) 그는 이때를 통하여 습득한 교양을 줄곧 소중하게 생각했다. 해방 후 그가 교육행정가로서 대학에서의 교양교육을 강조한 것이나, 법률의 중요한 덕목으로 상식과 교양을 들면서 법과대학을 2년제 예과와 본과 3년의 5년제로 개편할 것을 제안한 것도 이때의 경험이 작용한 것일 것이다.

17) 이 시기를 그는 이렇게 회고한다. "나의 이십 전후-그것은 바람없는 호수와도 같이 고요히 흘러갔다. 그때의 기억을 찾으면 오직 이 하-듸와 괴-테의 2대 문호의 그림자가 어른어른 할 따름이다.", "하-듸와 괴-테", 삼천리, 1933. 3., 38면.

18) "괴테와 나",『다시 滄浪亭에서』, 29면.

의와 그것에 내재한 비합리주의에 마주선 개체로서의 자기에 대한 '내
적인 자각', 굳이 서양에서의 사상단계에 견준다면 인문주의 시대의 개
인의 자각, 그와 같은 것이었다. 그것의 정치적 표현은, 바로 뒤에서
보는 바와 같이 오히려 마르크스사상과의 만남을 기다려야만 했다. 더
군다나 그가 발견한 개인은 이미 언급했듯이 유년시절 습득한 유교적
합리성과 중용의 정신에 의해 무의식적 근원에서 규정된 것이었다. 그
것은 항상 그의 헌법사상에서 극단적 개인주의를 중화시키는 작용을
하게 된다. 이와 같이 이 시기 그의 정신 가장 깊숙이 심겨진 근대성
의 내용, 즉 유교적 합리성에 기초한 개인의 추구는 그가 경험하는 정
치사상 혹은 법사상에 지속적으로 영향을 미치는 요인으로 남게 된다.

2) 사회의식의 형성기: 법문학부 시절

유진오가 지원한 예과 A는 원래 법과로 진학하기 위한 예비학과였
다. 그러나 그 자신의 회고에 의하면, 무슨 뚜렷한 목적이 있어 문과
A를 선택한 것은 아니라고 한다. 관리가 될 생각도 판검사나 변호사가
될 생각도 없고 법학이 학문으로 취미가 있었던 것도 아닌 상태에서,
"공부 잘하는 학생은 법과로 간다는 당시의 일반적 풍조", 그리고 "부
친이 법과 출신이고 법학교수였던 관계로 어려서부터 육법전서와 법학
서적이 쌓여 있는 분위기 속에서 자라난 환경"이 막연히 결정에 영향
을 미친 것 같다고 이야기한다.[19] 따라서 예과시절 문학과 철학에 심
취했던 그가 법학에 어떤 흥미도 느끼지 못했던 것은 충분히 예상할
수 있는 일이었다. 독문학에 특히 매력을 느꼈던 그는 당시 경성제대
에 독문학과가 없었기 때문에 동경유학을 생각해 본 적도 있다고 한

---

19) 강수웅, 앞의 글, 261-262면.

다. 그러나 그것이 여의치 않게 되자, 이번에는 학부로 진학하는 과정에서 철학과의 심리학 담당이었던 하야미(速水滉) 교수와의 상의하에 철학과로의 전과원(轉科願)을 내기도 한다. 비록 학교 당국의 불허로 그 뜻이 실현되지는 못했으나, 그만큼 그와 법학의 만남은 어색하게 시작되었다.

그러던 그가 법학에 대해 새로운 의미를 발견하게 되는 것은 마르크스주의에 접하게 되면서부터이다. 마르크스사상과의 접촉은 마침 일본에서도 다이쇼데모크라시의 영향으로 동경제대의 신인회(新人會), 와세대대학의 신사상연구회 등 마르크스주의 연구모임들이 생겨나고 있는 데 영향을 받아, 그가 법문학부 1학년 때에 경제연구회란 독서모임을 조직하고 플레하노프의 『유물사관의 근본문제』, 부하린의 『유물사관』 등 좌익서적들을 윤독하면서 시작되었다. 당시는 마르크스사상이 전 세계에 풍미하고 있었고, 식민지 조선에서도 3·1운동이 무력 진압된 이후 식민지 현실에 대한 현상타파라는 이상주의적 열정이 공산주의에서 출구를 찾는 분위기가 지식층 사이에서 광범위하게 퍼져가던 시기였다. 경제연구회는 처음에는 별 뚜렷한 이념적 목적 없이 시작하였지만, 다음해에 해방 후 남로당의 핵심분자들로 활동하게 되는 이강국(李康國), 최용달(崔容達), 박문규(朴文圭) 등이 새로이 가입하고 마르크스주의자 미야께 교수 등이 지도교수가 되면서 본격적인 좌익서클로 자리매김하게 되는데, 유진오는 이를 통하여 사상의 일대 전환을 경험하게 된다.

그가 경제연구회를 통하여 얻게 된 것은 이젠 '사회'의 발견이었다. 일단 사회에 대한 눈이 열리자 법학에 대해서도 새로운 시각을 얻을 수 있었던 것이다. 법과에 진학하고 나서도 한동안 법학에 대한 심각한 회의에 빠져 있던 유진오는 1년 후 그나마 시험공부를 하면서, 그저 "무의미하고 골치 아픈"[20] 법학강의라는 생각에서 "인간이 법률이니 제도니 하는 것을 떠나서는 살 수 없다는 것, 따라서 그 근본 문제를 탐구하는 것은 대단히 중요하고 가치 있는 일"21)이라는 깨달음으로 바뀌게 된다. 그는 1927. 2. 9.자 일기에 이렇게 적고 있다.

　　내가 법과로 들어간 것은 지금 와서 생각하면 잘 된 일이었다. 상아탑 외에 살아 있는 현실세계가 있다는 것을 알았기 때문이다. 인류의 사회사상의 발전, 경제사상사, 정치사상사, 법률진화의 역사를 모르고 철학을 말하고 문학을 말하는 것은 어리석은 일이다. ……후꾸다(福田德三) 박사는 '20세기는 사회 발견의 시대'라고 말했는데, 나는 20세에 개인을 발견하고 22세에 사회를 발견하였다. 지나간 날 내가 개인 속으로 몰입하였듯이 앞으로는 사회 속으로 몰입해 볼 생각이다.22)

독일의 유명한 법철학자 라드브루흐(G. Radbruch)가 법률가의 부류를 분류하면서, 강렬하고도 섬세한 감수성을 가지고 철학이나 예술 혹은 사회와 인도주의에 기울어지면서도 부득이 법학을 선택하여 깊이 고민하고 때로는 도중에 포기하고 마는 수도 있지만, 끝까지 공부하고 나면 누구보다도 훌륭한 법률가가 될 수 있다고 한, 그러한 부류의 길을 법학자로서 유진오가 걸어갔다고 말할 수 있다면, 그 계기는 이렇게 해서 마련되었던 셈이었다.23)

경성제대 법문학부 교수들 중에 특별히 유진오에게 영향을 끼쳤던 교수들로는 오다까(尾高朝雄), 후나다(船田亨二), 미야께(三宅鹿之助) 등이 있었다. 이미 앞에서 말한 바와 같이 경제연구회의 지도교수로서 유진오의 좌익화에 지대한 영향을 끼친 미야께는 말할 것도 없지만, 로마법의 후나다 교수의 경우도 미야께 교수와는 반대로 오히려 그 자유주의적인 기풍과 사상으로 유진오를 매료했다. 유진오는 후나다에게

---

20) "젊은날의 자화상", 『구름 위의 漫想』, 203면.
21) "멋없는 법학", 『젊음이 깃칠 때』, 91면.
22) "젊은날의 자화상", 『구름 위의 漫想』, 206면.
23) G. Radbruch / 최종고 역, 『법학의 정신』(서울: 종로서적, 1983), 139면.

서 로마법과 법리학을 수강한 외에, 매 학년 그의 불어와 불법강독 시간에도 단 두 명의 수강생 중의 하나로 참석하였다고 한다.[24] 후나다의 추천으로 3학년 때는 로마법 성적우수자에게 수여하는 스에마쯔(末松生子)의 로마법학장학품 수상자로 선정되기도 했고,[25] 학부 졸업 후 법리학 조수시절 첫 1년 동안은 유럽에 유학 중이던 오다까 대신 후나다가 지도교수의 역할을 하기도 했다. 이러한 인연이 계기가 되어 일제강점기 말기에는 매달 후나다가 참석하고 있던 자유주의자들의 친목단체인 일불문화협회(日佛文化協會)에 초대받아 피폐해질 대로 피폐해진 정신에 그나마 새로운 호흡을 불어넣을 수가 있었다. 흥미로운 점은 그가 마르크스사상에 경도되어 가면서도, 이와 같이 다른 한편으론 여전히 자유주의적 기풍과 사상에도 매력을 느끼고 있었다는 점이다. 그것은 그가 마르크스사상을 개인주의나 자본주의에 대립하는 것으로가 아니라 봉건주의에 대립하는 근대성 추구의 일환으로 받아들였음을 말해 주는 것이라고 볼 수 있을 것이다.

전공과 관련하여 유진오에게 특히 중요한 영향을 끼쳤던 교수는 법철학의 오다까 교수였다. 그가 법과목 중에서 특별히 법철학에 가장

---

24) 그의 학적부에 의하면 그가 공식적으로 수강한 과목과 단위 수, 성적은 다음과 같다.
   -1학년: 헌법(1단위, 우), 민법총칙(1단위, 우), 형법총론(1단위, 우), 경제학(1단위, 우), 로마법(1단위, 우), 철학개론(1단위, 양), 칸트의 윤리학적 사상(1단위, 우), 독일어(田中)(0.5단위, 우), 독일어(尾嶋)(0.5단위, 우), 물권법(1단위, 우)
   -2학년: 민사소송법(1단위, 양), 전시국제공법(1단위, 우), 형법각론(1단위, 우), 형사소송법(1단위, 우), 재정학(1단위, 우), 평시국제공법(1단위, 우), 상법 제1부(1단위, 우), 경제사강독(0.5단위, 우), 민법 제3부(1단위, 우), 민법 제4부(1단위, 우), 법리학(1단위, 우)
   -3학년: 뒤기 국가변천론 강독(0.5단위, 우), 법리학강독연습(0.5단위, 우), 행정법총론(1단위, 양), 행정법각론(1단위, 우), 민법 제5부(1단위, 양)
25) 京城帝國大學學報, 第16號, 1928. 7. 5.

흥미를 갖게 된 데는 물론 그의 지적 배경으로 보아 당연한 것이기도
했지만, 한편으로는 이 "젊은 교수의 박식함과 구변"26)에 끌린 것도
한 원인이었다고 한다. 오다까가 경성제국대학에 부임하게 된 것은 유
진오가 3학년 때인 1928년 3월이었는데, 그해 법철학강독연습 시간 중
오다까의 유물사관 비판에 대해 대논전을 벌인 것이 계기가 되어, 그
후 오다까가 자신의 독문 처녀작 『사회단체론』(Grundlegung der Lehre
vom Sozialen Verband)을 비롯하여 여러 저서를 보내주곤 할 정도로
가까워지게 되었다고 한다.27) 황성수 변호사의 회고에 의하면, 종전 후
잠시 일본의 맥아더 사령부에서 근무하게 되었을 때 켈젠의 소개로 오
다까를 만났는데, 한국으로 떠나올 때 오다까가 경성제대 교수시절 가
장 훌륭하고 친근했던 한국의 대표적인 법률학자로 유진오와 홍진기를
소개해 주었다고 한다.28)

헌법은 정치학이나 국가학과 법학의 중간쯤 되는 과목이라 흥미를
느꼈다고 한다.29) 당시 헌법교수는 마쯔오까 슈타로(松岡修太郎)였는
데, 유진오는 그를 높게 평가하지 않았다. 헌법교과서로는 미노베의 것
이 사용되었다. 당시는 일본에서도 다이쇼데모크라시의 여파로 천황기
관설파가 맹위를 떨치고 있었고, 호즈미(穗積八束), 우에스기(上杉愼
吉)류의 천황주권설은 발도 붙이지 못할 상황이었다. 그중에서도 미노
베는 천황기관설의 대표주자격으로 인정되고 있었던 때였기 때문에,
미노베의 책이 헌법교과서로 사용되었던 것은 어쩌면 당연한 일이었
다. 이것은 유진오에게 있어 헌법학과의 접촉을 그나마 그 정도라도

<hr>

26) "박식한 오다까 교수", 『젊음이 깃칠 때』, 100면.
27) "나의 대학생활", 『다시 滄浪亭에서』, 86면. 보성전문 측의 기록에 의하
　　면 유진오가 보성전문 재직 시 오다까가 보성전문에 와서 자유법론에
　　관하여 특별강의를 한 사실이 나와 있는데, 이것도 유진오의 부탁에 의
　　한 것일 가능성이 크다.
28) 황성수, "여명기(4)", 법률신문, 1982. 9. 6.
29) "박식한 오다까 교수", 『젊음이 깃칠 때』, 98면.

자유주의적 색채가 가미된 헌법학으로부터 시작할 수 있었다는 점에서
일종의 행운이라면 행운이라고 할 수 있을 것이다.

전후 일본의 헌법학계에서 중요한 위치를 차지한 키요미야 시로오
(淸宮四郞)가 경성제대에 헌법 및 행정법 제2강좌 담당 조교수로 부임
한 것은 유진오가 2학년 때인 1927년이었다. 그러나 유진오의 많은 회
고 가운데 키요미야에 대한 별 언급이 없는 것을 보면, 그로부터 그렇
게 강렬한 인상은 받지 못했던 것으로 보인다. 그렇지만 키요미야는
수십 년 후까지도 유진오를 아주 우수했던 학생으로 기억하고 있는 것
을 보거나,[30] 유진오가 3학년 때 수강한 행정법총론과 행정법각론 중
에서 적어도 한 과목은 키요미야에게서 들었을 가능성이 많다는 점에
서 그 둘 사이에 학문적 접촉이 전혀 없었던 것은 아니었을 것으로 추
측된다. 키요미야가 경성제대에 부임한 것은 동경제대 학생시절 스승
이었던 미노베의 추천에 의한 것이었다고 한다. 또한 키요미야 역시
오다까처럼 구미유학 중 켈젠에게서 직접 사사(師事)하여 켈젠의『일
반국법학』을 직접 번역하기도 하고, 자신의 헌법학에 켈젠이론을 적용
하기도 하는 등 일본 내 대표적인 켈젠주의자 중의 하나로 평가되던
인물이었다. 키요미야 스스로도 자신의 헌법학에 있어서 두 스승으로
켈젠과 함께 미노베를 이야기할 정도로 그 두 사람에 대한 존경과 그
들의 키요미야에 대한 영향은 다대했던 것으로 알려지고 있다.[31] 그렇
다면 유진오에 대한 미노베나 켈젠의 영향에는 키요미야도 한몫 담당
했던 것이 아닌가 생각된다. 물론 헌법개정의 한계라든가 입법의 한계
등을 언급한 부분에서 키요미야의 직접적인 영향도 군데군데 눈에 띠
기는 한다. 그러나 어디까지나 단편적인 이야기일 뿐이고, 그의 사상의

---

30) 京城帝國大學創立50周年記念誌編纂委員會, 『紺碧遙かに』(東京: 京城帝國
   大學同窓會, 1974), 722면.
31) 淸宮四郞, "私の憲法學の二師・一友", 公法硏究, 日本公法學會, 1981. 이
   글은 공개적 석상에서의 그의 최후의 강연이었다.

핵심에 다다를 정도로 심각하게 받아들이고 있는 것은 아니다.

그럼에도 불구하고 전체적으로 본다면, 유진오에게 있어서 학부 3년 간은 아직 법학에 몰두했던 시기는 아니었다. 비록 주로 시험공부를 통해서이긴 했지만 줄곧 수석을 유지할 수 있었을 정도의 법학적 수련 이 이후 그의 법학적 개념 형성에 중요한 밑바탕이 된 것은 말할 것도 없지만, 아직은 법의 역사적 사회적 측면에 흥미를 느꼈을 뿐 여전히 '조문법학'에는 따분해 하였던 것 같다. 뿐만 아니라 그를 법학에로 인 도했던 마르크스주의 역시 이 시기 아직은 자기 자신의 것으로 본격적 으로 받아들이고 있었던 것도 아니었다. 마르크스사상에 매력을 느끼 고 그에 급속히 경도되어 가면서도 1927년에 쓰인 그의 일기는 마르크 스주의에의 확신을 여전히 유보하고 있음을 보여 주고 있다.[32] 이러한 점은 그의 문학 활동에도 그대로 나타나고 있는데, 임화(林和), 박영희 (朴英熙), 최서해(崔曙海) 등 소위 프로문학파 작가들과의 교류에도 불구 하고 이 시기 그의 주된 작품인 「복수」, 「피로연」, 「스리」, 「넥타이의 沈澱」 등은 일본 신감각파의 작품으로 창작해 본 것으로, 좌익사상과 는 무관한 순수파에 속하는 작품이라고 주장하고 있는 것이다.[33] 마르 크스주의에 대한 공적인 고백은 졸업 후 형법연구실의 조수가 되면서 부터 본격적으로 시작된다. 그동안은 마르크스사상에 대한 충분한 이 해가 덜 되었기 때문이기도 하겠지만, 거기에는 진로의 선택과 관련하 여 맛보았던 비애도 한몫 하였던 것으로 보인다.

---

32) 대표적인 두 구절만 발췌한다면, "마르크스의 『경제학비판』 서문 중의 공식 – 훌륭한 공식이다. 간단명료하다. 그러나 그것이 정확한 것인지 틀 린 것인지 지금의 나로서는 판단할 수 없으니 답답하다."(1. 7.자), "……『마르크스 가치론의 배격』을 꺼내 읽다. 土方이란 사람은 좌우간 머리는 좋은 사람 같다. 마르크스의 이론을 비판한 부분은 모르겠으나, 소개한 부분이 다른 누구의 소개보다도 알기 쉽기 때문이다."(10. 11. 자) 등. "젊은 날의 자화상", 『구름 위의 漫想』, 197, 229면.
33) 『滄浪亭記』, 작품해설 432면.

42

원래부터 관리가 될 생각이 없었던 유진오는 졸업을 앞두고 고등문관시험을 치르지 않더라도 특별임용 형식으로 판사에 임용하겠다는 경성지방법원장의 제의를 받고, 이를 자존심 때문에 거절한다. 그해 여름에는 민법의 후지다(藤田東三) 교수로부터 민사소송법 강좌를 맡지 않겠느냐는 제의를 받고 전혀 흥미가 없었던 민사소송법 특별강의까지 이수하지만, 조선인은 강좌담당 교수가 될 수 없다는 학교 방침 때문에 무산되고, 결국 졸업 후 하나무라(花村美樹) 교수의 형법연구실의 조수로 2년간, 그 후에는 다시 독일에 나간 오다까 교수의 법리학연구실의 조수로 2년 - 실질적으로는 1년 - 동안을 예비학자로 지내게 된다. 그러나 여전히 학자로서의 길이 막혀 있는 임시방편으로서의 조수생활에 불과하였기에, 그것은 "갈 곳 없는 인텔리"[34]의 불안과 설움을 일시 연기한 것에 불과한 것이었다. 이렇듯 그동안 대학이라는 온실 속에서 다분히 감상적 민족주의에 머물러 있던 유진오가 자신의 진로와 관련하여 민족차별의 구체적인 현실에 부딪히면서, 비로소 현실타파적인 마르크스사상에 보다 강하게 투신할 수 있었던 것으로 보인다.[35]

그의 연구실 조수시절은 그의 전 일생을 통하여 해방 후 3년간과 함께 지적 활동이 가장 왕성했던 시기 중의 하나로 꼽을 수 있을 것이다. 우선 형법연구실의 조수를 시작하던 해 여름 그는 친우 최용달과 함께 경성제국대학의 학문적 본거지라 할 일본으로 '학문에의 성지순례'[36]를 다녀온다. 이 한 달여에 걸친 학문적 유람을 통하여 좌익 잡지

---

34) 『養虎記』, 5면.
35) 이즈미(泉靖一)는 이러한 의식의 변화를 다음과 같이 설명했다. "엘리트 중의 엘리트로서의 경성제국대학을 졸업한 한국인 학생들은 그들이 학창에서 한 발자국만 나서면 구체적인 현실로서 커다란 차별을 받"았는데, "이념으로서 내선일체(內鮮一體)와 황국신민(皇國臣民)을 설유(說諭)하면서, 구체적으로는 명확한 차별정책을 취하는 일본정부의 불가해한 태도를 일종의 굴욕으로서 젊은 한국의 지식계급이 의식한 것은 당연한 일이었다." 泉靖一, 앞의 글, 320면.
36) 강수웅, 앞의 글, 266면.

『新興科學』의 주간 미끼(三木淸)를 비롯하여 일본의 노동당 당수였던 오오야마(大山郁夫 - 早大교수 - 정치가), 구시다(櫛田民藏 - 마르크스 경제학자), 히라노(平野義太郎 - 동경대 민법교수), 오오모리(大森義太郎 - 동경대 경제학교수), 하세가와(長谷川如是閑 - 사회평론가 - 잡지 『我等』 주간), 바바(馬場恒吾 - 평론가), 마끼노(牧野英一 - 동경대 형법교수), 쓰네또오(恒藤恭 - 京都大 법철학교수), 류우(笠信太郎 - 경제학자 - 大原社會問題硏究所員) 등 당시 일본의 대가들이라 할 만한 사람들 수십 명을 만나면서, "일본 학문의 경성 지점에서 얻은 자신의 학문이 최소한 본점에는 통할 수 있다는 확인"을 하고 돌아온다.[37]

　이 시기는 본격적으로 법학 연구에 입문했던 시기이기도 하다. 형법 연구실 조수로 있는 동안에 주로 확신범의 문제에 관심을 가지고 연구를 진행하여, 그 성과를 임기 마지막에 「法律에 在한 社會民主主義」(1931), 「間島中共黨 適用法의 疑點: 치안유지법 적용」(1931) 및 「조선범죄의 동향」 등 세 편의 논문으로 발표한다. 이어진 법리학연구실 조수 시절에는 조수논문으로 설정한 「법의 이념으로서의 정의」[38]의 집필을 준비하면서, 한편으로는 독일에 가 있던 오다까 교수 대신 신분상 지도교수로 되어 있던 후나다 교수, 그리고 하세가와(長谷川理衛) 교수와 함께 뒤기(Duguit)의 『헌법개론』(Traité de Droit Constitutionnel) 공역에도 종사한다. 일주일에 한번씩 세 사람이 모여 유진오가 번역한 것을

---

37) "간도 공산당 사건", 『젊음이 깃칠 때』, 111면.
38) 이 조수논문은 테마가 너무 벅차 후에 제목을 「법률이념사」로 고쳤다고 하는데, 그럼에도 불구하고 결국 완성하지 못하고 중세 부분이 누락된 초고의 상태에서 조수 임기를 마쳤다고 한다. 이 초고의 내용은 원고가 유실되어 현재로서는 그 내용을 확인할 수 없다. 그러나 『養虎記』 54-55 면에 의하면, 후에 그가 학술잡지 『普成論集』에 이 「법률이념사」를 기고하려다 분량이 너무 방대하여 당시 미흡했던 서양중세편을 새로 써 기고하였다고 하는데, 이때 발표된 논문 「中世に於ける正義思想」이 100 여 면이 넘는 방대한 분량임을 감안하면, 「법률이념사」는 단행본으로 손색이 없는 분량의 작업이었던 것으로 보인다.

44

공동 토의하는 형식으로 진행되어 조수 임기를 마칠 때쯤 하여 제1권을 완성하였다고 하나.[39] 원고가 유실되어 확인할 수 없다. 다른 한편, 법리학연구실 조수 첫 해에는 하나무라 교수로부터 물려받은 대학 예과의 법학통론 강사도 겸임하였는데, 강의 내용은 그때 갓 출간된 다나까 코따로(田中耕太郎)의 『法律學槪論』에 주로 의거하여 법사상의 역사적 변천을 개관하면서 법이란 무엇이냐는 법철학적 고찰을 시도하는 데 주력하였다고 한다.[40] 이때는 그가 이미 마르크스사상에 깊이 침잠하고 있을 때였기 때문에 저술이나 강의에는 이미 그 영향이 나타나고 있다.

한편 마르크스사상과 직접 관련된 학술논문 성격의 글들도 적지 않게 발표하고 있는데, 법문학부 졸업생들로 조직된 낙산구락부(駱山俱樂部)의 회지 『新興』이 그 주된 통로였다. 우선 조수 1년차에 발표된 「영국노동당과 대영세계제국」(1929)이란 번역논문을 비롯하여 「唯物史觀斷章」(1929), 「민족적 문화와 사회적 문화」(1929), 그리고 마르크스주의를 논한 것은 아니지만 그 이해의 전 단계로서 헤겔의 이론을 살펴 본 「사유재산권의 기초」(1930) 및 「추상과 유물변증법」(1931) 등이 『新興』을 통하여 발표되고 있다. 이와 함께 1931년 9월에는 사회운동에 이론적 실증적 뒷받침을 하자는 목적으로 경제연구회의 멤버였던 이강국, 박문규, 최용달, 그 외 몇 명과 함께 좌익 성격의 조선사회사정연구소를 조직하여, 당시 조선의 세제를 조사하여 발표하는 등 활발한 활동을 전개한다.[41] 그 전 1929년 겨울부터 앞의 세 친우들과 함께 분담하여 집필하여 오던 400자 원고지 천 수백 장이라는 방대한 분량의 『조선사회운동사』도 이 연구소의 사업으로 완성했다고 하나, 출판되지 않은 채 원고가 유실되어 그 내용은 확인되지 않고 있다.[42]

---

39) 『養虎記』, 17면; "나의 연구실 시절(6)", 새법정, 1973.3., 55면.
40) "나의 연구실 시절(6)", 55면. 강성태는 당시 유진오의 강의가 명강의로 이름이 나 있었다고 전한다. 京城帝國大學創立50周年記念誌編纂委員會, 앞의 책, 392면.
41) 조선사정연구회, "조선현행세제 부담조사", 동방평론, 제1-2호, 1932. 4-5.

문학 활동에 있어서도 「오월의 구직자」(1929)를 필두로 본격적인 마
르크스사상에 입각한 작품 제작을 의도하고 「가정교사」(1930), 「송군남
매와 나」(1930), 「상해의 기억」(1931), 「여직공」 등을 발표한다. 그러나
정작 그의 작품들은 프로문학가들에 의해 마르크스주의에 투철하지 못
한 것으로 비판을 받기도 했다.[43] 조직적 투쟁과 혁명을 의식적으로 강
조하는 프로문학과는 달리, 이 시기 그의 대부분의 작품들은 같은 소재
를 다룰 때조차도 개인의 의식의 문제 또는 자각의 문제를 중심으로 다
루고 있기 때문이다. 이러한 점에 주목하여 1980년대 이후 국문학계에
서는 지식인문학이라는 범주로부터 유진오 문학을 파악하려는 경향이
설득력을 얻고 있는데,[44] 이러한 사실은 그의 헌법사상과 관련해서도

---

42) "사회사정연구회 조직", 『젊음이 깃칠 때』, 114면. 이에 의하면 유진오
    는 3·1운동 이후 신간회 조직 이전까지의 사회운동의 분열투쟁기를 집
    필한 것으로 되어 있으나, 동시에 이지휘(李之揮)라는 필명으로 1929년
    의 제반 조선사회운동의 개황을 「조선사회운동 去歲槪跡과 금년의 추세」
    (1930. 1.)라는 제목으로 동아일보에 7회에 걸쳐 연재하고 있음을 볼 수
    있다. 『조선사회운동사』의 집필이 1929년 겨울부터 시작되었다는 그의
    회고에 의거해 볼 때, 동아일보에 연재된 글은 바로 이 공동작업 중에
    얻은 성과를 반영하는 것일 것이다.

43) 물론 유진오 자신이 의식적으로 프로문학과는 거리를 두려고 했던 점을
    기억해야 한다. 카프(KAPF, 조선프롤레타리아 예술가동맹)의 작가들이
    목적성에만 치중하는 데 반하여, 그 자신은 문학도 예술이니만큼 예술
    성을 무시해서는 안 된다는 입장을 견지하였다는 것이다. 그 때문에 그
    는 우리 문학사에서 이효석과 함께 '동반자작가'(同伴者作家)로 자리매
    김 되었는데, 한국문학사에서 동반자작가란 카프에 가맹은 아니 하였어
    도 그 방향만은 같이 하며, 또 자연생성적인 작품을 써서 카프의 뒤를
    따르려고 하는 작가들을 총칭하는 개념으로 이해하는 것이 일반이다.
    조남현, "동반자작가", 『한국민족문화대백과사전』, 제7권(한국정신문화
    연구원), 245면.

44) 정한숙에 의하면, "결론적으로 말해서 현민소설의 작중 인물은 〈滄浪亭
    記〉와 같이 유년의 체험을 미화한 작품이나 또는 후기의 몇 편 〈나비〉,
    〈이혼〉, 〈봄〉 등과 같은 애정물을 제외하고는 모두……지식인이었는데,
    이러한 지식인의 현재 또는 과거의 시간적 의미에 대한 추적이 현민의
    기본적 문학세계를 형성하고 있는 것이다. 이 점은 현민의 고집이기도

흥미 있는 지적으로 생각된다. 그것은 유진오의 헌법사상 가운데도 동일하게 엘리트 지향성이 묻어 나오기 때문이다. 자각의 강조 혹은 자각으로부터의 출발은 항상 자각의 내용과 기준에 따라 대중에 대한 불신으로 연결되기 쉬운 것이 사실이다. 이러한 점이 이후 그의 헌법구상과 이론에 어떻게 나타나고 있는가 하는 점은 다음에 다시 논하기로 한다.

어쨌든 개인의 추구라는 근대성의 열망은 그가 마르크스사상에 접하면서 그 정치적 표현을 얻게 되었다. 그러나 바로 그 때문에 그가 받아들인 마르크스사상은 뒤에서 보듯이 상대적인 것일 수밖에 없었다. 그가 이후 마르크스사상에서 떠나 다시 되돌아가지 않은 데는 이러한 점도 한 이유가 되었을 것이다.

3) 좌절에서 친일에로: 보성전문학교 교수시절

유진오가 그의 반평생의 족적을 담고 있는 고려대학교와 관계를 맺게 된 것은 경성제대에서의 법리학연구실 조수 임기를 아직 1년 남긴 1932년 봄 송진우(宋鎭禹)의 소개로 고려대학교의 전신인 보성전문학

하다. 이러한 지식인다운 비판과 회의 때문에 그는 경향문학시대엔 동반자작가로 불리었고, 그 후 전향의 시기엔 불철저하다는 혹평을 면할 수 없었던 것이다. 그럼에도 불구하고 현민은 언제나 1930년대 지식인의 모습을 예의 주시하였고, 그런 지식인의 환경에 대한 갈등이 묘사되고 있었다는 점에서 그의 문학적 특질을 찾을 수 있다.” 정한숙, 『현대한국문학사』(고대출판부, 1982), 155면.
한편, 조남현도 “프로작가들이 주로 노동자와 농민을 주인공으로 내세운 반면 동반자작가는 이들에 동조하고 이들을 논리적·관념적 측면에서 지원하는 지식인에게 관심을 두었던 것”으로 파악하면서, “「동반자」의 뜻을 넓혀 볼 경우 동반자작가는 지식인소설 작가와 겹치는 부분이 대폭 커질 것이나, 좁혀서 생각할 경우 동반자작가는 지식인소설의 한 방법에 지나지 않는 것이 된다”고 말하고 있다. 조남현, 『한국 지식인소설 연구』(일지사, 1984), 13, 14면.

교의 시간강사가 되면서부터이다. 경성제대에서의 조수 임기 문제로 시간강사로 출발한 것일 뿐, 사실상 이때부터 전임강사나 마찬가지의 활동을 보전에서 하게 된다. 마침 보전은 인촌(仁村) 김성수(金性洙)가 천도교재단으로부터 인계받으면서 새로 교수들을 임용하는 등 막 새 출발을 다짐하던 때였다.

이 보성전문과 유진오와의 만남이 그의 법사상에 있어서 중요한 의미를 갖는 것은 이 만남을 통하여 그가 비로소 본격적인 헌법학의 전공자가 되었다는 점에 있다. 원래 그가 원했던 과목은 형법이었다. 식민지에는 제대로 적용되지도 않으면서 천황이데올로기나 정당화시켜 주는 일본헌법45)을 전공하는 것에 그가 거부감을 느꼈을 것임은 쉽게 짐작된다. 더군다나 조선인으로서 헌법을 전공한다는 것이 극히 장래가 불투명했기 때문에 헌법 전공은 꿈에도 생각해 보지 않았다고 한다. 그런데 형법에는 이미 유력한 일본인 전임강사가 있다는 우연한 이유로 보전에서 헌법과 행정법 그리고 국제공법과 영어원서강독을 담당하게 된 것이다. 이로써 그는 27세의 나이로 조선에 있어서 유일한 공법학 교수가 되었던 것이다.

당시 보전은 시설이나 세평 등 여러 가지 면에서 열악한 환경에 놓여 있었지만, 유진오는 그의 학자로서의 본격적인 출발에 상당히 의욕적이었던 것 같다. 최태영(崔泰永)이 주도한 학술논문집 『普專學會論集』의 간행에 적극 관여하고, 여기에 장편의 논문 「中世に於ける正義

---

45) 조선총독에게 제령제정권(制令制定權)을 인정한 1911년 3월 25일의 법률 제30호 「조선에 시행할 법령에 관한 법률」은 입법에 제국의회의 협찬(協贊)을 얻도록 한 대일본제국헌법 제5조에 정면으로 위배되는 것이었다. 이와 관련하여 일본헌법이 식민지에도 적용되느냐는 문제에 관해 일본인 헌법학자들 사이에 활발한 논쟁이 전개되었는데, 어느 견해에 의하든 천황의 절대적 지배에 관한 규정이 식민지에 적용된다는 것이었지 식민지인들에게도 헌법상의 기본권을 인정할 것인가를 염두에 둔 것은 아니었다. 이에 관해 자세한 것은 김창록, "일본에서의 서양 헌법사상의 수용에 관한 연구", 서울대 박사논문, 1994, 132-153면을 참조할 것.

思想」을 기고하기도 한다. 이 논문집은 그 학문적 수준으로 세간에 상당한 반향을 일으켰다. 당시 백남운(白南雲) 같은 이는 「보전학회논집에 대한 독후감」(1934. 5. 1.-5. 4.)을 4회에 걸쳐 동아일보에 발표하면서 첫 2회를 유진오 논문에 대한 비평에 할애했는데, 이에 유진오가 같은 동아일보를 통하여 곧바로 「중세 자연법론에 대한 약간의 보족적 설명: 백남운 씨의 논평에 대한 답변을 겸하야」(1934. 5. 5.-5. 8.)를 발표함으로써 학문적 논쟁이 일어나는 계기가 되기도 하였다.46)

그러나 만주사변 이후 날로 험악해져 가는 시대적 배경은 그로 하여금 마음껏 연구에 몰두할 수 있는 여건을 마련해 주지 않았다. 이미

---

46) 논쟁의 대체적 내용은 다음과 같은 것이었다. 백남운의 비판의 첫째 요점은 유진오가 중세 자연법 사상에 있어 특징의 하나로 들고 있는 단체주의란 용어는 일반적 균질성(均質性)을 본질로 하는바, 봉건적 생산관계를 불균등 관계로 설명한 부분과 부합하지 않는 개념의 혼동이라는 것이었다. 이에 대하여 유진오는 아리스토텔레스를 인용하며 단체주의란 백남운이 말하는 바와 같이 균질성이 아닌 이질성(異質性)을 본질로 하는 것이라고 주장하며, 자신이 의도한 바는 그 이질성을 기반으로 하는 단체주의가 어떻게 지배계급의 이익에 봉사하는가를 밝히는 것이었다고 반박했다. 백남운의 두 번째 비판은 유진오가 지배자와 농민의 법률적 존재가 씨족사회 몰락기의 무력적 소산이라고 말한 것은 정복설 또는 강력설에 입각한 것으로, 생산관계의 중요성을 무시한 오류라는 것이었다. 이에 유진오는 그러한 설명이 생산관계가 인간의 사회적 존재를 규정함을 부인하거나 무력적 정복이 갖는 경제적 의미를 부인하는 것은 아니라고 해명했다. 마지막으로 백남운은 유진오가 토마스의 정의론을 분석하면서 유통적 정의와 배분적 정의는 제외하고 법률적 정의만을 대상으로 했다고 비판했는데, 이에 대하여 유진오는 자신이 대상으로 한 것은 광의의 정의론(正義論)이므로 법률적 정의만을 대상으로 했다는 백남운 비판은 잘못이라고 공격했다. 또한 자신이 균분적 정의나 배분적 정의를 언급하지 않은 것은 중세 자연법론의 특질을 명확히 하기 위함이었다고 말했다. 즉 토마스에 있어 균분적 정의는 이미 당시 싹트기 시작한 자본주의 경제의 반영이었는데, 이를 모두 다룰 경우 오히려 토마스 자연법론의 중세적 성격이 모호해질 우려가 있어 제외했다는 것이다.

1932년 6월에 조선사회사정연구소의 일이 문제가 되어 경찰조사와 가택수색을 당하게 되고, 1933년에는 다시 문단 관계의 일로 경찰의 시달림을 받게 되는데, 이것이 심리적으로 얼마나 큰 타격이었는가는 조선사회사정연구소 사건 후 무려 2년여 동안 그 활발하던 문학 활동까지도 거의 중단하다시피 한 것을 보아서도 알 수 있다.47) 게다가 문단에 큰 충격을 주었던 카프의 해산은 동반자작가로 인식되었던 유진오에게도 엄청난 압력으로 다가왔을 것이 틀림없다.

이러한 일련의 일들로 유진오는 이후 마르크스사상을 직접적으로 표출하는 것에는 상당히 꺼려하는 태도를 보인다. 대신 눈을 외부로 돌려 오히려 국제법이나 국제정치에 관한 글들을 상당수 발표하고 있다. 1933년 일본의 국제연맹의 탈퇴를 둘러싸고 국제헌장의 관련 조문을 해설한 「화협과 권고」(1933) 및 「권고와 제재」(1933), 국제정세의 흐름을 분석한 「평화의 종언」(1933), 「파산에 직면한 국제연맹기구」(1934), 「몰락 도상의 국제연맹」(1934), 「군축을 싸고도는 열강의 세계정책」(1935), 「최근 구주 국제정국의 조감」(1935) 등이 그것이다.48) 당시의 국제정세는 경제공황의 여파로 블록화되어 가면서 점점 균열과 긴장을 더해 가는 긴박한 상황이어서, 국제법 교수로서 관심을 가지고 그에 대해 글을 발표하는 것은 당연한 일이었을 것이다. 다만 주목되는 점은 서구 자본주의의 모순과 "그 정치적 표현으로서의 베르사유체제"49)에 대한 비판적 의식이 엿보이기는 하지만, 대체적으로 사회비판적 태도는 현격히 후퇴하고 객관적이고 중립적인 해설태도를 유지하고 있다는 점

---

47) 이 시기 문학작품으로는 「五月祭前」과 희곡 「위자료 三千圓也」(1933)가 발견된다. 유진오 자신의 이야기에 의하면, 조선사회사정연구소 사건 이후 일기조차도 해방이 될 때까지는 쓰지 않았다고 한다.

48) 이것들은 모두 동아일보나 신동아에 발표된 것들인데, 이 정도나마 그래도 활발히 발표가 가능했던 데에는 1933년 10월부터 동아일보의 객원위원으로 초빙되었다는 외부적 요인도 상당히 작용했을 것이다.

49) "평화의 종언(2)", 동아일보, 1933. 12. 17.

이다. 한 가지 흥미로운 점은 「실증법학의 현대적 의미」, 「中世に於ける 正義思想」, 「중세자연법론에 대한 약간의 보족적 설명」 등 1934년에 발 표된 법철학 관련 논문들에서 다시 마르크스사상이 등장하고 있다는 사 실인데, 앞서 말한 바와 같이 마르크스사상이 가장 농후하게 드러난 「중 세に於ける정의사상」이 이미 법리학 조수시절 집필한 『법률이념사』의 중 세 부분을 개필하여 기고한 것이었다는 점을 감안해야 할 것이다.

더군다나 1935년에는 일본에서의 천황기관설 사건[50]의 여파가 조선 에까지 미쳐 그때까지 헌법교과서로 사용하던 미노베의 『憲法撮要』 대 신 사또고지로(佐藤丑次郎)의 책을 사용하지 않을 수 없게 된다. 이 사건에 대해 유진오는 후일, "[사또고지로의 엉성한] 책을 교과서라 해가지고 학생들 앞에 나서서 앞뒤가 맞지 않는 소리를 하기란 참으로 부끄러웠다"[51]고 술회하고 있다. 개인적으로도 1934년 9월에 정신적 지주가 되던 부친 유치형이 별세하고, 1936년에는 다시 원산청년회가 주최한 강연회에서의 강연이 문제가 되어 경찰 조사를 받는 등 수난이 계속된다. "법학도 경제학도 이론을 만지작거릴 수 없는 세상"[52]이라 는 깊은 자조 속에 "창작과 당구와 술"[53]의 세계에 침잠하여 지내면 서, 「독일 국가학의 최근 동향」(1938)과 「전체주의 법이론의 윤곽」

---

50) 천황기관설 사건이란 키꾸찌 타께오(菊池武夫)가 1935년 2월 18일 일본 귀족원 본회의 중 국가법인설의 입장에서 천황도 하나의 국가기관에 불 과할 뿐이라고 주장한 미노베 타쯔끼찌를 격렬히 비난하고 이에 대하여 미노베가 재논박함으로써 발단이 된 사건으로, 결국 미노베의 주요 저 서인 『逐條憲法精義』, 『憲法撮要』, 『日本憲法の基本主義』 등의 발매가 금지되고 각 대학과 강연에서 천황기관설론자들이 배격됨으로써 막을 내린 사건이다. 미노베 자신도 이 사건으로 기소유예에 처해지고 그의 제자라고 일컬어지는 자에 의하여 테러를 당하기까지 한다. 이 사건과 함께 그 직후 터진 소위 2·26사건으로 이후 일본은 급속히 군국주의의 외길을 걷게 되었다. 자세한 내용은 김창록, 앞의 글, 121-124면 참조.
51) 『養虎記』, 69-70면.
52) 같은 책, 90면.
53) "폭풍과 긴박", 『구름 위의 漫想』, 250면.

(1939)을 발표하고 있는데, 전체주의에 대한 판단유보적 태도가 보인
다. 이보다 조금 앞선 1937년 2학기에는 교내강좌에서 「켈젠의 순수법
학에 대하여」라는 제목으로 강연을 한 기록이 남아 있어,54) 힘들게 법
학교수로서의 명맥을 유지해 가는 모습을 확인할 수 있는데, 내용이
남아 있지 않아 아쉬움을 남긴다. 한편 문학 방면에 있어서도 이미 희
미해질 대로 희미해진 정치성과 완전히 결별하는 마음으로 중편 「華想
譜」(1938-9)를 연재함으로써 전향의 마지막 구두점을 찍게 된다.55)

  그러나 이나마도 일제의 소위 문화정책의 마지막 여택(餘澤)이었음
이 곧 드러난다. 대외적으로 만주사변과 국제연맹에서의 탈퇴에 이어
1937년에는 중일전쟁, 1941년에는 진주만 기습으로 팽창주의의 외길을
치닫게 되는 일본이, 대내적으로도 국가총동원법 제정 등 파시즘에의
경향을 한층 강화해 감은 물론, 내선일체(內鮮一體)란 명목으로 1936
년 총독 미나미(南次郞)의 부임과 함께 일본어 상용과 창씨개명, 지원
병 제도 등 황민화 정책을 노골적으로 강행해 갔는데, 이 과정에서 유
진오도 예외 없이 친일에로의 굴종을 강요받았던 것이다.

  보전에서 1939년 봄 법과과장이라는 보직을 맡게 된 것이 그 시작이
었다. 이것은 그의 생애에서 결코 간과할 수 없는 교육행정가로서의
이력의 첫 출발을 의미하는 것이기도 하지만, 이로 인하여 그는 일제

---

54) 고려대출판부(편), 『고려대학 70년지』(고려대학교, 1975), 231면.
55) 자신의 예과 강사 시절을 소재로 한 이 시기 그의 가장 대표작 「김강사와
  T교수」(1935)에서 묘사된, 취직을 위해 자신의 좌익 경력을 숨겨야 했던
  김 강사의 자기인식은 아마도 이 당시 유진오 자신의 번민을 대변하는
  것이었을 것이다. "하지만 인생이란 도대체 모순 그것이 아닌가 하고 그
  는 생각해 보았다. 그중에도 지식계급이라는 것은 이 사회에서는 이중,
  삼중, 사중 아니 칠중, 팔중, 구중의 중첩된 인격을 갖도록 강제되고 있는
  것이다. 그 많은 중에서 어떤 것이 정말 자기의 인격인가는 남모르게 저
  혼자만 알고 있으면 고만인 것이다. 어떤 사람은 사실 똑똑하게 이것을
  의식하고 경우를 따라 인격을 변한다. 그러나 어떤 자는 자기 자신의 그
  수많은 인격에 황홀해 끝끝내는 어떤 것이 정말 자기의 인격인지도 모르
  게 되는 것이다.", "김강사와 T교수", 『滄浪亭記』, 40면.

의 전시총동원 정책의 대리수행자이자 다른 한편으로는 그 방패막이라는 결코 달갑지 않는 이중의 역할을 감당해야만 했다.

그러나 정작 그의 사후에까지 문제로 되었던 것은 역시 그의 문필 경력이다. 1940년 11월에는 "국체의 본의에 기하여 내선일체의 실을 거하고 각 그 직역에서 멸사봉공의 성을 봉하여 협심육력(協心肉力)함으로써 국방국가체제의 완성, 동아 신질서 건설에 매진할 것을 기함"이라는 강령하에 1940년 10월 16일 결성된 국민총력조선연맹 산하 문화위원으로 선임되어, 친일단체인 조선문인협회 주최의 시국강연회에서 박영희, 김동환 등과 함께 부산, 마산, 진주, 대구, 청주, 공주 등을 순례하며 강사로 나선다. 그 후 1943년 4월에는 조선문인협회의 후신으로 "조선에 세계 최고의 황도문학(皇道文學)을 수립"할 목적으로 조직된 조선문인보국회(朝鮮文人報國會)의 간사 직을 맡게 되며,[56] 1942년 11월에는 각각 이광수 등과 함께 동경에서 개최된 대동아문학자대회에 참석하여 대동아 건설의 당위를 홍보하는 연설을 행한다. 그 외에도 매일신보에 「병역은 곧 힘이다」(1943)라는 제목으로 학병권유문을 기고하기도 하였으며, 결전문학의 심사위원으로 활동하기도 하고, 문인좌담회 등을 통하여 '국민문학'의 홍보에 동원되기도 했다.

이런 활동들이 어느 정도가 자기 확신에 의하여 이루어진 것이고, 어느 정도가 압력에 못 이긴 부득이한 것이었는지는 분명히 말하기가 어렵다. 확실히 일제 말기 그의 발언들은 그가 대동아공영권의 구상에 수긍하고 있었음을 보여 준다. 소설에 있어서도 「南谷先生」(1941)이나 「鄭先達」(1942)은 "서양적 합리주의에 대하여 동양적 의리를 선양"하고자 한 것이었다고 한다.[57] 물론 동양적 사고 자체가 그에게 전혀 색다른 것은

---

56) 유진오 자신은 총독부의 일방적 발표에 의해 1940년 '조선문인보국회'의 간부의 한 사람으로 선임되었다고 이야기하고 있으나, 이는 앞서 말한 국민총력조선연맹 산하 문화부의 문화위원으로 선임된 것을 착각한 듯하다. 『養虎記』, 87면.
57) "主題から見た朝鮮の國民文學", 朝鮮, 1942.10., 32면.

아니었다. 앞에서 본 대로 어린 시절부터 체질화된 유교적 소양은 항상
서구적 근대성의 배후를 그림자처럼 뒤따르며 그 극단성을 중화시키는
요소로 작용해 왔다. 따라서 이 시기 동양의 강조는 서구에서 합리주의
가 극도의 무력감을 노출하는 것을 바라보면서 그동안 숨겨져 있던 동양
적 사고가 전면에 나선 것이라고 일견 이해할 수도 있다. 그러나 동시에
그것이 "성전(聖戰)의 진행에 따르는 일본정신의 앙양, 동양의 자각 내
지 대동아신문화의 건설이라는 역사적 대사업"58)의 일환으로 이루어진
것이라는 점 또한 부인할 수 없다. 이런 점에서 이 시기 그가 보인 태도
와 입장은 확실히 개인주의나 사회주의, 민족주의가 복잡하게 얽혀 있던
이전 시기의 사상적 흐름은 물론, 해방 이후의 헌법사상과의 관계에 있
어서도 이질적인 것이었다고 볼 수밖에 없다. 사상의 연속성이라는 측면
에서 일제 강점기의 마지막 이 4, 5년 동안의 시기는 유진오 개인사에
있어 공백기 혹은 역류의 시기였던 것이다. 당시의 대부분의 지식인들이
그러하였듯이, 유진오 역시 중일전쟁과 태평양전쟁의 초기 일본의 연승
을 지켜보면서 더 이상 독립은 무망하다는 생각에 쉽게 체념의 길에 들
어섰던 것 같다. 우리가 친일을 적극적 친일과 강요에 못이긴 소극적 친
일로 나눌 때, 그에게는 아무래도 소극적 친일의 측면이 강했다는
점59)60)이 그러한 역류에 대한 한 설명이 될 수 있을지 모르겠다.

---

58) 같은 글, 29면.
59) 이와 관련하여 참고로 1948년 민족정경문화연구소에서 발간한 『친일파
    군상(상)』이라는 책자에 의하면, 친일파를 "자진적으로 나서서 성심으
    로 활동한 자"와 "피동적으로 끌려서 활동하는 체한 자"로 구분하고,
    전자를 다시 5종류로, 후자를 4종류로 구분하고 있는데, 유진오는 장덕
    수, 주요한, 신흥우, 김활란, 정인섭 등과 함께 후자 중, "원래 미영(美
    英)에는 호의를 가졌으나 일본에 호감을 가지지 아니하였고 혹은 친미
    배일 사상의 소지자이었으나, 위협에 공포를 느끼고 직업을 유지하기
    위하여 과도의 친일적 태도와 맹족적 협력을 한 자"로 거론되고 있다.
    민족정경문화연구소, 『친일파 군상(상)』(삼성문화사, 1948), 15-16면.
60) 보성전문학교는 30명의 교수진 중 5명을 제외하고는 창씨개명을 하지
    않았다고 한다[고재욱 편, 『인촌 김성수전』(인촌기념회, 1976), 409면].

그러나 이러한 역류의 흐름 속에서도 해방 후 유진오의 헌법사상을 이해하는 데 중요한 단서가 이 시기에 포착되고 있다는 점을 간과할 수는 없다. 그것은 뒤에서 보듯이 그가 개인주의에 대한 대립을 사회주의뿐만 아니라 국가주의로도 이해하기 시작하였다는 사실이다. 그가 좋든 싫든 관여할 수밖에 없었던 국민문학운동이란 것도 결국 서구의 개인주의를 배격하고 국가주의를 강화하기 위해 국민의식을 고취시키는 문학운동에 다름 아니었다. 물론 그것은 '일본'의 군국주의 강화로 귀결되었다는 점에서 민족주의로부터 기원하는 해방 후의 국가주의적 사상과는 그 성격을 달리하였다. 그리고 그와 같은 친일적 행적이 유진오로 하여금 해방 후 친일파 처단 문제에 대하여 미온적 태도를 취하지 않을 수 없게 하였다는 점에서, 해방 후 그의 민족주의의 성격을 협소하게 제약하는 요인으로 작용하였다는 점 또한 여기서 부연할 수 있겠다.

한편 1944년 3월에는 그나마 힘들게 유지되던 보성전문학교마저 농업과 상업의 실기를 목표로 하는 경성척식경제전문학교로 바뀌게 되었고, 척식과장의 자리를 그대로 이어받았던 유진오는 해방을 불과 4개월여 남긴 1945년 3월 말 일제의 패망을 예감한 듯 학교를 사임하고, 일주일에 한 번 시간강의를 나가는 외에 은둔생활로 일제강점기의 말기 가장 혹독했던 시기를 연명해 간다.

유진오 역시 1944년 중반까지도 '유진오'라는 본명을 사용하고 있고, 간혹 창씨개명을 하지 않아 당한 곤욕을 들려주고 있는 것을 보면, 끝까지 창씨개명을 하지 않았던 것으로 보인다. 그렇다면 이것도 이유야 어떻든 그가 최소한의 민족적 자존심은 유지하고 있었다는 증거가 아닐까? 月田茂의 다음과 같은 이야기도 흥미롭다. "쓰지 못할 사유도 없을 법한데 쓰지 않고 만 사람으로 유진오도 있다. 아마 쓰지 않으려니 하고 생각은 하고 있었다." 국민문학을 염두에 두고 한 발언인데, 유진오가 전혀 국민문학을 쓰지 않았던 것은 아니지만, 이 시기 작품 활동이 현저히 준 것은 사실이다. 月田茂, "文化の一年", 신시대, 1943. 12.; 임종국, 『친일문학론』(평화출판사, 1966), 273-274면.

2. 초기 저작에 나타난 법사상

일제강점기 유진오의 집필은 주로 문학 관계에 치중되었으나, 그가 경성제대의 조수로 된 1929년부터는 법학 관련 논설도 드물지 않게 발표하기 시작하였다. 형법연구실 조수시절의 형법 관련 논문들, 시기적으로는 좀더 후기에 속하나 법리학연구실 조수시절의 연구에 기초한 법철학 관련 논문들, 그리고 보성전문에서의 국제법 교수로서 발표한 국제공법 내지는 국제정치 관계 논문들과 국가학 관련 논문으로 전체주의를 논한 2편의 논문 등이 그것이다. 여기서는 해방 후 유진오의 헌법사상과 관련되는 한에 있어서만 이들 논문들을 살펴보기로 한다.

1) 형법 및 법철학 관련 저작들

형법 및 법철학 관련 논문들은 유진오가 마르크스주의의 영향을 받던 시기 혹은 그 연장선상에서 쓰인 것들이기 때문에, 거기에는 마르크스사상의 색채가 농후하게 가미되어 있다는 점에 공통점을 갖고 있다. 그러나 그 내용들을 면밀히 고찰하면, 그것들이 모두 마르크스주의를 제대로 다 구현하고 있는 것은 아니라는 점을 발견하게 된다. 학문적 미숙으로 구체적인 문제에 마르크스주의를 철저히 적용하는 데 한계가 있기도 했으려니와, 의식적이든 무의식적이든 처음부터 마르크스사상의 특정 요소들만을 자기 자신의 것으로 소화했기 때문이다. 따라서 이들 저작들에 나타난 법사상은 마르크스주의 법사상이라기보다는 오히려 마르크스주의'적' 법사상이었다고 보는 것이 보다 적절하다.

유진오가 마르크스사상으로부터 특히 영향을 받은 것은 무엇보다도 유물변증법이었다. 그가 처음 마르크스사상에 입문하게 될 때 읽었던 책들이 플레하노프의 『유물사관의 근본문제』나 부하린의 『유물사관』과 같은 책들이었고, 마르크스사상을 소개하기 위하여 발표했던 글들도 「진리의 이중성」, 「唯物史觀斷章」, 「추상과 유물변증법」 등 모두 유물변증법에 관한 것이었다는 사실은 유물변증법이 그에게 미친 영향을 극명하게 보여주는 것이라고 하겠다. 특히 「진리의 이중성」에서는 "변증법, 유물론의 유물변증법적 파악! 이러한 난공불락의 방법론의 확립 속에서만 비로소 우리의 새로운 생활, 도덕, 과학, 예술의 유일한 새로운 출발이 있는 것"이라고 당당히 외치면서, 유물변증법을 "유일의 장래할 문화과학 방법론"으로 제시하고 있기까지 한다.[61]

마르크스의 유물변증법이 우선적으로 그의 법사상에 영향을 미친 것은 법이념의 역사적 사회적 상대성에 대한 인식이었다. 법철학 조수논문으로 준비하던 『법률이념사』는 바로 영구불변의 법이념이라는 것이 결국은 그 시대의 이데올로기에 불과하였다는 것을 밝히려는 것이었다고 한다.[62] 그 일부분을 구성하는 「中世に於ける正義思想」에서는 실제로 많은 분량을 중세의 사회적 구조 분석에 할애하면서까지 중세의 대표적 사상가인 아우구스티누스와 토마스 아퀴나스의 자연법론이 어떻게 당시의 지배계층이었던 교회와 봉건영주의 이익에 봉사했는가를 규명하고자 하는 야심 찬 시도를 볼 수 있다. 즉 그에 의하면, 신을 정점으로 단계적으로 조직되어 있는 세계질서 혹은 만유의 질서를 인식하고 이러한 인식에 기초하여 행동하는 것이 정의라는 중세의 정의관은 사실은 장원경제를 매개로 농노에 대한 교회 또는 봉건영주의 지배 및 수탈을 정당화시켜 주는 것과 다름이 없다는 것이다. 또한 신법 혹은 영원법으로부터 자연법이, 자연법으로부터 실정법이 도출된다고 보는 도출(derivatio)이론이, 초현세적 원시기독교의 영향이 남아 있었던 아우구스티누스에게서보다 교회가 완전히 지상권력으로 굳어진 아퀴나스에

---

61) "진리의 이중성", 朝鮮之光, 제9권 제7호, 47면.
62) "나의 연구실 시절(8)", 새법정, 1973. 5., 77면.

게 있어서 보다 더 실정법 정당화 기능을 수행하고 있는 것도 바로 법
이념이 사회현실을 반영하는 것임을 증명하는 것이라고 주장한다.

따라서 사회적 현실과의 관련 없이 그 자체로 객관성을 주장하는 법
실증주의는 용납될 수 없었다. "모든 학문이 다 그렇듯이 법학도 그
사회적 현실의 토대와의 관련적 구조에서 고안되어야만 비로소 그 '의
미'가 파촉(把促)될 것이다"[63]라는 전형적인 선언으로부터 시작하는
「실증법학의 현대적 의미」라는 소논문은 실증법학이 주장하는 과학성
또는 객관성의 허구를 실증법학의 현대적 대표자로서 켈젠을 들어 비
판을 가한 것인데, 그에 의하면 켈젠의 순수법학이 통용될 수 있기 위
해서는 사회현실에 모순과 분열이 없고 따라서 세계관의 분열이 없어
야 한다고 한다. 그러나 현대와 같이 세계관이 분열된 시대에 있어서
객관적이고 과학적인 학문체계의 수립은 가장 객관적이고 과학적인 세
계관을 자유로운 비판적 정신으로 획득함으로써만 가능하다는 것이다.
결국 그에게 있어서 켈젠의 근본규범은 "사회적 현실[이] 이념화된
것"[64]에 불과하며, 따라서 "순수법학은 현실적 토대의 모순을 옹호하
는 실천을 실천하는 것"[65]일 뿐이다.

이와 같이 법 그 자체의 독자성과 객관성을 부인하는 입장이라면,
정당한 법의 운용은 그의 말처럼 "자유로운 비판적 정신으로" 획득한
"가장 객관적이고 과학적인 세계관"에 따라야만 했다. 변증법적 사고
의 영향을 받았던 유진오가 객관적이고 과학적인 세계관을 변증법적
역사의 흐름에서 찾은 것은 당연했다. 이러한 변증법적 사고가 자체
논리에 의하여 어떻게 마르크스주의 그 자체로부터 이탈하는 계기까지
도 마련하게 되는지 하는 것은 다음에 다시 거론하기로 하고, 여기에
서는 다시 법의 독자성 문제로 돌아가기로 하자.

---

63) "실증법학의 현대적 의미", 普專校友會報, 제2호, 4면.
64) 같은 글, 5면.
65) 같은 글, 6면.

　법의 독자성 문제와 관련하여 한 가지 흥미로운 사실은 유진오가 현
실의 구체적인 문제에 들어가면 이러한 일반론적 방법론은 혼동 내지
는 후퇴를 보이기 시작한다는 점이다. 우선 형법연구실 조수시절에 발
표한 「法律에 在한 社會民主主義」에서 그러한 점을 확인할 수 있다.
이 글은 형법학에 있어서 소위 신파, 즉 주관주의의 주장을 마르크스
주의의 입장에서 비판적으로 고찰하고자 한 것인데, 특히 '마끼노(牧
野)법학 비판의 서설'이라는 부제가 붙은 데서도 알 수 있듯이, 당시
일본에서 신파를 대표하는 형법학자 마끼노의 형법학에 대한 비판을
일차적으로 의도한 것이었다.

　그런데 그가 마키노의 형법학에 대하여 가하고 있는 비판 중의 하나
는 마키노가 형법의 목적은 공동생활에 있어 생존경쟁을 조절하는 데
있는바, 범죄란 바로 그 생존경쟁이 적당한 한도를 넘은 것을 말한다
고 한 데 대한 것이었다. 이에 대하여 유진오의 비판은 마키노가 말하
는 그 적당한 한도를 판단함에 있어 사회·경제적 배경에 대한 고려가
보다 철저히 이루어지지 않고 있다는 점에 향하였다. 그리하여 마끼노
가 범죄 개념을 새롭게 파악하려고 시도하면서도, 결국 기본적으로는
범죄를 기존의 질서와 제도에 대한 침해로 보는 입장에서 한 걸음도
더 나가지 못했다는 점을 지적하고 있다. "구파의 학자가 '법전'만을
신격화한 데 대하여 이들은 '현존제도'와 '재판관'을 신격화"한다. 그러
나 "'제도'는 누구의 손에 운용되는 것이며, 재판관은 어느 계급에 속
한 사람인가는 공교히 은폐"되고 있다는 것이다.66) 이 말을 그의 법철
학적 입장과 관련하여 이해하기 위해서는 그가 객관주의 형법학을 독
일의 개념법학을 중심으로 한 순수 유산자법학으로, 신파의 형법학을
자유법학 혹은 사회법학운동에서 비롯된 개량주의적 유산자법학으로
이해하고 있다는 점을 염두에 두어야 된다.67) 이렇게 볼 때, 아직은 개

---

66) "法律에 在한 社會民主主義", 신흥, 제4호, 20면.
67) 같은 글, 13면.

념법학에 대한 옹호라기보다는 개념법학의 한계를 시정하기 위하여 대두된 신파의 자유법학적 방법이 그 계급적 한계 때문에 충분히 자본주의적 모순을 제거할 수 없었다는 비판에 그치고 있다.

그러나 마끼노의 형법학에 대한 다음의 비판에 이르면 분명히 방법론상의 혼동에 이른다. 유진오는 유산자법학이 이론과 정책의 분리를 기초로 하여 출발하였음에도 불구하고 마끼노 형법학은 이를 혼동하고 있다는 점을 비판하고 있는데, 이 글의 전체적인 논지에서 판단한다면 이 말은 신파가 죄형법정주의의 원칙에서 벗어나 객관적인 범죄행위보다도 범인의 주관적인 성향 등을 중요시하여 형사정책적인 판단을 법적 판단에 끌어들이고 있는 것을 지적하고 있는 것임이 분명하다. 그렇다고 하여 그가 이론과 정책, 즉 사실과 당위의 결합 자체를 반대했던 것은 물론 아니다. 이론과 정책은 프롤레타리아의 과학에 있어서는 결코 서로 대립하는 것이 아니요, 도리어 변증법적으로 통일되는 것이라고 분명히 천명하고 있기 때문이다.[68] 따라서 이 글 자체로서는 이론과 정책의 결합을 근본입장으로 하면서도 형법학상의 신파에 대해서는 이론과 정책의 결합을 오히려 비판하는 모순을 보이고 있는 것이다.

그렇다면 그가 왜 형법학상의 신파에 있어 이론과 정책의 결합을 비판했던 것일까? 그의 본래 의도는 형법조수논문으로 준비하던 확신범의 문제와 관련이 있다. 이 논문이 완성되었는지 또 남아 있는지 확인되지는 않고 있지만, 그가 이 문제를 조수논문의 테마로 정한 것은 신파의 교육형 이론이 확신범의 문제에 이르러 파탄에 이르게 됨을 느꼈기 때문이라고 한다.[69] 다시 말해서 범죄를 반사회적 성격의 징표로 보고 이를 교육하여 사회에 적응하도록 하는 것이 형벌의 목적이요 본질이라는 신파의 이론이 정당화되기 위해서는 범인에 대한 국가의 도덕적 우월이 전제되어야 하는데, 국가권력이라는 것이 그렇게 도덕적

68) 같은 글, 28면.
69) "나의 연구실 시절(3)", 새법정, 1972. 12., 68면.

우월을 주장할 수 있는 것인지, 이 문제는 잘못하면 절대주의적 국가관으로 떨어지게 되는 것은 아닌지 하는 의문을 느꼈다는 것이다.[70] 그리하여 이 문제를 연구하는 중에 신파의 응보형 이론 비판에 대하여 대체적으로 동감하던 처음의 입장에서 죄형법정주의의 고전적 의의를 살리기 위해서는 역시 구파의 응보형론이 더 합리적인 것으로 생각되기 시작했다고 술회한다.[71] 다시 말하면 파쇼체제로의 전락을 견제하는 데 죄형법정주의의 가치를 인식하게 되었다는 것이고, 따라서 죄형법정주의를 기초하고 있다고 생각하였던 개념법학적 태도, 즉 이론과 정책의 분리 역시 실제적 문제에 직면해서는 그의 사고 속에서 완전히 사라질 수 없었던 것이다.

사실 동아일보에 사법담당 기자라는 이름으로 4회에 걸쳐 연재한 「間島中共黨 適用法의 疑點」이라는 글은 이데올로기적 혹은 사회학적 접근이라기보다는 오히려 기존의 방식에 충실하게, 주어진 법문을 전제로 일반적 법적 개념 및 문리와 형식논리에 충실한 해석을 통하여 구체적 법적 문제에 결론을 도출하고 있다. 따라서 그가 마르크스사상에 가장 깊이 몰입해 있던 시기에 쓰인 글임에도 불구하고, 이 글이 마르크스적이라고 할 수 있다면 그것은 그 내용이나 방법론에서가 아니라, 간도에서 활동한 중국'공산당' 소속의 일본 국적 조선인에게 일본의 치안유지법이 적용될 수 없다는 그 결론에서 발견할 수 있을 뿐이다.

이를 통하여 우리는 적어도 유진오가 현실의 구체적인 문제에 당면하여서는 기존의 전통적인 해석방법을 무시하거나 거기서 벗어날 수 없었다는 구체적인 예를 발견하게 된다. 그러나 이러한 이중성이 그의 방법론의 파탄을 의미하는 것은 아니다. 사회의 현실적 토대에, 따라서 법의 제도와 이념에 모순이 상존하고 있는 이상, 그에 대항하는 입장에서는 때로는 그가 이해한 대로의 개념법학적 태도가 보다 강력한 무

---

70) 같은 글, 68면.
71) 같은 글, 68면.

기일 수도 있기 때문이다. 실제 마끼노의 신파이론도 사상범에 대한 보호관찰제의 옹호 등 식민지 탄압법이었던 치안유지법을 뒷받침하는 데 이용되었던 것이다. 그러나 이것은 어쨌든 국가가 올바른 사회적 토대에 입각하여 권력을 행사하지 않을 경우에는 언제든지 개념법학적 태도가 유효할 수 있음을 의미하는 것일 것이다. 사실 이것은 그가 전적인 사회운동가가 아니라 법학자로 남아 있고자 하는 한 불가피한 일이었으며, 해방 후 그가 취한 태도이기도 했다. 즉 법은 그 자체 독립적으로 파악될 수는 없고 그 기반이 되는 사회와의 관련하에서만 제대로 이해할 수 있다는 기본입장을 견지하면서도, 상황에 따라서는 국가의 무제약적 권력 행사를 우려하여 법률실증주의의 효용성도 받아들이고 있었던 것이다.

다음으로 그의 마르크스주의적 법사상에 나타나는 요소로서, 해방 후 헌법사상에 중요한 의미를 가지는 것은 법이념으로서의 개인주의와 단체주의에 관한 문제의식이다. 이러한 문제의식이 가장 잘 표출되고 있는 곳은 다시 「中世に於ける正義思想」이다. 이 논문에서 그는 중세의 정의사상의 특징을 무엇보다도 단체주의로 규정한다. 단체주의의 성격에 대해서는 백남운의 반론에 대한 답변에서 좀더 보충하여 설명하고 있는데, 이에 따르면 단체주의의 사회는 아리스토텔레스의 소위 배분적 정의가 보다 전면에 적용되는 사회이다. 따라서 구성원의 동질성이 아니라 이질성이 요구되는 사회라고 본다. 다만 중세의 단체주의는 지배계급이 구성원의 이질성을 자신들에게 유리하게 이용하여 자신들의 계급이익을 실현시키는 이데올로기로 사용하였다는 점에서 비판되고 있다.[72] 즉 중세 자연법론은 단체주의와 함께 영주와 농노 사이의 인격의 불평등을 전제로 하고 자유보다는 의무를 강조하고 있다는 점에서 그 특징을 찾을 수 있다는 것이다.[73] 그런데 그가 이를 설명하

---

72) "중세 자연법론에 대한 약간의 보족적 설명(중)", 동아일보, 1934. 5. 6.
73) "中世に於ける正義思想", 普專學會論集, 제1집, 90면.

는 중에 고대사회를 개인주의 사회로 설명하고74) 또 중세 자연법론의
특질을 단체주의, 불평등원칙, 의무원칙 셋을 든 것은 근대 자연법론의
기본적 요구로서 개인주의, 평등 그리고 자유의 삼원칙과 정－반의 변
증법적 관계를 갖게 하려는 데 있었다고 말하고 있는 것을 보면,75) 개
인주의와 단체주의에 대한 문제의식은 단지 중세에 한정된 것이 아니
라 마르크스주의적 사상가로서 법률이념사 전체를 관통하는 틀로 작용
하였음을 짐작하게 된다. 이로 미루어 보건대, 그가 현대의 법이념으로
서 중세의 외적 불평등과 근대의 형식적 평등을 통하여 산출되는 실질
적 불평등 양자를 지양하고, 구성원 각자의 기여에 상응한 적정한 분
배가 이루어지는 단체주의를 이상으로 생각하였을 것임은 쉽게 추측할
수 있을 것이다. 이렇게 볼 때, 해방 후 그가 주장한 균등원칙의 단초
를 여기서 찾는 것은 전혀 무리가 아니다.

　유진오의 근대 개인주의에 대한 비판은 「法律에 在한 社會民主主義」
에서 보다 직접적으로 나타나 있다. 그가 여기에서 마끼노의 형법학에
대한 비판 중의 하나로 드는 것은 바로, 마끼노가 사회현상은 일면에
있어서는 협조인 동시에 타면에 있어서는 투쟁이라고 하고 있는 데 대
한 것이었다. 이를 유진오는 순수한 개인주의로부터 일보를 나간 것이
라고 평가하면서도, 그 소위 협조라는 것이 개인간의 생존경쟁을 원만
히 진행시키기 위한 정도에 있어서만 협조에 불과하고, 노동관계로서
의 사회의 본질을 파악하는 데까지는 이르지 못했다는 점을 공박했
다.76) 그러나 개인주의에 대한 이러한 비판적 태도가 단체주의 혹은
체제로서의 공산주의에 대한 절대적인 확신으로까지 이어지고 있는지
는 확실히 않다. 비단 이 글에서만이 아니라 그가 마르크스사상에 입
각하여 쓴 다른 논문이나 평론, 문예물에 있어서도 그가 공산사회의

74) "중세 자연법론에 대한 약간의 보족적 설명(중)", 동아일보, 1934. 5. 6.
75) "중세 자연법론에 대한 약간의 보족적 설명(하)", 동아일보, 1934. 5. 8.
76) "法律에 在한 社會民主主義", 26-7면.

이상을 명확히 표출하고 주장한 곳은 쉽게 발견되지 않는다.

오히려 마르크스의 유물변증법을 소개하고 있는 「唯物史觀斷章」은 그와 반대되는 사실을 시사해 주고 있다. 물론 여기에서도 현대에 들어 개인주의가 후퇴하고 단체주의가 부활하고 있다는 사실을 긍정적 입장에서 역설하고는 있다. 그러나 그것은 결코 공산주의에서 완결되는 그런 절대적 의미에서 단체주의를 옹호하는 것이 아니다. 오히려 정립과 반정립을 통하여 보다 고차의 정립에 이르는 변증법의 그 끊임없는 역동적 과정이 개인주의와 단체주의에 대해서도 유보 없이 철저히 관철되고 있음을 볼 수 있다. 그에 의하면 "부분과 전체의 대립, 그것은 실로 인류의, 아니 우주의 위에 내려진 구원(久遠)의 과제"이며, "모든 발전의 원동력"이고, "영구불치의 고질"이로되, 동시에 "모든 생명력의 근원"이다. 결코 양자의 완벽한 조화는 이 현실세계에서는 이룰 수 없다. 어느 시대에 일어난 주의이든지 이 양자의 조화를 꾀하지 않은 것이 없으되, 그것은 "겨우 양자의 조화를 향해 한 걸음을 내어 딛었음에 불과"하다는 것이다.[77] 이처럼 유진오에게 있어서 공산주의는 영구불변의 것이 아니었음은 물론, 개인주의와 단체주의의 문제도 결국 하나의 완전한 배제나 둘의 완전한 융합이 아닌, 끊임없이 실천적으로 추구되어야 할 조화의 문제에 불과했던 것이다.

그런데 여기서 그의 단체주의적 경향의 성격을 보다 명확히 하기 위해서는 한 가지 더 고려되어야 할 것이 있다. 그것은 그의 마르크스사상에 있어 계급적 문제가 대부분 민족적 문제, 즉 식민지의 모순과 중첩되어 나타난다는 사실이다. 이러한 점은 법학 관련 논문에서도 엿볼 수 있지만,[78] 보다 분명하게는 소설과 평론에서 찾아볼 수 있다. 그가

---

77) "唯物史觀斷章", 신흥, 제1호, 30면.
78) 가령 「法律에 在한 社會民主主義」에서는 다음과 같은 구절이 보인다. "이리해 [마끼노씨에게] 있어서는 三井, 三菱가 幾十億의 巨財를 擁한 반면에 조선의 농민이 만주로 유리하는 사실은 아직 한도를 넘은 생존경쟁이 아님으로 하등 형법의 문제가 되지 아니하나, 실업한 프롤레타

마르크스사상에 몰두했던 시기에 썼던 대개의 작품들은 조선인 프롤레
타리아와 일본인 부르주아의 대립, 혹은 조선인 운동가와 일제 폭압정
치의 전위와의 대립을 구도로 하고 있는 것이다. 그것은 우연이 아니
다. 그는 한 문예시평에서 다음과 같이 주장한다.

> 조선은 일반 자본주의 국가와 달라×[식]민지이기 때문에 대중적
> 투쟁은 거의 전부 반×[제]적 색채를 띠고 있다. 그럼으로 문학 작
> 품에 있어서도 이 정세는 반영되어야 할 것인데, 종래에는 이것이
> 반영되지 아니하고 다만 노동자 일반의 자본가 일반에 대한 투쟁
> 이 묘사되었을 뿐이다.[79]

그에게 있어서 식민지의 마르크스주의는 곧 식민지 독립의 문제이기
도 했던 것이다.[80] 물론 이러한 상황은 유진오에게만 독특한 것은 아
니었다. 일찍부터 소비에트 혁명정부도 민족해방운동을 공식적으로 지
지하고 지원했으며, 이에 영향을 받아 많은 독립운동가들이 독립의 기
대를 안고 공산주의운동에 헌신했다. 현실적 체제구상으로서 공산주의
를 고백했는지, 아니면 단지 독립운동의 방편으로 공산주의를 옹호했
는지 하는 것은 많은 경우 해방을 기다려 판가름 났던 것이다.[81] 그러

리아가 一着의 양복을 훔치고 안면 창백한 전위가 몇 장의 삐라를 뿌리
는 사실은 단연히 적당한 한도를 넘은 생존경쟁이어서 범죄가 되는 것
이다."(같은 글, 27면). 한편 「間島 中共黨 適用法의 疑點」 역시 조선인
공산당원에 대한 치안유지법 적용 여부에 관한 글이었다.

79) "침통한 문학 기타", 동방평론, 1932. 4., 107면.
80) 유진오는 마르크스사상에 빠져 있던 시기 레닌의 『제국주의론』을 읽고
과연 역작이구나 하고 감탄하였다고 하는데("나의 독서편력", 『다시 滄
浪亭에서』, 146면), 마르크스주의와 식민지의 문제에 대한 그의 인식과
무관하지 않을 것이다.
81) 유진오의 경우 민족과 계급 사이의 우선순위에 대해 답변을 요청받았을
때, 계급이 우선이라는 의견을 공적으로 표명한 적이 있었다. 그러나 이
것이 민족이 무시되어도 좋다는 의미는 아니었음은 물론이다. "민족문
학이냐 계급문학이냐: 계급문학의 길로", 삼천리, 1935. 10., 220면.

나 이와 같이 계급 문제가 식민지 해방의 문제와 중첩되어 있었기 때문에, 어떠한 이유에서든지 공산주의에서 떠나게 된다면 그것이 남긴 단체주의적 경향은 민족(국가)라는 형태 속에 고스란히 남겨지게 될 가능성이 있었던 것이다. 실제 사회적 단체주의가 국가적 단체주의에 종속되었던 것이 해방 후 유진오 사상이 걸어갔던 길이었다.

2) 국제법 및 국제정치 관련 저작들

국제법 혹은 국제정치 관련 저작들은 시기적으로 둘로 나누어 볼 수 있다. 하나는 그가 본격적으로 마르크스사상에 입문하기 전인 법문학부 2학년 겨울방학 때 작성한 「조약의 비준과 효력과의 관계」 중 '비준의 본질' 부분만을 독립하여 발표한 「조약 비준론」이고, 다른 하나는 그가 마르크스사상으로부터 후퇴하기 시작하던 시기에 집중적으로 발표하였던 일련의 신문 투고문들이다.

그중 전자의 경우 문학적으로 치면 일종의 습작에 해당하는 글로, 조약의 비준이 조약의 성립요건에 해당하느냐 효력요건에 해당하느냐의 문제를 효력요건설의 입장에서 서술한 것인데, 그 목차[82]나 내용이 다분히 형식적이고 이론적 관심사에 치우쳐 법사상사적 관점에서 특별히 논할 것은 없다.

---

82) 「조약 비준론」에 따르면, 원래 작성된 「조약의 비준과 효력과의 관계」의 목차는 다음과 같았다고 한다. 서언, 제1장 조약의 비준, 제1절 총설, 제2절 비준의 의의, 제1관 개설, 제2관 手續説, 제3관 성립요건설, 제4관 효력발생요건설, 제5관 비준의 본질, 제1목 국가조직상의 연구, 제2목 국제관례상의 연구, 제3목 법리적 연구, 제4목 정치적 연구, 제3절 비준을 요치 않는 조약, 제3장 비준과 효력과의 관계, 제1절 비준과 조약이 효력발생기, 제2절 비준의 거부와 조약의 효력, 제4장 조약의 효력, 제5장 조약과 국내법상의 제 문제, 제1절 조약의 비준과 법률의 재가, 제2절 천황의 조약비준권의 제한.

후자의 부류에 해당하는 글들은 만주사변에 대한 국제연맹의 조처, 독일과 일본의 국제연맹 탈퇴 및 군축 등을 둘러싼 세계정세의 개관 및 전망 등을 내용으로 하고 있는데, 그가 국제정치를 보는 관점은 일관되게 흐르고 있다. 즉 국제연맹으로 대표되는 소위 베르사이유체제는 패전국에 대한 승전국의 우위, 노동운동으로부터 자본주의 국가의 방어라는 현상유지적 목적에서 모순을 그대로 지닌 채 성립되었기 때문에, 결국 힘의 균형이 깨어지면서 파탄에 이를 수밖에 없는 운명을 지니었다는 것이었다. 특히 그가 중점을 두어 다루고 있는 것은 베르사이유체제가 강요한 승전국과 패전국 사이의 모순이었다. 그 밖에 그가 국제정세를 움직이는 기축으로서 식민지와 제국주의 국가 사이의 모순도 언급하고 있지만, 그에 대한 설명은 전혀 다루어지지 않고 있다.

그러나 이러한 글들도 해방 후 헌법사상과는 직접적인 관련을 제공하고 있지는 않다. 다만 국제관계에 대한 고찰을 통하여 대외적 측면에서의 국가라는 개념이 깊이 각인되는 계기는 되었을 것이다. 특히 국제관계에 철저히 힘의 논리가 관철된다고 보았던 그로서는 해방 후 민족국가의 수립에 임하여 내부적 관점보다는 외부의 상황에 대응하는 정치체제에 더욱 민감하게 되지 않을 수 없었을 것이다.

3) 국가학 관련 저작들

국가학 관련 저작으로는 「독일 국가학의 최근의 동향」과 「전체주의 법이론의 윤곽」 두 편이 있는데, 모두 전체주의에 관한 소개의 글이다. 이 두 글은 헌법학과 직접 관련된다는 점에서뿐만 아니라, 해방 전후로 유진오 헌법사상의 흐름을 이해하는 데도 중요한 단서를 제공한다는 점에서 그 의의가 크다고 할 수 있다.

「독일 국가학의 최근의 동향」은 나치 국가학의 기본원리를 이전 시기 독일의 주류 학설이었던 국가법인설에 비추어 소개한 것이다. 그의 국가법인설에 대한 이해는 두 가지 측면에서 이루어지고 있다. 먼저 하나는 국가법인설이 루소 유의 개인주의적 국가관에서 진보하여 국가 그 자체에 고유한 인격을 부여함으로써, 강대한 권력기구가 된 근대적 국가에 이론적 근거를 부여하기 위하여 탄생한 이론이라는 것이다. 따라서 자유주의적인 영국, 프랑스 등 선진 자본주의 국가가 아닌, 처음부터 국가의 강력한 보호와 통제에 의해서만 성장할 수 있었던 후진 자본주의 국가에서 발생하게 되었는데, 영국이나 프랑스, 미국 등에 역수출되어서는 점차로 기초가 확립되고 거대한 발전을 하고 있던 당시의 국가체제를 가장 정확히 파악한 것으로 평가되어, 국가학계와 공법학계의 부동의 정설로 굳어지게 된 것이라고 한다.[83] 물론 이러한 이해는 다분히 오해에 기인한 것이다. 그러나 개인생활에 대한 국가의 개입 및 강력한 지도적 역할에 대한 인식은 이미 이때부터 있었던 것을 알 수 있다. 다른 하나는 민주주의적 관점에서의 이해인데, 그것은 국가법인설이 종래 절대주의 국가체제에서 군주제를 유지하면서 동시에 민주주의를 실현시키려는 요구에 의해 등장한 것이라는 것이다.[84] 나치의 국가론과 관련되는 것은 바로 이 측면이다.

그는 나치의 국가를 지도자국가로 규정하면서, 다음과 같이 설명한다. 지도자국가는 국가법인설에 남겨져 있는 개인주의적 성격을 비판하고 이를 민족이라는 공동체 원리로 대체하는 것으로부터 출발한다. 즉 사람의 정치적 생활형태는 항상 민족적 인종적 근거에 의해 결정된다는 것을 전제로 하여, 민족과 국가의 결합을 시도한다. 지도자국가는 민족 전체로서의 '우리들'이라는 이념을 기초로 지도자는 국민을 지도하고, 국민은 지도자의 지도에 복종한다. 그런데 이러한 논리의 극단은 국가인격 개념의 부인에 이른다. 왜냐하면 지도자를 개인으로 파악하

---

83) "독일 국가학의 최근 동향(2)", 동아일보, 1938. 8. 17.
84) 같은 글.

는 한에 있어서만 국가라는 제3의 인격을 빌릴 필요가 생기기 때문이
다. 그러나 지도자국가에서는 지도자와 복종자의 동일성의 원리에 의
하여 지도자와 신민 사이의 대립을 해소하며, 또한 지도자는 국가를
대표해서가 아니라 자기 자신의 이니셔티브로써 민족을 지도한다. 이
로써 국가의 통일화 및 공동화가 실현되며, 민족과 국가의 의식적 정
치적 결합이 실현된다.[85]

그는 이러한 동일성 원리에 대한 진실성의 판단을 실천과 정치와 신
앙의 문제로 돌리고, 그것은 "우리의 합리주의의 세계를 멀리 떠난 신
비의 세계에서만 해결지울 수 있는 문제"라고 유보적 태도를 보이면서
도, 결국 절대주의 국가로의 회귀가 아닌가 하는 강한 의구심을 내비
치고 있다.[86]

「전체주의 법이론의 윤곽」에서는 전체주의를 개인주의·자유주의 법
이론과 대비시켜 설명하고 있다. 그에 의하면 "종래의 법이론의 근본
적 특색은 법률과 종교, 도덕, 정치 등과의 구별을 주장하는 곳에" 있
었던 반면에, 전체주의에 있어 "법률은 그 독자적인 지위를 포기하고
다시 모든 비법률적인 또는 초법률적인 것들과 불가분의 관계에 서게
된" 것에 그 특색이 있다고 한다. "대개 전체주의에 있어서는 생활이
고 사변이고를 무론하고 어떠한 일정한 목표를 향해 이것을 강력으로
써 통제할 필요가 있기 때문에, 법률도 또한 언제까지나 독자의 지위
에 안한(安閑)할 수 없이" 된다는 것이다.[87]

다음으로 전체주의 특색으로 들 것은 "종래의 개인 본위의 법률관에
서 단체 본위의 법률관으로 비약했다는 점"이라고 말한다. 따라서 전체
주의에 있어 "개인에게는 자유 대신에 통제가, 권리 대신에 의무가" 오
게 되었다고 말한다. 비록 개인에게 자유와 권리를 부여하는 경우가 있

---

85) "독일 국가학의 최근 동향(2)(3)", 동아일보, 1938. 8. 18. / 8. 19.
86) "독일 국가학의 최근 동향(4)", 동아일보, 1938. 8. 19.
87) "전체주의 법이론의 윤곽", 조선일보, 1939. 2. 25.

다 하더라도 그것은 "개인의 독자적 가치를 인정해서가 아니라 그렇게 하는 것이 단체를 위하는 것이 되는 까닭"이라는 것이다. 이를테면 어느 개인에게 권리를 주는 것이 "그 개인이 갖고 있는 사회적 기능을 수행하기에 필요하기 때문"이라고 말한다.[88]

전체주의의 세 번째 특징은 종래 모든 사람의 법률적 평등이라는 개념에 수정이 가해진 것이라고 한다. 소위 지도자라는 개념이 그 대표적인 예라는 것이다. 그는 이러한 근본사상의 차이가 지도자국가의 실정법 질서에도 중대한 변화를 초래한다고 말한다. "공법질서에 있어서는 삼권분립과 법치주의의 부정 내지는 중대 수정이요, 사법(私法)질서에 있어서는 사적자치의 범위 축소, 즉 사적 소유의 절대성의 폐기와 계약자유의 원칙의 제한 내지는 부정"이 그것이라는 것이다. 나아가 "사적자치의 제한에 의하여 사법과 공법의 통일에까지 발전하는 것"이라는 말로써 글을 맺고 있다.[89]

그러나 유감스럽게도 이 글은 전체주의의 법이론에 대한 소개에 그치고, 그 자신의 입장은 일체 밝히지 않고 있다. 여기에는 이미 일제의 사상통제가 말기적 증세에 접어들 정도로 강화되었고, 이에 어느 정도 타협하지 않을 수 없는 상황이었음이 고려되어야 할 것이다. 그러나 단순한 소개가 그에 대한 지지로 해석될 수는 없다. 「독일 국가학의 최근 동향」에도 살짝 암시되어 있듯이, 아직 이때까지도 개인가치에 대한 추구가 완전히 말살되어 있는 상태는 아니었기 때문이다. 가령 같은 해 11월에 발표된 한 글에서는 "근대정신의 체득"을 촉구하고 있는데, 근대정신을 "자아의 자각" 또는 "그 자아의 발전과정"으로 제시하였다.[90] 사실 일제강점기 말기 4, 5년을 제외한다면, 그의 전체주의에 대한 비

---

88) 같은 글.
89) 같은 글.
90) "구라파적 교양의 특질과 현대조선문학", 인문평론, 제1권 제2호, 1939.
    11., 41, 44면.

판적 시각을 간취하는 것은 어려운 일이 아니다. 이미 살펴본 대로 형법연구실 시절에도 국가의 도덕적 사상적 통제에 대한 강한 문제의식을 가지고 있었고, 「중세 자연법론에 대한 약간의 보족적 설명」에서는 중세 단체주의의 허구성을 전체주의에 비유하여, "현금의 국가론자 법률철학자들이 파시즘의 국가관 법률관을 단체주의로써 분식(扮飾)하려는 것이 기실 그들의 강력적 지배의 마스크에 지나지 않는 것"[91]이라고 말하기도 하였다. 이러한 사실은 전체주의에 대한 그의 부정적 인식이 일관된 것이었음을 보여주는 것이라고 하겠다.

그러나 전체주의가 법을 그 자체 고립된 것으로 파악하지 않는다는 방법론적 관점이나 개인주의를 부정하고 전체를 지향한다는 단체주의의 관점에서 그의 사상지향에 부합하는 측면도 존재하는 것이 사실이다. 그럼에도 불구하고 그는 단체주의적 사고를 견지하면서도 전체주의를 배척하는 이론적 이유를 제시하고 있지 않다. 물론 그가 주장했던 단체주의는 근대성 추구의 연장선상에서 구성원 모두의 실질적 자유와 평등을 위한 것이라고 생각했을 것이다. 반면에 전체주의는 앞의 인용에서 나타나 있듯이 개인의 자유와 권리의 부인, 그리고 무엇보다도 지배자의 이익에 봉사하는 것이라는 인식이 강하게 배어나오고 있다. 하지만 양자를 구분해 주는 표지는 무엇인가? 사유재산제의 폐지 유무는 답이 될 수 없다. 유진오에게 있어서 경제적 불평등의 문제가 중요시되기는 했지만, 결코 경제결정론이 공언된 적은 없었기 때문이다. 더군다나 그는 이미 전체주의를 설명하는 가운데 "사적자치의 범위 축소"[92]를 그 특징으로 들기도 했다. 사실 「독일 국가학의 최근 동향」에 이르면, 지도자와 국민 사이의 동일성에 관한 진위 판단의 문제가 "실천과 정치와 신앙의 문제"로 돌려지고 있다는 점에서, 마르크스사상에서 배태된 단체주의와 전체주의 양자는 실천 여하에 따라서는 일치할

---

91) "중세 자연법론에 대한 약간의 보족적 설명(상)" 동아일보, 1934. 5. 5.
92) "전체주의 법이론의 윤곽", 조선일보, 1939. 2. 25.

수도 있는 상대적인 것으로 인식되었던 것이다.

이렇게 본다면, 단체주의 지향과 전체주의의 배척 사이에 나타나는 모호한 관계는 사실상 개인 지향의 단체주의란 것이 가능한 것인가, 그렇다면 그것은 어떻게 실현될 수 있는가라는 문제에 대한 진지한 검토와 반성이 결여된 데서 오는 것이라고 말할 수 있다. 이것은 다시 말한다면 그에게 있어 개인과 전체, 혹은 개인과 국가와의 관계가 아직 명확하게 정립되지 않았음을 보여주는 것이라고 할 수 있을 것이다.

그러나 해방 후의 헌법사상과의 관련에서 더욱 결정적인 점은 그에게 단체주의적 사고를 주입시켰던 마르크스사상에는 이미 언급했듯이 민족해방이라는 동기도 아울러 작용하고 있었다는 점이다. 그것은 다른 국가에 대립한다는 의미에서의 일체(一體)로서의 민족국가를 전제한 것이다. 특히 우리 민족을 염두에 둔 것은 아니었지만, 냉엄한 국제관계 속에서 펼쳐지는 국가 간의 팽팽한 긴장과 대립에 대한 관찰은 그러한 운명공동체로서의 국가 관념을 심화시켰다. 그런데 이런 국가 관념이 강화될수록 개인주의를 제약하는 단체주의가 더욱 요청되는 것은 당연하다 할 것이다. 이러한 면에서의 단체주의적 사고는, 혹 개인 지향의 단체주의라는 것이 존재할 수 있다 할지라도 그것과 적어도 직접적으로는 거리가 먼 것이지 않을 수 없다. 바로 여기에 사회경제적 평등의 의미에서 주장되었던 단체주의가 국가라는 의미에서의 단체주의로 이행되고, 이에 따라 그 실질내용에 있어서도 변질이 초래되는 계기가 잠복해 있었던 것이다. 이 점으로 인해 단체주의의 지향은 전체주의와의 구별이 더욱 모호해지게 될 소지를 이미 안고 있었던 것이다.

어쨌든 교착되고 모호한 상태이긴 하나, 해방 후 그의 헌법사상에 기본축을 형성하는 방법론 그리고 개인 대 전체·민족·국가라는 기본 개념틀이 이때 이미 형성되어 있었다는 것을 확인한 것만으로도 그의 법학 관련 초기 저작들은 충분히 의의가 인정된다고 할 수 있을 것이다.

제3장

제헌기 헌법사상의 배경

제3장 제헌기 헌법사상의 배경

1. 제헌기 한국 헌법사상의 현황과 과제

모든 사상이 그 시대의 사상이라고 한다면, 유진오의 제헌기 헌법사상 역시 당시의 헌법사상과의 관련을 염두에 두지 않으면 이해하기가 힘들다. 물론 당시는 헌법학이라 할 만한 것이 존재하지 않았다. 그러나 신국가 건설기에 국가구상을 둘러싼 헌법적 논의들조차 전혀 없었던 것은 아니었다.

우선 민주주의 이념과 관련해서 해방 후의 상황은 그 이전과 비교하여 분명히 하나의 진전이 있었다. 개화기 이래 우리의 서구사상의 수용이 주로 반봉건이라는 측면에서 추구되어 왔다면, 해방 후에는 제2차세계대전이 전체주의 국가에 대한 민주주의 국가의 승리를 의미함에 따라 우리 헌법사상에 반전체주의 혹은 반독재라는 움직일 수 없는 한계를 설정해 주었다. 그러나 이러한 소극적인 내용 외에 민주주의의 적극적인 내용에 들어가면 좌우익의 입장에 따라 서구식의 민주주의와 소련식의 인민민주주의가 첨예하게 대결하고 있었다. 여기에 근대 이래 우리 헌법사상의 두 축이었던 국권 중심의 민족주의적 요구와 민권 중심의 민주주의적 요구도 여전히 하나로 수렴되지 못한 채, 때로는 모순된 형태 그대로 각각 강력한 위력을 발휘하고 있었다.

물론 이러한 사상상의 갈등을 해결하고자 하는 시도가 전혀 없었던 것은 아니었다. 이미 1920년대 말 조소앙(趙素昻)에 의해 그 기본적 구상이 정립되었던 삼균주의(三均主義)의 경우만 해도 민족주의적 관점에서 좌우익의 사상을 지양·종합하여 체계화한 독자적 정치사상으로서, 우리 헌법사상사에 있어 결코 과소평가할 수 없는 의의를 지닌 것이었다. 삼균주의는 '개인과 개인, 민족과 민족, 국가와 국가' 사이의 완전한 균등을 이상으로 삼았고, 특히 개인과 개인 사이의 균등을 실현하기 위하여 보통선거제와 국유제, 그리고 국비에 의한 의무교육제를 핵심 내용으로 하는 정치적·경제적·교육적 완전평등을 구상한 것이었다.1) 이러한 이념이 임시정부의 1931년 '대외선언'과 1941년의 대한민국 건국강령에서 임시정부의 기본이념 및 정책노선으로 확정되고, 나가서는 임시정부의 최종 개정헌법이었던 1944년의 대한민국임시정부 헌장의 이론적 기초가 됨으로써, 해방 전 임시정부 헌법사상의 본류를 형성하였던 것이다. 여기에 그치지 않고 삼균주의는 해방 후 임정세력을 중심으로 한 우익연합단체였던 비상국민회의의 정치적 이념으로 표방되기도 했고,2) 건국헌법 기초 시에는 유진오도 건국강령과 임시헌장을 참고함으로써 그 정신과 내용이 상당 부분 건국헌법에 반영되기도 하였다.3) 그러나 해방 후 임시정부세력이 미 군정 당국과 이승만 세력으로부터 소외당함으로써 건국헌법에 그대로 계승되지는 못 하였고, 사상내재적으로도 삼균주의는 정치·경제·교육 균등이라는 삼자 상호간의 대립과 모순을 지양하고 종합할 구체적 방략이 결여되었다는 점에서 한계를 가지고 있었다.4) 또 실제 좌우의 대립이 삼균주의에 수렴

---

1) 삼균주의에 대해서는 홍선희, 『조소앙의 삼균주의 연구』(한길사, 1982) 및 추헌수, "삼균주의", 『민족문화대백과사전』, 제11권(한국정신문화연구원), 298-299면 등 참조.
2) 주한미군사령관 하지 중장의 자문기관으로서 비상국민회의로부터 파생된 민주의원(民主議院)의 임시정책대강(1946. 3. 18.) 제1항은 "전 국민이 완전한 정치적 경제적 교육적 평등의 원칙을 기초로 한 독립국가의 균등사회를 건설함"이라고 규정하여 삼균주의를 계승하고 있음을 분명히 하고 있다. 송남헌, 『한국현대정치사 Ⅰ』, 제1권(성문각, 1986), 234면.
3) 유진오는 김영수와의 면담에서, "본인은 제헌헌법 초안을 기초할 때 대한민국임시헌장과 대한민국건국강령의 이념을 제헌헌법에 반영하려고 많은 노력을 하였다"고 말한 바 있다고 한다. 김영수, 『대한민국임시정부헌법론』(삼영사, 1980), 203면.

되어 해소된 것도 아니었던 것이다.

당시 좌우 사이의 가장 첨예한 대립은 우선 반민족행위자의 처리 문제와 토지분배에 있어 유·무상의 문제가 관건이었다. 그렇지만 통치구조에 있어서도 서로 판이한 구상을 전개하고 있었음은 물론이다. 가령 유진오가 헌법기초 과정에서 참조하였던 1947년 미소공동위원회의 질의에 대한 각 정당·사회단체의 답신안에 의하면,5) 좌익을 대표하는 민주주의민족전선의 안은 권력구조에 있어서 인민위원회를 중심으로 한 권력집중의 형태를 지향하고 있는 데 반하여, 우익과 중간파의 경우는 기본적으로 삼권분립을 전제로 한 위에서 각 국가기관의 권한과 관계를 어떻게 설정하느냐에 약간씩의 차이를 보이고 있다. 다만 기본권과 경제정책 일반에 있어서는 정도의 차이만을 보이고 있을 뿐, 어느 정도의 국가통제라는 점에서는 의외의 유사성을 보여주고 있다.6) 그것은 좌익 측도 당시를 반제·반봉건의 과도기적 단계로 규정하여 토지나 전 산업의 국유화 주장을 자제하고 있었고, 우익 측도 통제경제의 요구를 외면하기에는 이미 무시할 수 없을 정도로 균등의 요구가 일반화되어 있었기 때문이었다.

그러나 바로 그 점이 다른 한편으론 오히려 우리 헌법사상에 새로운 갈등요인으로 작용하였다. 좌우익을 막론하고 모두가 기본권에 있어 근대적 자유권의 보장을 표방하고 있었기 때문에, 이를 어떻게 강한 균등에의 요구와 조화시킬 수 있을지가 문제이지 않을 수 없었던 것이

---

4) 홍선희, 앞의 책, 127면: 추헌수, 앞의 글, 299면.
5) 답신안의 내용은 새한민보사에서 1947년에 간행한 『임시정부수립대강: 미소공위 자문안 답신집』을 참조할 것.
6) 답신안의 내용에 대한 분석과 평가에 대해서는 홍기태, "해방 후의 헌법 구상과 1948년 헌법성립에 관한 연구", 서울대 석사논문, 1986, 32-44면 및 미 군정 정치고문실의 보고서인 "Analysis of Replies of Korean Political Parties and Social Organizations Regarding the Formation of a Provisional Korean Government", 국사편찬위원회, 『대한민국사자료집』, 제24권, 주한미 군정치고문문서 7(1947. 10. -1948. 5.), 1995를 참조.

다. 이 때문에 미 군정의 단정수립 방침이 정해진 후 좌우익의 대립은 사실상 좌익세력의 거세라는 사상 외적인 방법으로 해소되게 되었지만, 단정참여 세력 내에서조차 균등의 요구를 어느 정도에서 실현할 것인가에 대한 대립에 더하여 통제와 자유의 조화의 문제가 여전히 과제로 남아 있게 되었던 것이다. 실제 좌익이 사실상 배제된 상태에서 과도입법의원에서 제정된 「조선임시약헌」은 자유권과 함께 생활균등권과 문화 및 후생의 균등권을 규정하고 있는데, 특히 제4조의 생활균등권 보장을 위해 다음의 사항들을 규정하고 있었다.

1. 국민의 기본생활을 확보할 계획경제의 수립
2. 주요한 생활필수품의 통제관리와 합리적 물가정책의 수립
3. 세제의 정리와 누진율의 강화
4. 농민 본위의 토지 재분배
5. 대규모 주요 공업 및 광산의 국영 또는 국가관리
6. 노동자의 생활을 안정키 위한 최저임금제의 확립
7. 주요 기업의 경영관리 면에 노동자대표 참가
8. 봉급자의 생활을 안정키 위한 가족급여제의 확립
9. 중요 공장 내에 보건 후생 교육 및 오락시설의 정비
10. 실업보험 폐질보험 기타 사회보험제의 실시

그러나 이러한 생활균등권의 보장이 자유권, 특히 제6조 제6호에서 규정하고 있는 재산 및 영업의 자유와는 어떤 관계에 서게 되는지 하는 점에 관해서는 어떤 논의나 의문도 제기되지 않았다.[7] 삼균주의가 그랬듯이 당시의 헌법사상으로서는 국가의 통제권력의 강화와 자유권 사이의 함수관계가 명확히 의식될 수 있는 수준이 아니었던 것이다.

---

7) 약헌의 제정과정에서 생활균등권 중 유일하게 주요 기업의 경영관리에 근로자 대표가 참가할 수 있도록 한 제7호 규정이 문제되었다. 그러나 이것도 자유권과의 관계 측면에서의 논란이 아니라 경제적 효율성 측면에서의 논란이었다. 국회도서관, 『임시약헌제정회의록』(국회도서관, 1968), 47-55면.

여기에 문제를 더 복잡하게 한 것은 미 군정의 실시와 함께 급속도로 확산되기 시작한 미국의 헌법사상이었다.[8] 미국 법사상의 확산은 무엇보다도 이 기간 동안 양산된 미 군정 법령들을 통해서 이루어졌다. 특히 헌법과 관련하여서는 기본권 보장입법의 영향이 컸다. 영장주의, 구속이유의 고지, 변호인 선임 및 접견교통권, 국선변호인제, 구속적부심사제, 형사보상제도 등 피의자나 피고인의 권리를 대폭 확대한 1948년 5월 20일의 개정 형사소송법이나 유진오가 헌법기초 시 참고했던 하지 중장의 「조선 인민의 권리에 관한 포고」 등은 종래의 인권사상에 새로운 차원의 시야를 열어 주었다. 당연히 영미법과의 교류나 그 소개도 활발히 이루어졌다. 이 시기 대표적인 법학잡지였던 『法政』만 보아도 「미국법제의 사적 고찰」, 「성문법과 선결례」, 「영미법과 대륙법」, 「미국 헌법상의 삼권분립」, 「영미행정제도」, 「영국 형사소송제도」, 「美英 정부조직론」, 「사법재판소의 법률심사」, 「신체구속과 인권문제」, 「미국에 있어서의 소송수속개혁 문제」 등 다수의 영미법 소개의 논문들이 실리고 있는 것을 볼 수 있다. 임의단체이면서도 사실상 반관적(半官的) 성격을 띠었던 한미법학협회(韓美法學協會)도 미국법사상을 확산하는 데 상당한 통로 역할을 한 것으로 보인다. 황성수의 회고에 의하면, 회원은 미국 측에서 퍼글러(C. Pergler), 프랭켈(E. Fraenkel), 코넬리(J. Connelly), 스코트(D. Scott), 로빙기어(C. Lobingier) 등이었고, 한국 측에서는 유진오를 포함하여 김병로(金炳魯), 김용무(金用茂), 이인(李仁), 김찬영(金瓚泳), 홍진기(洪璡基) 등이었는데, "이 협회에서 제기된 법률문제는 대부분이 곧바로 법률의 개정 내지 제정으로 연결되리만치 권위가 있었다"고 전하고 있다.[9] 당시 미국법에 대한 갈증은 1947년 5월 8일 이상기(李相基), 장경근(張暻根), 강병순(姜柄順), 전규홍(全奎弘) 등 사법관계자들이 9

---

8) 이 시기 미국법의 수용에 관해서는 최종고, "한국법의 근대화와 한미법률교류", 법사학연구, 제10호, 1989, 111-116면 참조.
9) 황성수, "여명기(5)", 법률신문, 1982. 9. 13.

월 3일까지 약 4개월 동안 사법제도 시찰을 위하여 미국에 파견된 점에서도 잘 나타난다.[10] 이 시찰은 시찰단 대부분이 건국헌법의 기초과정에 참여하게 되는데다가 이들이 제출한 보고서가 사법부의 의견에 반영되어 실제 건국헌법제정과정에서도 어느 정도 영향을 미치게 된다.

이러한 미국 법제도의 확산으로 인한 헌법사상의 갈등은 단순히 대륙법과 영미법이라는 서로 다른 체계의 만남에서 오는 제도적 갈등을 넘어, 무엇보다도 민주주의와 인권에 대한 기본적 인식의 차이에서 기인한 것이었다. 사실 민주주의 사상이라고 해도 그동안은 주로 일본을 통하여 유럽대륙, 특히 독일의 전통에서 민주주의를 이해해 왔기 때문에 국가주의적 사고를 완전히 불식할 수 없었던 상황에서, 보다 경험적이고 개인주의적인 영미 헌법사상의 급속한 도입은 민주주의에 대한 기본 시각에 충돌을 일으키지 않을 수 없었다. 앞의 미소공위에 제출된 각 정당 사회단체의 답신안에 대하여 미 군정의 정치자문실(Office of US Political Adviser)이 미국무부에 보낸 보고서에서 좌익이나 우익, 중간파 "그 어느 쪽도, 심지어 우익조차도 서유럽과 미국에서 이해된 대로의 참된 민주주의의 개념을 가지고 있지 않다"[11]고 총괄 평가를 내리고 있는 것은 그러한 점을 잘 드러내 주는 일례라 할 수 있을 것이다.

이렇듯 한편에서는 실질적 균등의 요구에서 오는 강한 국가통제에 대한 요구와 다른 한편으로 미국 법사상의 유입에서 비롯된 보다 급진적인 자유주의적·민주주의적 요구가 동시에 공존하였는데, 이러한 문제들은 민족주의와 민주주의 사이의 문제와도 그대로 중첩되는 문제들이었다. 근대 이래의 외세의 침략에 맞선 저항적 민족주의는 해방으로 일단 당면 목표는 성취한 셈이 되었지만, 미·소에 의하여 새로이 형성되어 가는 분단체제를 극복하고 자주독립의 신국가의 건설과 급속한

---

10) 법정편집부, "미국사법제도시찰 보고서", 법정, 제2권 제9호, 1947. 9., 50면.
11) "Analysis of Replies of Korean Political Parties and Social Organizations Regarding the Formation of a Provisional Korean Government", 93면.

부흥을 이루어야 한다는 요청은 여전히 강력한 힘을 발휘하고 있었다. 이를 위해 요구되는 전 민족의 단결이라는 요청이 기본적으로 계급혁명에 입각한 공산주의와 조화를 이룰 수 있을 것인가, 그리고 민족주의가 요구하는 균등의 이념은 극단적인 자본주의와 개인주의의 병폐를 시정하기 위하여 일어난 평등의 요구를 넘어서는가, 그렇다면 그것은 어느 정도까지 균등의 실현을 요청하는가, 또한 국가의 급속한 부흥과 전 민족의 단결을 보장할 국가의 주도적 역할과 인민의 자유와 권리 확보라는 민주주의의 요청은 어떻게 조화를 이룰 것인가라는 등의 복잡한 과제의 해결이 여전히 요구되었던 것이다. 한마디로 말해서 이 시기 헌법학은 이러한 중첩된 문제들을 하나의 일관된 틀로 담아내고, 그러한 틀 안에서 보다 정치한 헌법적 구상들을 발전시키며, 그것을 일관된 헌법학적 논리로써 설명해 내야 하는 과제 앞에 놓여 있었던 것이다. 이러한 과제를 담당하기에 그래도 가장 근사치적으로 접근해 있었던 인물이 당시로서는 바로 유진오였던 것이다.[12)

2. 개인적 배경

1) 교육 및 연구 활동

법학자로서의 유진오의 생애에 있어 해방 전까지가 크게 보아 준비

---

12) 이러한 평가에 대하여 이경주는 소위 '유진오사관(史觀)'이라 하여 비판적 태도를 보이고 있다. 그는 유진오사관이 유진오가 유일한 공법학자였고 당시 여러 헌법안의 작성과정에 관여하였다고 하는 잘못된 사실인정에 기초하고 있다고 비판하면서, 그 근거로서 과도입법의원에서 진행된 헌법 작성 과정에는 유진오가 참여하지 않았다는 점을 들었다. 李京柱, "日韓の占領管理體制の比較憲法的考察", 一橋大學博士論文, 1997, 244-245면.

기였다고 할 수 있다면, 해방과 함께 시작된 몇 년은 헌법학자로서의 의욕이나 활동 그리고 업적에 있어서도 그 절정에 이른 시기라고 말할 수 있을 것이다.

우선 해방과 함께 유진오가 가장 힘을 쏟은 일은 우리나라의 교육, 특히 대학교육을 재건하는 일이었다. 인촌(仁村)으로부터 위임을 받아 보성전문의 재건 및 대학승격에 힘쓰는 한편, 군정청 학무국(1946년 2월부터 문교부로 개칭) 산하 '미국교육원조 한국위원회'(Korean Council on Educational Aid from America)에서 미국으로부터의 원조 문제를 심의하는 데 참여하고, 이어 1945년 11월 발족된 학무국 산하 교육심의회의 고등교육분과위원회에서는 김성수(金性洙), 조병옥(趙炳玉), 윤일선(尹日善), 이태규(李泰圭), 박종홍(朴鐘鴻), 백남운(白南雲) 등과 함께 위원으로 활동하면서 우리나라 신교육의 방향과 내용을 결정하는 일에도 관여한다. 이 위원회에서 유진오는 대학령, 학위령 등 향후 우리 대학교육의 근간이 되는 법령의 초안을 작성한다. 또한 일제로부터 인수한 경성대학의 법문학부 교수 인선에도 백낙준(白樂濬), 백남운(白南雲), 이병도(李丙燾), 조윤제(趙潤濟) 등과 함께 관여하여 실질적으로 해방 후 법학교육의 기초를 마련하는 데 결정적인 기여를 한다.

교육재건 활동과 함께 강의와 관련해서도 우선 보성전문의 교수로 복귀한 것은 물론, 1946년 1학기부터는 경성대학에서 헌법학, 비교정부론, 법철학 등의 시간강의까지 맡게 된다. 이때 대개 다른 교수의 과목들은 강의시간의 부족으로 서론이나 서론을 약간 벗어난 정도에서 학기가 끝나고 말았으나, 유진오의 헌법학만은 충실히 진행되어 헌법학의 기초이론을 끝가지 마칠 수 있었다고 한다.13) 이때의 강의내용들은 후일 출판된 『헌법강의(상)』을 통하여 짐작해 볼 수 있다. 이 한 학기 동안의 연구와 강의는 유진오 개인에게도 귀중한 학문적 성과를 안겨 주

---

13) 이선중, "대학시절의 회상", 서울법대동창회(편), 『진리는 나의빛』(경세원, 1994), 79면.

었다. 특히 통치구조에 대한 기본구상과 확신은 바로 이때 가지게 된 것으로 보인다.[14] 법철학 강의는 1년 후 황산덕(黃山德)에게 넘기게 된다. 그리고 보성전문에서의 행정법 강좌도 윤세창(尹世昌)이 떠맡게 됨에 따라 비로소 유진오는 헌법학에만 몰두할 수 있는 기회를 얻게 된다. 더 이상 학문 연구와 교육에 제한이 없어진 상황에서 이 시기 그는 자유롭게 서구 문헌들에 접하면서 제1차세계대전 이후의 서구 헌법의 새로운 경향을 이해해 감과 동시에 일제시대에 쌓았던 헌법사상의 한계들을 극복해 나간다. 이러한 연구의 결과들이 결정되어 나타난 것이 「권력분립제도의 검토」(1947), 「우리 헌법의 윤곽」(1947), 「국가의 사회적 기능」(1948) 등 우리 헌법학사에 남을 기념비적 논문들이다. 이때의 논문들을 한데 모아 발간한 논문집이 『헌법의 기초이론』(1949)인데, 주로 헌법제정 후의 논문들이 수록된 제2집 『헌정의 이론과 실제』와 함께 유진오의 헌법사상의 핵심을 파악할 수 있는 중요한 기초자료를 이루고 있다. 어쨌든 이때 형성된 헌법사상들은 이후 우리 건국헌법의 기본정신이 된다는 점에서 극히 중요한 의미를 가진다고 하겠다.

2) 엘리트적 성향과 현실인식의 문제

우리는 이미 앞에서 유진오의 초기시절 민족주의와 민주주의 사상의 싹이 어떻게 형성되고 있는가를 살펴보는 가운데, 그 성격들을 규정짓

---

14) 이듬해인 1947년 유진오는 변호사시험 출제위원으로 위촉되었는데, 이선 중 변호사의 회고에 의하면 그때 헌법의 문제가 '삼권분립을 논함'이었다고 한다. 자신은 유진오의 강의노트를 충분히 재생하여 답안을 작성하였기 때문에 좋은 점수를 받을 수 있었다고 한다(이선중, 앞의 글, 81-82면). 사실 1946년 2학기부터는 소위 국대안(國大案) 파동으로 인해 수업이 진행되지 않았음을 감안하면, 그 강의노트가 작성된 시점은 바로 그 전 학기임이 틀림없다. 「권력분립제도의 검토」란 논문이 발표된 것도 1947년이다.

84

는 요인들로서 근대적 자아의 추구 그리고 유교적 소양과 함께 엘리트 지향성을 언급하였다. 그중 엘리트적 성향은 유진오에게 있어 민주주의 사상과 민족주의 사상이 상호 대립하면서 최종적으로 귀착된 헌법사상의 특성을 규정하는 개념과 직접적으로 관련되기 때문에, 이에 관해서는 다시 당시의 현실인식의 문제와 결부하여 종합적으로 살펴보는 것이 필요할 것으로 생각된다.

출생 배경과 남달랐던 재능에 더하여 일찍부터 자의식에 깨어 있었던 유진오에게서 체화된 엘리트적 성향이 발견되는 것은 사실 당연한 일일 것이다. 청년시절 그가 가장 열정적으로 종사했던 문학 활동에서 그의 엘리트 지향성을 발견할 수 있었듯이, 이 무렵 그의 주된 활동이었던 교육재건 활동에서 그의 엘리트적 성향을 확인하는 것은 별로 어렵지 않다. 예를 들어 그는 1948년에 쓴 「대학의 위기」라는 글에서 해방 후 대학 수의 비약적 증가를 대학 위기의 원인으로 파악하고 있다. 그가 보기에 재정 면이나 교수진의 한계를 감안할 때 두세 대학 정도를 상당한 수준의 대학으로 키울 수 있었는데, 대학 수의 증가로 실제 대학다운 대학을 하나도 갖지 못하게 되었다는 것이다. 이러한 판단에서 그는 대학 수를 과감히 줄이는 대신 수업연한이 짧은 전문학교제를 부활하는 용단을 촉구하였다.[15] 비슷한 발상이 정부수립 직후 관여하였던 교육기본법 제정과정에서도 제기되고 있다. 당시 심하게 논란이 되었던 것 중의 하나가 학제였는데, 대다수의 기초전문위원들이 세계적 추세에 따라 6·6·4제를 주장한 반면, 자신은 6·4·4제를 고집하여 끝내 두 제도를 병행하기로 결정하였다는 것이다. 교육재정과 역량 있는 교사의 부족으로 일률적인 중등교육의 6년제 채택은 학생의 실력 저하를 초래할 것이 분명하다는 것이 그 이유였다.[16]

그런데 이러한 한 개인적 성향이 헌법사상에까지 침투하게 된 데는 당

15) "대학의 위기", 『젊은 세대에 부치는 書』, 79, 83면.
16) "교육기본법의 이념", 『젊은 세대에 부치는 書』, 324-325면.

시의 극심한 혼란상에 대한 우려 내지 혐오와 맞물린 결과였다. 끊이
지 않고 일어나는 시위와 선전, 테러, 파업, 폭동 등으로 인하여 해방공
간이 처했던 극심한 혼란상에 대해서는 새삼 여기서 재론할 필요도 없
을 것이다. "해방 이후 민주적 자유의 이름 밑에 갖은 폭행·명예훼
손·강절도 행위가 공공연하게 자행"17)되었다던가, 미 군정이 가지고
들어온 18세기류의 "천진난만한 민주주의가 이 나라 파괴분자들에게
기회를 주고 이 사회의 혼란과 무질서를 조장"18)하였다는 인식은 그가
나름대로 우리의 실정에 맞는 헌법사상을 모색해 가던 해방 후 3년간
의 현실인식 바로 그것이었다. 이러한 사정은 학교 안에까지 그대로
이어졌고, 어떤 면에서 본다면 대학이야말로 정치적 동원과 선전의 중
심이기도 하였다. 정치에 초연하고자 했던 그 자신조차도 학내 좌우대
립의 소용돌이에 휘말리는 것이 불가피했고, 좌우 양측의 학생들에 의
해 직접 격렬한 배척의 대상이 되기도 했다. 그가 보기에 그것은 "전
부 아니면 전무"19)(all or nothing)의 파괴적 투쟁일 뿐이었고, 그 와중
에서 그는 "교육자의 비애"20)를 절감해야만 했다. 이 시기 그의 사색
이 어떻게 하면 사회의 안정을 이루고 급변하는 국제환경에 대처할 수
있을까에 모아졌던 것은 당연했다고 할 수 있을 것이다. 대학자치에
대한 강조와 그의 생애 동안 반복적으로 나타나는 학생의 정치참여에
대한 불신 또한 바로 이러한 상황인식과 이때의 개인적 경험이 강하게
작용하였을 것이다.21)

　이러한 상황에서 그가 지식인의 역할에 기대를 걸었으리라는 점은
그의 엘리트적 성향으로 보아 충분히 예상할 수 있는 일이었다. 이런

---

17) "정계 1년의 회고", 『헌정의 이론과 실제』, 232면.
18) "헌정 7년의 회고", 『민주정치에의 길』, 181면.
19) 『養虎記』, 174면.
20) 같은 책, 186면.
21) 1947년 7월 대학신문에 기고한 「대학의 사명」(『젊음이 깃칠 때』, 245-249
　　면)이란 글은 이 시기 대학과 정치에 대한 그의 생각을 잘 담고 있다.

점에서 한국일보에 1951년 기고한 「지식계급론」은 시사적이다. '창백한 인텔리'라는 지식인에 대한 조소를 정면으로 반박하고 지식인의 역할을 강조할 의도로 쓰인 이 글은 그의 전 생애에 나타나는 지식인에 대한 기대를 잘 보여줄 뿐만 아니라, 그의 엘리트적 성향의 성격을 이해하는 데도 도움이 된다. 이 글에 의하면, "대개 인류가 다른 동물에 비하여 우월을 자랑하는 것은 지식의 우월에 인함이며, 또 문화네 무엇이네 하여 인류가 자랑하는 것도 실상인즉 지식계급이 창조하고 유지해 가는 것"이다. 그런데도 지식인이 '창백한 인텔리'라 하여 조소를 받아왔음은 지식인의 특성에서 기인하는 것이다. 지식계급의 첫째 특성은 "회의(懷疑)를 잘 한다"는 데 있다. "회의라 함은 무엇이든지 자기가 듣고 보는 그대로를 맹종하지 아니하고 그것이 과연 진실인가 아닌가를 생각해 보는 심리적 작용을 말하는 것이다.", "그런데 이와 같이 회의를 하고 무엇이 진실이고 무엇이 진실이 아닌가를 검토하는 정신능력을 이성이라 하므로, 지식계급의 둘째 특성은 그 이성적인 점에 있다.", "지식계급의 셋째 특성은 그 사변적·비행동적인 점에 있다. 모든 것을 회의하고 비판하고 하는 것이 그의 특성이므로, 따라서 그는 용이하게 행동으로 나가려 하지 않는다." 그런데 역사의 흐름은 이제 지식계급으로 하여금 "'창백한 인텔리'의 누명을 벗고 그 본래의 선발된 인간, 인류문화의 담하자(擔荷者), 무식계급에 비하여 우월한 지적 능력을 가진 인간의 교사로서의 자격을 회복"케 해 주었다고 말한다. 그리고는 이어 다음과 같이 말하였다. "지식계급이여, 무엇을 두려워하고 무엇을 주저하는가. 제군의 회의와 이성과 사변은 아무런 의심의 여지도 없는 올바른 것이며, 인류역사의 앞길을 비추어 주는 등불인 것이다."[22]

이 글이 해방정국의 좌우익의 투쟁 가운데서 어느 한쪽에도 선뜻 가

---

22) "지식계급론", 『젊은 세대에 부치는 書』, 19, 23, 25-26면.

담하지 못했던 그 자신이 당시 느끼고 받았던 비난과 위축감에 대한 반발인 것은 분명하다. 그렇다면 그것은 이 시기 사회적 혼란의 원인을 그가 '무식계급'인 대중의 무반성적이고 비이성적인 맹신과 행동주의에서 비롯된 것으로 생각하였음을 말해 주는 것이라고 볼 수 있을 것이다. 그런데 여기서 알 수 있는 바와 같이 그가 제시하는 지식인상은 단순히 전문적 기술적 지식의 소유자가 아니었다. 그가 '역사의 담하자'로 치켜세운 지식인의 조건은 옳은 것을 이성에 입각하여 '주체적'으로 사고할 줄 하는 바로 그 능력에 있었다. 이런 점에서 그의 지식인상이 그가 일생 추구하였던 근대성의 내용, 곧 '자아의 자각'과 일맥상통하는 면이 있음을 발견하는 것은 흥미롭다. 어쨌든 그는 우리나라에 민주주의가 제대로 실현되지 못하는 가장 근본적인 이유도 바로 국민들이 아직 자아의 자각에 이르지 못한 데 있다고 보았다. 그런 이유로 국민은 항상 계몽의 대상일 뿐이었고, 우선 당장 민주국가의 건설이라는 대업은 소수의 지도층의 역할에 기대를 걸 수밖에 없었던 것이다. 이같이 그의 엘리트적 성향은 다른 한편으로 대중에 대한 불신을 수반하였고, 그의 헌법사상에도 지식계급과 무식계급인 대중 사이의 구분이 보이지 않게 드리우게 되는 원인이 되었던 것이다.

3) 정치적 입장

여기에서는 해방정국의 격심했던 좌우대립의 와중에서 당시 유진오의 정치적 입장은 어떠하였는지를 살펴보기로 한다. 유진오는 해방된 이튿날 임화(林和)의 재촉에 끌려 좌익세력이 주도하는 조선문학건설본부에 잠깐 관계하다 과거 친일경력이 문제되어 공개적으로 면박당하고 그만둔 적이 있었다.[23] 그 이후로는 여러 번에 걸친 좌익 쪽의 협력 요청에도 불구하고 좌익과는 분명한 거리를 두게 된다. 물론 여기에는 당시 우익세력의 대표 격인 인촌(仁村) 김성수(金性洙)와의 밀접한 친분관계도 영향이 작용했을 것이다. 반면에 우익세력이 집결하여 9월 16일에 결성한 한국민주당에는 발기인 중 한 사람으로 나타난다. 이 때문에 그의 헌법기초작업을 한민당의 정치노선과 관련하여 이해하려는 시도들이 있었다. 사실 그가 조선문학건설본부 사건 이후 우익에 더 가까운 행보를 보여 왔다는 증거는 많다. 가령 1946년 3월 13일에는 좌익에 대항하는 전조선문필가협회가 결성되는데, 440명에 이르는 추천회원의 명단에 그의 이름이 올라 있는 것도 그 한 증거이다.[24] 그러나 그가 한민당의 정치활동에 직접 가담하여 활동했다는 흔적은 보이지 않으며, 그의 정치적 견해가 반드시 한민당의 정치노선과 일치하고 있는 것도 아니다. 헌법기초작업도 한민당의 대리인으로서 행한 것이 아니었고, 그 자신이 어느 한 정파의 일원으로 취급되는 것에 강한 거부감을 가지고 있기까지 했다. 오히려 헌법기초작업에 관한 한 굳이 말한다면, 뒤에서 보듯이 신익희를 중심으로 한 독립촉성국민회(獨立促成國民會) 측과 보다 밀접한 관련을 맺으면서 진행했다고 말하는 것이 옳을 것이다.[25]

---

23) 백철은 이와 관련하여 흥미로운 보고를 하고 있다. 유진오가 임화에 끌려 조선문학건설본부에 참석하게 된 다음날, 30여 명의 문인들의 모임이 이원조 사회로 원남동 어떤 건물에서 있었는데, 이때 이태준이 "일본놈 때도 출세를 하고 해방되어서도 또 선두에 서려 하다니, ……이럴 수가 있느냐"고 하면서 그런 분자들을 빼지 않으면 자기네는 이 준비위에 참석할 수 없다고 잘라서 말하였다는 것이다. 그리고 면전에서 Y 씨와 L 씨가 지목되었는데, 그때 Y 씨가 "정치인들에 비기면 우리 문학인들의 한 일은 아무 것도 아닙니다. 그러나 다들 의사가 그렇다면 물러나지요" 말하고 퇴장하였다는 것이다. 여기서 Y 씨가 유진오인 것은 분명하고, 그렇다면 이 사건은 그가 현실정치와 관련된 일에 직접적으로 관여하길 꺼려하는 데 영향을 미쳤을 가능성이 많다. 김윤식, "해방 후 남북한의 문화운동", 『해방공간의 민족문학연구』(열음사, 1989), 23면.

24) 동아일보, 1946. 3. 11.

25) 제헌국회의 양대 세력이었던 한민당과 독촉세력은 정치적으로 서로 견

어쨌든 해방 이후 정부수립의 주도권 문제로 각 정파가 첨예하게 대립하는 상황을 지켜보면서, 그는 오히려 통일정부 수립을 위해서는 신국가 건설이 어느 한 정파에 의해서 주도되어서는 안 된다는 생각을 가지게 된 것 같다. 한번은 중도좌익과 극좌세력이 합작한 여운형의 건국준비위원회가 정부조직을 행한다는 소식을 전해 듣고, 그 일에 관여하고 있던 친우 최용달을 찾아가서 "해외에 있는 혁명세력들이 귀국하기를 기다려서 하는 것이 옳다"는 의견을 개진한 적이 있다고 한다. 그렇게 함으로써 국내외의 "모든 혁명세력들이 공평하게 정부에 참여하게 되고, 따라서 말썽이 없을 것"이라는 생각에서였다는 것이다.[26] 그 이튿날은 김성수 등 우익 진영의 인사들이 모여 있는 자리에서, 화제가 너무 임시정부지지 일변도로 흘러 "임시정부를 지지하는 것은 좋지만 국내에 있던 사람들이라고 발언권이 없을 거야 없지 않습니까? 미국에서 돌아오는 사람들도 소련에서 돌아오는 사람들도 다 같이 발언권이 있어야 할 것 아닙니까?"라는 취지의 발언을 했다가 면박을 당했다고도 한다.[27]

그러나 실제 정치상황이 주지하다시피 극한적인 좌우대결 상황으로 흘러가자, 그는 선거에 의하는 외에는 통합정부를 세울 방도가 없다고 생각하기에 이른다. 남북한 총선거에 의한 정부수립이 현실적 방안으로 떠오르기 시작한 것이 미소공동위원회가 결렬된 이후임에 비해, 자신은 해방 후 한 달쯤부터 이러한 주장을 해온 데 대해 그는 상당히 자

제관계에 있었음에도 불구하고 헌법제정 과정에서는 중도파에 대항하여 연합세력을 구축하였다[박찬표, "제헌국회의 의정활동: 분단·냉전체제 하의 정치사회와 대의제 민주주의", 한국정신문화연구원 현대연구소 (편), 『한국현대사의 재인식 2: 정부수립과 제헌국회』(오름, 1998), 302 면]. 따라서 헌법제정이 상당 부분 한민당의 의도대로 관철되었다는 지적은 결과적으로 보아 틀린 말은 아니다.

26) 『養虎記』, 144면.
27) 같은 책, 146면.

랑스러워했다.[28] 물론 총선거 방안을 좌익 측에서 받아들일 가능성이
별로 없었다는 점을 생각하면, 그를 통일정부 수립을 지상목표로 한
민족지상주의자로 볼 수는 없다. 그렇게 보기에는 사실 정부수립 이후
너무 쉽게 철저한 반공주의자로 변모하였기 때문이다. 그러나 실제 가
능성을 어떻게 생각하였든, 단정으로 굳어지는 최후의 순간까지도 그
가 좌우합작의 명분에 집착하고 있었다는 것은 사실인 것 같다. 학자
형 김규식이 통일정부 수립의 마지막 노력이었던 남북요인회담 참석을
결심하고 김구와 함께 북행을 감행한 데는 이를 지지하는 남한문인 명
의의 성명서가 결정적인 영향을 끼친 것으로 알려지고 있는데, 유진오
역시 그 지지자의 한 사람으로 참여하고 있는 것을 볼 수 있다.[29]

그러나 역사의 흐름은 결국 남한만의 단독정부 수립으로 결말지어지
고, 그는 제헌국회에서 '헌법 및 정부조직법 기초위원회'의 전문위원 중
한 사람으로 선임되어 역사적인 건국헌법의 기초를 주도하게 되는데,
이에 대해서는 절을 바꾸어 보다 자세히 살펴보기로 한다.

3. 외국 헌법사상의 배경

유진오가 자신의 헌법사상을 형성하는 데 다양한 외국 헌법사상의
영향을 받았음은 물론이다. 그중에는 유진오가 적극적으로 받아들인
영향도 있었지만, 뚜렷이 의식하지 못한 채 받아들인 영향도 있었다.
그런가 하면 통상의 수준을 넘어서는 접촉이 있었음에도 불구하고 의
식적 무의식적으로 그 영향력이 차단되었던 헌법사상도 존재하였다.
그러한 차단의 내용과 메커니즘을 아는 것도 유진오의 헌법사상을 이

28) 같은 책, 210-214면.
29) 송남헌, 앞의 책, 460면.

해하는 데 의미가 있음은 물론이므로, 여기에서는 이러한 적극적·소극적 혹은 대치적 영향들을 편의상 국가별로 나누어 살펴보고자 한다. 다만 독일과 일본의 경우는 그 세부적인 사항에 있어서의 차이에도 불구하고 영향의 경로나 방식이 중첩되는 바가 많으므로 일괄하여 살펴보기로 한다.

1) 독일 및 일본 헌법사상의 영향

가) 미노베(美濃部達吉)와 엘리네크(G. Jellinek)의 영향

일본의 헌법학자로서 유진오에게 가장 큰 영향을 미친 인물로는 미노베 타쯔키찌를 들 수 있다. 유진오에 대한 미노베의 영향은 앞서도 말했듯이 유진오가 법문학부 시절 미노베의 『憲法撮要』를 교과서로 하여 헌법을 배웠고, 그 자신 또한 그 책을 자신의 헌법강의 시간의 교과서로 사용하면서 자연스럽게 이루어졌다. 그러나 미노베가 당시 헌법학의 최고 권위자였기 때문에, 비단 『憲法撮要』만이 아니라 『日本憲法』이나 『逐條憲法精義』, 그 밖에 미노베의 많은 논문들이 해방 후까지도 자주 참조되었던 것 같다. 물론 미노베의 헌법학도 독자적인 것은 아니고 독일의 국법학자 엘리네크의 영향을 크게 받은 것으로 알려지고 있다. 이 한도 내에 있어서는 미노베의 영향은 동시에 엘리네크의 영향이라고도 말할 수 있다. 사실 유진오가 엘리네크의 책을 직접 읽기도 했고, 특히 그의 『일반국가학』(Allgemeine Staatslehre)에 대해서는 감명 깊게 읽고 사상 형성에도 큰 영향을 받았던 책으로 회고하고 있기도 하다.30) 그러나 엘리네크가 유진오에게 미친 영향은 큰 테

30) "나의 독서편력", 『다시 滄浪亭에서』, 145면.

두리에 있어서는 미노베를 통하여 이루어진 것이기 때문에, 여기에서
는 미노베의 영향 아래 통일적으로 살펴보기로 한다.

미노베가 필생의 사업인 학자의 길에 들어서게 된 것은 동경제국대
학 법과대학을 졸업하고 1년간의 관리생활 후, 동 대학 대학원에 입학
하여 비교법제사 연구에 종사하면서부터라고 할 수 있다.[31] 그러나 대
학시절에 천황주권설론자 호즈미 야쯔까(穗積八束)와 천황기관설론자
이찌끼 키토쿠로오(一木喜德郞)에게서 헌법강의를 수강하면서 이찌끼
에 대한 경도와 함께 호즈미의 이론에 대해서는 거부감을 갖게 되는
등, 그가 장차 걷게 될 학문적 길의 방향은 이미 그전부터 싹을 보이
기 시작했던 것으로 알려지고 있다. 명치헌법이 제정되던 해인 1899년
에는 대학 측의 지시에 따라 유럽 유학을 떠나 약 3년에 걸쳐 주로 독
일·프랑스·영국의 공법사 연구에 몰두한다. 이미 일찍부터 공법학에
흥미를 느끼고 있었던 그가 옐리네크의 대저『일반국법학』에 접하고는
국법학의 연구에 크게 자극을 받고 이후 그의 헌법학의 전개에 크게
영향을 받았다고 하는 것도 이 유럽 유학기간 동안의 일이었다. 1902
년 유럽으로부터 돌아온 그는 곧 비교법제사 담당교수로 임명된다. 이
어 1908년 9월부터는 행정법 강좌를 담당하게 되고, 1920년에는 행정
법 강좌와 함께 신설된 헌법 제2강좌를 겸담하게 된다.

미노베가 학계에서 뚜렷이 부각하게 된 데는 소위 '우에스기(上杉)
대 미노베'의 논쟁이 계기가 되었다. 자신의 최초의 헌법 개설서인『憲
法講話』(1912)의 서문에서 "국체를 빙자하여 전제적인 사상을 고무하
고, 국민의 권리를 억압하여 그 절대적 복종을 강요하고, 입헌정치의
가상(假想) 아래 실은 전제정치를 주장"하는 일부 변장적 전제정치주
의자들의 주장을 배격하고 입헌정치를 확립하는 것을 자신의 입장으로

---

31) 미노베의 생애와 헌법사상에 관한 보다 자세한 한국 측 문헌으로는, 김
    창록, "일본에서의 서양 헌법사상의 수용에 관한 연구", 서울대 박사논
    문, 1994, 68-102, 261-269면 참조.

천명한 미노베가 그 전 해에 출판된 우에스기의 『國民敎育帝國憲法講義』
를 비판하는 「國民敎育帝國憲法講義を評す」(1912)라는 논문을 발표하자
곧 우에스기가 「國體に關する異說」(1912)에서 미노베의 이론을 이단
학설로 비판하고 나섬으로써, 재차 반박과 재반박으로까지 논쟁이 이
어지게 되고, 여기에 다른 학자들까지 이 논쟁에 가세하게 된 것이다.
이 논쟁에서 우에스기는 국체사상과 천황주권설을 기반으로 천황절대
주의적 헌법론을 펼친 반면에, 미노베는 국가법인설과 천황기관설을
이론적 바탕으로 하여 명치헌법의 입헌주의적 해석을 옹호하였는데,
미노베의 이러한 주장이 마침 정당내각정치로 발전하던 다이쇼데모크
라시에 발맞추어 학계에서도 이론적 설득력을 얻게 되었고, 이후 통설
적 지위를 누리게 되었던 것이다. 미노베에 있어서 입헌제도는 주로
영국식의 대의제도를 의미했다. 따라서 그의 헌법학적 노력은 주로 해
석에 의하여 천황의 대권을 제한하고 제국의회의 권한을 확대하여 명
치헌법을 가능한 한 영국형의 의회주의에 일치시키려는 데 집중되었
다. 이러한 미노베의 입헌주의 옹호는 비단 이론적 관심에만 국한되지
않았다. 다이쇼데모크라시의 중요한 원동력이 되었던 호헌운동에 강사
로서 적극적으로 참여하기도 하고, 치안유지법 비판이나 귀족원·추밀
원 개혁, 군부 비판 등의 의견을 적극적으로 개진하는 등 현실문제에
있어서도 활발한 활동을 전개하였다.

그러나 군국주의 부활과 함께 1935년 남작 키쿠찌 타케오(菊池武夫)
의 귀족원에서의 천황기관설 비판이 발단이 되어 일어난 소위 천황기
관설 사건으로 미노베의 학설은 일거에 체제정통적 이데올로기에 의해
이단으로 몰리게 된다. 그의 저서인 『憲法撮要』, 『逐條 憲法精義』, 『日
本憲法의 基本主義』가 발매 금지당하였을 뿐 아니라, 개인적으로도 불
경죄와 출판법 위반으로 고소되기에 이른 것이다. 다행히 이 문제는
귀족원 의원직을 사임하는 것으로 기소유예 처분을 받고 일단락을 맺
게 되지만, 이후 그는 헌법적 활동이 제약된 가운데 행정법 연구에만

전념하면서 패전을 맞게 된다.

이상의 미노베의 학문적 생애에서 보듯이 일본 헌법학사에 있어서 미노베의 의의는 한편으로 천황주권설에 입각한 군권절대주의 헌법학에 대항하면서, 다른 한편으로는 같은 기관설 입장에 있으면서도 그 기능에 있어서는 이전 시기 이찌끼류의 관료내각정치로부터 의원내각정치로의 질적 전환을 달성하는, 즉 의회중심적 헌법학을 수립·전개한 데서 찾을 수 있다.[32] 그러나 동시에 미노베의 헌법학은 근본적으로 명치헌법의 해석학이라는 점에서 명치헌법 자체가 갖는 한계에서 자유로울 수 없었으며, 또한 그 자신 역시 천황에 대한 충성을 바탕으로 헌법학을 전개하였다는 점에서 오는 한계 역시 내포하고 있었다. 바로 이러한 한계가 패전 후 헌법 개정에 대한 반대로 표면에 나타났던 것인데,[33] 그에 의하면 "천황이 국가의 원수로서 국가통치의 최고의 원천인 지위에 있는 것은 불변의 원칙으로서 지지"되어야 한다는 것이었다.[34] 다시 말하면 정부개정안의 상징천황제를 그로서는 받아들일 수 없었던 것이다. 변장적 전제주의를 초래할 수밖에 없었던 원인으로서 명치헌법 자체가 갖는 역사적·객관적 한계에 대한 철저한 반성이 생략된 채, 자신의 헌법이론이 현실정치에서 통용될 수 있었던 다이쇼데모크라시 체제로의 복귀가 미노베에 있어서는 민주주의의 이

---

32) 후자의 입장을 명확히 한 것으로는, 家永三郎, 『美濃部達吉の思想史的硏究』(東京: 岩波書店, 1964), 25-56면.

33) 그는 추밀원에서 헌법개정안에 대한 표결 시 유일한 반대자였고, 헌법개정안이 제국의회를 통과한 후 재차 추밀원에서 자문절차가 행해질 때에는 결석으로써 반대의사를 표시했다. 미노베의 헌법개정안에 대한 반대는 점령하에서 졸속으로 추진되는 비자주적 개정에 반대한 것으로 '자유주의자로서의 면목'을 보인 것이라는 긍정적 평가도 없는 것은 아니지만, 대부분의 평가는 비판적이다. 긍정적 평가의 대표적인 것으로는 小林直樹, "美濃部達吉", 法學セミナ 第50号, 1960.5., 63면. 부정적 평가로는 家永三郎, 앞의 책, 313-327면: 奥平康弘, "美濃部達吉", 『日本の法學者』(東京: 日本評論社, 1975), 167면: 김창록, 앞의 글, 261-270면 등.

34) 美濃部達吉, "憲法改正の基本問題": 家永三郎, 앞의 책, 323면에서 재인용.

상이었고, 그런 만큼 다이쇼데모크라시 체제의 한계는 그대로 그 자신의 한계이기도 했던 것이다.

이렇게 볼 때, 해방 후 유진오의 헌법학 앞에 놓인 사명과 역사적 조건은 미노베의 그것과는 근본적으로 달랐다고 말할 수 있다. 미노베가 외견적 입헌주의의 산물인 명치헌법을 주어진 전제로 하여 최대한 그 입헌주의적 해석을 임무로 한 것이라면, 유진오에게 있어서는 처음부터 완전한 민주주의의 가능성이 주어진 가운데 그 실질 내용을 형성하는 과제를 담당해야 했기 때문이다.

따라서 유진오에 대한 미노베의 영향은 처음부터 선별적이지 않을 수 없었다. 우선적으로 미노베가 명치헌법하에서 입헌주의를 실현시키기 위해 해석학적·입법론적 노력을 경주했던 부분이 유진오에 의해 적극적으로 받아들여졌을 것임은 쉽게 생각할 수 있다. 그중에서도 유진오에게 있어 특히 의식적이고 두드러지게 드러나는 영향은 미노베의 의회중심주의 사상이다. 의원내각제도나 양원제 등에 대한 구상 및 그 수용논리는 미노베의 영향을 뚜렷이 보여 주고 있다. 그러나 이 부분에 있어서조차도 유진오는 미노베의 시각과 논리에만 머물지 않았다. 뒤에서 보는 바와 같이 해방 후 자신의 헌법사상의 핵심개념을 이루는 경제적·사회적 민주주의의 관점에서 미노베의 논리를 채용했던 것이다. 미노베의 유진오에 대한 영향의 또 다른 측면은 미노베의 입헌주의 사상의 한계에 관계되는 것이다. 그것은 주로 국가에 대한 국민의 관계방식에 관한 것으로, 미노베가 천황절대주의에 대항하여 국가권력의 한계성을 인식하고 강조하였다 하더라도, 국가법인설로써 그 이론적 기초를 삼은 이상은 국가에 대한 국민의 지위는 근본적으로 국가에 의존하는 상대적인 것일 수밖에 없었다. 이러한 점이 미노베의 헌법이론 가운데 국가와 국민 이익의 동일시, 국민의 적극적인 정치 참여의 제한, 저항권의 부인 및 형식적 법치주의 등으로 나타나게 되었는데, 동일한 내용이 정도의 차이는 있지만 유진오의 헌법학에도 반영되고 있는 것이다.

그러나 이 경우도 그저 불유쾌한 무의식적 잔존물로만 치부할 수 없는 측면이 있다. 유진오의 경제적·사회적 민주주의 안에서는 그러한 내용들이 오히려 적극적 의미를 띠고 주장되고 있기 때문이다. 어느 부분에서는 유진오가 미노베보다도 오히려 더 국가우월적 입장을 보이고 있는 것도 바로 유진오의 이러한 측면이 단순히 이론적 후진성을 극복하지 못한 결과만은 아니라는 점을 보여 주는 것이라고 하겠다.

이상에서 보는 바와 같이 유진오에 대한 미노베의 영향은 미노베와는 다른 유진오 자신의 주체적 가치관의 틀에 의해 걸러진 것이었다. 그럼에도 불구하고 유진오의 헌법사상에 있어 미노베의 의의는 결코 감소될 수 없는데, 그것은 미노베의 헌법학이 유진오가 헌법상의 기초 개념들을 습득하고 헌법적 시각을 획득하는 최초의 통로가 되었다는 점에서 그렇다. 다시 말한다면 유진오가 자신의 경제적·사회적 민주주의의 관점에서 수용 대상을 자주적으로 선택하였다고 하더라도, 그것은 미노베의 시각과 논리를 기초로 한 위에서 이루어진 것이었다는 사실이다.

나) 켈젠(H. Kelsen) 등 신칸트학파의 영향

켈젠은 해방 전후를 불문하고 유진오의 저작 중에서 가장 빈번히 인용되고 있는 인물이다. 그가 켈젠에 대하여 그토록 집요하게 관심을 표하게 된 것은 경성제대 조수시절을 전후로 일어난 일본의 켈젠붐에서 그 원인을 찾을 수 있다. 1920년부터 켈젠 저작의 번역으로부터 시작된 일본의 켈젠 수용은 1931년부터 1936년까지 요코다(橫田喜三郎)를 위시하여 키요미야(淸宮四郎), 쿠로다(黑田覺), 오다카(尾高朝雄), 나카노(中野登美雄), 미야자와(宮澤俊義) 등 쟁쟁한 소장학자들의 켈젠 연구에 이어짐으로써 그 절정에 이르렀던 것이다.[35] 특히 직접적으로는 앞에서 이미 언급했듯이 유진오의 법문학부 시절 교수였던 오다 까와 키요미야의 영향이 컸다.

그런데 한 가지 흥미로운 점은 오다까나 키요미야 모두 켈젠의 이론을 그대로 다 받아들인 것은 아니라는 사실이다. 오다까는 해방 후 우리 법철학계에 켈젠 전통을 심은 사람으로 널리 인식되고 있을 정도로 켈젠을 적극적으로 소개하고 강조하였던 인물이지만, "켈젠으로부터 출발하여 켈젠을 비판하고 후설의 입장에 서는"[36) 것을 자기의 기본입장으로 내세웠던 만큼 자신의 독자적인 견해를 견지하고 있었다. 가령 켈젠의 법단계설을 예로 든다면, 법단계설의 기본구조는 받아들이면서도 단지 위로부터 아래로의 규범논리적인 관념적 제약만으로는 충분치 않고, "아래로부터 위로의 사실적 제약관계, 즉 사실에 의한 규범의미의 저초(底礎)관계가 인정되지 않으면 안 된다"[37)고 주장하여, 켈젠의 근본규범의 순수가정성(純粹假定性)을 비판하였던 것이다. 키요미야 역시 켈젠의 법단계설을 받아들여 자신의 헌법학에 적용하였지만, 켈젠의 근본규범의 가정에 대해서만은 역사적 사실행위에 의하여 실체화된 규범으로 재해석하여 수용하였다.

유진오가 오다까와 키요미야의 그러한 입장을 구체적으로 정확히 이해하고 그대로 받아들였던 것은 아니다. 그러나 그들이 유진오가 켈젠을 이해하고 받아들이는 방식에 영향을 미쳤음은 확실하다. 앞에서도 보았듯이 유진오 역시 켈젠과 접하던 시기 마르크스사상에 심취하였던 관계로 켈젠의 '법의 순수성'의 주장에 대해서는 매우 격렬하게 비판적

---

35) 일본에서의 켈젠 수용에 관해서는 山下威士, "ハンス・ケルゼンと日本の憲法學", 公法研究, 第44巻, 日本公法學會, 1982. 및 原秀男, "新カント學派", 『近代日本法思想史』(有斐閣, 1979), 271-314면 등을 참조.

36) 尾高朝雄, "Grundlegung der Lehre vom sozialen Verband", Vorwort, S. Ⅴ; 松尾敬一, "尾高法哲學の形成", 神戸法學雜誌, 제15권 제1호, 1965. 6., 10면에서 재인용.

37) 尾高朝雄, 『國家構造論』(東京: 岩波書店, 1936), 334면.

태도를 보였고, 그러한 입장은 마르크스사상을 떠난 해방 후까지도 그대로 이어졌다. 그럼에도 불구하고 켈젠의 법단계설의 논리구조만큼은 그 논리 정연함에 매료되어 그의 사고를 오랫동안 지배하였던 것이다.[38] 켈젠과 루소를 결합시킨 다음의 서술은 비록 생애 말년경에 쓰인 것이기는 하지만, 근본규범의 형식성을 배척하고 법단계설의 논리구조만을 취하는 그의 켈젠 이해를 잘 보여준다.

> 헌법은 지켜야 한다. 왜냐하면 그것은 인민의 총의이기 때문이다. 법률은 지켜야 한다. 왜냐하면 그것은 헌법의 구체화단계, 집행단계로서 헌법 속에 그 타당근거를 가지고 있기 때문이다. 사법과 행정도 법적 구속력을 가진다. 그 까닭은 그것들은 헌법과 법률의 다시 하층집행단계로서 역시 헌법 속에 그 타당근거를 가지고 있기 때문이다.[39]

이러한 선택적 켈젠 수용은 그토록 빈번한 언급에도 불구하고 켈젠이 왜 제한적 영향밖에 미치지 못했는지를 설명해 준다. 사실 켈젠에 대한 인용의 대부분이 비판적 맥락에서 언급되고 있다. 그럼에도 불구하고 유진오의 헌법구상에서 극히 중요한 의미를 갖는 권력구조의 구상, 특히 의원내각제와 헌법위원회 제도의 구상에 법단계설이 법이론적 논거로 원용되고 있고, 법치주의에 대한 이해와 해석방법론에도 영향을 미치는 등, 그가 켈젠을 정확히 이해했는가 하는 문제와는 별개로 유진오의 헌법학에서 켈젠이 차지하는 의의는 결코 간과할 수 없다.

한편 켈젠과 같은 신칸트학파로서 켈젠과 함께 일본에서 수용붐을 이루었던 라드브루흐(G. Radbruch)에 대해서도 유진오는 깊은 존경심

---

38) 유진오는 경성제대 법문학부 2학년 행정법 시간에 켈젠의 법적단계설을 소개받았을 때 그 논리 정연함에 매력을 느꼈다고 회고하고 있다. 그러나 행정법 시간이 맞는다면 3학년 때의 일일 것이다. "박식한 오다까 교수", 『젊음이 깃칠 때』, 100면.
39) "법의 지배와 법의식의 확립", 『미래로 향한 窓』, 250면.

을 가지고 있었다고 전한다.[40] 그러나 그가 라드브루흐의 법사상을 어
느 정도 이해하고 받아들였는지에 대해서는 가늠할 만한 구체적인 자
료들을 별로 남기고 있지 않고, 내용적으로도 라드브루흐의 직접적인
영향이라고 할 만한 흔적은 찾기가 어렵다. 경성제대에 있을 때에 학교
측으로부터 라드브루흐의 『Einführung in die Rechtswissenschaft』를
교재로 사용할 것을 조건으로 하여 학부의 독법강독 강의를 제의받은
적이 있다고 하지만,[41] 보성전문 교수로 옮기는 바람에 그것도 실현되
지는 않았다. 라드브루흐의 법사상에 대한 구체적인 언급은 오히려 해
방 전 형법과 관련된 것이 유일하다. 형법조수 시절 확신범에 대해서는
교육형이론이 적용될 수 없다는 『독일형법학잡지』에 실린 라드브루흐
의 논문을 읽고 그에 대한 존경이 더 깊어지게 되었다는 것이다.[42]

　그러나 라드브루흐의 법사상을 사회법 사상과 가치상대주의의 측면
에서 열정적으로 소개하였던 키무라 카메지(木村龜二)의 논문을 유진
오가 여러 편 읽고 그에게 경의를 가지고 있었다고 유진오 자신이 말
하고 있는 것을 볼 때,[43] 라드브루흐의 법사상이 간접적 경로를 통해
서나마 유진오의 경제적·사회적 민주주의 사상과 가치상대주의적 사

---

40) "나의 연구실 시절(3), 법정, 1972. 12., 69면.
41) 같은 글, 77면.
42) 같은 글, 69면.
43) "나의 연구실 시절(4)", 법정, 1973. 1., 55면. 라드브루흐를 소개한 키무
　　라의 논문들을 일별하면, "ラートブルッフの相對的法律價値論(1)(2)",
　　國家學會雜誌, 第36卷12号・第37卷1号, 1922/1923; "法の社會的機能に就
　　て: ラトブルッフの『階級的法律と法理念", 法學志林, 第33卷4号, 1931;
　　"ラートブルッフの法律哲學: その第3版(1932年)を讀む", 法學志林, 第34
　　卷8号, 1932; "ラートブルッフ『フォイエルバッハ傳"", 國家學會雜誌, 第
　　49卷7号, 1935; "法律哲學における相對主義", 法律時報, 第7卷5号, 1935
　　등이다. 키무라에 의한 라드브루흐 수용에 관해서는 原秀男, "新カント
　　學派", 『近代日本法思想史』(有斐閣, 1979), 285-286면 및 최종고, "일본
　　과 한국에 있어서 라드브루흐 법철학의 수용", 법학논총, 제1집, 숭전대,
　　1985. 6. 참조.

고를 강화시키는 역할을 하였을 것으로 생각된다. 특히 가치상대주의
와 관련해서는 후기의 저술 가운데서이긴 하지만, 유진오 자신이 직접
"민주주의적 상대주의철학의 영향"[44]에 대해 언급한 적이 있기도 하
다. 또한 그가 자연법론을 비판하면서 켈젠의 「자연법론과 법실증주의
」를 논거로 인용하고 있는 경우도 볼 수 있는데, 이러한 측면은 비단
켈젠뿐 아니라 그가 직간접으로 접촉했던 라드브루흐나 슈탐믈러와 같
은 신칸트학파 학자들의 상대주의철학의 영향도 있었을 것으로 생각된
다. 그렇다면 이러한 점은 유진오가 어느 한 이데올로기나 정치적 입
장만을 절대적으로 주장하지 않고, 양립적인 주장을 동시에 수용하려
한 입장과도 일맥상통한 것이라고 할 수 있을 것이다.

다) 오다까 토모오(尾高朝雄)의 영향

오다까와 유진오 사이의 긴밀했던 학문적 관계에 대해서는 이미 여
러 군데에서 언급한 바가 있지만, 오다까 역시 유진오에게 켈젠을 매
개해 준 것과는 별개로 여러 가지 점에서 유진오에게 영향을 주었다.
특히 유진오 자신이 "일본의 국가학·공법학을 국제적 수준으로 올려
놓은" 책으로 평가한 『國家構造論』(1936)[45]의 영향이 현저하다. 이 책
을 통하여 유진오는 무엇보다도 '전체와 부분'이라는 일찍부터 싹트기
시작한 문제의식에 대해 국가철학적으로 확고히 자신의 입장을 정립할
수 있었던 것으로 보인다. 이 책에서 오다까는 국가가 저초하고 있는
사회관계의 성격에 따라 국가의 형태를 공동사회단체, 이익사회단체,
협성(協成)사회단체로 구분하였는데, 그 기준은 단체의 실재성의 중심
이 전체에 있는가, 부분에 있는가, 아니면 전체와 부분의 조화에 있는

---

44) "이데와 이데올로기", 『미래로 향한 窓』, 32면.
45) "박식한 오다까 교수", 『젊음이 깃칠 때』, 100면.

가에 따른 것이었다. 그리고 공동사회단체에 전제군주제를, 이익사회단
체에 공화제를, 그리고 협성사회단체에 입헌군주제와 새로 발흥하는
독재제를 대응시켰다. 그런데 오다까에 있어서 협성사회단체는 "전체
는 자각한 개인의 상호의존 관계에 의하여 그 실재성을 발휘하고, 개
인은 절대의 개인으로서가 아니라 전체의 부분으로서의 지위에서 비로
소 실재인 것이 가능한" 사회단체를 의미하였다.[46] 즉, "협성사회단체
의 근본원리는 전체에 있어서의 개인의 자각이고, 개인을 통한 전체의
자기실현"에 있는 것으로 보았던 것이다.[47]

　오다까가 파시즘과 나치의 지도자국가에 대하여 비록 "그 확립이 일
천하고, 아직 의문의 조직이고, 시도(試圖)의 시대를 벗어나지 못하고
있다"고 유보하면서도, "그 형태는 이익사회적 분산에서 협성사회적
구심에의 전환을 지향한 것으로 추측된다"고 말하고 있는 데서 볼 수
있듯이,[48] 『國家構造論』이 쓰였던 시점은 이미 오다까에게서 국가주의
적 경향이 나타나기 시작한 때였고, 유진오도 이 점에 불만을 가지고
있었던 것으로 보이지만,[49] '자아의 자각'에 의한 '전체와 부분의 변증
법적 통일'이야말로 유진오가 해방 후 민족주의와 민주주의를 자신의
헌법사상 안으로 수렴함에 있어 지향하였던 가장 이상적인 형태였다.
이 점에서 유진오의 헌법사상에 미친 오다까의 영향은 지대하다고 말
할 수 있다.

　한편 이보다 더 근본적인 영향도 보인다. 오다까가 협성사회단체에 관
하여 전체와 부분의 '통일'을 말하고 있다는 것 자체는 부분과 대립되는
전체의 실체를 상정한 것으로부터 출발한 것이었음은 물론이다. 더군다
나 오다까는 국가에 있어 그 전체는 항상 군주나 지도자(Führer)와 같

---

46) 尾高朝雄, 『國家構造論』, 414면.
47) 같은 책, 415면.
48) 같은 책, 428면.
49) "나의 연구실 시절(8)", 새법정, 1973.5., 76면.

은 국가권력에서 체현되고 있는 것으로 설명하였는데,[50] 이런 점들이 유
진오에게도 국민과 국가 개념의 분리, 그리고 국가 그 자체와 국가권력과
의 혼동 등의 모습으로 자주 나타나게 되었던 것이다. 뿐만 아니라 오다
까는 법과 관련하여서도 공동사회단체는 주로 강제규범 이전의 사회규
범에 의하여 규율되고, 이익사회단체는 주로 강제규범에 의하여 규율되
며, 협성사회단체는 사회규범과 강제규범의 균형을 원리로 한다고 설명
했는데, 오다까 식의 협성사회단체의 조직원리를 이상으로 삼았던 유진
오에게 있어서 오다까의 그러한 설명은 법적 계기 안에 비법적 계기를
최대한 확대시키는 국가철학적 근거를 제공하였다. 이 점에서 오다까의
다음과 같은 언술은 뒤에서 보는 바와 같이 경제적·사회적 민주주의를
지향한 유진오의 헌법사상의 주된 특징을 묘사하는 데도 그대로 타당하
다고 말할 수 있다.

　　성문법 만능의 사상에 대한 자유법사상의 대두, 법에 있어서 도
　　덕적 계기의 중시, 권리 본위의 법률관으로부터 의무 본위, 사회
　　본위의 법률관으로의 이행은 이익사회단체로부터 협성사회단체에
　　로의 추이와 평행하는 현상이다.[51]

물론 전체와 부분의 문제 외에도 오다까가 유진오에게 미친 영향은
여러 군데에서 더 찾아볼 수 있다. 그러나 민족주의와 민주주의의 상
호 관련이라는 관점에서 유진오의 경제적·사회적 민주주의가 함의하
는 내용의 수용사적 배경을 밝히고자 하는 이 장의 목적상 기타 세세
한 부분에 있어서의 영향은 직접 유진오의 헌법사상의 내용을 다루는
중에 다시 언급하기로 한다.

---

50) 이 점에 있어 오다까가 시민사회를 사적 영역에, 국가를 공공의 영역에
　　위치시킨 독일의 입헌군주제 옹호가들의 전통에 충실히 따르고 있음은
　　두말할 필요도 없을 것이다.
51) 尾高朝雄, 『國家構造論』, 419면.

라) 독재정치 사상의 영향

유진오의 헌법사상의 형성에는 1930년대 독일과 일본, 이탈리아에서
일어난 극우 전체주의 사상이 미친 영향을 무시할 수 없다. 이미 해방
전에 전체주의에 관한 두 편의 글을 발표하고 있는 것은 이미 앞에서 본
대로이지만, 해방 후의 헌법이론에도 전체주의 사상을 의식하고 그것과
의 대결적 서술방식을 취하고 있는 많은 경우를 볼 수 있어, 전체주의
사상이 유진오에게 미친 영향을 짐작케 한다. 유진오가 전체주의 헌법이
론을 섭취하는 데 특히 참고했던 서적들로는 문헌상의 전거들로 미루어
볼 때, 이마나카(今中次麿)의 독재정치론총서와 호리(堀眞琴)의 『現代
獨裁政治論』, 쾰로이터(Otto Koellreutter)의 『Der Deutsche Führerstaat』
나 『Deutsches Verfassungsrecht』 등이었던 것으로 보인다.[52]

전체주의 사상이 유진오의 헌법사상에 미친 영향은 이중적이다. 첫째
는 개인주의 내지 자유주의의 취약성에 대한 인식이다. 유진오는 전체
주의의 발생이 사회적 정치적 경제적 혼란에 대한 개인주의와 자유주
의의 무력함에서 비롯된 것으로 보았다. 물론 유진오에게 있어 개인주
의에 대한 비판적 의식을 심어준 원류는 사회주의사상이었다. 그렇지만
이데올로기 차원을 떠나 개인주의에 대항하기 위한 구체적인 헌법이론
의 전개나 제도 구상에 있어서는 이들 전체주의에 관한 서적들로부터
많은 시사를 받았던 것으로 보인다. 둘째로 유진오는 이들 서적들로부
터 전체주의의 헌법이론이 결정적으로 기존의 민주주의적 서구 헌법이

---

52) 이 중 今中次麿의 『ファツシズム運動論』, 『現代獨裁政治槪論』, 『現代獨
　　裁政治史總說』, 『民族的 社會主義論』, 獨裁政治論叢書 第1·2·3·4卷
　　(東京: 大畑書店, 1932)과 Otto Koellreutter, Deutsches Verfassu-
　　ngsrecht: ein Grundriss, 2. durchgesehene u. erg. Aufl.(Berlin: Ju-
　　nker und Dunnhaupt, 1936)는 고려대학교에 소장되어 있는 현민문고
　　목록에 포함되어 있다. 『고려대학교도서관 현민문고목록』(고려대학교출
　　판부, 1991) 참조.

론과 어떤 점에서 차이를 보이는지를 파악할 수 있었는데, 이러한 지식은 그가 자신의 헌법사상을 전개하는 데 있어 반독재를 위한 최후의 방어선을 치는 데 유용하게 활용되었다.

　전체주의 사상이 유진오에게 미친 이중적인 영향은 삼권분립과 법치주의 사상에서 대표적으로 잘 드러난다. 가령 해방 전에 쓰인 한 글에는 전체주의 공법이론의 특징을 "삼권분립과 법치주의의 부정 내지는 중대 수정"[53]으로 소개하고 있는데, 유진오의 이러한 이해를 감안할 때 그가 삼권분립과 법치주의의 변화를 강조하면서도 그 형식적인 최소한의 틀은 극력 고수하려고 했던 이유를 쉽게 이해할 수 있다. 바로 전체주의 사상으로부터 영향을 받은 반개인주의(反個人主義)와 반독재주의(反獨裁主義) 사이의 애매한 균형잡기의 결과였던 것이다. 유진오의 헌법사상에서 중요한 위치를 차지하는 의회중심사상 역시 마찬가지인데, 이 경우는 특히 후자 측면의 영향이 보다 강하게 나타난 경우이다. 독일에서 나치독재가 성립하는 데는 칼 슈미트(Carl Schmitt)의 의회주의 비판이 큰 역할을 하였음은 널리 알려진 사실이다. 비록 유진오가 슈미트의 저술을 직접 읽은 것으로 보이지는 않지만, 독재정치에 관한 저술들을 통하여 의회에 대한 강한 불신 경향은 충분히 숙지하고 있었다. 그가 의회의 전횡을 우려하면서도 독재화를 막는 최후의 보루로서 의회중심주의를 사수하였던 것은 이와 같은 칼 슈미트와 독재사상가들의 반의회주의에 대한 역작용의 영향이 컸던 것이다. 반개인주의와 반독재주의야말로 유진오의 경제적·사회적 민주주의의 또 다른 핵심임을 감안할 때, 이들 영향의 의의는 자못 크다 할 것이다.

---

53) "전체주의 법이론의 윤곽", 조선일보, 1939. 2. 25.

2) 영국 헌법사상의 영향

가) 헤드람 - 몰리(A. Headlam-Morley)의 『The New Democratic
　　Constitutions of Europe』의 영향

표면적으로 드러난 것으로만 판단한다면, 유진오의 제헌구상에 단일
서적으로 가장 커다란 영향을 끼친 책으로는 아마도 헤드람-몰리(Agnes
Headlam-Morley)의 『The New Democratic Constitutions of Europe』를
들 수 있을 것이다. 영국에서 1928년 처음 출판된 이래 1년이 채 안
된 다음해에 바로 재판이 나온 것으로 보아 그런대로 평가를 받았던
책으로 보인다. 일본에서도 야마노우치 이치로(山之內一郞)에 의해 『歐
洲新憲法論』(1932)이라는 제목으로 번역되었는데, 원저와 함께 이 번
역본이 우리나라에도 들어와 여러 사람에 의해 읽혔던 것 같다. 가령
유진오의 헌법기초작업을 도왔던 황동준(黃東駿) 같은 이는 이 책을
읽은 것이 헌법연구에 본격적으로 몰두하게 되는 계기가 되었다고 말
하고 있으며,[54] 유진오 자신도 헌법기초 시 농지개혁에 망설이는 김성
수에게 헤드람-몰리의 이 책을 상기하면서 농지개혁의 필연성을 설명
하여 납득시켰다는 회고를 하고 있기도 하다.[55]
　이 책은 제1차세계대전 후 독일과 옛 프러시아 및 오스트리아-헝거
리제국 지역 신생국들의 헌법의 경향을 비교하여 분석한 것인데, 비교
헌법적 정보 부족에 갈증을 느꼈을 유진오로서는 그야말로 해갈과 같

---

54) 황동준, 『민주정치와 그 운용』(한일문화사, 1958), 323면.
55) 『헌법기초회고록』, 29면. 그러나 토지분배 문제는 당시 가장 큰 사회적
　　이슈 중의 하나였는데 그렇게 간단히 유진오 개인의 말을 듣고 설득당
　　했다는 점은 이해하기 어렵고, 이미 토지개혁의 불가피성에 대해서는
　　한민당도 공개적으로 인정하고 있었다는 점에서, 그 대화의 정확한 내
　　용에 대해서는 액면 그대로 받아들이기 힘들다.

은 책이었을 것이다. 더군다나 이 책은 의도가 각국의 헌법 조문을 단순히 나열하고 분석하는 데 그치지 않고, 헌법 탄생의 정치적 배경과 그 적용의 실제를 동시에 설명하고자 한 것이었기 때문에56) 헌법 기초라는 실제적인 일에 참고하기에는 말할 나위 없이 유용하게 생각되었을 것이다.

헤드람-몰리가 이 책에서 이들 신헌법들을 분석하는 관점은 두 가지였다. 첫째는 이들 신헌법들이 민주주의를 논리적으로 가장 철저히 관철시킴과 동시에 의회전제 곧 행정부의 약화를 방지하고자 노력하였다는 점이었고, 다음으로는 이들 헌법이 개인주의적 자유주의에 반대하면서 국가의 경제사회적 임무를 도입하고 있다는 점이었다.57) 이러한 관점에서 헤드람-몰리는 제1장 신헌법들의 기원(역사적 배경, 신헌법들의 정치이론, 비교적 개관), 제2장 영토(연방주의와 지방정부), 제3장 민주주의 원리(국민주권, 보통선거와 비례대표제, 선거구제와 정당), 제4장 의회의 입법권에 대한 통제(레퍼렌덤과 이니셔티브, 상원, 대통령의 입법적 기능), 제5장 의원내각제(대통령, 의회해산, 내각구성, 의원내각제의 실제적 적용), 제6장 국가의 사회적 기능(정부의 사회적 정치적 의무, 경제헌법)의 목차 순으로 이들 신헌법들의 내용과 그 실제를 분석하여 고찰하고 있다.

그런데 첫 번째 관점에서 보아 이들 신헌법의 시도는 실패로 끝나고 말았다는 것이 헤드람-몰리의 평가였다. 헤드람-몰리는 그 이유를 신헌법의 기초자들이 영국을 모델로 하고자 하였으면서도 실제로는 프랑스식 사고에 의하여 헌법을 기초하였기 때문이라고 하였다. 즉 헤드람-몰리에 의하면 신헌법들이 국민을 대표하는 의회와 강력한 행정부의 결합이라는 과제를 해결하기 위해 대체적으로 의원내각제 정부형태

---

56) A. Headlam-Morley, *The New Democratic Constitutions of Europe* (London: Oxford Uni. Press, 1929), p.2.

57) Ibid., p.2, 4.

를 채택함과 동시에, 다른 한편으론 프랑스에서의 의원내각제가 빈번한 내각불신임으로 정치불안이 야기되었음을 교훈 삼아 대통령의 권한을 강화하고 직접민주제의 방식을 채용하여 의회를 견제하고자 하였지만, 그러한 수단들은 실제로는 거의 무용지물로 판명되고 있다는 것이다. 영국에서의 강력한 행정부는 무엇보다도 내각의 무제한적 의회해산권에 기인하고 있는데도, 이들 헌법에서의 의회해산권은 예외적 조처로만 인식되었고, 게다가 국민의사의 충실한 반영을 위해 채택한 비례대표제가 다수당 난립을 초래하여 영국에서의 의원내각제의 효율적 운용의 기초가 되고 있는 양당제에 역행하였기 때문이라는 것이었다.

헤드람-몰리의 두 번째 관점, 즉 사회적 규정들과 관련해서는 그 실현과정에서 많은 후퇴가 일어나고 있음을 지적하고 있다. 다만 그럼에도 불구하고 국가의 그러한 사회적 경향을 불가피한 것으로 인식하고 있으며, 특히 독일의 경제위원회에 관하여는 문제 해결의 출발이라는 점에서 그 의의를 매우 긍정적으로 인정하였다. 특히 이 부분은 유진오의 역작 「국가의 사회적 기능」이라는 논문의 결론에 거의 그대로 채용되고 있다.

이상과 같은 헤드람-몰리의 분석 관점과 그 내용은 이 책이 그토록 유진오에게 큰 영향을 미칠 수 있었던 더 깊은 이유를 이해할 수 있게 해 준다. 그것은 바로 헤드람-몰리의 분석 관점이 정치적 민주주의와 경제적·사회적 민주주의의 조화를 꿈꾸었던 유진오의 헌법이념과 일치하였다는 것이다. 유진오로서는 헤드람-몰리의 그러한 분석이 자신의 이념을 현실화시킬 구체적 제도를 구상하는 데 큰 시사를 제공하는 것으로 받아들였던 것이 분명하다. 사실 유진오의 헌법구상의 논거들에는 연방주의를 다루고 있는 제2장 영토 부분을 제외하고는 헤드람-몰리의 해당 부분의 직간접적 영향이 거의 발견된다. 그러나 이 점은 거꾸로 말한다면, 유진오로 하여금 일본 헌법사상의 영향으로부터 깨어나게 해 줄 새로운 헌법사상이 헤드람-몰리의 이 책을 통하여 제1

차세계대전 후의 유럽 대륙의 조류에 머무름으로써, 다시 말해 이유야 어떻든 제2차세계대전 후의 헌법사상의 새로운 경향을 충분히 숙지하지 못함으로써, 그의 제헌사상이 시간적으로는 제2차세계대전 후에 속하면서도 사상적으로는 제1차세계대전 후의 그것들과 같은 반열에 속하는 성격을 갖게 되었음을 의미하는 것이라고도 할 것이다.[58]

그렇지만 여기서 한 가지 기억해야 할 점은, 헤드람-몰리의 책이 아무리 큰 영향을 미쳤다 할지라도 그것이 유진오의 헌법학에 절대적 기계적으로 수용되었던 것은 아니라는 점이다. 헌법기초작업에 협력했던 황동준의 경우 똑같은 책에서 의원내각제의 성공 조건으로 양당제의 확립을 들고 있음을 보고 대통령제를 우리나라 실정에 더 적합한 것으로 생각했던 반면에,[59] 유진오는 철저한 영국식 의원내각제의 채택으로 그러한 문제들을 해결하려고 했다는 점은, 결코 기계적 수용이 가능하지 않다는 점을 보여 주는 것이라고 하겠다. 유진오의 헌법구상에 나타나는 사회적 경향에의 강조가 헤드람-몰리의 책에서 제시되고 있는 정도에서 훨씬 더 나간 것이라는 점도 또한 그렇다. 오히려 우리는 여기서 다시 한번 수용의 과정에서 작용했던 유진오의 경제적·사회적 민주주의의 기능을 확인할 수 있는 것이다.

---

58) 물론 헤드람-몰리의 책 외에도 제1차세계대전 후의 헌법 경향을 참고하기 위하여 사용되었던 다른 책들도 있었다. 맥베인(H. L. Mcbain)과 로저스(L. Rogers)의 공저인 *The New Constitutions of Europe* (New York: Page & Company, 1922)이라든가 스트롱(C. F. Strong) 의 *Modern Political Constitutions* (London: Sidgwick & Jackson Ltd, 1930) 등이 그것이다. 그러나 이러한 책들은 헤드람-몰리의 경우와 같이 포괄적으로 영향을 끼치지 못하고, 단지 국가의 경제적 기능 확장이 세계적으로 거슬릴 수 없는 추세라는 사실을 확인하는 정도에서만 참고되었던 것 같다.
59) 황동준, 앞의 책, 330면.

나) 다이시(A. V. Dicey)의 영향

영국의 헌법학자로서 유진오에 의해 빈번히 인용되고 있는 인물로 다이시를 들 수 있다. 오늘날까지도 이어지는 다이시의 고전적 권위를 감안할 때, 당시로서 영국의 헌법학을 이해하기 위하여 무엇보다도 유진오가 다이시에게 눈을 돌렸다는 것은 오히려 지극히 당연한 일이었다고 할 수 있을 것이다. 특히 다이시의 주저 『Introduction to the Study of the Law of the Constitution』과 『Lectures on the Relation Between Law and Public Opinion in England During the Nineteenth Century』 중 법의 지배와 의회주권 내지는 정치적 주권설, 그리고 집산주의(collectivism)에 관한 부분이 집중적으로 연구되었다. 그중 법의 지배에 관해서는 매우 우호적인 자세로 접근했음에도 불구하고 뒤에서 보는 바와 같이 대륙법적 사고에 갇혀 그 영향은 상당한 정도로 감쇄되지 않을 수 없었다. 반대로 다이시의 정치적 주권설에 대해서는 국민주권설적 입장에서 비판적으로 검토하고 있음에도 불구하고, 실제에 있어서는 다이시의 입장에 상당히 접근하고 있는 것을 볼 수 있다. 그러나 이 점이 다이시의 영향 때문이라고 보기는 어렵다. 유진오 안에서도 거의 의식되지 못한 채 다이시와는 별개의 사상적 메커니즘, 즉 민족주의 사상의 영향이 국민의 정치적 역량에 대한 불신과 결합하여 이루어진 것이기 때문이다.

다만 다이시가 말하는 집산주의는 여러 곳에서 자신의 경제적·사회적 민주주의를 지지하는 논거로 인용되고 있다. 물론 유진오가 말하는 경제적·사회적 민주주의의 내용과 다이시의 집산주의는 오늘날의 관점에서는 질적 차이가 존재하는 것이지만, 유진오는 일체의 사회화의 경향을 경제적·사회적 민주주의의 조류로 넓게 이해하려고 했기 때문에, 다이시의 집산주의에 대한 언급이 유진오가 경제적·사회적 민주주의에 대한 신념을 강화하는 데는 상당한 영향을 미쳤을 것으로 생각된다.

3) 미국 헌법사상의 영향

가) 영(J. T. Young)의 『The New American Government and its
    Work』의 영향

수용사의 측면에서 제헌사상의 형성을 살펴보고자 할 때, 우선적으로
갖게 되는 의문은 우리 헌법이 미 군정기에 제정된 것임에도 불구하고
미국 헌법의 영향이 그렇게 강하게 반영되지 않았다는 사실일 것이다.
특히 제2차세계대전에서의 연합국 측의 승리가 전체주의에 대한 영미식
의 민주주의의 승리로 이해되고, 이에 따라 미국의 제도가 활발히 소개
되고 있던 상황이었기 때문에 이런 의문은 더욱 커질 수밖에 없다.

물론 그 일차적 원인은 유진오에게서 찾아야 한다. 헌법기초작업이 진
행되면서 점점, 특히 예상치 못한 권력구조의 변경으로 미국 헌법의
영향이 강화되기는 하지만, 건국헌법의 기초골격은 미국 헌법사상의
배제의 원칙에 서 있었던 것이다. 그러나 유진오로서도 일단은 그 시
대적 분위기 때문에 해방 후 영미 헌법사상과의 대결을 일차적 과제
로 여겼던 것은 틀림없어 보인다. 바로 이 대결을 위해 그가 해방 후
최초로 눈을 돌렸던 책이 영 교수의 바로 이 『The New American
Government and its Work』 제4판이었던 것이다. 유진오의 회고에 의
하면, 해방된 지 정확히 한 달 후인 1945년 9월 15일에 이미 그가 영
교수의 이 책에서 얻은 지식을 바탕으로 보전 재건의 책임을 부탁하는
김성수에게 사립고등교육기관의 앞날이 밝지 못하다는 점을 말했다는
사실을 볼 수 있는데,[60] 사실상 이 책 4판이 나온 1940년 이후 해방

전까지는 헌법, 그것도 특히 미국 헌법을 제대로 연구할 만한 상황이 아니었다는 점을 감안하면, 유진오가 이 책에 접하게 된 것은 해방 후 이 한 달 동안의 일이었을 것으로 추측된다.[61]

그런데 이 책이 유진오에게 미친 영향은 기대만큼 구체적인 세세한 내용에 있지 않았다. 사실 내용상으로 이 책의 영향을 찾는다면, 미국 헌법에 있어 사실상의 행정권의 우월화 추세, 절대적 자유권에 대한 사실상의 제한, 그리고 대통령의 법률안거부권 등 극히 일부에 국한되어 있고, 그것도 논지의 보충적인 논거로 인용되고 있는 데 그치고 있다. 그럼에도 불구하고 이 책이 유진오에게 중요한 영향을 끼쳤다고 보는 것은, 이 책이 그에게 미국의 헌법사상이나 제도를 배척할 적극적인 이유를 제공했기 때문이다.

원래 유진오가 사용한 이 책의 제4판은 영 교수가 서문에서, "정부 활동에 대한 지속적인 강조, 이러한 활동을 초래한 서로 충돌하는 견해들의 소개, 행정부 권한의 전례 없는 확장과 그것이 전체 정치체제에 끼친 영향의 묘사"를 개정의 주안점으로 두었다고 밝히고 있는 바와 같이, 뉴딜정책으로 초래된 미국 "정부의 방식과 정책 양면에 있어서의 광범위한 실질적 변화를 설명하기 위해" 전면 개정한 것이었다.[62] 따라서 이 책에서 유진오가 가장 중요하게 받아들인 것은 무엇보다도 미국 헌법이 그 제정 당시와는 다르게 작동하고 있다는 사실이었던 것이다. 명백히 영 교수의 서론으로부터 유래하는 것으로 보이는 유진오의 다음의 구절은 이 책이 어떤 방식으로 유진오에게 영향을 끼쳤는지

---

60) 『養虎記』, 160면.

61) 이와 관련하여 다시 그의 회고에 의하면, 그가 해방 직후 정치에 환멸을 느끼고 "학문에 몰두할 결심을 더욱 굳히면서 날마다 책을 펴놓고" 지냈다고 하는데(『養虎記』, 146면), 이때 영 교수의 이 책을 읽었을 가능성이 높다.

62) J. T. Young, *The New American Government and its Work*, 4th. (The Macmillan Company: 1940), Preface to Fourth Edition, p. v.

를 잘 보여주고 있다.

실질적 의미의 미국 헌법을 가지고 논한다면, 미국 헌법도 최근
에 이르러 실로 지대한 질적 변환을 遂하였음을 부인할 수 없는
것이다. 광범한 노동입법, 실업보험, 사회보장 등의 발달, 특히 루
즈벨트 치하의 제종의 산업입법 등으로써 볼 것 같으면, 미국 헌법
도 독국헌법이나 기타 제국의 그것에 못하지 않게 사회적 경제적
민주주의의 요청을 그 내용으로 채택하였다 할 수 있는 것이다.[63]

영 교수의 『The New American Government and its Work』만큼 자
주 참고된 것은 아니지만, 미국의 대통령의 기능을 이해하기 위해 참
고한 맥베인(H. L. Mcbain)의 『The Living Constitution』[64] 역시 비
슷한 영향을 주었던 것으로 보인다. 이 책 역시 "우리 기본법의 현
실과 전설"(A Consideration of the Realities and Legends of Our
Fundamental Law)라는 부제가 보여주듯이, 헌법의 단순한 당위적 해
석에 머물지 않고 실제 작용상의 메커니즘에 포착하여 미국 헌법의 변
천을 강조했던 것이다.

물론 유진오에게 있어 미국의 헌법사상이 잘 수용되지 않았던 원인
을 이들 책의 영향으로만 돌릴 수는 없을 것이다. 거기에는 무엇보다
도 유진오가 미국 헌법에 대해 친숙치 않았다는 보다 근본적인 이유가
놓여 있다. 또한 이미 미노베의 책에서도 미국 헌법이 17, 18세기의 개
인주의적 영향하에 제정되어 현대의 변화된 사회에 부적합하다는 암시
가 나타나고 있기도 하다. 그러나 이러한 이유들만으로는 유진오의 논
저에 드러나는 미국식 제도에 대한 강한 거부감을 충분히 설명할 수
없으며, 또한 미국 헌법사상의 수용 압력에 그렇게 강하게 버티기도

---

63) "우리 헌법의 윤곽", 『헌법의 기초이론』, 81면.
64) H. Lee Mcbain, *The Living Constitution* (New York: The Macmillan
    Company, 1927).

어려웠을 것이다. 그것은 뉴딜정책으로 인한 미국 헌법사상의 실질상의 변화를 미국인 자신의 입을 통하여 확인하였기 때문에 가능할 수 있었다. 바로 이런 점에서 유진오의 제헌사상 형성에 있어 『The New American Government and its Work』가 갖는 무시 못 할 의의가 인정되는 것이다.

나) 미 군정 법률고문의 영향

앞에서 유진오가 미국 헌법사상을 근대의 유물로 치부하고 그 수용에 대해서 대체적으로 거부적 태도를 취했음을 언급하였다. 그러나 유진오 자신의 거부감은 그렇다 하더라도 당시 막강한 영향력을 행사하고 있던 미 군정 당국이 과연 우리 건국헌법의 제정에 영향력을 행사하고자 하는 의도를 전혀 가지고 있지 않았을까? 이러한 질문은 유진오의 헌법사상을 이해하는 데 중요한 의미를 갖는다. 왜냐하면 그의 헌법사상이 가지는 한국적 특성은 대부분이 미국 헌법사상과 대립적 성격을 갖는 것이기 때문이다.

지금까지의 미 군정에 관한 연구에 의하면, 미 군정 당국은 해방공간의 혼탁한 좌우대립 상황에서 반공체제를 구축하는 데 결정적인 역할을 한 것으로 나타나고 있는데,[65] 이는 미 군정이 우리 건국헌법의 사상적 기반을 근원적으로 규정하는 방식으로 영향을 미쳤음을 의미하는 것일 것이다. 물론 미 군정 당국에 의하여 시행된 제도나 법령에는 당장의 통치상의 필요뿐만 아니라 한국에 민주주의를 정착시키겠다는 의도도 있었다고 보아야 할 것이다. 그러나 이러한 간접적인 영향에만 만족하고 그 외 헌법의 구체적 내용을 결정하는 데는 수수방관으로 일

---

65) 이에 관해서는 박찬표, 『한국의 국가형성과 민주주의』(고려대학교 출판부, 1997)와 홍기태, 앞의 글 등 참조.

관했던가 하는 점은 여전히 의문으로 남는다. 이와 관련하여 우선 검토대상으로 떠오르는 것이 당시 헌법의 제정과정에 직간접으로 관여하였던 것이 확인되는 군정청의 미국인 법률고문들의 활동과 역할이다. 다음에서는 특히 그중에서도 당시 활동과 경력으로 인하여 주목을 요하는 에른스트 프랭켈(Ernst Fraenkel)과 찰스 퍼글러(Charles Pergler)를 중심으로 수용사 측면에서의 유진오와 미국 헌법사상과의 관계를 더 추적해 보고자 한다.

프랭켈은 원래 독일 태생의 유대인으로 프랑크프르트와 하이델베르크에서 각각 법학과 역사학을 공부하였고, 특히 '노동법의 아버지'로 불리는 진쯔하이머(Hugo Sinzheimer)의 지도하에서 「무효인 노동계약」이라는 논문으로 법학박사학위를 취득하였다. 청년시절 사회주의적 경향을 보이며 노동문제에 관심을 보이던 프랭켈은, 나치정권이 들어서자 미국으로 망명하여 시카고대학에서 다시 영미법적 수련을 쌓으며 법무박사학위(J.D.)를 취득하게 된다. 제2차세계대전 말에는 카네기재단으로부터 제1차세계대전 후 라인란트지방의 점령정부에 대한 연구를 의뢰받고 『군사점령과 법의 지배』(Military Occupation and the Rule of Law)라는 책을 출판하기도 했다.[66] 이와 같이 그가 군사점령에 대한 전문가였다는 사실, 그리고 대륙법과 영미법 모두에 정통하였다는 사실은 그가 군정청의 법률고문으로 활동하는 데 많은 도움이 되었을 것이다.[67]

---

66) 프랭켈에 대한 자세한 이력은 그의 75세 축하기념논문집인 *Klassenjustiz und Pluralismus: Festschrift für Ernst Fraenkel zum 75. Geburtstag*, 1973, S. 9-13 참조. 이 논문에서 프랭켈에 대한 부분은 주로 최종고의 『한국의 서양법수용사』(박영사, 1982), 248-265면에 수록된 프랭켈 연구에 의존하였다.

67) 프랭켈은 그의 스승 라드브루흐에게 보낸 편지에서 한국에서의 자신의 역할에 관하여 다음과 같이 쓰고 있다. "저는 미국의 군정관리로서 한국에 있으면서 책상 위에다 충분히 신뢰할 만한 벤스하이머(Bensheimer)의 법령집 - 민법, 상법, 민사소송법 및 이들의 부속법령 - 을 놓고, 한국인과 미국인 사이의 법률문제에 관한 일종의 연락관으로 일하고 있

퍼글러 역시 대륙법과 영미법 모두에 수련을 쌓은 법률가였다. 보헤미야에서 태어난 퍼글러는 8세경 미국에 건너가 미국에서 자랐으나, 조국에 돌아가 프라하 경영대학교에서 법학석사를 취득하고, 다시 미국에 돌아와 시카고 켄트 법과대학(Chicago Kent College of Law)에서 법학사(LL.B.)를 취득하였다. 제1차세계대전 중에는 '오스트리아·헝가리 지배로부터의 체코슬로바키아 인민의 자유를 위한 운동'에 참가하기도 하고, 워싱톤에서 개최된 약소민족회의에서 체코의 대표로 활약하기도 하는 등 조국의 독립운동에 열심을 내었다. 종전 후에는 주일체코 부대사를 역임하기도 했으나, 좌파 연합의 정권이 들어서자 다시 도미(渡美)하여 1924년에 아메리칸대학에서 법학석사를, 1927년에는 대륙법을 주제로 법학박사 학위를 취득하였다. 1929년부터 1931년까지는 체코 국회의원으로 활동하기도 했던 그는 독일에 나치정권이 등장할 무렵 다시 미국에 돌아가 학문 활동에 전념하였다. 그러나 종전 후 조국 체코에 공산정권이 들어서자 큰 충격을 받고 귀국을 포기하고 하지 중장의 고문으로 초빙을 받아 한국에 오게 된 것이었다.68) 그가 한국에 부임할 당시는 워싱톤대학의 법학부장이었던 것으로 소개되고 있다.69)

프랭켈과 퍼글러는 이같이 둘 다 나치정권을 피하여 망명했던 전력이 있던 만큼 인권의식이 특히 강했던 인물로, 그들과 같이 군정청에서 근무했던 황성수의 회고에 따르면 그 둘은 미 군정 기간 동안 상당한 인권 관련 법령의 제정을 주도하였던 것으로 보인다.70) 제헌국회를

습니다. 저는 양법체계(兩法體系), 즉 대륙법과 코먼로(Common Law)를 배웠기 때문에 한국의 법률가에게 미국의 군정법규를, 미국인에게는 한국의(즉 독일의) 법을 설명하는 임무를 담당하고 있습니다." G. Radbruch, *Vorschule der Rechtsphilosophie*(Heidelberg, 1948) / 엄민영·서돈각 역, 『법철학입문』(법조사, 1958), 85-86면; 최종고, 앞의 책, 254면.

68) 퍼글러의 약력에 대해서는 李京柱, 앞의 글, 208면을 참조하였다.
69) 조선일보, 1946. 4. 19.
70) 황성수, "여명기(6)", 법률신문, 1982. 9. 20.

116

구성하기 위한 선거법 제정에도 참여했던 윤길중은 선거법 기초 당시
의 퍼글러를 회상하면서, "미국학자와 선거법을 만들면서 나는 여러
가지 점에서 감명을 받았으며, 유권자인 민중을 생각하는 데 우리의
생각과 많은 차이가 있음을 알게 되었다"[71]고 말하고 있는데, 이는 이
들 미국인 법률가들이 한국의 헌법사상에 미칠 수 있었던 영향의 일단
을 보여주는 것이라고 할 수 있겠다.

이들과 유진오와의 접촉은 우선 같이 회원으로 있던 한미법학협회를
통해서였을 것으로 생각된다. 특히 헌법제정과 관련하여서 퍼글러는 사
법부(司法部) 산하 법전기초위원회에 고문 자격으로 유진오와 같이 참
여하였고, 프랭켈 역시 공식적 기록으로는 확인되지 않으나 국회의 헌법
기초위원회의 고문으로 활동해 줄 것을 부탁받았다고 하며,[72] 헌법제정
을 마친 후에는 우리 헌법을 영역(英譯)하는 데 도움을 주기도 했다.[73]

그렇다면 이들은 헌법기초 과정에서 유진오에게 어떠한 영향을 미쳤
을까? 유진오는 법전기초위원회 회의 때에 "퍼글러 박사를 다루는
데", "특별한 곤란"을 느꼈던 사실을 말하면서, "내가 '경제적' 또는
'사회적'이란 말만 꺼내어도 벌써 머리를 좌우로 젓는 것이었다"[74]고
그에 대한 기억을 술회하고 있는데, 퍼글러의 공산주의에 대한 적대감
을 감안할 때 충분히 예상할 수 있는 일이었다고 할 수 있겠다. 이에

---

71) 윤길중, 『이 시대를 앓고 있는 사람들을 위하여: 청곡 윤길중 회고록』
   (호암출판사, 1991), 79면.
72) *Klassenjustiz und Pluralismus,* S. 11: 최종고, 앞의 책, 255면에서 재인용.
   최종고는 프랭켈이 한국헌법의 제정에 고문 역할을 했다는 이야기는 실
   제로 그가 초안을 작성했다든가 심의에 참여하였다는 의미가 아니라 군
   정고문으로서, 한 법률가로서 비공식적으로, 개인적으로 관심을 두었다는
   의미로 해석해야 할 것이라고 말하고 있다. 최종고, 앞의 책, 257면.
73) 『憲法解義』, 2면. 프랭켈은 서울대학교에서 국제사법을 강의하기도 했
   고, 한국을 떠나 베를린대학 정치학 교수로 재직하던 1953년에는 마침
   그곳을 방문하였던 유진오를 만나 유진오의 영어 연설을 독일어로 통역
   해 주기도 했다고 한다. 최종고, 앞의 책, 257면.
74) 『헌법기초회고록』, 21면.

반하여 프랭켈에 대해서는 흔히 미국인들이 기본권과 자유에 대해 추호의 제한도 허락하지 않고 비판하는 태도와는 달리 퍽 이해성 있고 지성적인 인물인 것 같았다고 평가하였다.[75] 그것은 프랭켈이 미국으로의 망명 전 노동운동에 관여하는 등 사회문제에 관심을 가졌던 배경이 작용하였기 때문이었던 것으로 보인다. 그러나 그렇다고 프랭켈이 유진오의 헌법구상에 동조하였던 것은 아닌 것 같다. 헌법제정 과정에서 한번은 프랭켈이 국회에 그렇게 과도한 권한을 주어 국회가 국민의 기본권을 인정하지 않는 법률을 제정하면 어떻게 할 것인가라고 헌법안에 대한 비평을 가한 적이 있다고 한다.[76] 또한 건국헌법 제87조의 "대외무역은 국가의 통제하에 둔다"는 규정에서 '통제'의 의미가 무엇이냐, 위험한 표현이 아니냐고 물어 와 '감독'보다는 강하고 '관리'보다는 약한 개념이라고 설명해 준 적이 있다고도 한다.[77] 그러나 그 외 헌법제정과 관련하여 그와 직접적으로 접촉할 기회는 별로 없었다고 유진오는 말하고 있다.

물론 이들 외에도 유진오의 헌법제정 과정에 관계되었던 미국인들이 더 있기는 하다. 가령 뒤에서 보는 바와 같이 헌법제정의 마지막 단계에서 유진오가 노블 박사를 찾아가 몇 가지 쟁점사항에 대하여 상의했다는 기록이 보이고,[78] 또한 유진오가 직접 접촉했는지는 확인할 수 없으나 미 군정청 초대 법무국장을 역임했던 우돌(Woodall)의 「The Constitution of Korea」를 헌법기초 과정에서 참조했다는 기록도 보인다. 그러나 이 우돌안은 미 군정 초기 간접통치를 예상하고 작성된 것이기 때문에, 건국헌법의 기초과정에서 직접적으로 참조하기에는 적절치 않은 것이었다.[79]

---

75) 최종고, 앞의 책, 257면.
76) "우리나라 헌정이 걸어온 길", 『민주정치에의 길』, 257면.
77) 최종고, 앞의 책, 257면.
78) 『헌법기초회고록』, 88-90면.
79) 李京柱, 앞의 글, 221면. 우돌에 대해서는 같은 논문, 133면 참조; 우돌

이러한 사정들로 미루어 보건대, 이들이 건국헌법의 국가주의적 경향에 대하여 우려를 표명하고 조언을 하기는 했지만, 그 이상으로 직접적 간섭을 의도하지는 않았던 것으로 보인다. 물론 다른 경로를 통하여 영향력을 행사하려고 했을 수는 있다. 실제 과도정부 산하의 법전기초위원회를 거친 헌법안이나 의견서에는 미국 헌법의 영향이 보다 많이 눈에 뜨인다. 따라서 헌법의 구체적인 내용 결정에 있어 미 군정 당국의 직접적 영향에 대한 총체적 조망은 앞으로 더 많은 자료발굴과 별도의 연구를 기다려야 할 부분이라고 하겠다. 다만 건국헌법과 관련한 당시 미 군정청의 보고서들로 미루어 볼 때, 미 군정 당국의 직접적인 영향은 그리 크지 않았고, 특히 적어도 유진오와 관련해서는 거의 없었다고 말해도 무방하리라 생각한다. 가령 미 군정청의 정치고문이었던 제이콥스(Jacobs)와 같은 이는 한창 헌법기초위원회에서 헌법안 심의가 이루어지고 있던 6월 14일 "신문보도와 면담"[80]에 기초하여 다음과 같은 보고를 하고 있고,

> 헌법초안은 주로 고려대학교의 법대학장인 유진오가 작성한 것으로 생각되고 있으며, '유진오안'으로 알려져 있다. 그는 일본헌법과 프랑스 법학의 전문가이다. 그러나 국회를 지원하는 전문가들 중에는 다른 개성이 강한 인물들이 있으며, 초안은 여러 견해가 조합된 것으로 추측된다.[81]

안에 대해서는 Dept. of State, *Records of the U.S. Dept. of State Relating to the Internal Affairs of Korea*, 1945-1949, Reel No.5 중 Woodall, "Supporting Brief for Proposed Interim Government for South Korea", p.1, 895.01 / 2-1947과 "Letter from Williams to Allison: Woodall's Supporting Brief for Proposed Interim Government for South Korea", 19 Feb. 1947. 참조.

80) "Incoming Telegram from Jacobs to Secretary of State: Comment on Draft Constitution Now Being Prepared", June 14, 1948, 895.011 / 6-1448, Dept. of State, *Records of the U.S. Dept. of State Relating to the Internal Affairs of Korea*, 1945-1949, Reel No.5.

퍼글러 역시 헌법안이 국회에서 통과된 직후 한 보고서에서 헌법의
주요 논점에 대한 상세한 비판을 전개한 후, 결론적으로 다음과 같이
불만스럽게 논평하고 있는 것이 보인다.

> 헌법은 일본과 독일 헌법의 영향을 강하게 받고 있지만, 현 단계
> 로서는 헌법에 대해 어떤 조치도 가능하지 않을 것으로 생각된다.
> 대부분의 점들에서 한국인들은 국제관계에 관한 규정들을 제외하
> 고는 헌법제정은 바로 자신들의 문제라는 입장을 취할 것이다.[82]

이와 같이 유진오가 미 군정 당국의 직접적인 영향으로부터 떨어져 있
었다는 사실은 그가 자신의 '경제적·사회적 민주주의'로써 국가주의적
경향을 그런대로 관철할 수 있었음을 의미하는 것일 것이다.

4) 프랑스 헌법사상의 영향

앞에서도 보았듯이 미 군정청의 한 보고서는 유진오를 프랑스법학에
정통한 사람으로 기록하고 있었다. 일제강점기 말기 일불문화협회(日
佛文化協會)의 회원이었던 점이 그러한 평가를 낳은 것이 아닌가 생각

---

81) Ibid.
82) "Despatch No.232 from Political Adviser(J. E. Jacobs) to the Secre-
    tary of State: Comments of Dr. Charls Pergler on New Korean
    Constitution", July 26, 1948, 895.011 / 7-2648, Dept. of State, *Records
    of the U.S. Dept. of State Relating to the Internal Affairs of Korea*,
    1945-1949, Reel No.5. 그 밖에도 미 군정 당국의 헌법초안에 대한 평가
    에 대해서는 같은 문서 씨리즈의 "Despatch No.245, from Economic
    Adviser(Arthur C. Bunce) to the Secretary of State: Economic
    Provisions of the Constitution of the Republic of Korea and the
    Government Organization Law" Aug. 3, 1948, 895-011 / 8-348 참조. 이
    들 문서를 참조하는 데는 李京柱, 앞의 글의 선행조사가 도움이 되었다.

되는데, 어쨌든 그것이 정확한 보고인지 여부는 별론으로 하더라도 당시 유진오에 대한 세평이 어떠했는지를 짐작케 해 주는 자료라고 할 수 있겠다. 한편 해방 후에는 경성제대 교수였던 우가이(鵜飼信成)로부터 외국법 총서를 발간하는데 일본에 적임자가 없으니 프랑스 편을 맡아 줄 수 없겠느냐는 편지를 받은 적이 있다고도 한다.[83]

그렇다면 실제적으로 프랑스 헌법학의 영향은 어느 정도였을까? 우선 프랑스의 공법학자 중에서 유진오와의 관련이 가장 주목되는 인물은 뒤기이다. 뒤기와 관련해서는 유진오가 경성제대 법문학부 3학년 때 뒤기의 국가변천론[84] 강독을 수강한 기록이 남아 있고, 앞에서 본 대로 뒤기의 『헌법개론』(Traité du droit constitutionnel)을 후나다, 하세가와 교수와 함께 일부 번역을 하기도 했던 것으로 알려지고 있다.[85] 그러나 유진오의 저술 가운데 뒤기의 이론이 직접 반영되고 있는 부분은 거의 눈에 띠지 않는다. 그래도 비교적 많이 언급되고 있는 부분이 직능대표 사상을 소개하고 있는 부분인데,[86] 여기에서 유진오는 뒤기를 열렬한 직능대표의 주창자로 내세우면서, 정치의회와 경제의회를 분리·병렬시키려는 웹(Webb) 부처의 견해에 반대하고, 양원제도를 통하여 직능대표제를 도입하려는 뒤기의 주장에 공감을 표시하였다. 그러나 결론에 있어서는 지역대표로 구성되는 하원과 직능대표로 구성되는 상원에 서로 동등한 권한을 부여하려는 뒤기보다는 자문기관으로서의 경제회의에 높은 점수를 주고 있는 헤드람-몰리의 견해를 따르고 있음을 볼 수 있다.

---

83) "나의 대학시절", 『다시 滄浪亭에서』, 80면.
84) 원서는 *Le droit social, le droit individuel et les transformations de lEtat* 였을 것으로 추측되는데, 木村常信에 의해 『國家變遷論』이라는 제목으로 번역되었다.
85) 『養虎記』, 17면; "나의 연구실 시절(6)", 55면.
86) 그 밖에 주권론을 논하는 가운데서도 뒤기가 직접 언급되고 있는 부분이 있기는 하지만, 뒤기의 주권론 자체가 문제되고 있지는 않다.

이렇게 볼 때 뒤기의 유진오에 대한 직접적인 영향은 생각보다는 크지 않았다고 말할 수 있다. 그러나 대체적인 경향으로만 보면 유진오와 뒤기 사이에는 상당한 유사점이 보인다. 우선 뒤기는 법을 사회적 사실로부터 구하고 전통적 법학의 개념적 추상성에 반대하였다. 또한 법을 국가로부터 분리함으로써 국가주의를 배격하였지만, 동시에 사회적 연대성을 강조함으로써 개인주의도 배척하였다. 특히 경제적 규범에 있어 자유경쟁체제를 부인하고, 앞의 직능대표 사상에도 나타났듯이 사회적 경제의 연대관계를 강조하였다.[87] 이러한 점들은 뒤에서 보듯이 법에 대한 유진오의 기본적인 관점이나 그의 경제적·사회적 민주주의의 내용에 대체적으로 부합하는 것이었다. 이러한 사실로 비추어 볼 때 유진오가 뒤기의 사상을 깊이 이해하고 섭취한 것은 아니라 할지라도, 자신의 헌법사상의 근본적인 점에 있어서 신념을 강화하는 데는 뒤기의 영향도 적지 않았을 것으로 판단된다.

4. 유진오와 건국헌법

건국헌법의 기초과정에서 유진오의 역할이 거의 절대적이었다는 것이 이제까지의 대체적인 정설이다. 이러한 통념은 이미 헌법기초 당시에 헌법기초위원회의 심의기준안을 유진오안으로 보도하면서 확산되기 시작하여, 유진오가 헌법기초작업에 관한 회고의 글들을 발표하면서 정설로 굳어지게 된 것으로 보인다. 그러나 그동안 이에 대한 반론이 전혀 제기되지 않았던 것은 아니다. 초안 작성에 관여했던 인사들마다

---

87) 뒤기의 법사상에 관해서는 최종고, 『법사상사』, 全訂版(박영사, 1992), 299-300면; 성낙인, 『프랑스헌법학』(법문사, 1995), 121-139면; 和田小次郎, "ヂュギー", 『法律思想家評傳』(日本評論社, 1950) 등 참조.

입장에 따라 서로 다른 진술을 하고 있으며, 이러한 당사자들의 주장을 토대로 건국헌법의 원래 기초자는 누구인가 하는 의문이 일찍부터 한 월간지를 통하여 제기되기도 했다.[88] 최근에는 강경근이 같은 입장에서 "유진오사안(私案)이 세칭 유지오안의 원안이라고 하기에는 적어도 좀더 검증이 요구되는 등의 학문적 평가가 있어야만 한다"[89]고 말하며 조심스레 반론에 가담하고 있다.

따라서 다음에서는 이러한 의문들에 대해 유진오의 헌법기초 활동의 시간적 추적과 각 초안들의 실증적 비교를 통해 다시 한번 우리 건국헌법의 기초 연원을 명확히 하고 제헌과정에 있어서의 유진오의 역할이 어느 정도이었는지를 고찰해 보고자 한다. 이러한 작업은 그 자체가 우리 헌법사의 기초사실들을 명확히 한다는 점 외에도, 다음 장에서 다루게 될 제헌기 유진오의 헌법사상을 고찰함에 있어 건국헌법 조항의 무비판적 인용으로 인한 오해와 혼동을 예방하는 데에도 도움이 될 수 있을 것으로 생각한다.

1) 유진오사안의 작성[90]

그의 생애에 있어 가장 빛나는 업적인 건국헌법의 기초는 당시 그가 유일한 공법학자였다는 사정 때문에 해방 후 일찍부터 각 정파로부터

---

88) 이종구, "대한민국헌법이 제정되기까지", 신동아, 1965. 8., 296면.
89) 강경근, 『헌법학』, 전정판(법문사, 1998), 971면.
90) 유진오는 이 안에 대하여 "어디까지나 법전편찬위원회[법전기초위원회] 헌법분과위원회의 한 멤버로서 위촉을 받아 작성, 제출한 것에 지나지 않음으로 굳이 이름을 붙인다면 '유모(俞某)가 기안한 법전편찬위 헌법분위의 최초초안'이라고는 할 수 있을망정 나 개인의 완성된 사안일 수는 없는 것이다"(『헌법기초회고록』, 37면)라고 주장하고 있지만, 뒤에서 보는 바와 같이 사실상 이 안이 갖는 개인적 성격으로 볼 때 그러한 명칭이 그렇게 부당한 것만은 아니라고 생각된다.

요청을 받았다고 한다.

가장 먼저는 1945년 12월 17일 신익희의 주도와 후원 아래 건국에 필요한 기초법령의 기초를 준비한다는 명목으로 80명에 가까운 일제강점시대 고등문관시험 출신자를 중심으로 행정연구회가 조직된 적이 있는데,[91] 이때 그 회원증이 그에게까지 송달되어 온 적이 있다고 한다.[92] 행정연구회는 뒤에서 보는 바와 같이 제헌과정에서 일정한 역할을 담당하게 되지만, 이 첫 단계부터 유진오가 가담하지는 않았다.

그로부터 2개월이 지나지 않아 당시 우익세력의 집결체였던 비상국민회의로부터도 그의 이름이 공개적으로 거론된 적이 있었다. 비상국민회의는 1946년 2월 10일 법제위원을 중심으로 헌법·선거법수정위원회를 한미호텔에서 개최하여 임시정부헌장을 그대로 승계한 헌법을 기초할 것을 결의하고, 위원장 김병로, 부위원장 이인을 위시하여 22명의 헌법, 선거법, 의원법 세 분과의 책임자를 선정하여 발표한 적이 있는데, 이때 유진오도 이인(李仁), 고병국(高秉國), 한근조(韓根祖) 등과 함께 선거법 분과의 소집책임자로 발표되었던 것이다.[93] 이인의 회고

---

91) 이종구, 앞의 글, 297면.
92) 『헌법기초회고록』, 14면.
93) 조선일보, 1946. 2. 12. 이인은 이에 대하여 1945년 12월 2일 "임시정부 귀국환영회가 있은 바로 다음날 김규식과 최동오 등 정부 요인과 국내 법률가 1백여 명이 모여 한미호텔에 모여 헌법기초위원회를 조직한 것이다."라고 회고하고 있고[이인, 『반세기의 증언』(명지대학출판부, 1974), 181면], 유진오 역시 그의 『헌법기초회고록』에서 임시정부 요인이 환국한 뒤 "12월 어느 날 신문을 보니 임시정부 안에 헌법기초위원회가 조직되었다는 기사가 났는데, 위원 명단에 최동오, 신익희 씨 등 임정 요인의 이름과 함께 정인보 씨와 나의 이름이 있었다."(13면)고 비슷한 진술을 하고 있다. 그러나 그 시기는 국민대회준비회에서 11명의 헌법연구위원을 선정한 것을 착각한 듯하다. 이때 선정된 헌법연구위원 명단에 유진오는 들어가 있지 않다(동아일보, 1945. 12. 23). 이듬해인 1946년 1월 10일로 예정되어 있던 국민대회는 개최되지 못하고, 그 후 비상국민회의로 대체되었다.

에 의하면 이 위원회에서는 각 분과를 따라 4-5개월 동안 자료조사와 연구가 거듭되었는데, 한 번은 조소앙이 국무위원 자격은 20년 이상 독립운동에 전사(全事)한 자로 한정을 하자고 주장하여 위원회 자체가 유야무야되고 말았다고 한다.[94] 그러나 이때에도 유진오는 이것이 정말로 헌법을 기초한다기보다도 임정 계통의 정치활동에 가담하는 것으로 생각되어 회합에는 참여하지 않았다고 한다.[95]

한편 좌익 계통으로부터도 헌법기초의 부탁을 받은 적이 있다고 하는데, 1946년 3월 제1차 미소공동위원회의 개막을 10일 가량 앞두고 민주주의민족전선에서 중요 요직을 맡고 있던 박문규가 찾아와서 허헌(許憲)이 작성한 민전 측 헌법초안을 보이며 검토를 요청했다는 것이다.[96] 그렇지만 좌익으로부터 심한 공격을 당한 그가 이것 역시 거절했음은 물론이다.

유진오가 실제 헌법의 기초에 관여하게 된 것은 1947년 6월 30일 행정명령 제3호로써 조직된 과도정부 사법부 산하 법전기초위원회의 위원으로 위촉된 것이 계기가 되었다. 법전기초위원회는 그해 10월 10개의 분과위원회를 설치하였는데, 그중의 하나로 헌법기초분과위원회가 구성되게 되었던 것이다. 법전기초위원회는 '법전편찬위원회'로 널리 불리게 되는데,[97] 당시 위원으로는 유진오를 포함하여 대법원장이던 김용

---

94) 이인, 앞의 책, 181면.
95) 『헌법기초회고록』, 14면.
96) 『養虎記』, 188면. 한편 『헌법기초회고록』에서는 '1946년 1월 어느 날' 경성대학 법문학부 연구실로 박문규가 찾아와 허헌 등이 작성한 '조선민주공화국임시약법시안'을 보이며 새로 헌법 작성을 부탁했다고 약간 다른 진술을 하고 있는데(14면), 민전이 2월 15일이 되어서야 결성되었음에 비추어 정확한 진술로 보기는 어렵다.
97) 법전기초위원회에 관해서는 최종고, "해방 후 한국 기본법제의 정비", 『한국법사학논총』, 박병호교수환갑기념 Ⅱ(박영사, 1991), 445-446면. 명칭과 관련하여 김철수는 명칭이 후에 개칭되었다고 말하고 있으나, 근거를 제시하고 있지는 않다[김철수, 『한국헌법사』(대학출판사, 1988), 55면]. 오히려 당시는 영어가 공용어였기 때문에, 공식적으로 번역된 용어

무(金用茂), 사법부장인 김병로(金炳魯), 검찰총장 이인(李仁), 변호사인
강병순(姜炳順)과 서광설(徐光卨) 등이었고, 미국인 고문 퍼글러(Charles
Pergler) 박사나 권승렬 사법부차장 등도 회의에 참여하였다고 한다.[98]
그가 그 위촉을 수락한 것은 이전의 요청과는 달리 정치단체가 아닌
정부기관에서 하는 일이어서 공적 성격을 띠고 있었기 때문이라고 한
다.[99] 물론 그 전에도 공식적으로 과도입법의원에서 1947년 8월 6일
통과된 조선임시약헌이 없는 것은 아니지만, 이때는 그 기초작업에의
참여 기회가 그에게까지 주어지지는 않았다. 그러나 이 약헌은 원래부
터 과도적 성격의 것이었던 데다가 군정장관의 동의를 끝내 얻지 못함
으로써, 건국헌법의 기초 시 참고자료로 사용되었을 뿐 기초안과 직접
적인 관련은 없다.

  법전기초위원회의 헌법기초분과위원회에 참석했던 유진오는 그 첫
회합에서 초안 작성을 의뢰받고 이를 수락한다. 이에 그는 양원제, 내
각책임제, 농지개혁, 기업의 자유를 전제로 한 통제경제 등의 기본원칙
을 구상해 가지고 몇 번인가 회합에 참석하지만, 위원회에서 같이 토
론을 전개하기가 곤란함을 깨닫고, 조문 초안을 작성해 가지고 와서
토의하는 것이 좋겠으니 초안 작성에 필요한 시간적 여유를 달라 하여
위원회의 승낙을 받는다.[100] 그에 의하면, "그때만 해도 헌법, 행정법

외에 보다 익숙한 '법전편찬위원회'라는 명칭이 널리 통용되게 된 것으
로 보인다[양창수, "민법안의 성립과정에 관한 소고", 법학(서울대), 제
30권 제3·4호, 1989. 12., 192면]. 그 일례로 당시『法政』誌에는 동일한
법전편찬작업에 대해 기술하면서 '법전기초위원회'나 '법전편찬위원회'
또는 '법제편찬위원회'의 명칭이 같이 나타나고 있는 것을 확인할 수 있
다 [장후영, "새 법전편찬에의 움직임", 법정, 제3권 제4호, 1948. 4; 曉
堂學人, "법전편찬에 대하여", 법정, 제3권 제6호, 1948. 6.]. 여기에서는
용어상의 혼란을 막기 위하여 공식 명칭인 '법전기초위원회'라는 명칭을
사용하기로 한다.
98)『헌법기초회고록』, 19면.
99) 같은 면.
100)『헌법기초회고록』, 20-21면.

이나 국가학, 정치학 등에 관해서는 일반이 깜깜하던 때이라 법조계의 대선배들을 앞에 놓고" 자신의 의견을 "이해·납득시키기가 여간 힘들지 않았다"는 것이다.[101] 그러나 문제의 근원은 다른 위원들의 무지라기보다는, 그가 같은 곳에서 암시하고 있듯이 우리 헌법의 기본정신을 미국 헌법과 유럽대륙의 각국 헌법 중 어느 쪽에 가깝게 설정하느냐라고 하는 일종의 노선대립에 있었다고 보는 것이 보다 진상에 가깝게 파악하는 것이 될 것이다. 당시 법조계의 일반적 경향은 미국의 사법심사제도를 민주주의의 정수로 생각하고 있었다. 이런 사정에 비추어볼 때, 법조 출신이었던 다른 위원들이 미국적 사고에 보다 호감을 가지고 있었으리라는 점은 쉽게 추측할 수 있다. 가령 위원회 안에서 영향력이 있었던 김병로의 경우, 이 무렵 그가 쓴 한 시론을 보면 그가얼마나 미국의 민주주의를 높이 평가하고 있는가를 알 수 있다. "나의보는 바로는 동서고금을 통해서 참으로 민주주의 기초 위에서 독립국가를 건설하고 민주주의의 기본법칙에 의하여 정치적 발전을 완성한나라는 미국뿐이라고 믿습니다"라고 전제한 김병로는, 그 정신의 요체를 미국의 독립선언서에서 찾으면서 "선진국가이요 신흥국가인 미국의건국이념을 표본으로 삼고 민주주의 정신을 부동의 원리로 규정하여야만 우리 민족의 영원한 평화와 행복을 수호할 수 있는 것으로 확신합니다"라고 결론을 맺고 있다.[102] 퍼글러 역시 앞에서 본 대로 유진오의 헌법사상과는 동화할 수 없는 인물로 유진오로서는 그 설득에 특별히 더 어려움을 겪을 수밖에 없었다.

결국 이렇게 하여 유진오는 초기 단계에서 실질적으로 홀로 헌법기초작업을 떠맡게 되는데, 실지로 헌법초안의 작성에 착수하게 된 것은그해 겨울방학 때부터였던 것으로 그는 기억한다. 이때 그가 세계 주요각국의 헌법전과 함께 참고로 삼은 것은 다음과 같은 것이었다고 한다.

---

101) 같은 책, 20면.
102) 김병로, "사법기관의 사명", 법정, 1948. 1., 7-8면.

조선임시약헌(1947년 입법의원에서 통과된 것)
조선인민의 권리에 관한 포고(1948년 4월 7[5]일 하지중장 포고)
대한민국건국강령(민국 23년 11월 28일 임시정부국무위원회에서 공포)
The Constitution of Korea(과도정부 사법부 미인 고문 우드월안)
조선민주공화국임시약법(1946년 제1회 미소공위 제출을 위해 준비
되었던 민주주의민족전선측 시안)
대한민국임시헌법(민주의원안)
1947년 제2회 미소공위에 제출된 자문 5·6호에 대한 각 정당
사회단체의 답신
조선민주주의인민공화국헌법
각 정당의 강령과 정책103)

혼자서 진행하던 초안작성작업은 마지막 마무리 단계에서 당시 과도
정부 입법의원에서 일하고 있던 황동준(黃東駿)과 윤길중(尹吉重)의
도움을 받아 완성된다. 황동준은 여러 나라의 입법례를 많이 조사해
주었고, 윤길중은 이론적 측면에서 도움을 주었다고 한다.104) 또한 사
법제도에 관해서는 당시 서울고법 판사로 재직 중이던 정윤환(鄭潤煥)
의 조언도 큰 도움이 되었다고 한다.105)

한편 아직 법전기초위원회를 위한 헌법기초작업이 진행 중이던 1948
년 2월 26일 유엔소총회에서 남한만의 단독선거가 결정되고 5·10 총
선거일이 가까워지자 각 정파에서 다시 헌법제정에 대한 관심이 높아
지게 된다. 그중 헌법기초에 가장 적극적으로 대처한 진영은 역시 신
익희(申翼熙) 측의 앞서 말한 행정연구회였다.

행정연구회는 1946년 2월 초부터 3월 1일까지 최하영(崔夏永)이 작
성한 초안을 기초로 최하영, 이상기(李相基), 장경근(張暻根), 강명옥

---

103) 『헌법기초회고록』, 22면.
104) 같은 책, 24면. 황동준은 유진오가 작성한 헌법초안을 놓고 주로 의회
　　제도에 관한 면에서 검토를 했다고 말하고 있는데, 그의 의견이 초안
　　에 별 반영이 되었던 것 같지는 않다. 황동준, 앞의 책, 325면.
105) 『헌법기초회고록』, 24면.

(康明玉), 윤길중(尹吉重), 박근영(朴根榮), 김용근(金龍根) 등이 모여
6차에 걸친 심의 끝에 이미 초안을 작성해 놓고 있었는데, 정부수립의
정치일정이 구체화되자 재검토 작업에 착수하면서 유진오의 합류를 요
청하였다. 이에 대하여 최하영은 이렇게 회고한다.

솔직히 말씀하자면 헌법의 기초자 및 심의위원들이 모두 잘했든
못했든 간에 왜정 때 관리를 지낸 사람들이 아닙니까. 우리가 기초
하고 심의한 것이라고 떠들고 나가는 것은 자숙근신한다는 입장에
서 좀 꺼렸거든요. 그래서 누구든지 대외적으로 보아서 그 당시에
있어서 사회적으로 혹평을 안 받을 만도 하고 또 헌법전문가(그
당시에 우리나라에 무슨 헌법전문가가 있겠습니까……있었다면 거
짓말이죠)는 아니더라도 학교에서 아무 법률이라도 다소 법률강의
를 한 경험을 가진 인물의 이름을 빌려서 내보내자고 해서 결국
유진오 씨를 초청해서 이 분의 명의로 하자 해서 유진오 씨를 제2
단계의 헌법심의 멤버에 가입시킨 것입니다.[106]

이에 유진오는 법전기초위원회로부터 헌법기초를 의뢰받을 때 세워
두었던 기본원칙에 대한 신익희의 승낙을 받고 합류를 결심한다. 그것
은 신익희가 5·10 총선 주도세력 중의 하나인 이승만의 대한독립촉성
국민회의 부총재였기 때문에 장래의 헌법기초 과정에서 예상되는 불필
요한 마찰을 피할 수 있으리라는 생각과 행정연구회 회원들의 실무적
경험의 도움을 얻을 수 있으리라는 기대 때문이었다고 한다.[107] 유진

---

106) "헌법기초 당시의 회고담: 최하영씨와의 대담", 국회보, 제20호, 1958.
    7., 42면. 장경근도 유사한 회고를 들려주고 있다. "유진오 씨는 1차 단
    계에서 그것을 하지 않았는데 유진오 씨가 우리에게 합작이 됐지요.
    무엇인고 하니 우리 일본시대의 관리들만 해서는 되지 않는다. 그렇게
    해서 헌법학자는 아니예요. 문사 노릇은 했어요. 유진오 씨는 직접 관
    리 노릇은 하지 않았어요. 그래서 유진오 씨가 합작해 가지고 이렇게
    해 가지고 한 것 같아요.", "헌법기초 당시의 회고담: 장경근 씨와의
    대담", 국회보, 제20호, 1958. 7., 36면.
107) 『헌법기초회고록』, 35면. 유진오는 초안작성 과정에서 자신이 실무적

오는 헌법의 기본원칙에 대한 이승만의 동의까지도 요청하여 후에 신
익희를 통하여 이승만의 동의 의사도 전달받았다고 회고하고 있는
데,108) 그 실제 여부는 확인되지 않고 있다. 마침 초안 작성을 의뢰하
였던 법전기초위원회에서도 초안 제출을 재촉해 와 5월 초순경 전문을
제외한 나머지 부분을 제출하고, 5월 14일부터는 최하영의 처가에서
행정연구회의 멤버들과 함께 초안 작성에 착수함으로써 헌법기초작업
은 새로운 단계에 접어들게 된다. 한편 신익희로부터 협조 요청을 받
기 전인 3월경에 한국민주당의 김성수로부터도 헌법초안의 작성 의뢰
를 받은 적이 있다고 한다. 이때도 역시 기본원칙에 대한 동의를 받고,
진행 중인 초안 작업이 완성되면 그 사본을 전해주기로 약속했다는 것
이다. 그렇다면 그 자신이 자랑스럽게 의미를 부여하였던 대로 당시
5·10 총선을 주도하던 3대 세력, 즉 대한독립촉성국민회, 한국민주당,
그리고 법전기초위원회의 미 군정 모두로부터 "단일 헌법초안 작성을

경험이 없는 데서 오는 고충을 다음과 같이 고백하기도 했다. "아무리
참고자료가 풍부하다 하여도, 정치나 행정에 관해 내가 실제 경험을
전연 가지지 않은 것이 가장 근본적인 난점이었다. 권력기구에 관한
부분은 그런대로 자신이 있었지만, 국민기본권에 관한 부분은 형사소
송법에 관한 지식과 경험이 있어야 하겠는데, 형사소송법에 관해서는
대학시대에 들은 강의밖에 별다른 지식이 없는 나로서는 아무리 해도
자신이 없었다. 더군다나 인신보호영장제도 같은 것은 왜정 때에는 듣
도 보도 못하던 것이다. 그 실지 운영이 어떻게 되는 것인지, 영국 사
람의 헌법책을 아무리 뒤져보아도 도무지 실감이 나지 않았다. 경제문
제에 관해서는 그 대체 방향에 관한 한 나도 깊이 생각하는 바가 있
고, 누가 무엇이라 해도 나의 주장을 내세울 자신이 있었지만, 그 당시
의 정치적·사상적 혼란을 눈앞에 놓고, 더군다나 조그만 구멍가게나
살림집까지도 적산이라는 형식으로 국유가 되어 있는 우리나라의 이상
정세하에서 국영기업의 범위를 어디까지로 하고, 사기업 및 개인의 경
제 활동의 자유를 어떻게 규정하여야 할 것인지, 경제전문가 아닌 나
로서는 역시 막연하기 짝이 없었다. 국가재정과 지방자치 문제에 관해
서도 나는 나의 지식 부족을 통감하였다." 『헌법기초회고록』, 23면.
108) 『헌법기초회고록』, 40면.

부탁"받게 되었다고 보아 크게 틀린 말은 아니다.[109]

2) 행정연구회와의 공동안의 작성

유진오에게 있어서나 행정연구회에 있어서나 2단계 작업에 해당하는 공동 초안의 작성은 5·10 총선이 끝난 직후인 1948년 5월 14일부터 시작하여 제헌국회가 개원하기 불과 몇 시간 전인 5월 31일에 완성되었다. 이때 회합에 참여한 사람들로는 유진오를 포함하여 최하영, 장경근, 차윤홍, 김용근, 노용호, 윤길중, 이상기 황동준 등이었던 것으로 전해진다.

그런데 건국헌법의 기초과정에 있어 최대의 논란은 바로 이 단계에서 작성된 초안의 성격과 관련된 것이다. 유진오는 "자연지세(自然之勢)로 나의 초안을 주로 하고 최씨 등이 작성한 초안을 참고로 하여" 심의가 진행되었다고 주장하고 있는 데 대하여,[110] 작업에 같이 참여하였던 최하영, 장경근 등은 그와는 전혀 다른 이야기를 하고 있기 때문이다.

가령 장경근은 이때 완성된 초안은 자신들이 제1단계에서 작성해 놓았던 "최종안을 기본으로" 하고, 여기에 "유진오씨안을 가미해 가지고 토론해 만든 것"이라고 주장한다.[111] 최하영도 새로 헌법 전문(前文)이 추가되고 조문 나열순서가 바뀐 것을 제외하고는 "제1단계 심의에 의하여 작성한 초안과 제2단계 심의에서 결정한 초안 사이에는 근본적으로 변경된 것" 없이 헌법기초위원회의 심의기준안으로 제출되게 되었다고 말한다.[112] 더군다나 제2단계에서 추가된 헌법 전문도 장경근이

---

109) 같은 책, 31면.
110) 같은 책, 41면. 황동준의 회고도 그와 일치한다. 황동준, 앞의 책, 326면.
111) "헌법기초 당시의 회고담: 장경근 씨와의 대담", 38-39면.

홀로 작성하여 그대로 무수정 채택하였다는 일치된 회고담으로 유진오
의 주장을 정면으로 반박하고 있다.[113] 그런데도 "사실상 헌법을 기초
하고 심의"한 사람들이 유진오 외에는 "자진하여 말하지도 않았고 또
이름을 내기를 꺼린 결과가 결국 세칭 왈 유진오씨안으로 변해 버린
모양"이라고 최하영은 불쾌한 기색을 감추지 않는다.[114]

우선 헌법 전문의 작성자와 관련해서 생각해 보면, 유진오사안의 초
고에 유사한 전문이 적혀 있는 것을 볼 수 있다. 공동안은 이 초고의
내용에 3·1혁명과 독립정신의 계승, 봉건적 인습의 타파, 각인의 책임
과 의무를 완수케 할 것, 그리고 우리들 자손의 안전과 자유와 행복을
확보한다는 내용의 구절이 새롭게 추가된 외에는, 내용은 물론 용어나
문장구조에 있어서까지 유진오사안의 초고와 거의 동일하여 장경근이
독자 작성하였다는 주장은 결코 받아들일 수 없다. 양 진영의 기초작
업에 모두 참여하여 비교적 중립적으로 진술하고 있는 것으로 보이는
윤길중도, "제헌국회에 제출된 헌법안 중에서 유진오 박사의 헌법 전
문은 공법학자답게 명문으로 작성되어 그대로 채택되었다"[115]고 말해

112) 같은 글, 43면. 제2단계에서의 유진오사안의 영향에 대하여 최하영은
다음과 같이 말하고 있기도 하다. "제1단계 헌법심의 시에 완성한……
헌법초안에 대한 재심의가 착수 전개되었고 심의 중간에 가서 유진오
씨가 자기 사안이라고 하는 것을 급작이 내보인 일이 있었는데 재심의
단계가 벌써 중간단계를 지냈고 또 일별하여 불충불비한 점이 많아서
헌법초안 재심의에는 전연 참고하지 않기로 하였지요."(같은 글, 42
면). 그런가 하면 역시 같은 행정연구회 회원으로 헌법기초작업에 참
여했던 강명옥은 제1단계의 헌법초안과 유진오사안을 "모두 종합해서
소위 유진오안이라는 것"이 되었다고 회고하고(같은 글, 45면), 윤길중
도 제헌국회에 제출되어 심의된 헌법안은 여러 기초안 중 어느 것이라
고 지적할 수 없다고 진술하고 있다. 윤길중, 앞의 책, 79면.
113) "헌법기초 당시의 회고담", 36, 42면.
114) 같은 글, 43면.
115) 윤길중, 앞의 책, 79면. 유진오는 전문과 관련해 그와 같은 오해가 빚
어진 데 대하여, 법전기초위원회에 제출된 헌법 초안이 프린트되어 그
것이 행정연구회 멤버들과 함께 작업을 할 때도 사용되었는데, 여기에

주고 있다.

본문에 들어가서도 비슷한 결론을 내릴 수 있다. 우선 전체적인 면에서 보아 유진오사안에서는 국민의 권리의무에 관한 장을 국가의 통치조직에 관한 장 앞에 위치시킨 데 반하여 행정연구회안은 그 반대의 순서를 취하고 있는 점 등 편별의 구성방식과 순서에 양자는 상당한 차이를 보이고 있는데,116) 이 점에 있어서는 제5장 '사법'이 '법원'으로, 제6장 '경제제도'가 '경제'로, 제8장 '지방제도'가 '지방자치'로, 그리고 제10장 '보칙'이 '부칙'으로 명칭 변경한 것 외에는 완전히 유진오사안 대로 관철되었다. 또한 문체에 있어서도 행정연구회안은 '……로 함'으로 문장의 끝을 맺고 있고 옛 한문투의 용어가 많이 사용되고 있는 데 반하여, 공동안은 한결 쉽게 풀어쓰고 문장 말미는 '……로 한다'로 통일한 유진오사안의 문체를 따르고 있다.

총강 부분에 있어서는 행정연구회안에는 영토조항, 헌법의 기본원칙에 관한 조항, 국제질서에 관한 조항이 결여되어 있는데, 이 조항들 역시 거의 유진오사안 그대로가 반영되었다.

기본권 부분에 있어서도 행정연구회안은 유진오사안에 비하여 기본권의 절차적 보장에 관한 규정이 현저히 결여되어 있고, 노동 3권을 명시하지 않은 채 단지 노동결사의 자유로만 보장하고 있으며, 이전의 자유, 언론·저작·출판의 자유, 통신의 자유, 종교와 신앙의 자유, 집회와 결사의 자유를 한 조항에 묶어 규정하는 등 전반적으로 기본권

전문이 나와 있지 않기 때문에 착각을 한 것이 아닌가 하고 추측을 하고 있다. 『헌법기초회고록』, 38면.

116) 유진오사안: 제1장 총강, 제2장 인민의 기본적 권리의무, 제3장 국회, 제4장 정부(제1절 대통령, 제2절 내각, 제3절 행정각부), 제5장 사법, 제6장 경제제도, 제7장 재정, 제8장 지방제도, 제9장 헌법개정, 제10장 보칙행정연구회안: 제1편 국가의 조직(제1장 국가, 제2장 국회, 제3장 대통령 及 정부-제1절 대통령, 제2절 내각, 제3절 회계검사원 及 考査院-제4장 사법기관), 제2편 국민의 권리의무(제1장 국민, 제2장 교육, 제3장 경제생활), 부칙

의식의 박약을 보여주고 있다. 반면에 교육에 대한 상세한 규정을 두고 유진오사안에는 없는 계약 및 영업의 자유에 대한 규정을 두고 있는 데, 이상의 차이점들에 대해 공동안은 거의 유진오사안에 따라 결정되었다. 다만 한 가지 주목되는 점은 오히려 공동안은 유진오사안에서 더 발전하여 영장제도나 변호사의 조력을 받을 권리, 구속적부심사제도, 형사보상권에 관한 규정을 추가하고, 헌법에 열거되지 아니한 기타의 자유와 권리에 대한 보장 조항을 신설하고 있다는 점이다. 이들 조항이 신설된 구체적 경위는 알려져 있지 않으나, 전 해에 미국시찰을 하고 돌아온 법관 출신의 장경근이나 이상기 등이 삽입을 주장하지 않았을까 추측된다. 이들이 제출한 사법시찰보고서에는 인권 보장의 철저를 기하기 위해 인신보호영장(writ of haveas corpus) 제도 등 형사소송절차에 있어서 미국식 제도의 채택을 강력히 건의하고 있기 때문이다.[117] 또한 미국식의 인신구속절차를 대폭 도입한 1948년 3월 20일의 군정법령 제176호 개정 형사소송법의 개정안 마련에 한국의 사법실무가들이 적극 참여하고 그 개정의 의의를 매우 자랑스럽게 평가한 점 등도[118] 그러한 추측에 신빙성을 더해 준다. 물론 외부적 요인으로는 개정 형사소송법과 함께 4월 5일에 공포된 「조선인민의 권리에 관한 포고」가 영향을 미쳤을 가능성을 부인할 수 없다.

한편 그 규정들은 뒤에 헌법기초위원회의 심의과정에서도 다시 한번 논란의 대상이 된다. 윤길중이 전해주는 바에 의하면, 많은 의원들이 그러한 규정은 형사소송법 사항이라고 헌법에 삽입하는 것을 반대했는데, 조봉암 의원이 설득하여 헌법안에 포함되게 되었다는 것이다.[119] 그런데 유진오 역시 뒤에서 보는 바와 같이 헌법기초에 있어서 대강주

---

117) 법정편집부, 앞의 글, 52면.
118) 심희기, "미 군정법령 제176호 형사소송법 개정", 법사학연구, 제16호, 1995, 118, 127면.
119) 윤길중, 앞의 책, 84면.

의(大綱主義)의 입장을 취하고 있었고, 인신보호영장제도 같은 것은 보도 듣도 못한 제도여서 그 실제 운영이 어떻게 되는 것인지 영국 사람의 헌법책을 아무리 뒤져보아도 도무지 실감나지 않았다는 고백에 비추어 보면,[120] 유진오의 기본입장 역시도 그러한 규정들은 형사소송법으로 미루자는 것이었을 것으로 짐작된다. 다만 비교적 형사소송 실무에 정통한 법률실무가들이 주장하는데다가 앞의 고백에서 보이듯이 그 자신도 제도 자체에 대한 거부감을 가지고 있었거나 그에 대한 관심 자체가 아예 결여되었던 것은 아니어서 쉽게 합의에 이를 수 있었던 것으로 생각된다.

권력구조 부분에 있어서 행정연구회안의 특징은 무엇보다도 중화민국의 5권헌법의 영향을 받아 회계검사원과 고사원(考査院)을 두도록 하고 있는 점, 기본적으로는 의원내각제를 취하고 있으면서도 대통령의 법률안거부권이나 대통령의 직접선거제를 채택하고 국무총리 임명에 국회 승인을 요하도록 하는 규정을 결여하고 있는 점, 내란 또는 외환의 죄를 범한 경우를 제외하고는 대통령에 대하여 탄핵을 할 수 없도록 한 점 등 대체적으로 유진오사안에 비하여 대통령의 권한 강화를 도모하고 있는 점을 들 수 있다. 사법제도와 관련하여서는 행정재판소 등 특별재판소의 설치를 규정하고 있고, 그 밖에도 유진오사안과 비교하여 국회의원의 임기 조항이 누락되어 있고, 국회의 권한과 관련하여 국정감사권이나 조약비준 및 선전포고 등에 대한 동의권이 결여되어 있으며, 내각회의의 결의방법이라든가 국회나 법원의 자율권 보장에 관한 규정 등이 불비되어 있다. 이러한 사항들에 있어서도 물론 대부분 유진오사안이 관철되었다.

기타 공동안의 지방자치 규정이나 귀속재산에 관한 규정, 국민경제회의에 관한 규정, 기존 법령의 효력이나 공무원의 직무 승계에 관한 규

---

120) 『헌법기초회고록』, 23면.

정 등도 유진오사안에만 존재하는 규정이 반영된 것이고, 당시 주된 관심사 중의 하나였던 농지개혁 문제도 행정연구회안에서는 미흡하게 다루고 있어 유진오사안이 약간의 문구만 수정한 채 그대로 채택되었다.

반면 행정연구회의 의견이 반영된 것은 가장 중요한 것으로 유진오사안에 있던 법관의 10년 임기제 삭제와 미국식의 사법심사제 채택을 들 수 있다. 이 문제는 이 단계의 심의에서 가장 논란이 심했던 부분이기도 했다. 이와 관련하여 유진오는 처음부터 헌법위원회 제도를 구상하였던 반면에, 원래 행정연구회안에는 이 점에 관한 명시적 규정을 두고 있지 않았다. 그런데 장경근이 공동안 작성단계에서 미국식의 사법심사제를 강력히 주장하였고, 여기에 이상기, 정윤환 등 법원 측 인사들이 동조하여 결국 그 주장이 반영되기에 이른 것이다.[121] 역시 미국을 시찰하고 돌아온 경험이 작용하지 않았는가 생각된다. 사실 사법심사제의 채택은 유진오의 사안 작성단계에서도 정윤환 판사의 강력한 주장으로 법관의 종신제와 함께 유보의견으로 추가하여 법전기초위원회에 제출했다고 하며,[122] 뒤에서 보는 바와 같이 국회의 본회의에 이르기까지 법조계에서 집요하게 관철시키려 한 내용이기도 했다. 그러나 이 점에 있어서는 유진오도 강경하여 사법심사제의 채택에 마지못해 동의는 하면서도 국회에서 토의할 때는 다시 자신의 주장을 내세울 것이라는 조건을 붙여 넘어갔다고 한다.[123] 결국 건국헌법에서는 유진오사안대로 법관의 10년 임기제와 헌법위원회 제도가 채택되었으므로, 이 단계에서의 유진오사안의 좌절이 큰 의미를 갖지는 않는다.

그 밖에 행정연구회안이 공동안에 반영된 것으로는 유진오사안에 사용된 '조선'이라는 국호 대신 '한국'이라는 국호가 사용된 점, 공동안 제30조에 "입법권은 국회가 행한다"는 규정이 삽입된 점, 국회에서 탄

---

121) 같은 책, 43면.
122) 같은 책, 38면.
123) 같은 책, 44면.

핵 소추 및 결의 시 특별 의결정족수를 규정하고 있는 점, 대통령의 긴급명령이 국회 승인을 얻지 못한 경우 효력 상실을 명시화하고 있는 점, 그 밖에 유진오사안에 있는 몇 개의 조항이 삭제된 것 정도를 들 수 있는데, 특별히 제도 내용상에 중대한 변경을 가져오는 것은 없다. 물론 반드시 행정연구회안에서 유래하지는 않는다 하더라도 유진오사안에서 변경된 내용이 다수 존재하기는 한다. 그렇지만 이 경우도 제도 자체의 성격을 바꿀 정도의 수정은 아니고, 대체적으로 좀더 세밀하게 다듬고 보충하는 정도에서 그치고 있다.

결론적으로 말해서 행정연구회와 유진오의 공동안은 유진오의 사안이 보완 내지는 수정된 것이라고 말할 수는 있을지언정, 결코 행정연구회안이 토대가 되었다고는 말할 수 없다. 그럼에도 불구하고 최하영과 장경근이 그와 같이 말할 수 있었다면, 그것은 그들이 유진오사안에 대해 별 이의가 없었음을 말해 주는 것일 뿐이다. 사실 국가조직과 기본권의 나열 순서 그리고 위헌법률심사에 관한 사항을 제외하고는 양측 사이에 그렇게 논란이 될 만한 의견대립도 없었던 것으로 전해지고 있다. 의원내각제나 양원제, 어느 정도의 통제경제의 원칙 등 큰 테두리에서 양측 안이 일치하고 있었기 때문이다. 그러나 그렇다고 하여도 유진오사안과 행정연구회안을 동등하게 취급할 수는 없다. 행정연구회안 그 자체는 입법기술상으로도 조잡할 뿐만 아니라 헌법학적 깊이에 있어서도 유진오사안과는 견줄 수 없는 수준임이 드러나기 때문이다. 이렇게 볼 때 유진오가 공동안의 작성과정에서 행정연구회 회원들의 많은 도움을 받은 것은 부인할 수 없는 사실이겠지만, 그렇다고 하여 우리 건국헌법의 연원이 유진오로부터 비롯되었다는 사실을 부인할 이유는 되지 못한다고 말할 수 있다.

3) 헌법기초위원회[124]에서의 심의

유진오가 행정연구회와 공동으로 헌법기초를 완료한 것은 역사적인 제헌국회가 열리기 바로 몇 시간 전인 1948년 5월 31일 오전 2시였다. 제헌국회에서는 우선 시급한 헌법 및 정부조직법 기초를 위하여 동년 6월 3일 제4차 본회의에서 30인의 기초위원으로 선출함으로써 본격적인 제헌작업에 돌입하게 된다. 헌법기초위원회는 당일 서상일(徐相日)을 위원장으로, 이윤영(李允榮)을 부위원장으로 선출하고, 유진오를 포함하여 고병국, 임문환, 권승렬, 한근조, 노진설, 노용호, 차윤홍, 김용근, 윤길중 등 10명의 전문위원을 선정하게 된다. 이로써 유진오는 비로소 공식적인 헌법제정 작업에 참여하게 된다. 전문위원의 선정과정에 대해서는 잘 알려져 있지 않지만, 결과적으로 보면 행정연구회를 통하여 같이 헌법기초 토의를 했던 사람들이 절반인 5명이나 차지하게 된 것으로 보아, 유진오가 전문위원으로 선정될 수 있었던 데는 신익희의 역할이 컸던 것으로 짐작된다.[125]

다음날 4일에는 민주의원에서 작성한 헌법, 과도입법의원에서 통과된 과도약헌, 중경임시정부의 헌법 등과 함께 유진오의 공동안이 헌법기초위원회에 참고자료로 제출되었는데, 위원회는 유진오의 공동안에

---

124) 정식 명칭은 '헌법 및 정부조직법 기초위원회'가 될 것이나 편의상 헌법기초위원회로 통일하기로 한다.

125) 당시 전문위원의 교섭 등 실무적인 일을 담당했던 윤길중에 의하면, 전문위원은 군정청의 지원을 받아 한민당에서 추천한 사람이 3분의 1, 해공 신익희가 추천한 사람이 3분의 1, 기타 중간파 3분의 1 등으로 구성되었다고 한다("윤길중 전 대한민국헌법기초위 전문위원과의 대담", 『국회보』, 1996.7., 49면). 유진오도 공동안의 기초와 심의에 참여한 자의 명단을 헌법기초위원장이던 서상일에게 제출하고 이 사람들을 전문위원으로 할 것을 추천한 인사가 있었다는 최하영의 회고를 인용하면서, 아마도 그 인사가 신익희였을 것으로 추측하고 있다. 『헌법기초회고록』, 47면.

대한 설명을 들은 후 그 안을 토대로 대체(大體)토론에 들어간다. 그런데 대체토론이 진행되던 5일 오후 당시 과도정부 사법부 차장으로서 헌법기초위원회에 참여하고 있던 권승렬(權承烈) 전문위원이 또 다른 헌법안을 제출함으로써, 어느 안을 심의기준안으로 채택할 것인지를 놓고 논란이 야기된다.126) 결국 기초위원회 전체회의의 표결 결과 유진오가 행정연구회와 공동으로 작성한 초안을 기준안으로 하고, 소위 '권승렬안'을 참고안으로 하여 심의를 진행해 가기로 결정한다.127)

그런데 유진오에 의하면, 그 권승렬안이라는 것이 자신이 남조선과도정부 법전기초위원회에 제출한 안에 문구를 변경하고 조문을 몇 조 추가한 것에 불과하여 독자적 안으로서의 가치가 없는 것이라고 한다.128) 반면 이종구 기자가 전하는 권승렬의 말에 의하면, 자신은 당시 법전기초위원회에 제출된 유진오의 초안을 본 일이 없으며, 헌법기초위원회가 활동을 개시할 때까지도 법전기초위원회안이 마련되지도 않았고, 다만 다음날 심의할 분량 정도의 자료를 전날 민복기(閔復基)로부터 넘겨받아 그때그때 조문을 정리해서 회의에 참석하곤 했다고 전한다.129) 이러한 권승렬의 주장은 우리 건국헌법의 연원뿐 아니라 헌법기초위원회에서 참고안으로 채택된 것이 법전기초위원회안이라는 일반의 인식130)에도 반대되는 것이어서 객관적인 검토가 요구되는 부분이다. 불행히도 유진오가 법전기초위원회에 제출했다고 하는 초안이

---

126) 동아일보, 1948. 6. 6.; 서울신문, 1948. 6. 6.
127) 유진오의 회고록에는 대체토론에 들어가기 전 심의기준안의 결정이 있었던 것으로 기록되어 있다. 그러나 당시 6월 6일자 신문에 어느 안을 채택할 것인지 아직 결정되지 않았다고 하는 기사가 난 것을 보면, 유진오의 착각일 가능성이 크다. 서울신문, 1948. 6. 6.
128) 『헌법기초회고록』, 48면.
129) 이종구, 앞의 글, 297면.
130) 국회본회의에서 헌법기초위원장이었던 서상일도 유진오안을 기초안으로, '법전기초위원회안'을 참고안으로 하여 심의를 진행했다고 보고하고 있음을 볼 수 있다. 『헌법제정회의록』(대한민국국회도서관, 1968), 99면.

그 후 어떻게 처리되었는지에 관해서는 확인된 자료가 없다. 그러나 그때그때 다음날 심의될 조문을 정리해 회의에 참석했다는 증언은 헌법기초위원회 심의 초기에 이미 권승렬안이 제출되었다는 사실과 정면으로 배치되기 때문에 신빙성이 떨어지는 것이 사실이다. 그러나 보다 정확한 판단을 위해 다음에서는 유진오사안과 권승렬안을 직접 비교해 보기로 하자.

유진오사안과 비교해 볼 때 권승렬안의 특징은 우선 권력구조 부분과 관련하여 내각책임제를 바탕으로 하면서도, 미국적 발상이 많이 가미되고 있는 점을 지적할 수 있다. 대통령의 법률안거부권을 인정하고 있는 것이나, 국무위원과 국회의원 간의 겸임을 금지한 것, 국무총리나 국무위원 임명에 상원에 해당하는 참의원의 승인을 얻도록 한 것, 위헌법률심사에 있어 사법심사제를 채택하고 있는 것 등이 그 예이다. 이러한 연장선상에서 의회의 내각불신임시 국무총리나 국무위원의 개별책임만을 인정하고 있는 것이라든지, 의회에서 정부의 동의 없이 예산안을 삭감하지 못하도록 한 것이라든지, 대통령의 경우 내란외환죄를 범한 경우 외에는 탄핵하지 못하도록 한 것 등 의회에 대한 행정부의 독립성을 강화하려는 경향도 눈에 뜨인다. 또한 참의원과 관련하여 참의원이 하원의 기능을 지나치게 견제하지 않도록 하기 위해 유진오가 고안했던 구상들이 권승렬안에서는 단순화되어 원칙적으로 참의원과 대의원이 대등한 지위에 있도록 예정되어 있는 점도 차이라면 차이라고 말할 수 있다. 권승렬안의 또 다른 중요한 특징은 유진오사안에 비하여 일제의 잔재 청산에 적극적인 면모를 보이고 있다는 점이다. 죄형법정주의와 관련하여 형벌불소급의 원칙을 누락시킨 데 더하여 보칙에서 반역행위에 대한 소급처벌 규정을 추가하고 있으며, 유진오사안에서 보이는 헌법 시행 전 공무원의 직무속행에 대한 규정이 권승렬안에서는 보이지 않는다. 그 밖에도 경제조항에 있어서 유진오사안에 있는 국민경제회의에 관한 규정이나 적산처리 규정이 누락되어 있는

점, 교육정책 및 교육권에 대한 상세한 규정을 두고 있는 점 등을 포
함하여 문구나 몇 가지 세세한 점에 있어 차이를 보이고 있다.

그러나 이상과 같은 몇 가지 차이를 제외하고 본다면, 양자는 그 체
제나 내용에서부터 용어에 이르기까지 거의 유사하여 후에 만들어진
권승렬안이 어떤 경로를 통하여든 유진오의 안을 참조한 것은 사실인
것으로 보인다.131) 심지어는 유진오의 독창적 규정이나 표현까지도 거
의 그대로 답습되고 있는 것을 볼 수 있고, 사소한 것이지만 유진오사
안이 행정연구회와의 공동작업 과정에서 삭제된 조항이나 바뀐 용어가
헌법기초위원회 심의과정에서 권승렬안을 통하여 다시 유진오사안대로
된 경우도 발견될 정도이다.132) 특히 권승렬이 당시 법전기초위원회가
소속되어 있었던 미 군정 사법부 차장이었다는 점까지 감안하면, 권승
렬안이 그의 말대로 법전기초위원회의 완성된 공식안이 아니다 할지라
도, 법전기초위원회에 제출된 유진오안과 아주 밀접한 관련이 있으리
라는 점은 부인할 수 없다.133)

대체토론의 경과는 유진오의 회고록에 의하면, 기준안 제2장 인민의
권리의무까지는 대체로 큰 토론 없이 넘어갔으나, 제3장 국회에 이르러
양원제에 대한 한민당계와 조봉암 의원의 반대가 있었다고 하며, 내각
책임제에 대해서도 반대의견이 나왔으나 전반적으로는 원안 지지 분위

---

131) 홍기태, 앞의 글, 87면.
132) 가령 '법관'이라는 용어는 공동안에서는 '재판관'이라는 용어로 바뀌었
    다가 다시 헌법기초위원회 심의과정에서 권승렬안을 통하여 '법관'으로
    귀착되었다.
133) 당시 검찰총장으로서 법전기초위원회의 헌법 기초에도 관여했던 이인
    도 비슷한 증언을 들려주고 있다. "[헌법안 심의가] 다 되어갈 무렵
    가인이 신병으로 입원함으로 서울 고검 검사이던 이호를 대검 검사직
    무대리로 발령하여 헌법 초안의 정서 등 마지막 손질에 전념하게 했
    다. 결국 국회에 헌법기초위원회가 생길 때에는 이 초안을 토대로 유
    진오 등 기초위원 20명이 다소 수정을 가하여 헌법안을 다시 만들었던
    것이다." 이인, 앞의 책, 181면.

기였다고 한다. 그 밖에도 중화민국헌법을 본딴 오원제(五院制) 주장
도 나왔으나 정부조직법에 미루기로 양해가 이루어지고, 사법심사제에
대한 반대의견이 개진되었으며, 통제경제 원칙을 둘러싸고도 찬반론이
비등했던 것으로 전하고 있다.[134]

대체토론을 마친 헌법기초위원회는 7일 오후부터 축조심의에 들어간
다. 우선 제1장 총강 부분에서 가장 논란이 되었던 부분은 국호를 어
떻게 정하느냐의 문제였는데 권승렬안에 따라 '대한민국'으로 낙착되었
고, '인민'이라는 용어도 권승렬안대로 '국민'이라는 용어로 바뀐 외에는
기준안이 그대로 통과되었다. 제2장 인민의 권리의무에 들어가서도 권
승렬안이 반영된 것은 신체의 자유와 관련하여 '강제노역'이란 문구를
하나 추가한 것과 사후영장 요건으로서 현행범의 경우 외에 '범인의
도피 또는 증거인멸의 염려가 있을 때'를 추가한 것 정도이고, 그 외에
고문과 잔혹한 형벌의 금지 조항이 삭제된 것 외에는 내용상 기준안에
서 특별히 달라진 것 없이 지나갔다.

기준안에 가장 큰 변경이 가해진 것은 역시 권력구조와 관련된 부분
이었다. 우선 문제된 것은 양원제로 유진오의 극구 반대에도 불구하고
표결 결과 12 대 10이라는 근소한 차로 단원제로 귀착되고 만다. 그에
따라 대신 의회 견제라는 차원에서 권승렬안에 있는 대통령의 법률안
거부권 제도가 채택되고, 탄핵심판 담당기관으로 참의원 대신 탄핵재판
소 제도가 신설된다. 탄핵소추의 발의요건이 추가된 것도 이 단계에서
이다. 대통령의 선출방법과 관련해서는 직접선거로 할 것인지 국회에
서의 간접선거로 할 것인지를 놓고 결론이 유보될 정도로 팽팽한 논쟁
이 벌어졌으나, 결국은 기준안대로 간접선거를 채택하되 정족수 미달
시 결선투표 전에 한번 더 2차 투표를 행하도록 하는 내용이 추가되는
것으로 마무리된다. 다음으론 처음부터 초미의 관심사였던 내각책임제

---

134) 『헌법기초회고록』, 52-55면.

를 취할 것이냐 대통령중심제를 취할 것이냐의 문제가 논의되었으나, 우선은 '내각'이라는 용어가 '국무원'으로 개칭되는 선에서 기준안의 내용이 통과하게 된다. 법원에 관한 심의에 들어가서는 권승렬안에서는 물론 기준안에서도 행정연구회와의 공동작업 과정에서 삭제된 헌법위원회 제도와 법관의 10년 임기제가 채택되어, 오히려 삭제되었던 유진오사안의 규정이 부활되게 된다.

가장 큰 현안이 타결됨으로써 비교적 순조롭게 마무리될 것으로 예상되던 심의는, 그러나 축조심의 마지막 단계에 이르러서 우리 헌법사에 비극의 어두운 그림자를 예시하는 파란을 겪게 된다. 이미 6월 7일 기자회견을 통해 대통령중심제에 대한 선호의사를 밝혔던 이승만 당시 국회의장이 헌법기초위원회의 의견이 내각책임제로 굳어지자 헌법기초위원회에 대한 간섭을 노골화하였기 때문이다. 그 경과에 대해서는 이미 여러 곳에서 소개된 바 있으나, 내각책임제는 유진오 헌법사상의 핵심적인 부분이므로 번거롭지만 좀더 자세히 살펴보기로 하자. 문제의 발단은 이승만이 헌법기초위원회의 축조심의가 막바지에 이른 15일 돌연 심의석상에 나타나, "이미 기초된 책임내각제보다 직접선거에 의한 대통령책임제로 하는 것이 현 정세에 적합하다는 의사를 표명"하고 돌아간 데서 시작된다.[135] 이에 기초위원회 내에서도 대통령중심제로 번안하자는 의견이 대두되기도 하였으나, 일단은 의결된 대로 하기로 하고 나머지 부분의 축조심의에 박차를 가하게 된다.

경제조항에서는 통제경제냐 자유경제냐를 놓고 열띤 공방이 벌어지기도 했으나, 권승렬안에 따라 귀속재산처리 규정과 국민경제회의 규정이 삭제되고, 사영기업을 공영 또는 국영으로 할 수 있는 요건을 '공공필요'에서 '국방상 또는 국민생활상 긴절한 필요'로 강화하는 선에서 대체로 기준안이 통과된다. 특별히 귀속재산의 국유화 규정이 삭제된

---

135) 조선일보, 1948. 6. 17.

것은 미 군정 당국에 의하여 이루어진 귀속재산 불하의 효력이 문제될 가능성이 있었기 때문인 것으로 보인다. 그 이후의 부분도 헌법개정 제의 공고에 관한 규정과 권승렬안의 반민족행위자 처벌의 근거규정을 추가하는 것으로 19일에는 사실상 축조심의를 끝마친다.

그런데 다음날 기초위원장 서상일을 비롯하여 기초위원회의 몇몇 의원들이 이화장(梨花莊)으로 이승만을 방문하여 심의 내용을 보고하는 자리에서, "대통령에 다소간의 의견 차이가 있음으로 인해서"[136] 헌법의 주요 원칙에 대해 비공개의 전원위원회(全院委員會)를 구성하여 논의할 것에 합의한다. 이에 서상일은 21일 본회의석상에서 이미 2차례나 연기한 기초안의 본회의 상정일을 다시 유인물 미준비를 이유로 이틀간 연기해 줄 것을 요청하면서, 그 사이 비공개 전원위원회를 구성하여 헌법의 큰 원칙에 관하여 협의할 것을 제안한다. 그러나 이러한 제안이 본회의에서 부결되자, 이승만은 마지막 수단으로 그날 다시 마무리회의를 하고 있던 헌법기초위원회의 심의장소에 신익희를 대동하고 들어와 만일 내각책임제 헌법이 통과된다면 자신은 어떤 공직에도 취임하지 않고 "민간에 남아서 국민운동이나 하겠다"고 협박성 발언을 남기고 떠난다.[137] 이에 유진오는 그날 저녁 윤길중, 허정 등과 함께 이승만의 자택에 찾아가 이승만의 설득을 시도하는 등 나름대로 내각책임제를 고수하기 위하여 필사의 노력을 기울이지만, 이미 정파 간의 타협이 이루어져 내각책임제를 약속했던 김성수와 신익희가 대통령제로 돌아선 데다가 헌법기초위원들마저 이승만의 설득과 압력에 굴복하여 하룻밤 사이에 대통령제 헌법안으로 뒤바뀌고 만다. 당시 유일한 대통령후보로 꼽혔던 이승만의 정치적 위상과 영향력을 여지없이 보여준 사건이라고 하겠다.

어쨌든 그날 밤 헌법안은 한민당 관계자들이 모인 김성수 집에서 김

---

136) 『헌법제정회의록』, 77면.
137) 『헌법기초회고록』, 62면.

준연에 의하여 내각책임제의 기본요소인 의회해산권과 정부불신임권에 관련된 조항 및 국무총리 임명에 국회의 동의를 얻게 한 것과 국무위원 임명에 국무총리 제청을 요하게 한 것을 삭제하는 외에, 국무원의 실질적 통할권자를 국무총리에서 대통령으로 변경하는 정도에서 헌법안의 수정이 전격적으로 이루어진다. 그러나 그 밖에 대통령의 국회에서의 선출, 정부의 법률안 및 예산안 제출권, 국무총리나 국무위원의 국회에서의 출석발언권, 국회의 국정감사권, 국무총리 및 관계 국무위원의 부서권(副署權) 등 내각책임제를 예정하고 규정하였던 다른 규정들은 그대로 남긴 채 이루어진 졸속 변경이었다. 유진오의 회고에 의하면, 그날 밤 그 자신도 뒤늦게 그 자리에 불려가 김준연이 수정한 헌법안의 검토를 요청받았다고 한다. 처음에는 극구 거절하였으나, "앞뒤 연락은 되지요?"라는 김준연의 재차 물음에 "예, 연락은 됩니다. 그러나 앞으로는 나는 헌법제정사업에는 관계하지 않겠습니다"라고 선언을 하고 돌아왔다는 것이다.138) 이렇게 변경된 초안은 유진오가 결석한 가운데 다음날 헌법기초위원회에서 제3독회의 자구수정을 거쳐 이의 없이 통과되고, 이어 그 다음날인 6월 23일에 드디어 본회의에 상정된다. 우리 헌법이 오늘날까지 그 정부형태에 있어서 대통령제에 의원내각제적 요소가 가미된 것의 유래이기도 하고, 또 우리 헌법이 그 후에 겪는 권력담당자 중심의 헌법개정이라는 불행한 헌정의 시작이기도 했던 것이다.139)

4) 국회본회의에서의 심의

파란 끝에 드디어 헌법안이 본회의에 상정되자 유진오는 다시 한번 우리 건국헌법제정에 있어 주역의 자리에 나서게 된다. 일종의 헌법제

---

138) 같은 책, 80면.
139) 전광석, "헌법학자 유진오", 연세법학연구, 제2집, 1992. 8., 66면.

안이유의 설명을 하게 된 것이다. 그의 회고록에 따르면, 전날 여러 사람의 종용으로 상정일 당일 아침 본회의 참석 여부를 놓고 고민을 하다 결국 시간을 놓쳐버리고 말았는데, 뜻밖에 개회시간이 10분쯤 지났을 때 서상일 위원장이 자동차를 보내 할 수 없이 참석하게 되었다고 한다.140) 마침 국회에서는 대체설명을 하고 있던 서상일이 유진오가 도착하자 "이 헌법의 전문권위가"141)로 유진오를 소개하면서, 헌법안의 기본정신과 내용에 대하여 즉흥연설을 하게 된 것이다. 이후의 질의응답 과정에서도 권승렬과 함께 응답자로 나서 의원들의 질의에 답변하고,142) 제2독회에 들어서도 수정안 제출과정에서 조언 등을 통하여143) 헌법안 결정과정에 상당한 영향을 끼친다. "그때 국회의원들은 헌법개념에 대한 판단력이 없었어요. 그저 유진오 씨 말이나 경청하고 그대로 추종했을 따름 헌법지식이 전혀 없었던 게 사실이예요"144)라는 이재학의 평가는, 비록 과장이 깃들인 것이라 할지라도 일개 전문위원에 불과하였던 유진오의 당시의 역할이 어떠했는지를 짐작케 해 준다.

여기에 제2독회 축조심의의 중간에 들어서부터는 시간적 촉박성에 쫓겨 그나마 나름대로 활발하게 이루어지던 토론마저 제약받게 된다. 이러한 복합적인 이유로 권력구조 문제를 포함한 몇몇 쟁점들에 대한 치열한 논쟁에도 불구하고, 결과적으로는 헌법기초위원회안이 크게 변경됨이 없이 본회의를 통과하기에 이른다. 본회의 심의과정에서 내용상 변경이 이루어진 것들은 다음과 같은 것들이었다.

우선 총강 부분에서는 건국헌법 제7조 제2항에 "외국인의 법적 지위

---

140) 『헌법기초회고록』, 83면.
141) 『헌법제정회의록』, 101면.
142) "정치문제에 있어서는" 주로 유진오가, "법률문제 있어서는" 주로 권승렬이 답변하기로 되었으나, 실제는 반드시 그렇게 엄격한 구분대로 진행되지는 않았다. 같은 책, 122면.
143) 『헌법제정회의록』, 554-555면.
144) "좌담: 헌법수난 9년", 한국일보, 1957. 7. 14.

는 국제법과 국제조약의 범위 내에서 보장된다"는 조항이 신설된다. 이 조항은 기본권 규정에서 '인민'이라는 용어를 사용할 것인가 '국민' 이라는 용어를 사용할 것인가를 두고 논쟁이 일다가, 결국 '국민'으로 낙착됨에 따라 제2독회 말미에 국민의 개념에서 제외되는 외국인의 지위 보장을 명시할 필요가 있다는 진헌식 의원의 제안을 채택한 것이었다. 제2장 국민의 권리의무에서는 제16조 제1항의 '초등교육은 의무적이며'라는 문구 위에 '적어도'라는 문구가 삽입되고, 제20조 혼인과 가족에 관한 규정이 장면(張勉) 의원의 제안에 의하여 신설되었다. 본회의 심의과정에서 가장 논란이 되었던 문제 중의 하나로, 그 유명한 제18조 제2항의 근로자의 이익균점권(利益均霑權)에 관한 조항이 신설된 것도 이 단계에서였다. 제3장 이후에서는 국회의 비준을 얻어야 할 조약으로 '상호원조에 관한 조약'을 추가하고, 대통령 및 부통령 결선투표 시 당선요건을 과반수 득표에서 다수득표로 바꾸는 등의 사항 외에, 대통령의 긴급명령권과 국무총리 임명, 예산 미의결 시의 조치 등에 관한 변경이 가해졌다.

이 중 마지막 3가지 사항의 수정과정에 대해서는 헌법제정 과정에서의 유진오의 역할뿐만 아니라 그의 헌법사상을 이해하는 데도 의미가 있으므로 좀더 자세히 살펴볼 필요가 있다. 유진오의 회고록에 의하면 그 경위는 이렇다. 그가 헌법제안이유를 설명하기 위하여 단상으로 올라갈 때 "단상으로 올라가는 이상에는 이 헌법에 대해 책임을 져야" 한다는 자각이 생겨, "후일 해석에 의하여 헌법운영을 내각책임제 쪽으로 이끌어 갈 결심을" 하게 된다. 그런데 "국무총리와 국무위원 임명에 관한 전권을 무조건 대통령에게 주는 헌법하에서는 헌법학자가 아무리 재주를 부려도 해석으로 이것을 내각책임제적 방향으로 끌어가기란 불가능에 가까운 일"로 생각되었기 때문에, 김성수를 자택으로 찾아가서는 자신의 생각을 이야기하고 당시 이승만의 정치고문으로 일하던 노블 박사와의 만남을 주선해 달라고 부탁하기에 이른다. 며칠

후 노블을 만난 유진오는 긴급명령의 요건을 좀더 구체적으로 예시하
는 것과 회계연도 개시 전까지 예산안이 의결되지 못한 경우 전년도
예산을 실행하도록 되어 있는 원안을 가예산 제도로 변경하는 문제,
그리고 국무총리 임명 시에 있어 국회의 승인권 및 국무위원에 대한
국무총리의 제청권을 인정하는 문제를 상의하여, 노블의 "찬의"를 받
아낸다. 그리고 그 이튿날은 이승만을 찾아가 그 세 가지 사항의 수정
이 필요함을 이야기하고 양해를 요청한다. 이에 이승만은 "긴급명령과
가예산의 두 가지에는 곧 찬의를 표하였으나 국무총리 임명에 대한 국
회의 승인과 국무총리의 제청으로 국무위원을 임명하는 건에 관해서는
예상한 대로 주저하는 빛을 보이며 되풀이해 자세한 설명을 요구"한
다. 그러나 결국 "생각하더니 보다는 손쉽게 그러면 그렇게 해 보라"
며 찬의를 표한다. 이에 이승만과 만난 결과를 신익희·김동원 양 부의
장과 서상일 헌법기초위원장에게 전하고, 이튿날인 6월 30일 제1독회를
종결하고 그날 회의도 거의 마치려는 순간 자발적으로 발언의 기회를
요청하여 그 세 가지 사항이 제2독회 과정에서 반드시 수정되기를 원한
다는 개인 의견을 피력했다는 것이다.[145]

그런데 여기서 지적되어야 할 점은 그러한 점들이 유진오의 독자적
인 생각이 아니라 이미 제1독회 과정에서 문제된 것들이었다는 점이
다. 국회회의록상에 나타난 유진오의 발언을 보아도, "대체토론 중에
여러 의원께서 말씀하신바 여러 가지 의견을 듣고" 수정의견을 제안한
다고 말하고 있는 것을 볼 수 있다.[146] 가령 긴급명령에 관한 문제는
6월 26일 대체토론 과정에서 김명동(金明東) 의원과 이정래(李晶來)
의원으로부터 "대통령에게 과도한 권리를 주어 파쇼적이 될 염려는 없
는가?"라는 서면질의가 있었고, 신성균(申性均) 의원과 김병회(金秉
會) 의원으로부터도 "비상사태라는 것은 실례를 들면 무엇인가, 그것

---

145) 『헌법기초회고록』, 85-93면.
146) 『제1회 국회회의록(제21호)』, 339면.

을 누가 인정하는가?"라는 질문이 있었다. 이에 대하여 유진오는 답변에 나서 대통령의 비상명령권이 "국가가 망하느냐 흥하느냐 하는 국가의 운명이 대단히 위급한 지경에 놓여 있을 때 예외적 현상"임을 강조하면서도, 그것이 과도하게 운영된 사례가 있었음을 인정하고 우려에 동감하기도 했던 것이다.147) 또한 28일에도 신성균 의원이 국무총리와 국무위원의 임면권을 독점하는 것이 민주주의 원칙에 부합하는 것인가라는 질문에, "국회와 행정부 간의 관계를 원활하게 하기 위해서 대통령이 이 임면권에 대해서 어느 정도 국회의 동의를 얻는 것이 필요한 제도라고 생각이 됩니다. 그러나 그것은 저의 개인의 의견이고 앞으로 이 토의에서 결정될 것으로 생각합니다."라고 유진오가 대답하고 있는 것을 볼 수 있다.148) 실행예산제도에 관해서도 동일 오후 회의에서 그 문제점을 지적하는 김교현(金敎賢) 의원과 장면(張勉) 의원의 거듭되는 질문에, 그것이 "외국제도에 비해서 대단히 비민주적인 제도"임을 인정하면서 다른 방책을 취하도록 건의하였던 것이다.

　그러나 유진오의 이날 발언이 의원들 사이에 큰 영향을 미친 것만은 분명하다. 대통령의 긴급명령 요건을 구체적으로 예시하는 문제는 이진수(李鎭洙) 의원의 수정안이 반대토론 없이 찬성 140표, 반대 40표로 통과되었고, 실행예산 제도를 가예산 제도로 변경하는 문제도 진헌식(陳憲植) 의원의 수정안이 제출되어 찬성 112표, 반대 21표라는 압도적인 표차로 통과되었던 것이다. 국무총리와 국무위원의 임명과 관련해서도 진헌식 의원 외 44인, 안준상(安駿相) 의원 외 10인, 홍범희(洪範喜) 의원 외 11인, 권태욱(權太郁) 의원 외 10인, 조병한(趙炳漢) 의원 외 10인, 이원홍(李源弘) 의원 외 15인, 황두연(黃斗淵) 의원 외 10인, 조종승(趙鍾勝) 의원 외 12인, 서이환(徐二煥) 의원 외 11인이 수정안을 제출하는 등, 큰 반향을 불러일으켰다. 다만 표결 결과에 있

---

147) 『헌법제정회의록』, 170, 171면.
148) 같은 책, 172면.

어서는 국무총리의 임명에 국회의 승인을 얻도록 하는 것은 통과되었으나, 국무위원의 임명에 국무총리의 제청을 요하도록 한 수정안의 내용은 부결되고 말았다.

이에 대하여 유진오는 후일 대한민국헌법이 결정적으로 대통령제로 넘어가고 대통령의 전제독주의 길이 환하게 뚫려진 것으로 평가했다.149) 그런 만큼 그 과정에서 유진오의 역할에 관해서는 보다 정밀히 검토되어야 할 필요성이 있다. 국무총리와 국무위원의 임명방식에 관해서는 수정안도 여럿 제출되었을 뿐만 아니라 표결이 오후회의로 연기될 정도로 논란이 벌어진 사안이었다. 다시 유진오의 회고록으로 돌아가면, 그날 신익희 부의장은 오전회의를 마친 직후 유진오를 따로 불러 국무총리 임명에 대한 국회의 동의만을 남겨놓고 국무총리의 국무위원 제청권은 빼는 것이 어떻겠느냐며 설득을 시도한다. 그리고 유진오의 수정의견에 따라 수정안을 제출했던 진헌식 의원도 의외로 그 자리에서 신익희에 동조하여 설득에 가담한다. 그러나 유진오 자신은 "진 의원이 제출한 수정안의 국회통과를 확신하였던 까닭에" 이야기를 하려다 말고 전규홍 사무총장의 재촉에 이끌려 점심식사를 하러 나갔다가 '초밥과 맥주'로 간단한 식사를 마치고 오후회의 예정 개회시간을 약 15분 정도 넘겨 국회로 돌아왔다고 한다. 그러나 "그 짧은 동안에 국회가 실질적인 토의를 마치고 어떤 결론을 내리기까지는 되지 못했으리라" 생각하며 "크게 걱정하지 않았는데", 돌아와 보니 이미 그 사이에 표결이 끝나 있더라는 것이다.150) 유진오는 이를 "초밥 먹는 동안에 이루어진", "대한민국헌법의 비극"으로 표현했다.151) 그러나 설혹 유진오가 시간에 맞추어 돌아왔더라도 결과가 달라지지는 않았을 것이다. 아무리 유진오의 영향력이 컸더라도 어디까지나 전문가로서의 영향일 따

---

149) 『헌법기초회의록』, 101면.
150) 같은 책, 99-101면.
151) 같은 책, 101면.

름이어서, 앞에서 본 대로 내각책임제가 하룻밤 사이에 대통령중심제로 변경될 경우와 같이 보다 높은 차원에서 정치적 타협이 이루어지는 경우에는 그 한계가 명백했기 때문이다. 그러나 그러한 한계는 다른 측면에서 본다면, 유진오가 자신의 헌법적 소신을 관철시키는 데 철저하지 못했다는 비난에 대하여 오히려 나름의 변명이 될 수도 있을 것이다.

어쨌든 이로써 결과적으로 건국헌법은 가장 중요한 점에서 유진오 자신의 학문적 소신과는 다른 것으로 되고 말았다. 그렇지만 이 때문에 유진오에게서 '건국헌법의 실질적 기초자'라는 영예스러운 칭호를 박탈하여야 할 것으로는 생각되지 않는다. 만일 그렇게 한다면, 그것은 우리 건국헌법의 다른 대부분의 규정들에 강하게 배어 있는 그의 개인적 흔적을 지나치게 무시하는 것이 될 것이기 때문이다. 더군다나 건국헌법에 이질적으로 끼어들게 된 대통령제적 요소가 진지한 학문적 사색과 토론의 소산이 아니라 단지 30여 분 만에 이루어진 전격적이고 변칙적인 것이었기 때문에 제1공화국 내내 정당성의 시비의 대상이 되었고, 그런 만큼 유진오의 내각책임제 사상이 여전히 사상적 영향력을 발휘할 공간이 충분히 마련되어 있었다는 사실도 함께 고려되어야 할 것이다.

어쨌든 이렇게 수정된 헌법안이 제3독회에서의 자구 수정을 거쳐 7월 17일 역사적인 공포식을 갖게 됨으로써, 드디어 대한민국헌법이 탄생하게 되었던 것이다.

제4장
제헌기의 헌법사상

제4장 제헌기의 헌법사상

유진오가 가장 의욕적으로 헌법학 연구에 몰두하여 자신의 헌법사상을 구축한 것은 해방 후 3년간이라는 짧은 기간 동안의 일이었고, 그의 초안은 거의 전적으로 이 기간 동안의 사색의 소산이었다. 이때의 헌법사상에 관해서는 이미 당시 발표된 논문들을 통해서도 어느 정도 짐작할 수 있으나, 자신의 헌법사상을 일반에 좀더 체계적으로 알리려는 노력이 그 이후로도 한동안 지속되었음은 물론이다. 특히 건국헌법의 축조해설서로서 일반의 수요에 응하여 급하게 내놓은 『憲法解義』(1949)와 이를 개정한 『新稿憲法解義』(1952), 『憲法解義』보다 약간 늦게 보다 계몽적 의도에서 쓰인 『나라는 어떻게 다스리나』(1949),[1] 그리고 민주주의를 헌법원리적 측면에서 서술한 『헌법강의(상)』(1956)은 그의 헌법사상의 전체적 면모를 체계적으로 파악하는 데 중요한 자료들이다.

따라서 여기에서는 이들 자료까지도 포함하여 건국헌법의 기초가 된 제헌기 유진오의 헌법사상을, '경제적·사회적 민주주의'라는 개념을 중심으로 체계적으로 재구성하는 것을 목적으로 한다. 이는 '경제적·사회적 민주주의'라는 개념을 유진오 자신이 자신의 헌법사상을 특징짓는 중심 개념으로 사용했을 뿐만 아니라, 그의 민족주의 사상과 민주주의 사상의 복잡한 관련성이 혼합되어 헌법학상의 용어로 표현된 것이 바로 이 '경제적·사회적 민주주의' 개념이었다고 생각하기 때문이다.

다만 건국헌법제정 이후의 글 중에서도 실제 헌정의 전개에 즉응하여 발표한 글이나 마지막 순간에 권력구조가 변경된 데 따른 불가피한 해설의 변경은 이후 시기의 그의 헌법사상의 전개를 살펴보는 가운데 고

---

[1] 이 책은 내용의 변경 없이 출판사만 바꾸어 1952년에 『헌법입문』이라는 제목으로 다시 출판되었다.

찰하게 될 것이다. 물론 동시기의 글을 제헌기의 헌법사상과 제헌 후 사태 변화에 대응하는 헌법사상으로 구분하는 것이 항상 명확하게 이루어질 수 있는 것은 아니다. 그러나 이러한 방법론상의 문제점은 모든 시기구분이 상대적이라는 일반론적 사실을 지적하는 것을 넘어, 특히 이 연구에 있어서의 시기구분이 그 자체를 하나의 학문적 주장으로 내세우고자 함이 아니고, 유진오 헌법사상의 핵심을 파악하기 위한 한도에서 느슨하게 행해진 것이라는 점을 지적하는 것으로 어느 정도 변명이 될 수 있으리라 생각한다. 나아가 참고된 대부분의 저작들이 시기적으로 속하는 1954년까지는[2] 나중에 보는 바와 같이 제헌기의 헌법사상과 근본적으로 다른 것이 없다는 점도 이러한 방법을 가능케 하는 하나의 이유가 될 수 있을 것이다.

1. 법철학적 기초

1) 법관념 및 법학방법론

유진오의 법철학적 관심이나 그의 강의 경력으로 미루어 볼 때 해방 후 그가 자신의 법철학적 입장을 체계적 종합적으로 서술한 저술이 거의 없다는 것은 이상한 일이다. 물론 그 자신은 항상 그 체계적 서술의 필요성을 의식하고 있었던 듯하다. 해방 후 고려대학교와 서울대학교에서 행한 자신의 헌법강의안이었던 『헌법강의(상)』의 발간이 늦어진 데 대하여 그는 서문에서 이렇게 말하고 있다.

---

2) 1956년에 출판된 『헌법강의(상)』도 사실은 해방 후 10년간의 강의노트를 그대로 출판한 것이라는 점을 감안하면, 보다 이른 시기의 작품이라고 보아야 할 것이다.

[종래 일본학자들의 통설과 다르게 설명한 부분을] 독자에게 충분히 납득시키기 위하여서는 상당한 예비적, 기초적인 분석 및 저자의 법학연구 방법론에 관한 해명이 필요하기 때문에, 그러한 예비적인 논구의 발표를 선행시키고 이 책은 그러한 논구의 총결산이 되게 하고자 함이었다.3)

이렇듯 그의 헌법이론은 방법론을 의식한 바탕 위에서 전개되었다. 비록 자신의 계획대로 그러한 예비적 논구의 발표를 충분히 선행시키지는 못하였으나, 그의 저작 중에는 당연히 군데군데 단편적이나마 자신의 법철학적 소견을 밝히고 있는 곳이 많다. 특히 계몽적 성격을 띤 잡문 형식의 것이기는 하나, 법학 관련 주제로 해방 후 최초로 발표한 글이 법에 대한 철학적 사색의 성격을 띤 글이었다는 사실은 의미심장하다 하지 않을 수 없다.4)

유진오가 자신의 법학에 대한 기본적 생각과 우리나라 법학계가 당시 처해 있는 시대적 환경의 특수성을 개진한 글로 소개하고 있는 이 글에서,5) 그는 법이란 무엇보다도 "유기적 전체"로 이해되어야 함을 강조한다. 여기에서 유기적이라 함은 법률 그 자체가 생명 있는 것이라는 의미 이외에 법률이 법률 이외의 것, 특히 사회적인 제 현상과 불가분의 관계를 가지고 있다는 것을 뜻하는 것이라고 한다. 정치, 경제, 도덕, 종교, 예술 등등에 나타나는 사람의 사회적인 제 이해관계는 그대로 법률에 반영되며 법률을 생성하는 기반이 된다는 것이다.6)

이러한 사고는 규범의 사실에의 의존성을 강조하는 것으로 이어진

---

3) 『헌법강의(상)』, 서-3면.
4) "사회와 법률", 『헌법의 기초이론』, 218-224면. 그 외에도 유진오의 법철학적 관점을 이해하는 데 도움이 될 만한 중요한 자료들로 다음과 같은 것들이 있다. "법과 힘", 『헌법의 기초이론』, 225-230면; "헌법과 그 해석", 『헌정의 이론과 실제』, 119-123면; "법과 사회생활", 『헌정의 이론과 실제』, 146-151면.
5) 『헌법의 기초이론』, 서-4면.
6) "사회와 법률", 『헌법의 기초이론』, 220면.

다. "옐리네크와 같이 그것을 사실의 규범력이라 하든, 마르크스와 같이 경제적 토대의 반영으로서의 상층구조라 하든, 또는 현상학파와 같이 사실에 의하여 저초된 의미라 하든 간에, 사실은 규범의 모체요 규범의 제약자인 점"에 있어서는 동일하다는 것이다.7) 이런 점에서 근본규범이라는 가정하에 법현상을 일체의 여타 사회현상과 준별하여 고찰하려 한 켈젠의 규범주의적 방법은, 해방 이전에 그랬듯이 여기에서도 단호히 비판된다. 그러한 방법은 "법의 해부학"은 될 수 있을지언정 "법의 생리학"은 될 수 없다는 것이다.8) 이러한 법학적 태도는 그가 젊은 시절 마르크스사상에 심취하였다는 사실이나 옐리네크와 미노베의 학문적 영향을 크게 받았다는 점, 그리고 경성제대 시절 법현상학파에 상당한 영향을 받고 있었던 오다까(尾高朝雄)로부터 법철학을 배웠다는 점으로부터 충분히 예상할 수 있는 것이라고 하겠다.

법과 사실과의 관계에 대한 그러한 사고는 루마니아의 젊은 국왕에 의하여 일어난 1944년의 루마니아정변에 대한 단상에서 단적으로 드러난다. 막강한 독재적 권력을 행사하고 있던 수상을 국왕이 초헌법적으로 체포하고 쿠데타를 단행하여 성공한 데 대하여, 유진오는 "법은 힘의 일격하에 여지 없이 도괴(到壞)되고 마는 것인가", "법은 힘의 정당화, 사실의 규범화의 한 장식물에 지나지 아니하는가"라는 자문을 던지고는, "법을 위해서는 섭섭한 노릇이지만, 나는 그것이 사실임을 인정하지 않을 수 없다"고 자답을 하고 있는 것이다.9) 그러나 이것이 곧 노골적인 힘의 우위 내지 정당화로 인식되는 데는 상당히 주저하는 빛을 보이고 있다. 어떤 쿠데타나 혁명도 새로운 법질서를 대동하지 않을 수 없는데, 서로 충돌하는 법체계 사이에 어느 법체계가 정당한 것인지를 성찰하지 않는다면, 그것은 구할 수 없는 법적 상대주의요

---

7) "법과 힘", 『헌법의 기초이론』, 229-30면.
8) "헌법과 그 해석", 『헌정의 이론과 실제』, 120면.
9) "법과 힘", 『헌법의 기초이론』, 229면.

법의 가면을 쓴 폭력만능주의라고 곧 이어 서술하고 있기 때문이다.[10]

명백히 옐리네크의 설을 연상시키는 이러한 설명을 볼 때,[11] 그에게 있어 법률의 기반이 되는 '사회' 혹은 '사실'은 단순히 자연적·물리적 사실만이 아니라 관념, 특히 정의관념까지도 포함한 것임을 알게 된다. 그런데 문제는 물리적 사실로서의 힘과 정의관념이 충돌할 때 법은 과연 어디에 기초하는가. 유진오 자신의 말로 다시 바꾸어 말한다면 "똑같이 정당함을 주장하는 충돌하는 두 법체계의 어느 것이 정말 정당한 것인가"[12]라는 점일 것이다. 그러나 유감스럽게도 그 자신은 이 점에 관한 어떤 대답도 주지 않는다. 다만 "이리하여 법률학은 실증법학 안에만 머물러 있지 못하고, 법률철학에게 구원을 청하지 아니치 못하게 된다. 모든 학문의 귀착점인 것이다."[13]라는 말로써 끝을 맺고 있을 뿐이다.

그러나 설혹 어느 것이 정당한 것인가에 대한 답변을 얻었다 할지라도 모든 문제가 해결된 것은 아니다. 정당하지 못한 쿠데타가 사실상 성공한 경우는 어떻게 보아야 하는가라는 고전적인 문제가 아직 미해결인 채로 남아 있기 때문이다. 그의 사고에 나타난 곤란은 옐리네크와 비교함으로써 보다 분명히 드러난다.

주지하듯이 옐리네크 역시 '사실의 규범력 이론'에 따라 초헌법적 권력찬탈자에 의한 국가권력의 행사는 곧 새로운 법상태를 만들어 낸다는 점을 인정한다. 그러나 옐리네크에 있어서는 그러한 사실적인 권력관계가 법적인 권력관계로 전환하는 데는 그것을 규범으로서 승인한다는 사회심리적 계기가 요구되고 있다. 여기서 옐리네크는 사회적 승인에 이르는 두 가지 요소를 지적하는데, 그 하나는 그러한 사실관계가 지속되고 반복됨으로써 일종의 관습법으로서의 규범의식을 획득하는

---

10) 같은 글, 230면.
11) 표현 자체는 보다 직접적으로 尾高朝雄, 『國家構造論』(岩波書店, 1936), 454면에서 유래한 것으로 보인다.
12) "법과 힘", 『헌법의 기초이론』, 230면.
13) 같은 글, 230면.

경우이고, 다른 하나는 사람들의 관념 속에 존재하는 자연법에 대한 확신을 통한 경우라고 한다. 특히 새로운 국가질서가 관습법적 확신이 뿌리내리기 전에 즉각적으로 법적 성격을 부여받게 되는 경우는 바로 그것이 사람들의 자연법 관념에 부합하기 때문에 가능할 수 있다고 한다. 반면 새로운 국가질서가 일반의 자연법 관념에 부합하지 않는 경우 그 법적 질서로의 전환은 당연히 긴 시간이 요할 수밖에 없을 것이며, 그 권력이 일반의 관념에 대항하여 지속할 만큼 충분히 강하지 못할 경우는 거꾸로 구질서에로 복귀하게 된다고 말한다. 그런데 옐리네크의 이와 같은 설명은 어디까지나 사회학적 영역에 속한 것이었다. 옐리네크는 주지하듯이 국가학을 사회학적 관점과 법학적 관점으로 구분하여 다루는 이원론적 방법을 취했는데, 그가 사실의 규범화나 정의 관념의 사실로의 전화(轉化)를 말할 때는 법에 대한 사회학적 관점, 즉 외부의 관찰자의 관점에서 기술되었던 것이다. 그러나 유진오에게 있어서는 사회학적 사실로서의 사회적 승인이라는 계기가 누락되는 대신 "똑같이 정당함을 주장하는 충돌하는 두 법체계의 어느 것이 정당한가"라는 질문을 제기함으로써, 옐리네크에 있어서의 관찰자의 관점을 참여적 규범판단자의 관점으로 돌려놓았고, 이로 인하여 해결할 수 없는 혼란이 초래되게 되었던 것이다.

사실과 규범의 관계에 대한 이런 불명확성이 우리 헌정사에 대한 유진오의 태도에 얼마나 직접적인 영향을 끼쳤는지는 정확히 말할 수 없다. 그러나 분명한 사실은 그가 우리 헌정사에 임하여 어떤 때는 기성(旣成)의 사실에 대한 수긍적 태도를, 어떤 때는 규범주의적 입장에서의 비판적 태도를 교차적으로 보이고 있다는 사실이며, 그러한 일견 모순되어 보이는 듯한 태도의 배후에는 기성의 사실이 갖는 질서유지력과 민주주의 실현이라는 서로 상반될 수도 있는 두 가치 중에서 어느 쪽도 포기할 수 없었던 딜레마가 멀리서 작용하고 있었다는 점일 것이다.

한편 법의 사회의존성에 대한 강조는 방법론에 있어 개념법학에 대한 비판으로 이어졌다. 법률이 사회적 제 관계로부터 생성되었다는 점을 무시하고 "법률 해석을 논리의 유희와 같이 생각하여 문자나 논리의 사말(些末)에 구애되어 급급하는 개념법학적 태도는 근원을 무시하고 지엽에 매달리는 본말전도의 태도"라는 것이다.14) 이러한 태도로부터는 정당한 해석이나 새로운 법률학 체계의 건설 같은 것은 도저히 나올 수 없다고 말한다.15) 법의 해석이란 그가 보기에 오히려 "해석의 이름 아래 낡은 법을 새로운 현실에 적합하도록 법의 내용을 변경"하는 것이어야 했던 것이다.16) 또한 법단계론에 있어서 모든 법의 적용은 동시에 하위단계에 있어서의 법의 창설이라는 켈젠의 주장을 자유법론적 주장으로 이해하면서, 개념법학에 대한 비판의 근거로 자주 인용하기도 했다.

개념법학에 대한 비판이라는 점에서 그는 1920년대에 우리나라에 소개되기 시작한 자유법론을 긍정적으로 평가하고, 그 자신 이를 적극적으로 받아들였다. 주지하다시피 자유법론은 19세기 독일의 개념법학이 전제하고 있던 법률의 완전무결성의 가정을 공격하고, 법관을 단순한 자동판매기의 역할로부터 해방하여 법률의 적용과정이 논리의 기계적 조작에 그치는 것이 아니라 부단히 법관 개인의 인생관이나 세계관 등 우연적인 요소의 개입에 영향을 받는다는 사실을 입증하였는데, 유진오는 이러한 자유법론의 통찰을 수용하면서 한편으로 정당한 법해석의 희망을 놓지 않음으로써 극단적 자유법론이 빠질 수 있는 법허무주의에까지는 이르지 않았다. 비록 숙려 끝에 한 말은 아닐지라도 "건전한 상식",17) "사회단체의 내면적 질서",18) "우리나라의 민주발전이라는 일념",19) "인민의 총의",20) "역사적 사회적 현실에 대한 정확한 과학적

---

14) "사회와 법률", 『헌법의 기초이론』, 221면.
15) 같은 글, 221면.
16) "법과 사회생활", 『헌정의 이론과 실제』, 148면.
17) "법과대학 개편을 위한 시론", 『구름 위의 漫想』, 447면.
18) "법치국가의 기본구조(2)", 법정, 1958. 2., 7면.

160

인식"21) 등 다양한 해석의 기준들이 제시되고 있기 때문이다. 그러나 그러한 판단들은 결국 "정치적 행동에 귀착"되고 해석자의 "존재양식에 지배"된다는 점에서 주관성을 벗어날 수 없다고 보았다.22) 결국 그가 객관성의 최후의 보루로서 붙잡은 것은 어떤 해석도 법의 명문에 저촉되어서는 안 된다는 것이었다.

> 우리는 법을 운용하는 데 있어서 결단코 형식논리에 사로잡혀서는 아니 되고, 반드시 융통성, 탄력성 있는 해석으로써 형해(形骸)만인 법률 속에 항상 새로운 생명을 불어넣어야 한다. 그러나 법률의 해석이란 그렇게 무제한한 것이 아니라 항상 넘을 수 없는 한계가 있는 것이니, 적어도 법의 명문에 저촉되는 해석은 여하한 경우에도 취할 수 없는 것이다.23)

이상과 같은 자유법론적 사고는 법치주의와 통치구조론 등 그의 헌법사상 전반에 걸쳐 적지 않은 영향을 끼치게 된다. 그러나 그 자세한 내용은 해당 부분에서 살펴보기로 하고, 우선 다음에서는 그의 헌법사상의 전체 구조와 관련되는 헌법이념 및 헌법관에 그의 법 관념이 미친 영향에 대해서만 고찰해 보기로 한다.

2) 법철학적 입장과 헌법이념의 정당화

유진오 자신이 아직 개념법학의 영향이 계속되고 있다고 한탄한 당시의 우리의 법학적 상황에서 위에서 본 바와 같은 사회적 관점의 강

---

19) "헌법과 그 해석", 『헌정의 이론과 실제』, 121면.
20) "법의 지배와 법의식의 확립", 『미래로 향한 窓』, 250면.
21) "사회와 법률", 『헌법의 기초이론』, 224면.
22) "법치국가의 기본구조(2)", 7면.
23) "민주정치와 법의지배", 『헌정의 이론과 실제』, 105면.

조가 그의 전체 사상에서 도대체 어떤 의의를 갖는 것일까? 이에 대하
여 유진오는 법의 사회적 기초에 대한 정확한 인식은 특히 "새로 건설
되는 조선의 법제와 법학의 근본에 놓여 있는 기본문제"로서 "가장 긴
절히 요청"되는 것이라는 말로써 그 해답을 암시한다.[24] 그는 우선 자
신의 법철학적 입장으로부터 건국헌법의 이념인 민주주의를 역사사회
적으로 기초지우고자 했다. 즉 그는 우리가 채택한 민주주의는 몇몇 사
람의 인위적 작위의 소산이 아니라 우리의 역사적 흐름과 세계사적 조
건에 규정되어 이미 우리 법제 건설의 기초로 주어진 것이라고 보았다.
그가 『新稿憲法解義』의 권두에서 우리 헌법제정의 유래에 관한 서술을
첨가한 것은 바로 그러한 의도에서였다.[25] 즉 그에 의하면 갑신정변과
갑오개혁을 거쳐 독립협회의 활동, 그리고 3·1운동과 임시정부의 활
동, 그리고 건국헌법제정에 이르기까지 민주주의의 이념은 우리의 근대
사 속에서 면면히 흘러왔으며, 세계사적으로도 이미 2차대전 중에 민주
국가 진영인 연합국 측의 대서양선언, 카이로선언, 포츠담선언 등을 통
하여 한국의 민주적 독립국가 건설은 예정되어 오다가 연합국 측의 승
리와 함께 민주주의의 이념은 더 이상 거스를 수 없게 확정되었다는
것이다.[26] 그에게 있어 건국헌법은 그와 같은 역사적 사실의 결과에 불

---

24) "사회와 법률", 『헌법의 기초이론』, 222면. 식민지의 잔재를 탈각하고 새
    법제를 건설하기 위해서는 개념법학을 탈피하여 사회적 혹은 자유법적
    사상을 받아들여야 한다고 주장한 이는 비단 유진오만이 아니었다. 박은
    정 역시 해방 후의 우리 법철학 사상의 전개를 고찰한 한 글에서 해방 직
    후 실무가들을 중심으로 사회적 혹은 자유법적 사상에 입각하여 새 법제
    건설의 난제를 해결하려 한 경향이 있었음을 밝히고 있다. 박은정, "한국
    법철학의 반성과 과제", 법과사회, 제10호, 1994 하반기, 200면.
25) 『新稿憲法解義』 2면.
26) 『新稿憲法解義』, 8-24면. 물론 우리 역사의 흐름 가운데서 민주주의의
    근거를 찾으려는 노력은, 뒤에서 다시 보게 되는 바와 같이 그가 해방
    에서 신국가 건설에 이르는 일련의 과정을 '외부로부터의 혁명'으로 이
    해하고 있었다는 점에 비추어 볼 때, 사회학적이라기보다는 다분히 명
    분론적 해석이라고 보아야 할 것이다.

과한 것이었다. 사실 당시 신생국가의 헌법이념이 민주주의여야 한다는
사실은 누구에게나 당연한 상식에 속하는 문제였다. 그러나 법을 사회
와 유기적 연관을 가지는 것으로 보고 새 법제 건설은 사회적 기초 위
에 세워야 한다는 유진오의 법철학적 입장에 의해서 그러한 상식적 사
실이 법사상에 정당히 흡수되어 빛을 발할 수 있었던 것이다.

　그러나 앞에서도 보았듯이 당시의 상황은 민주주의라는 것만으로는 새
로운 헌법의 이념으로 삼기에는 불충분하였다. 당시 민주주의의 의미는
좌익이냐 우익이냐에 따라 다르게 이해되고 있었기 때문이다. 이러한 상
황에서 유진오는 자신의 입장을 확정할 필요가 있었는데, 이러한 자신
의 입장을 정당화하기 위해 사용된 논거가 바로 '법의 사회에의 의존
성'이었던 것이다. 다시 말해서 그의 헌법학에 있어 중심개념인 '경제
적·사회적 민주주의'의 이론적 근거를 명확히 하기 위해 처음부터 자
신의 법철학적 입장을 내세울 필요를 느꼈던 것이다. 그가 「사회와 법
률」에서 법의 사회적 기초에 대한 정확한 인식이 특히 우리의 경우에
가장 긴절히 요청되는 것이라고 말했던 것도 바로 이 맥락에서였다.

　그는 먼저 오늘날은 서양법제를 그대로 계수하여도 대과 없이 자신
들의 역사적 임무를 수행할 수 있었던 일본의 명치시대와는 다르다는
점을 강조한다. 당시는 자본주의가 별 동요를 보이지 않는 때였지만,
오늘날의 자본주의는 더 이상 고전적인 자본주의가 아니다. 더군다나
오늘날에는 미·소 대립으로 상징되는 자본주의와 공산주의의 대립이
전 세계적인 규모로 펼쳐지고 있다. 이러한 대내외적인 상황에 대한
정확한 인식이 없이 어느 특정한 국가의 법제를 기계적으로 수입하여
새로운 우리의 법제와 법학을 건설하려는 태도는 금물이라고 그는 말
한다.[27] 이것은 그가 고전적 자본주의에 입각하고 있다고 생각한 미국
헌법이나 일본의 명치헌법의 기계적 수용을 경계한 것은 아니었을까?

---

27) "사회와 법률", 『헌법의 기초이론』, 223면.

더 이상 한 국가만의 고립적 상태가 불가능한 현실에서 고전적 자본주의에 입각한 헌법의 기계적 수용은 이미 드러난 고전적 자본주의의 모순으로부터 자유로울 수 없을 것이며, 좌우대립 등 해방 후 냉전의 영향이 가장 직접적으로 드러나고 있는 국내적 상황하에서 현실과 유리된 헌법이 될 수밖에 없을 것이라고 주장하였던 것이다. 이뿐 아니라 그는 자신의 '경제적·사회적 민주주의' 이념의 정당성의 근거를 우리의 민족운동의 역사 가운데서도 제시하고자 했다. 앞의 『新稿憲法解義』 중의 「대한민국헌법제정의 유래」에서 그는 특기해 두어야 할 사항으로, 3·1 운동 이후 우리나라의 민주주의 발전은 "구미에 있어서와 같이 먼저 정치적 민주주의가 발전되고 다음에 경제적·사회적 민주주의가 발전됨과 같은 순서적 경과를 취하지 아니하고, 이 두 가지 조류가 거의 때를 같이 하여 요원(燎原)의 불과 같이 전 민족 사이에 퍼졌다는 사실"을 들고 있다. 그 결과로 "독립운동 진영 양 세력은 항상 싸우면서 합하고 합하면서 싸우는 미묘한 과정을 밟아오게" 되었는데, "이것은 독립운동의 성격뿐 아니라 대한민국의 건국이념을 이해하는 데 있어서도 대단 중요한 점"이라고 말한다.[28] 그가 이 점을 특기하고자 했던 것은 자신이 양 이념의 조화를 자신의 헌법사상의 토대로 삼았기 때문임은 말할 것도 없다.

3) 법철학적 입장과 헌법관의 문제

경제적·사회적 민주주의에 대한 역사사회적 정당화의 시도가 유진오가 자신의 법철학적 입장을 의도적으로 적용한 경우라면, 그의 법철학적 입장이 의식되지 않은 채 영향을 미친 영역은 바로 헌법관에 관

---

28) 『新稿憲法解義』, 18-19면.

한 부분이다. 원래 헌법은 가장 넓은 의미에 있어서는 국가의 통치체제에 관한 기본법을 의미하지만, 주지하듯이 오늘날에 있어서의 헌법이라 함은 입헌주의적 헌법, 즉 국민의 자유와 권리를 보호하기 위하여 통치관계 및 국가의 국민에 대한 권력작용의 방식과 한계를 규정하고 있는 헌법만을 의미한다. 이러한 의미에서의 입헌주의적 헌법 개념에는 '권력은 부패한다'는 권력에 대한 불신이 그 밑바탕을 이루고 있는 것은 물론이며, 따라서 헌법 혹은 헌법학은 국가권력의 남용과 오용이 우려되는 곳마다, 오히려 우려되면 우려될수록 더욱 분명한 규범적 통제장치를 마련하는 것을 본질적 사명으로 하고 있다. 이러한 헌법관에 비추어 본 유진오의 헌법관은 과연 어떠한 것이었으며, 그에게 있어 헌법관과 법철학적 입장과는 도대체 어떠한 함수관계를 가지고 있는 것일까?

우선 유진오가 법의 사회관련성이 헌법에도 그대로 타당하다고 보았음은 물론이다. 그는 오히려 헌법이야말로 한 국가의 기본법으로서 그 나라의 정치적 사회적 도덕적 기본구조와 가장 밀착된 법이기 때문에, 법의 사회적 성격은 특히 한 나라의 헌법에 있어서 가장 중요한 의미를 가진다고 말한다. 옐리네크 또는 미노베와 마찬가지로 헌법의 변천에 대한 광범위한 긍정은 그러한 법인식의 당연한 귀결이었다. 그에 의하면, 헌법은 최고규범으로서 다른 어떤 법보다도 추상적이고 개괄적이기 때문에 하위법규의 내용이나 헌법해석, 또는 운용에 의하여 그 실질의미가 변경될 여지가 많다. 더 나가서는 헌법적 선례와 관습의 축적이나 헌법의 해석은 경우에 따라서는 헌법의 명문을 정면으로 부정하거나 그 내용을 실질적으로 변경시키는 데까지 나아가는 수가 있다고 말한다.[29] 여기에 그치지 않고 그는 적극적으로 법과 사회생활과

---

29) "헌법과 그 해석", 『헌정의 이론과 실제』, 119면; "법과 사회생활", 『헌정의 이론과 실제』, 149면; 헌법의 변천에 관한 설명으로는, 『헌법강의 (상)』, 38-45면을 참조할 것.

의 괴리는 가능한 한 개정의 방법보다는 해석의 방법에 의하여 조정하
는 것이 구체적 타당성의 측면에서뿐만 아니라 법적 안정성의 측면에
서도 요망된다고 이야기한다.[30] 이러한 설명은 오늘날 헌법변천에 관
한 헌법학계의 통설이 헌법의 기본이념에 부합하는 변천인가 아닌가라
는 기준에 따라 헌법변천의 긍정 여부를 판단함으로써 위헌적인 헌법
변천을 방지하고자 하거나, 사회의 변천에 따른 헌법변천의 경우 될
수 있는 한 헌법 개정의 방법에 의하여야 한다는 태도와는 확실히 차
이를 보이고 있다.[31]

그러나 정작 그의 헌법관의 독특성은 그가 법의 사회적 성격을 헌법
변천론에서와는 역(逆)의 논리를 사용함으로써, 자신의 방법론의 헌법
적 적용에 있어 옐리네크와 미노베를 넘어서고 있는 곳에 있다. 그에
의하면 법은 사회에 의존하므로 헌법을 너무 정밀주의로 규정하게 되면
사회의 변화에 적응하지 못하여 헌법과 사회와의 사이에 괴리가 크게
되고, 그 결과로 오히려 쿠데타와 같은 헌법파괴 현상이 발생할 우려가
있다고 말한다. 그가 경성헌법주의를 취하면서도 헌법개정을 비교적 용
이하게 할 수 있도록 하였던 것도 다음의 다소 긴 인용문에서 보듯이
가능한 한 헌법을 사회의 변화에 발 빠르게 대응시키고자 함이었다.

　이상에서 우리나라 헌법의 개정절차를 약설하였는데, 그것은 법
률의 개정보다는 곤란하나 다른 나라의 剛性憲法(미국 헌법, 신일
본헌법, 독일 와이말헌법, 白耳義憲法 등)에 비하면 용이하다 할
수 있으며, ……그러하므로 우리나라의 제도는 국회의 다수파가 자

30) "법과 사회생활", 『헌정의 이론과 실제』, 149면.
31) 권영성, 『신판 헌법학원론』(법문사, 1999), 63면: 김철수, 『헌법학개론』, 제
　11전정신판(박영사, 1999), 1220면 등. 다만 법사회학을 강조하고 있는 최대
　권의 경우, "헌법 위반은 그 사례가 아무리 축적되어도 역시 헌법 위반이지
　합헌이 되는 것이 아니라는 법실증주의적인 헌법변천의 이해는 헌법의 역
　동적인 발전의 측면을 도무지 이해하지 아니하려는 입장"이라고 하여, 다른
　입장을 보이고 있다. 최대권, 『헌법학강의』(박영사, 1998), 71-72면.

기의 이익을 위하여 헌법을 함부로 개정하는 것과 같은 우려가 있다
하겠으나, 일면으로 고찰할 때에는 우리나라는 지금 처음으로 헌법
을 제정하여 민주정치를 앞으로 확립하여야 할 단계에 처해 있는 것
이므로 너무 헌법의 개정을 곤란하게 하면 헌법의 운용 도중에 실제
적 필요에 의하여 그를 개정하여야 할 필요가 있어도 그것을 합법적
으로 개정하지 못하고 부득이 헌법파괴와 같은 불상사가 일어나지
아니할 것을 단언할 수 없으므로, 현하의 우리나라의 국정(國情)으
로서는 헌법개정을 너무 곤란하게 하는 것보다는 이 정도의 유성(柔
性)을 부여하는 것이 차라리 시의에 적합하다 할 것이다.[32]

이러한 사고경향을 더욱 심화시킨 것은 그가 청년시절 헤겔과 마르
크스사상으로부터 차용했던 변증법적 시각이었다. 특히 그의 경제적·
사회적 민주주의에서 중요한 의미를 갖는 자유와 평등, 개인과 전체
혹은 국민과 국가와 같이 대립을 이루는 가치들인 경우, 그 적정한 상
호 경계나 조화는 변증법적 역사발전에 따라 결정될 것이기 때문에 미
리 그 한계를 정하는 일은 불가능하다고 생각했던 것이다. 따라서 헌
법은 원칙의 대강만을 정하여 두고 구체적인 내용은 그때그때의 정치
현실이나 집행과정을 통하여 결정해 나가야 한다고 주장했다. 해방 직
후의 자신의 강의 요점을 재구성한 다음의 글은 이러한 그의 생각을
잘 나타내 주고 있다.

그러므로 앞으로 제정될 우리 헌법에 있어서는 자유와 평등이
똑같이 민주주의의 기본목표임을 명시하면서, 때로는 그것이 정면
으로 충돌하는 관계에 설 수 있음을 보여 주기는 하되 양자의 조
화를 꾀한답시고 양자간에 섣불리 어떤 한계를 긋는 일은 피하여
야 한다. 헌법은 그렇게 민주주의의 기본방향만을 제시함에 그치고
자유와 평등의 구체적 내용은 정치현실과 그에 의하여 결정되는
실정법 체계의 움직임에 맡겨 두어야 한다.[33]

---

32) 『憲法解義』, 204-205면.
33) "인류의 운명", 『미래로 향한 窓』, 94면.

이러한 이유로 그는 건국헌법의 기초 시 대강주의(大綱主義)를 원칙
으로 삼았다. 건국헌법의 기초 당시 한 인터뷰에서도 그는 정치적 민주
주의와 경제적·사회적 민주주의의 조화와 함께 "사회의 변천에 국가기
능이 충분히 적응토록" 하는 것에 중점을 두어 헌법을 기초했다고 말
한 바 있는데,[34] 이러한 발언이 직접적으로는 의원내각제나 양원제, 헌
법위원회제를 염두에 둔 것이기는 하지만, 그의 헌법관에도 영향을 미
쳤음은 의문의 여지가 없다. 대강주의는 사실 헌법을 기초함에 있어 세
세한 전문적 지식을 갖추지 못하고 있는 분야에서, 그리고 정치세력 간
에 첨예한 대립점을 형성하고 있는 문제에 대해서, 직접 굳이 곤혹스럽
게 그에 맞부딪치지 않고 문제를 피해갈 수 있는 현실적인 방안이었을
것이다. 더군다나 그가 헌법기초의 구상을 쌓아가던 시기의 사상적 혼
란과 사태의 유동성을 감안하면, 그것은 불가피한 일이기도 했다. 그러
나 바로 이러한 헌법관이 그의 헌법학에 있어서 민족주의와 민주주의
의 결합을 가능케 한 동시에, 문제를 노출시킨 근원이 되고 있음은 나
중에 그의 헌법사상을 평가하는 가운데 다시 살펴보게 될 것이다.

2. 헌법이념으로서의 경제적·사회적민주주의의 함의

1) 경제적·사회적 민주주의

경제적·사회적 민주주의는 제헌기 유진오 헌법사상에 있어서 핵심
개념이다. 따라서 그의 경제적·사회적 민주주의가 함의하는 바를 이
해하는 것은 그의 헌법사상을 이해하는 데 극히 중요하다고 할 수 있

---

34) "유교수와 기자문답", 고대신문, 1948. 6. 18.

다. 우선은 그 자신이 경제적·사회적 민주주의를 어떻게 설명하고 있는지 살피는 것으로부터 시작해 보자.

근대 자본주의의 발달에 이념적 뒷받침이 되었던 자유방임주의가 심각한 사회모순을 야기함에 따라 20세기 들어 각국에서 그에 대한 전면적 부정 내지는 수정이 일어나게 되었음은 주지의 사실이다. 이러한 세계사적 조류를 유진오 역시 일찍부터 알고 있었음은 물론이다. 러시아에서의 볼셰비키혁명은 별론으로 하더라도 이미 해방 전부터 독일의 바이마르헌법이 선진헌법으로 소개되고 있었으며, 제1차세계대전 후 동구 각국의 신헌법에 나타난 사회화 경향, 그리고 다이시가 그의 주저『Introduction to the Study of the Law of the Constitution』제5개정판에서 인정하고 있는 바와 같은 영국에서의 집산화(collectivism) 경향, 그리고 미국의 뉴딜정책 등 일련의 조류를 충분히 간파하고 있었다. 그리고 이를 적극적으로 자신의 민주주의 사상 속에 받아들이려고 했다. 해방 직후 우리에게 좌우를 막론하고 나타나는 강한 균등의 사상 역시 이러한 세계사적 조류에 일치하는 것으로 보았음은 물론이다. 그는 이런 일련의 경향을 '경제적·사회적 민주주의'로 규정하면서 미·불 혁명기의 소위 정치적 민주주의와 구별했다.35)

그에게 있어서 민주주의 사상의 핵심은 바로 이 정치적 민주주의와 경제적·사회적 민주주의의 조화를 꾀하는 것이었다. 한편 정치적 민주주의와 경제적·사회적 민주주의가 조화된 상태 그 자체가 바로 경제적·사회적 민주주의로도 표현되고 있다는 점에서, 이 시기 그의 헌법사상에서 일관되게 강조되는 중심 개념은 바로 '경제적·사회적 민주주의' 그 자체였다고 말하는 것도 가능하다. 이러한 의미에서 경제적·사회적 민주주의를 그는 근대적 헌법에 대한 현대적 헌법 개념으로 설명하기도 하고, 국가의 사회적 기능의 확대라는 측면에서 설명하기도 했다. 그에

---

35) 유진오가 정치적 민주주의와 경제적·사회적 민주주의의 개념을 연혁적으로 설명한 것으로는,『헌법강의(상)』, 49-53면.

의하면 우리 건국헌법의 기본정신도 바로 이 정치적 민주주의와 경제
적·사회적 민주주의의 조화를 꾀하는 데 있었다.[36] 즉, 헌법 전문에
표현된 대로 "정치, 경제, 사회, 문화의 모든 영역에 있어서 각인의 기
회를 균등히 하고 능력을 최고도로 발휘케 하며 각인이 책임과 의무를
완수케 하여……국민생활의 균등한 향상을 기"하고자 하는 의도가 건국
헌법의 기본정신이 되었다는 것이다. 또한 경제적·사회적 민주주의를
강조하기 위하여 건국헌법 제5조의 "대한민국은 정치, 경제, 사회, 문화
의 모든 영역에 있어서 각인의 자유, 평등과 창의를 존중하고 보장하며
공공복리의 향상을 위하여 이를 보호하고 조정하는 의무를 진다"라는
다른 입법례가 없는 독창의 헌법 규정을 삽입하기까지 했다고 한다. 이
만큼 이 시기 그에게 있어서의 민주주의 사상은 곧 정치적 민주주의와
경제적·사회적 민주주의와의 조화를 위한 사상이었던 것이다.

2) 민주주의와 민족주의

유진오는 그 자신이 기초한 헌법 전문에서 민주주의, 세계평화주의
와 함께 민족주의를 헌법이념으로 제시하였다.[37] 이 중 세계평화주의
는 제2차세계대전 후의 세계사적 조류에 따른 당위적 언명은 될지언
정, 독립국가 건설이라는 막중한 대내외적 과제 앞에 마주선 약소민족
의 입장에서는 당장의 현실적 중요성을 갖는 것은 아니었다. 이에 비
하면 민족주의와 민주주의는 신생국가의 성격을 결정짓는 요소로서,
앞서 우리의 근대 헌법사상사적 배경에서 보았듯이 그 내용 여하야말
로 해방 정국에서 각 정파들 간의 투쟁에 있어 사상적 관건이었다. 유
진오 역시 이러한 시대 현실에서 무관할 수 없었음은 물론이다. 다만

---

36) "대한민국헌법 제안이유 설명", 『헌법의 기초이론』, 115면.
37) 『新稿憲法解義』, 41면.

그의 민족주의 사상은 우리의 전무하다고 할 수 있을 정도의 일천한 헌법학 수준으로 인하여 헌법이론화되어 나타나지는 못하고, 민주주의 사상에 영향을 미치는 간접적인 방식으로, 좀더 정확히는 민주주의 사상의 수용과정에서 영향을 미치는 방식으로 헌법사상에 흡수되어 드러나게 된다.

유진오에게 있어서 민족주의와 민주주의의 관계를 살펴보면, 우선 민족주의는 민주주의를 그 내용으로 한 것이었음이 분명하다. 대개의 경우 신생 독립국가에 있어서는 헌법의 제정행위 자체가 민족주의적 표현임을 감안할 때,38) 유진오가 민주주의에 입각한 헌법을 구상하고 기초하였다는 사실 자체가 바로 이것을 말해 주는 것이라고 할 수 있을 것이다. 다음의 인용문은 민족주의와 민주주의에 관한 유진오의 생각을 확연히 드러내 준다.

> 여하한 일이 있어도 한말의 통분한 역사를 재연하는 것 같은 일이 있어서는 안 되는 만큼 이때는 바로 국민 한 사람 한 사람이 사리사욕을 버리고 오직 나라를 위해서만 일하여야 할 때다. 나라를 위하는 길은 다른 것 없다. 대한민국을 훌륭한 민주국가로 육성하는 것밖에 없다.39)

원래 서구에 있어서도 민족주의와 민주주의 사이의 상호적 상관관계는 새삼스러운 사실이 아니다. 서구에서도 프랑스혁명이 민족주의 운동에 동적인 힘을 증대시켜 준 것으로 이야기되고 있는 바와 같이,40) 민족주의와 민주주의는 서로를 구별할 수 없는 상호작용 속에서 서로

---

38) "근대 헌법의 아버지들은 입헌주의자일 뿐 아니라 동시에 민족주의자인 것이 보통이[다.]" 최대권, "민족주의와 헌법", 법학, 제25권 제1호, 서울대 법대, 1984, 62면.
39) "세계와 한국", 『헌정의 이론과 실제』, 223-224면.
40) 한스 콘, "민족주의의 개념", 백낙청 엮음, 『민족주의란 무엇인가』(창작과비평사, 1981), 16면.

를 강화시켜 나갔던 것이다.

그러나 우리의 민족주의의 성격이 서구의 그것과 다른 점이 인정되고 있는 것과 같이, 유진오에게 있어 민족주의와 민주주의의 관계도 그 이상의 것을 내포하고 있었다. 서양의 민족주의가 시민적 민족주의의 성격을 지닌 것이었다면, 근대 이래의 우리의 저항적 민족주의는 외부의 집단에 대항하는 또 다른 하나의 '집단'으로서의 정체성이 더욱 부각되지 않을 수 없기 때문이다. 공동체 자체의 생존에 대한 강조는 구성원 각자의 자유와 권리보다도 공동체 생존을 위한 전체의 단결을 요구하며, 그러한 단결을 강제하고 또한 그것을 공동체 목적 달성에 효과적으로 활용하기 위하여 국가의 강력한 선도적 역할을 강조하기 마련이다. 이러한 점이 상향식 이념을 전제로 한 시민적·민주적 요소와 충돌을 야기하는 것은 당연하다. 유진오가 헌법 전문에서 "정의 인도와 동포애로써 민족의 단결을 공고히 하며"라고 말했을 때, 이러한 메커니즘은 이미 암시되고 있었던 것이다.

그럼에도 불구하고 유진오가 민주주의와 민족주의를 동시에 헌법이념으로 삼을 수 있었던 것은 '경제적·사회적 민주주의'라는 개념을 주된 매개로 할 수 있었기 때문이다. 유진오는 우선 경제적·사회적 민주주의를 개인의 자유와 권리를 실질적인 면에까지 보장한다는 점에서 보다 선진적인 민주주의로 이해하였을 뿐만 아니라, 민족공동체의 사회적·경제적 동질성을 확보함으로써 전 민족의 단결을 도모할 수 있다는 점에서 민족주의의 요구도 동시에 충족시키는 것으로 이해하였다. 그러나 유진오에게 있어서 경제적·사회적 민주주의에 나타나는 민족주의적 성격은 그의 표면적인 언명처럼 단순히 사회적·경제적 동질성의 확보라는 차원에서만 그치는 것은 아니다. 국권(國權)을 최고선으로 지향해 왔던 저항적 민족주의의 여타의 제반 요구들도 이 경제적·사회적 민주주의의 개념을 통하여 헌법학적으로 고려될 수 있었기 때문이다. 그것은 공동체의 사회적·경제적 동질성을 확보하기 위해서는 국가의 역할이 증대되지 않을 수 없다는 사실을 매개로 하였다. 다시 말하면 경제적·사회적 민주주의의 개념으로써 개인에 대한 국가의 우위를 근거지우고, 이를 발판으로 민족주의의 여타의 요구들도 헌법학적으로 관철시킬 수 있었던 것이다. 그가 경제적·사회적 민주주의를 무엇보다도 국가 기능의 확대 차원에서 강조하였던 이유가 의식적이든 아니든 바로 여기에 있었던 것이라고 생각한다. 사실 제헌기의 그의 헌법학에는 민족주의의 대내적인 동질성 확보라는 차원과 대외적인 차원에서의 민족적 생존을 위한 여러 요구들이 구분 없이 고려되고 있다. 그러나 제헌기 이후로는 뒤에서 보듯이 전자의 측면은 현격한 쇠퇴를 보이는 반면, 후자의 측면은 여전히 민주주의와 대항관계를 유지하면서 유진오의 사고와 활동에 영향을 미치고 있는 것을 볼 수 있다. 이런 점에서 유진오의 경제적·사회적 민주주의의 개념은 근대 이래 우리의 저항적 민족주의가 배태한 국가주의적 요소를 현대의 헌법학에 착근시키는 주된 도구 역할을 했다고 말할 수 있을 것이다.[41]

그러나 여기서 한 가지 유의하여야 할 점은 유진오에게 있어 민족주의와 민주주의의 관계는 민주주의에 대한 제약으로만 작용한 것이 아니라는 사실이다. 다시 헌법 전문에 나타난 사상을 차용한다면, 민주주의가 지향하는 개인의 자유와 권리, 행복은 또한 민족주의의 궁극적 목표이기도 했다.[42] 이 점에서 유진오의 민족주의 사상은 개인이 전체에 완전히 함몰하여 민족 자체의 번영에서 개인의 행복을 발견한 전체주의적 민족주의와는 구별된다. 이 점은 유진오의 공산주의에 대한 태도를 살핌으로써 좀더 잘 이해할 수 있게 될 것이다. 다만 다시 말하거니와 '민족'이라는 용어가 가지는 추상성 때문에 유진오에게 있어 그

---

41) 이런 점에서 전광석이 유진오의 헌법사상에 나타나는 민족주의적 특성을 사회적·경제적 동질성의 측면에서만 파악한 것은 일면적이라고 할 수밖에 없다. 전광석, "헌법학자 유진오", 연세법학연구, 제2집, 1992. 8. 참조.
42) 『新稿憲法解義』, 43-44면.

것은 경우에 따라 민족구성원 전체라는 집단적 의미로 사용되고, 따라서 민족구성원 개개인의 행복은 전체로서의 민족이 발전하면 그에 당연히 따를 것이라는 식의 사고가 은연중 전제됨으로써, 그에게 있어 민족주의가 그 자신이 낙관적으로 생각했던 바와 같이 완전한 민주주의적 민족주의로 되지 못했다는 점은 달라지지 않는다는 사실이다.

3) 민주주의 · 공산주의 · 민족주의

유진오의 민주주의에 대한 이해를 결정짓는 또 다른 하나의 요소는 앞서 말한 바와 같이 그의 공산주의에 대한 태도이다. 해방 당시 유진오는 그가 젊은 시절 심취했던 공산주의로부터는 이미 벗어나 있었으나, 그렇다고 반드시 반공산주의 입장에 있었던 것도 아니었다. 그러나 좌우대립의 와중에서 헌법학을 수립하기 위해서는 어떤 식으로든 공산주의에 대한 사상적 입장 정립이 요구되었다.

우선 해방 직후 한동안은 공산주의도 민주주의의 한 조류로 이해했던 것 같다. 물론 이것은 경제적 · 사회적 민주주의 개념을 통해서 가능했다. 「우리 헌법의 윤곽」(1947)에 의하면 그는 확실히 러시아에서의 볼셰비키혁명을 포함한 사회주의혁명까지도 제1차세계대전 이후의 각국에서 일어난 경제적 · 사회적 민주주의의 한 조류로 이해하였다. 물론 유진오가 자본주의적 경제조직의 기본을 유지하고 있는 국가와 이를 폐기한 사회주의 국가 사이의 차이를 전혀 인식하지 못했던 것은 아니다. 그러나 혼합경제체제 역시 "사회적 경제적 민주주의에 대한 양보이며, 사회주의의 원리를 채택한 것임에는 틀림없으므로 피차 구별치 아니하고 논하기로 한다"[43]는 태도에서 볼 수 있듯이 경제적 · 사

---

43) "우리헌법의 윤곽", 『헌법의 기초이론』, 82면.

회적 민주주의라는 큰 틀 안에서의 부수적 차이로밖에 인식하고 있지
않았다. 즉 그것은 자본주의적 경제체제를 점진적으로 수정하느냐 급
진적으로 변혁하느냐의 방법론상의 차이에 불과하다는 것이었다. 물론
이러한 생각이 유진오의 독창적 측면은 아니고 1920년대 이래의 경제
적 민주주의라는 용어의 일반적 용례이기는 했다.

그러나 유진오의 경우, 공산주의와 민주주의의 관계에 대한 이해는
공산주의의 프롤레타리아 독재론과 폭력혁명론에 대한 재해석을 통하
여 가능하였다는 점에 주목할 필요가 있다.

> 레닌의 독재정치론은 필자의 소견으로는 반드시 불변의 원칙은
> 아닐 것이다. 첫째, 독재정치는 독재하는 계급과 독재를 받는 계급
> 의 대립을 전제로 해야만 성립된다. 그러므로 전 인민이 근로인민
> 화하면 독재정치는 논리적으로 성립할 수 없다. 둘째, 혁명에 의한
> 독재정치의 수립은, 의회투쟁을 통해서는 사회주의 목표를 달성함
> 이 불가능하다는 것을 전제로 한 것이므로, 만일 국제 국내 제 정
> 세의 변천으로 인하여 그것이 가능하다고만 하면, 폭력혁명은 불필
> 요하게 될 것이다.[44]

여기서 알 수 있는 것은 유진오가 적어도 독재와 폭력혁명 만큼은
민주주의와 양립할 수 없다고 생각했다는 점이다. 이를 『나라는 어떻
게 다스리나』에서는 보다 분명히 표현하고 있는데, 자유주의적 자유·평
등의 개념에 덧붙여 우리 헌법의 원칙으로서 균등의 원칙을 제시한 후,
이렇게 공산주의와 민주주의를 구분하고 있다.

> 그러면 우리나라와 공산주의 나라와 다른 점은 무엇이냐 하면
> 그것은 공산주의자들은 폭력혁명으로써 국민의 균등생활을 실현하
> 려 함에 반하여 우리나라는 평화적 방법으로 그 목표를 달성하려
> 하는 데 있다 할 것이다. ······폭력혁명의 결과 나타나는 독재정치

---

44) "국가의 사회적 기능", 『헌법의 기초이론』, 19면.

제도는 아무리 변명해 보아도 역시 민주정치의 이상과는 거리가
먼 것이다.[45]

이것은 유진오의 초기 헌법사상의 핵심이 정치적 민주주의와 경제
적·사회적 민주주의의 조화라고 보았을 때, 경제적·사회적 민주주의
의 한계를 설정해 주는 정치적 민주주의의 양보할 수 없는 최후의 내용
이 바로 '반독재·반혁명'으로 요약될 수 있음을 의미하는 것일 것이다.
그러나 문제는 유진오가 무슨 이유로 공산주의를 재해석하면서까지
민주주의의 범주 안에 포함시키려고 했느냐 하는 점이다. 이에 대하여
그 자신의 표현을 빌리자면, 그것은 곧 "통일정부 수립의 꿈"[46] 때문
이었다. 물론 당시의 상황에서 통일이냐 분단의 고착화냐의 문제가 이
론적 해석 여하에 따라 결정될 수 있는 문제는 아니었다. 그러나 아직
통일정부의 꿈을 포기할 수 없었던 해방정국의 유동적인 정치상황 속
에서, 장차 어떻게 통일국가의 정치체제가 결정되든 타당할 수 있는
헌법이론적 기초를 제공하려고 했다는 점은 평가되어야 할 것이다. 여
기서 우리는 유진오의 경제적·사회적 민주주의 사상과 민족주의가 관
련되는 세 번째 측면을 발견하게 되는 것이다.
이와 관련하여 종래 그의 경제적·사회적 민주주의 사상의 결과로서
나타난 건국헌법의 규정들에 대해서 사회주의 영향을 받은 것이라거
나, 아니면 사회주의에 대항하는 의미를 가진다는 평가들이 있어 왔다.
원래 경제적 민주주의나 사회적 민주주의라는 개념이 사회주의 사상의
영향에 의해 촉발된 것임을 생각할 때, 그러한 평가는 크게 보아 틀리
지 않을 것이다. 그러나 보다 엄밀히 말한다면 그 직접적인 영향은 민
족주의에서 찾아야 할 것으로 생각된다. 유진오가 헌법 전문에서 민족
의 단결을 강조하였을 때 염두에 두었던 것 중의 하나가 바로 계급적

---

45) 『나라는 어떻게 다스리나』, 35면.
46) "인류의 운명", 『미래로 향한 窓』, 95면

176

분열의 방지였다는 사실은[47] 사회주의 영향이 민족주의적 변형을 거친 간접적인 것이었다는 점을 잘 말해 주는 것이라고 하겠다.

그러나 어쨌든 공산주의까지도 민주주의에 포함시켜 이해하려 했던 노력은 미·소공위의 실패, 6·25동란 등 일련의 사태로 인해 더 이상 유지할 수 없게 된다. 특히 6·25동란은 유진오가 이후 철저한 반공주의자로 변신하는 데 결정적인 계기가 된다. 공산주의는 이제 민주주의의 적으로 이해되고, 이후 반공주의는 유진오에게 있어서 일종의 아프리오리적 제약으로 작용하게 된다.

동시에 그것은 유진오의 민족주의에도 성격의 변모를 초래했다. 민족주의가 민주주의에 기초해야 한다면, 그것은 동시에 반공으로 무장된 민족주의여야 했기 때문이다. 반공민족주의는 공산주의가 반민족주의라는 사고에 의하여 더욱 뒷받침되었다. 후기에 쓰인 한 논설에 의하면, 공산주의는 원래 초민족적·초국가적 국제주의에 입각했던 것인데, 그럼에도 불구하고 공산주의가 민족문제에 관심을 보이고 식민지의 민족해방운동을 지원한 것은 결코 민족을 최고 가치로 생각해서가 아니라, 소박하고 양심적인 사람들의 애국정열을 그들의 독재체제 건설을 위해 일시 이용하려 하는 것이라고 이야기한다. 그리고는 오늘의 민족주의는 다만 '피는 물보다 진하다'는 신념으로 민족을 위해 모든 것을 다 바치겠다고 결심하는 것만으로는 족하지 않고, 민족 내부의 체제에 관한 구체적인 내용을 갖춘 민족주의라야 공산주의와 대결할 수 있다고 경고한다.[48] 공산주의와 민족주의에 대한 그러한 사고는 그가 반공주의자로 돌아선 직후인 이 시기의 인식에도 그대로 타당하다. 이미 『新稿憲法解義』(1952)에 이르면, 공산주의자들은 민족의 단결을 저해하고 계급적 분열을 기도한다는 점에서 우리 헌법의 이념과 양립할 수 없다는 사실을 분명히 선언하고 있기 때문이다.[49] 어쨌든 이렇

---

47) 『新稿憲法解義』, 41면.
48) "민족과 민족주의", 『미래로 향한 窓』, 233면.

게 해서 유진오에게서 민족주의와 공산주의는 양립 불가능한 것으로
되고, 결국 그의 민족주의는 민주주의라는 계기로 인하여 남한이라는
국가체제 내의 국가적 민족주의로 변모하게 되었던 것이다.

3. 민주주의의 기본원리에 대한 이해

1) 국민주권 사상

가) 주권 개념

민주주의의 신봉자였던 유진오가 무엇보다도 국민주권 사상에 관심
을 가지고 그에 대한 이론적인 설명을 시도하였다는 것은 당연한 일일
것이다. 그가 주권론에 대하여 본격적인 논의를 전개한 것은 1954년 『법
률과 경제』라는 잡지에 발표한 「주권이론」이라는 상당한 분량의 논문을
통해서였다.

이 글에서 유진오는 우선 국가의 정의로부터 주권 논의를 시작하는
데, "국가란 지배자 권력을 구비한, 토지에 정착한, 인류의 단체"[50]라
하여 옐리네크의 국가단체설 및 국가3요소설에 따라 국가를 정의하고,
국가를 구성하는 3요소인 인민, 영토, 주권 중 "주권은 가장 특질적인
것이어서 국가를 국가 이외의 모든 단체로부터 최종적으로 구별하는
표징"이며, "주권의 유무에 의하여 국가는 같은 지역단체인 지방단체
와도 구별된다"[51]고 함으로써, 주권 논의의 중요성을 역설하고 있다.

---

49) 『新稿憲法解義』, 41면.
50) "주권이론", 『헌정의 이론과 실제』, 17면.
51) 같은 글, 18면.

그런데 유진오의 주권 논의에서 주의하여야 할 사실은 그가 주권이라는 용어를 의도적으로 다의적으로 사용하고 있다는 점이다. 즉 국가의 권력 그 자체를 의미하는 국권과 그 국권의 특질을 표시하는 주권 개념을 구분하여야 한다는 옐리네크의 주장과, 여기서 한 걸음 더 나아가 국가의 일반의사력을 의미하는 국권과 그러한 국권에 기하여 국가가 향유하는 개별적인 통치의 권리를 의미하는 통치권을 구분하여야 한다는 미노베의 주장 모두를 '주권'이라는 용어의 언어관용에 위배된다는 이유로 비판하면서,[52] 그 자신은 이들 용어의 엄밀한 구분 없이 그때그때의 관용에 따라 혼용하기도 하고 때로는 주권이라는 용어를 별다른 설명 없이 상이한 의미로 사용하기도 하면서, 그 의미 확정을 독자에게 맡기고 있는 것이다. 그 결과 그의 주권 논의는 전체적으로 매우 불명료하고 이해하기 힘든 것이 되어 버린 감이 없지 않다.

유진오에 따르면, 주권은 최고성, 독립성, 불가분성 등의 성질을 갖는다. 여기서 최고성이란 주권이 만능 무제한한 권력이라는 의미가 아니라 "법에 의하여 제한되고 법에 의하여 발동하는 것이로되, 이러한 제한은 국가가 자기의 의사로써 자기 자신에 대하여 과한 것이므로 주권의 최고성을 부인하는 것이 아니"라고 한다.[53] 국권은 자주적이라는 설이나 국가는 자주적으로 그 통치사항을 결정할 수 있는 권한, 즉 권한권한(Kompentenz-Kompentenz)을 갖는다는 설은 모두 주권의 최고성을 표현하는 말로 이해된다.[54]

그에 의하면, 독립성 역시 "절대적 독립을 말하는 것이 아니라 자기의 의사에 반하여 법률상 외국으로부터 제한을 받지 아니하는 것"을 말하는 것으로, "국가는 국제사회의 일원으로서 국제법의 구속을 받고 또 국제조약을 준수할 의무를 부담하는 것이지만, 그것은 다 국가가 자

기의사로써 승인하는 것이므로 이러한 제한은 주권의 독립성을 하등 저해하는 것이 아니다."[55] 국제법우위설의 입장에서 주권의 독립성을 부정하는 켈젠의 입장은 논리적으로 보아 그 정당성을 시인하지 않을 수 없고 또 실제 국제법우위설의 방향으로 발전되어 가고 있는 것이 사실이지만, "역사적 현실적 국제법이 이미 그러한 우위를 획득하였다고는 볼 수 없다"고 한다. 따라서 "현재는 국내법 우위로부터 국제법 우위로의 과도기에 있다고 보는 것이 옳을 것"이라고 설명한다.[56]

주권의 불가분성과 관련해서는 권력분립의 문제와 연방국가에서의 주권 문제가 논의되고 있는데, 특히 권력분립의 문제와 관련하여 국가권력이 입법·사법·행정 등으로 나누어지는 것은 미노베의 통치권과 같은 의미에서의 주권으로서 가분적 성질을 가지지만, 미노베가 말하는 소위 국권적 의미에서의 주권은 반드시 불가분이어야 한다고 설명한다. 만일 국가의 일반의사력이라는 의미에서의 주권이 여럿 있다고 한다면 그것은 곧 국가가 여럿 있다는 것을 의미하기 때문이라고 한다. "다만 국가의 인격은 자연인의 인격과 같이 자연적 실체를 가진 것이 아니기 때문에 국가의 각 기관 상호간에는 반드시 의사의 일치를 보지 못하는 경우가" 있으나, "그러나 이러한 의사의 불통일은 여하한 경우에도 최종적인 것이 될 수는" 없으므로, "각국은 권력분립제도를 채용하면서도 반드시 국가의사의 통일을 유지할 수 있는 조직을 동시에 채용하는 것"이라고 말하고 있다.[57]

이상에서 보는 바와 같이 유진오의 주권 개념이나 그 성질의 설명에는 국가 자신이 주권의 담지자로서 자연스럽게 전제되어 있고, 국가의 자기제한설 혹은 자기구속설이나 권한권한설, 그리고 국가기관설 등 옐리네크로부터 미노베로 이어지는 국가주권설의 논리가 그대로 채용

---

55) 같은 글, 28-29면.
56) 같은 글, 30면.
57) 같은 글, 32면.

되고 있는 점을 그 특징으로 하고 있다. 이러한 현상은 주권의 내용이라 하여 통치권을 설명하는 가운데서도 그대로 이어진다.

최고, 독립, 불가분의 주권을 가진 국가는 그 주권에 기하여 소위 통치권을 향유하는데, 통치자와 피통치자 간에 성립되는 지배-피지배 관계는 국가의 자기제한의 당연한 결과로 단순한 사실관계, 즉 실력에 의한 지배-피지배 관계가 아닌 법률에 의한 지배관계를 형성한다는 점에서 전제정치하의 지배-피지배 관계와 구별된다고 말한다.[58] 유진오에 의하면 통치권은 그 성질을 기준으로 하여 입법권·사법권·행정권으로 나누어지고, 그 목적 내지 대상에 따라 자주조직권, 영토권, 영민권으로 나누어진다. 여기서 특히 흥미로운 것은 자주조직권에 관한 부분인데, 주권의 최고성에 기하여 자주적으로 국가의 조직을 정하는 권리를 갖는 국가는 "국제법에 위반되지 아니하는 한에 있어서는 여하한 정체를 수립하든지 여하한 기관에 여하한 권한을 배당하든지, 다른 何者의 간섭도 받지 아니하는 것"[59]이라고 설명되고 있는 것이다. 이러한 국가주권설적 색채에 입각한 주권 개념의 이해는 당연히 그의 국민주권설에도 영향을 미치게 된다.

나) 국민주권[60]

국민주권의 문제는 이상과 같은 주권 개념의 설명에 이어 다루어지

---

58) 같은 글, 37면.
59) 같은 글, 38면.
60) 프랑스적 용법에 의하면 국민주권과 인민주권은 서로 구분되고 있으나, 유진오는 이를 혼용하고 있다. 여기에서는 유진오를 직접 인용하는 경우를 제외하고는 '국민주권'으로 통일하여 사용하기로 한다. 국민주권과 인민주권의 구분에 대해서는 성낙인, 『프랑스헌법학』(법문사, 1995), 164-185면; 정종섭, 『헌법연구(1)』(철학과 현실사, 1994), 286-296면; 한태연, "근대헌법에 있어서의 국민주권의 원리", 『헌법과 국민』(고시연구사, 1995), 72-84면을 참조할 것.

고 있다. 그에 의하면 국민주권 사상의 씨앗은 이미 희랍시대나 로마
시대에도 없었던 것은 아니지만, 완전한 의미의 국민주권이 제창된 것
은 역시 로크나 루소에 의해서였다고 설명된다. 이들의 국민주권 사상
은 미국의 독립과 프랑스대혁명을 통하여 실제 국가조직의 원리로 채
용되기에 이를 정도로 큰 영향을 끼치었으나, 당시의 국민주권 사상은
사회계약이란 가설 위에 입각한 것이었고, "전형적인 개인주의에 입각
하여 국가보다 선행하는 권리를 주장"함으로써 더 이상 "그 이후의 사
회상태의 변천에 그대로 응할 수 없었"으며, 주권을 오로지 입법권만
으로 해석함으로써 군주주권은 배격하였으나 군주제도 자체는 배격하
지 않았다는 점에서, 현대의 국민주권 사상에 비해서는 미흡한 것이었
다고 유진오는 비판한다.[61]

현대적 국민주권 사상에 이르기까지의 과도적 단계로서 근대적 국민
주권 사상과 함께 검토되고 있는 또 다른 주권이론은 소위 국가주권설
과 정치적 주권설이다. 그는 국가주권설이란 주권은 군주도 국민도 아
닌 제3자인 국가에게 속한다고 함으로써 군주주권과 국민주권과의 대
립을 피하고자 주창된 이론이라고 설명하면서, 민주주의의 발달이
영·미·불 등의 제국보다 한층 뒤늦은 독일에서 절대군주주의적 경향
에 대한 항의적 개념으로 일어난 것이지만, 국가와 국민을 분리함으로
써 국민주권을 부인하고 군주의 지위를 옹호하였다는 점을 들어 비판
을 가하고 있다.[62] 한편 국민주권이라 함은 정치적 의미에 지나지 않
는 것이고 법률적 주권은 국가 또는 그 기관, 특히 민주국가에 있어서
는 의회에 속한다고 하는 다이시(A. V. Dicey) 등의 정치적 주권설에
대해서는, 국민주권이 아직 도덕적·정치적 요청에 불과하고 실증적·법
률적으로 제도화하지 못한 다이시 당시의 영국의 실정을 이론적으로 반
영한 것에 지나지 않는다고 하면서, 현대에 있어서 국민주권은 단순한

---

61) "주권이론", 『헌정의 이론과 실제』, 48-49면.
62) 같은 글, 50-51면.

정치사상으로서가 아니라 법률적 제도로서 각국 헌법이 이미 승인하는 바이고, 또한 국회의원과 국민과의 관계의 변질 및 각종 국민적 통제 제도의 발달로 인하여 이론적으로도 국민주권은 충분히 설명될 수 있음에 이르렀다고 비판하고 있다.[63) 여기서 국회의원과 국민과의 관계의 변질이라 함은, 그 자신의 설명에 의하면 국회가 국민 총의의 표현인 헌법의 구속을 받는 것이고, 각종 국민적 통제제도의 발달이라 함은 직접민주주의의 확대를 의미하는 것이었다.

이러한 의미에서 그는 국민주권 사상은 제1차세계대전을 계기로 하여 정치적 주권으로부터 명실상부한 법률적 주권으로 이행되었다고 본다. 이리하여 군주주권 국가에서의 국민은 오로지 주권의 대상일 뿐이고 소위 입헌군주제의 국가에서의 국민은 주권의 대상인 동시에 소위 추상적 주권 또는 정치적 주권을 가진 것에 불과함에 반하여, 현대 국민주권 국가에서 국민은 비로소 주권의 대상이면서 동시에 주권의 주체가 되는 완전한 이중적 지위를 획득하였다는 것이다.[64) 다만 주권의 대상으로서의 국민은 구체적인 각인을 지칭하는 것이지만, 주권자로서의 국민은 "투표권을 행사하는 각인을 의미하는 것이 아니라 전체로서의 인민을 의미"하는 것이라고 말한다. 즉 루소의 예에 따라 국민의 총의(la volonté générale)를 모든 사람의 의사(la volonté de tous)와 구별하고, 전자만을 주권자의 의사로 인정하고 있는 것이다. 그리하여 "각인은 전체로서의 인민의 한 구성분자로서 투표권 행사에 의하여 인민의 의사를 구성"하지만, "투표권의 행사가 곧 주권의 행사는 아닌 것"으로 설명된다.[65)

그런데 여기서 중요한 점은 그가 바로 이러한 국민주권에 대한 이해를 바탕으로 하여 국민주권을 국가주권론적 입장에서 재해석을 시도하

---

63) 같은 글, 52-53면.
64) 같은 글, 57면.
65) 같은 글, 58면.

고 있다는 사실이다. 그는 이렇게 말한다.

　주권자로서의 인민을 이와 같이 전체로서의 인민이라고 한다 하면, 그 말은 결국 주권의 주체는 국가라고 말하는 것이나 다름없는 결과가 된다. 왜 그러냐 하면, 국가는 전에도 말한 바와 같이, 한 전체로 조직된 인민 이외의 아무것도 아니기 때문이다. 그러므로 틈人은 국가주권설은 국가 즉 인민이라는 것을 전제하는 경우에는 인민주권설과 동일한 것으로 귀착된다고 생각한다.[66]

　이 점에 대하여 다른 곳에서는 자신의 생각을 좀더 명확히 표현하여, "국가주권설의 용어를 따른다면 국민주권이라 함은 국민이 국가의 최고기관으로서 국가의사를 결정하는 지위에 있다 하는 것으로 귀착된다"[67]고 말한다. 여기서 국가 곧 전체로 조직된 인민이라는 전제를 붙인 것은 오다까에게서 차용한 것인데,[68] 이 부분이 앞에서 국민을 국가의 한 구성요소로서 파악한 것과 관련하여 혼란을 야기한다. 실제 그는 이 부분에 와서는 오다까를 따라 "국민은 실제에 있어서는 국가의 요소, 국가의 영민(領民)이 아니라, 한 정치적 관념적 가치공동체이다. 이 가치공동체는 국가와 동일한 것이며, 국가를 다만 한 사실상 소여된 실재로 할 뿐 아니라 또 정신적 실재로 한다"는 라이프홀쯔(Leibholz)의 말을 소개하고 있기도 하다.[69] 그러나 그 자신에게 있어

───────

66) 같은 글, 58-59면.
67) 『新稿憲法解義』, 47면. 이 점에 있어서 그는 확실히 국가주권론자인 미노베(美濃部達吉)의 해석에 따르고 있다. 미노베에 의하면, 주권이라는 용어는 본래적 의미에서는 최고성 등 국권의 성질을 표현하는 용어이나 국권 그 자체나 통치권, 혹은 국가 최고기관의 의사라는 의미로 사용되기도 한다고 한다. 그중 인민주권이나 군주주권이라고 이야기할 때의 주권은 네 번째의 의미, 즉 국가 최고기관의 의사라는 의미로 사용된 것이라고 한다. 이렇게 볼 때 유진오의 국민주권설은 미노베의 천황기관설을 국민기관설로 바꾸어 놓은 것이라 볼 수 있을 것이다. 美濃部達吉, 『日本憲法』(東京: 有斐閣, 1922), 272-274면 참조.
68) 尾高朝雄, 앞의 책, 439면.

서 그러한 이론상의 혼란은 전혀 중요하게 취급되지 않는다. 그러한 문제는 국가주권설에 있어서 전혀 본지(本旨)가 아니기 때문이라는 것이다. 오히려 국가주권설이 비판을 받아야 한다면, 그것은 바로 주권이 국가에 있다 하여 군주의 지위를 완전히 불식하지 못한 것에 있다고 이야기한다. 이런 논리를 따른다면, 결국 "인민주권설과 국가주권설의 차이는, 전자는 군주주권에 입각하는 모든 통치형식과 양립치 아니하는 데 반하여 후자는 [이를] 허용하는 곳에" 있게 된다.70) 다시 말해서 군주제도를 인정치 아니하는 공화국에 있어서는 더 이상 국민주권설과 국가주권설은 서로 다른 것이 아니게 되는 셈이 되는 것이다. 이렇게 해서 주권 개념에 대한 국가주권설적 입장에서의 서술은 그런대로 국민주권설과 논리적 일관성을 갖춘 것으로 되었다.

그러나 국민주권설과 국가주권설의 차이는 유진오가 이해한 것에만 그치는 것은 아니다. 인민을 국가의 한 기관으로 파악하는 한, 인민을 국가 정당성의 최종적인 원동력으로 위치시키고자 하는 국민주권 사상의 의의를 현저히 축소시킬 것은 당연하기 때문이다. 가령 그가 국민주권설을 국가주권설적 입장에서 이해한 당연한 귀결로서, 국가가 어떤 정체를 수립하든지 어떤 기관에 어떤 권력을 부여하든지 어떤 간섭도 받지 않는다고 말했을 때에, 국민주권 자체가 상대화되는 것은 그 한 예에 불과하다.

한편 유진오의 국가주권설적 해석을 반드시 이렇게 보지 않고 액면 그대로 '국가＝국민 전체'라고 이해한다 하더라도 결과는 크게 달라지지 않는다. 그것은 국가 개념의 재해석이기도 하지만, 다른 한편으로 유진오에게 있어서는 국민이 국가로 이해되기 위해서는 국민이 극도로 추상화 또는 이념화되어 이해되는 측면이 존재했고, 그 결과 국민주권 사상은 그것이 갖는 상향식의 이념과는 반대로 국가의 통치행위가 곧

---

69) "주권이론", 『헌정의 이론과 실제』, 59면; 尾高朝雄, 앞의 책, 439면.
70) "주권이론", 『헌정의 이론과 실제』, 59면.

국민의사라는 사후 정당화 기능을 수행할 우려도 전혀 배제할 수 없기 때문이다. 이런 점에서 전광석이 지적한 바와 같이, 국민주권설과 이에 기반을 둔 국가권력의 국민에 대한 정당성 확인과정이 유진오에게서 제대로 이론화되지 못하였다는 평가는 충분히 수긍할 부분이 있다고 생각한다.[71]

물론 유진오가 국민주권 사상의 의의를 약화시키려는 의도하에 그러한 이론구성을 하였다고 보는 것은 지나친 일이다. 국가권력의 모든 행사는 국민의 총의에 따라 행사되어야 한다는 이야기는 그의 저작 곳곳에서 쉽게 발견할 수 있는 강조점 중의 하나이기 때문이다. 그렇다면 유진오에게서 보이는 이러한 균열은 당시의 학문 수준에서 불가피하게 기인하는 이론화의 불충분함에서 연유하는 것으로 보아야 할 것인가?[72] 그러나 그렇게만 보는 것도 결코 온당한 것 같지는 않다. 그 이론의 배후에서 작용하는 유진오 사상의 핵심을 간과한 것이 되기 때문이다. 그것은 당시 학문 수준의 반영이기도 하지만, 다른 한편으로는 불완전하나마 유진오 자신의 사상의 표현이기도 했던 것이다.

그 암시를 우리는 그의 근대 국민주권 사상에 대한 비판에서 찾아볼 수 있다. 즉 근대의 국민주권설은 전형적인 개인주의에 입각하여 국가보다 선행하는 권리를 주장함으로써 더 이상 그 이후의 사회상태의 변천에 그대로 응할 수 없었다고 말하고 있는 데서 볼 수 있는 바와 같이, 그에게 있어 국가의 선험적 중요성은 양보할 수 없는 가치였다는 것이다. 그리고 이것은 사실 그의 전 헌법사상에 일관하여 나타나는 바와 일치하는 것이기도 하였다. 국민 곧 국가로 해석하는 데 직접적 영향을 준 오다까 역시 그 의도는 마찬가지였다.[73] 이렇듯 국민주권설에 대한 국가주권설적 해석은 당시로서는 유진오가 국민주권설을 취하

71) 전광석, 앞의 글, 73면.
72) 이렇게 보는 견해로는 앞의 글, 74면.
73) 尾高朝雄, 앞의 책, 439면.

면서도 국가의 선험적 중요성을 포기할 수 없었던 자신의 입장에 대한 최선의 표현이었던 것이다.

그런데 여기서 중요한 것은 바로 이 국가에 대한 강조가 국민의 민주역량에 대한 불신과 결합함으로써, 국민의 총의에 대한 그의 반복되는 강조에도 불구하고 실제 유진오의 헌법제도적 구상에 있어서는 국민주권의 의미가 충분히 발현될 수 없었고, 그 결과 국민의 총의는 많은 경우 하나의 레토릭으로 전락한 느낌이 없지 않게 되었다는 것이다. 다시 말하면, 그가 국가주권설적 색채에 입각하여 국민주권설을 이론구성한 것이 결코 그 논리적 함의들을 주장하고자 한 의도로 행한 것은 아니었으나, 그가 국가주권설적 색채를 받아들이게 된 그 배후의 가치, 즉 국가에 대한 강조와 이와 결합한 국민의 민주역량에 대한 불신을 매개로 하여, 결국 그 논리적 결론들과 비슷한 결론에 도달하게 되었다는 것이다. 그 결과 원래 국가주권설이 군주와 국민 사이의 관계에 대해 모호한 입장을 취할 수밖에 없었던 바와 같이, 국가권력과 국민 사이의 관계가 모호한 채로 남게 되었던 것이다.

다만 독일과 일본에서의 국가주권설이 유진오 자신이 설명한 대로 군주주권 사상과 국민주권 사상의 대립이라는 상황 속에서 그 타협의 산물로서 등장한 것이었다면, 유진오에게 나타나는 국가주권설적 경향은 식민지 상태에서 해방된 신생 독립국가로서 강력한 자주국가를 수립하여야 한다는 대외적 측면과 그에 상응하는 내부 통합의 요구가 강하게 나타난 것이었다는 점에서 그 차이를 찾을 수 있을 뿐이다. 그 한 예로 유진오가 건국헌법 제2조에 대해서 설명하기를, "헌법 전문(前文)에서 대한국민이 대한민국을 건립하였음을 명시한 구절과 상응하여 우리나라가 국민주권의 원칙을 채용하였음을 명시한 것"[74]이라고 말한 데서 볼 수 있듯이, 주권재민(主權在民) 선언에 대한 "우리나라

---

74) 『新稿憲法解義』, 46면.

의 역사적 현실에 좀더 맞는 해석은 헌법 전문에 표현된 '독립정신'이
란 말과 함께, 외국 지배로부터의 독립국가 형성과 유지의 이상 및 가
치를 선언한 것이라 보아야 한다"[75]는 최대권의 지적은 유진오의 주권
사상에도 전혀 틀린 이야기는 아닌 것으로 보인다.

그러면 다음에서는 이러한 유진오의 주권사상이 그 실제 제도적 구
상에서 어떻게 영향을 미치고 있는가를 살펴보기로 한다.[76]

다) 국민자치(주권의 행사)

유진오에 의하면 국민주권의 원리가 국민이 주권의 파지자임을 명백
히 한 것이라면, 국민자치의 원칙은 국민이 또한 주권의 행사자이어야
한다는 원칙으로서, "국민이 스스로 국가의사를 결정하거나 또는 결정
에 참가하는 제도상의 원칙을 말한다"[77]고 한다.

주권의 행사 방법에 관해서는 통상의 분류에 따라 직접민주주의와
간접민주주의로 나누어 설명하고 있다. 그가 대의제를 원칙으로 한 것
은 물론인데, 여기서 흥미로운 점은 그의 직접민주주의에 대한 태도이
다. 아래의 인용문이 보여주듯이, 그는 무엇보다도 제1차세계대전 이후
각국에서 민주주의의 요구에 따라 직접민주주의가 확대되고 있다는 사
실을 잘 인지하고 있었다.

---

75) 최대권, 앞의 글, 63면.
76) 국민주권원리의 제도적 구현형태로는 국민대표제와 직접민주제 외에도
   정당제도, 정치적 기본권의 보장, 지방자치제, 직업공무원제, 법치국가의
   원리 등 여러 가지를 들 수 있으나, 여기에서는 우선 유진오 자신의 체계
   에 따라 앞의 두 가지를 중심으로 검토하고 나머지는 해당 부분에서 살펴보
   기로 한다. 권영성, 앞의 책, 131-132면 및 김철수, 앞의 책, 131-132면 참조.
77) 『헌법강의(상)』, 82면.

직접민주주의 정치에 대한 요구가 각국에서 강하게 일어난 것은
19세기 말엽 이후의 일이다. 보통선거제도가 점차 실시되고 민주주
의 사상이 각국에 보급됨과 동시에 대의정치에 대한 실망과 불신
임의 경향이 농후하여짐을 따라, 직접민주정치의 요구가 대두되어
간접민주정치를 원칙으로 하고 있는 제국에서도 헌법개정 등 중요
한 국가의사의 결정에 있어서 국민의 투표로써 결정하는 직접민주
정치의 제도를 점차 병용하게 된 것이다.[78]

뿐만 아니라 이론적으로도 직접민주주의를 긍정적으로 보는 듯한 시
각을 일찍부터 나타내 보이고 있다. 그에 의하면 국민과 의회와의 관
계는 사법(私法)상의 위임과 같은 명령적 위임관계가 아니라 대표적
위임관계이다. 따라서 "대의원은 선거구민의 지시에 복종할 의무를 지
지 않고, 오로지 국가 전체의 이익을 위하여 행동할 뿐"이다.[79] 그런데
이런 경우 의회는 국민과 유리되는 결함이 노출되고 의회의 전제정치
화가 우려된다. 이런 점에서 인민투표나 소환 등의 직접민주주의의 제
도는 "대의정치가 횡포로 흐르는 것을 견제하는 방법으로는 확실히 유
효한 제도"이고, "우리로서는 반드시 한번 음미해 볼 가치가 있는 문
제"라고 말하였던 것이다.[80] 더 나가서 그가 국민주권이 제1차세계대
전을 기점으로 해서 정치적 주권에서 법적 주권으로 변하였다고 했을
때 그 주요한 논거 중의 하나로 든 것이 바로 직접민주주의의 확대를
들었을 정도로, 유진오는 주권 논의에 있어 직접민주제의 의의를 인정
하는 데에 매우 적극적이었던 것이다.

그럼에도 불구하고 그의 실제 헌법제도적 구상에 있어서는 직접민주
주의에 대한 강한 거부감이 표출되고 있다는 사실은 주목을 요한다.
이미 헌법 기초 당시 유진오는,

---

78) 같은 책, 84면.
79) 같은 책, 102-103면.
80) "선거의 기본관념", 『헌법의 기초이론』, 146면 참조.

함께 초안을 작성하던 동지들과 우리나라에 있어서 직접민주정
치 제도를 채용하는 것의 가부를 토의해 보았으나, 이를 채용한 와
이말헌법하의 독일 및 미국 각주에 있어서의 경험에 비추어 일반
국민이 민주정치에 대한 훈련이 아직 높게 되어 있지 않은 우리나
라에서는 이를 보류함이 가하다는 결론에 도달한 것이었다. 적어도
헌법 개정만은 국민표결에 부치는 것이 어떠할까 고려하였으나, 그
것도 보류하기로 하였다.[81]

고 회고하고 있는 데서 볼 수 있듯이, 일반 국민의 민주정치의 훈련
부족을 이유로 일체의 직접민주주의 제도의 채용을 거부하였던 것이
다. 다른 곳에서는 국민의 자치경험이 얕은 것과 함께 치안상태의 불
안을 그 이유로 들기도 했다.[82]

물론 현재의 관점으로 보아서 직접민주주의가 반드시 민주주의의 본
래의 정신에 더 잘 부합한다고 볼 수는 없다. 그렇지만 그가 민주주의
에 있어 직접민주주의가 차지하는 의의를 높게 평가하면서도 실제에
있어서는 개헌안에 대한 레퍼렌덤조차도 그 채택에 부정적인 태도를
보였다는 사실이 중요하다. 대통령 직선제에 대한 거부감 역시 마찬가
지의 맥락에서 이해된다. 당시 헌법기초 과정에서는 대통령의 민주적
정당성을 위하여 직선제를 채택해야 한다는 주장이 적지 않았다. 이미
보아 온 대로 행정연구회안이 대통령의 직선을 규정하고 있었고, 헌법
기초위원회에서도 원안의 간선제에 대한 반대의견이 팽팽하여 바로 결
론을 내리지 못 할 정도였다.[83] 특히 국회본회의에서는 헌법안이 내각
책임제에서 대통령제로 변경된 상태였기 때문에 직선제의 요구는 더
강력하였다. 그럼에도 불구하고 최종적으로 원안의 간선제가 관철될
수 있었던 것은 건국 초기 촉박한 정치일정상 직접선거를 행할 시간적
여유가 없다는 주장이 설득력을 가졌기 때문이었다.[84] 반면 유진오에

---

81) 『新稿憲法解義』, 106면.
82) "법치국가의 기본구조(3)", 7면.
83) 동아일보, 1948. 6. 12.; 조선일보, 1948. 6. 12.

게 있어서 직선제에 대한 거부감은 그것이 내각책임제에 이질적이라는
점과 함께 국민에 대한 불신에서 비롯되었던 것이다. 가령 1951년 대
통령 직선제로의 개헌 논의가 한창이었을 때, "대통령 직접선거제도가
채택되었다 가정하고, 그 선거전의 상황을 상상해 보라"[85]는 그의 말
은 그가 직선제로 인한 혼란을 심각히 우려하고 있었다는 점을 잘 보
여 준다. 이뿐 아니라 뒤에서 보는 바와 같이 언론의 자유 등에 대한
법률유보의 강조나 지방자치의 범위를 축소하려는 경향 역시 국민의
정치참여에 대한 불신에서 비롯된 것이었다. 이것은 합리적 사고를 가
진 주체들에 의한 국가의사의 결정 그리고 국가의 안정이라는 가치를
위해서, 국민의 의사를 반영한다는 민주적 가치가 후퇴할 수 있음을
보여준 것이라고 하겠다.

   결론적으로 보아 유진오에게 있어 민주적 요구와 국가적 요구는 '보
통선거에 의한 철저한 대의제'에서 타협되었다고 말할 수 있다. '보통선
거'에 의하여 구성된 의회에 정치적 의사결정을 위임하는 것은 대의민
주주의의 일반적 원칙에 따른 것이지만, 국민의 직접적인 정치참여를
배제한다는 의미에서의 '철저한 대의제'를 구상하였다는 사실에서 민주
적 가치를 상쇄하는 국가적 가치에 대한 배려를 보게 되는 것이다.

2) 권력분립 사상

   권력분립론은 유진오의 헌법사상에 있어서 가장 중추를 형성하고 있
는 부분이다. 사실 그는 자신의 지론인 경제적·사회적 민주주의를 무

---

84) 가령 무소속구락부와 3·1구락부 소속 의원 40여 명은 6월 24일 회합에
    서 대통령의 직접선거와 의원내각제 채택을 결의하였다. 간접선거를 주
    장한 한국민주당도 표면적으로는 시간적 촉박성을 이유로 내걸었다. 조
    선일보, 1948. 6. 23.과 1948. 6. 26.
85) "개헌론 시비", 『헌정의 이론과 실제』, 142면.

엇보다도 정부형태와 경제조항을 통하여 관철시키려 했는데, 그의 정부형태에 대한 구상은 전적으로 권력분립에 대한 그 자신의 이해와 반성에 기초한 것이었다. 때문에 해방 후 법학방법론에 관한 글 다음으로 일찍이 권력분립에 관한 논문이 쓰였다는 것은 결코 놀랄 만한 일이 아니다.86)

권력분립에 대한 설명은 고전적 권력분립론에 대한 비판과 그에 따른 현대적 권력분립론으로 구성되고 있다. 고전적 권력분립론이란 두 말할 것도 없이 로크와 몽테스키외를 통하여 정식화되고 미국식의 대통령제에 의해 대표되는 삼권분립사상을 의미한 것이었는데, 그는 고전적 권력분립론의 목적을 정확하게도 "국가권력을 입법 사법 행정 3으로 分하는 동시에 3권을 각각 독립시켜 서로 견제케 함으로써, 인민의 자유와 권리가 함부로 침해됨을 방지하려는 데" 있는 것으로 파악하였다.87) 즉 고전적 권력분립론은 "권력의 남용 또는 자의적 행사를 방지하기 위한 원리로서, 마찰을 피하기 위한 것이 아니라 국가권력을 3부분으로 배분하는 데 따르는 불가피한 마찰에 의하여 전제정치로부터 구하려는 소극적 목적을" 가진다는 것이다.88)

그러나 삼권 중 그가 권력분립론에서 실제로 주된 문제로 삼은 것은 입법부와 행정부와의 관계였다. "사법권은 어느 나라에 있어서나 다 같이 독립되어 있음에 반하여 입법권과 행정권의 관계는 그렇게 간단히 분리되거나 결합되거나 할 수 없는 성질의 것이어서, 나라에 따라 대단 복잡한 양상을 띠고 있기 때문"이라는 것이다.89) 그러면서 다음의 몇 가지 이유를 들어 행정부와 입법부의 엄격한 분립을 원칙으로 하는

---

86) "권력분립제도의 검토", 법정, 제2권 제4호, 1947. 『헌법의 기초이론』에 재수록. 그의 권력분립 사상에 대한 기초적인 윤곽은 이미 이 논문에서 거의 결정되어 있다.
87) "권력분립제도의 검토", 『헌법의 기초이론』, 60-61면.
88) 『헌법강의(상)』, 108-109면.
89) "권력분립제도의 검토", 『헌법의 기초이론』, 62면.

고전적 권력분립론에 비판을 가하고 있다.

첫째로, 국가의 의사는 통일적이며 유일한 것이므로 국가기관 의사 사이에 최소한의 연락 방법도 갖추지 않는 완전한 권력분립이란 불가능하다는 것이다. 그 예로 권력분립에 가장 철저한 미국 헌법에서조차도 의회의 입법에 대한 대통령의 법률안 거부권, 대통령의 고위관리 임명 및 외국과의 조약 체결에 대한 상원의 동의권, 대통령에 대한 의회의 탄핵권 등 국가의사의 통일을 유지할 수 있는 제도를 갖추지 않을 수 없었다는 사실을 들고 있다.90)

둘째로, 미국 헌법은 실제 운영상으로도 입법부와 행정부의 상호 밀접한 관련하에 움직이고 있다고 말한다. 가령 미국 헌법상 정부에는 법률안 제출권이 없음에도 행정부에서 준비한 법률안이 자파 소속 의원들을 통하여 의회에 제출되는 수가 증가되고 있다든지, 헌법상 의회의 예산발안권에도 불구하고 실제에 있어서 예산안은 대통령 직속의 연방예산국(F.B.B.)에서 작성되고 있다는 사실 등이 그러한 경향을 보여주고 있다고 말한다.91) 따라서 그에 의하면, 미국이 "입법권과 행정권의 분리를 유지하고 있는 것은", "사실과 법률과의 괴리요, 따라서 별다른 적극적 의의를 가지는 것이 아니[다.]"92) 다시 말하면 "미국에 있어서의 인민의 자유와 권리의 보장이 이 권력분립 제도에 의하여 특별히 확보되는 것이라고 말할 수 없다"는 것이다.93)

이상의 두 가지 점에 있어서 비판은 대체로 미노베의 미국식 대통령

---

90) 같은 글, 65면.
91) 『新稿憲法解義』, 109-110면; 동일한 생각이 「권력분립제도의 검토」에서도 나타나고 있는데, 다만 여기서는 미국 대통령의 의회에 대한 영향력이 의회의 다수당에 의하여 추천되는 인물이 대통령이 된다는 사실에 기인하는 것으로 설명하고 있다. "권력분립제도의 검토", 『헌법의 기초이론』, 68면.
92) "권력분립제도의 검토", 『헌법의 기초이론』, 68면.
93) 같은 글, 68면.

제에 대한 인식과 설명에서 차용한 것으로 보인다. 그러나 역시 유진오가 가장 중요한 이유로 들고 있는 것은 역사적 상황의 변천이다. 유진오에 따르면, 무엇보다도 고전적 권력분립론은 가능한 한 국가권력을 약화시켜 개인의 자유와 권리를 보호하고자 한 취지에서 주장된 자유주의·개인주의 시대의 산물이다. 그러나 적극적으로 국민생활에 개입하여 자유와 권리를 확보해 주어야 하는 현대국가에 있어서는 엄격한 권력분립보다는 권력의 융합이 그러한 사명에 신속하고 효율적으로 대처할 수 있다. 이 점은 미국의 경우도 예외가 아니어서 루스벨트 대통령 재임 시의 개혁정책 추진과정에서 현저하게 드러나게 되었다고 한다.94) 루스벨트의 뉴딜정책에 대한 숙고는 국가의 현대적 과업 및 권력융합의 필요성에 대한 그의 확신에 중요한 영향을 미친 한 요소였는데, 그는 루스벨트의 뉴딜정책이 의회의 반대에 부딪쳐 어려움을 겪었던 것을 심각히 고려하였다. 결국 루스벨트 대통령에 이르러 미국조차도 "전통적인 사법권의 우월 대신 집행권의 우월 경향이 나타나게 되어, 미국이 자랑하던 자유주의적 법치주의의 전통[이] 중대한 위협에 당면치 아니치 못하게" 되었다고 말한다.95)

이러한 점에서 현대적 권력분립론은 국가 권력기관간, 특히 입법부와 행정부 사이의 권력의 조화 내지 융합에 기초를 둔 것이어야 함은 당연했다. 물론 그렇다고 하여 유진오가 현대에 있어서는 권력분립론의 의의가 완전히 상실되었다고 말하는 것은 아니다. 나치정권과 같이 행정부가 사실상 의회의 기능을 흡수해 버리는 전체주의의 경험은 그에게도 중요한 경고가 되었다. 비록 "국가권력을 약화시킴으로써 국민의 자유와 권리를 보장한다는 고전적 의의는 상실하였지만", "현대 민주국가에 있어서도 국가가 통치단체인 이상에는 지배=피지배의 관계는 의연히 남아 있는 것이며, 지배=피지배의 관계가 남아 있는 한 권력이

---

94) 같은 글, 71-72면.
95) 같은 글, 72면.

집중되고 남용될 우려도 남아 있다"는 점에서, 뿐만 아니라 "현대국가
와 같이 기능이 확대된 사회에 있어서는 국가작용의 종류를 따라 그것을
담당하는 기관도 또한 분립하는 것이 당연"하다는 기능적 효율성의 측
면에서도 그 최소한의 의의는 유지되어야 한다고 보았던 것이다.96)

이와 같이 그의 권력분립에 대한 사상은 전체주의화 내지는 독재화
의 우려를 피하기 위하여 권력분립의 최소한의 의의를 유지하면서, 다
른 한편으론 권력의 융합과 권력의 통일적 행사를 확보함으로써 최대
한 국가권력의 효율성과 강력성을 도모하는 데에 초점이 맞추어져 있
었던 것이다.

3) 법치주의 사상97)

'인민을 위한, 인민에 의한, 인민의 정치'라는 링컨의 유명한 명제에
대하여, "그러한 민주정치는 반드시 법에 의한 정치이어야 하며, 만일
그렇지 아니한 때에는 아무리 인민이 주권자가 되어 인민을 위한 정치
를 행한다고 표방하여도 민주정치의 목적은 달성될 수 없다는 것을 명
시하지 못한 점에 있어서는 미흡한 점이 있음을 지적하지 아니할 수
없다"98)는 유진오의 발언은, 그가 법치주의를 얼마나 강조하고 있는가
를 보여 준다. 다른 곳에서는 "인간사회에서 이익사회적 계기가 청산

---

96) 『헌법강의(상)』, 119면.
97) '법치주의'라는 용어는 원래 일본에서 독일어 'Rechtsstaat'의 번역어로
   사용되고 있는 것을 그대로 차용한 것인데, 유진오는 '법치주의'라는 용
   어와 함께 '법치국가'라는 용어도 함께 혼용하고 있다. 유진오에게서 굳
   이 양자의 용례를 구분한다면, 법치의 원리 자체를 의미하는 때에는 '법
   치주의'가, 법치의 원리가 구현되는 국가를 의미하는 문맥에서는 '법치
   국가'라는 용어가 사용되고 있는 것 같다.
98) "법치국가의 기본구조(1)", 법정, 1958. 1., 4면.

되지 아니하는 한 국가의 성격이 여하히 변하여도 모든 인민의 자유와 권리를 보장하기 위하여서는 법치는 필수적 조건"[99]이라고 이야기하기도 하였다. 그러나 이 말은 동시에 이익사회적 계기가 강한 '개인 본위'의 사회에서 공동사회적 계기가 보다 강한 '국가 본위'의 사회로 변화한 때에는 그만큼 법치주의도 후퇴할 수밖에 없다는 점을 암시하는 것임은 전후의 문맥에서 이미 드러나고 있다. 사실 그의 법치주의론은 그러한 시대의 변천에 따라 고전적 법치주의가 어떻게 현대적 법치주의로 변모하였는가를 중심구조로 하여 서술되고 있다.

우선 고전적 법치주의에 대해서는 그 특색을 법률의 지배와 사법권의 기능 둘로 나누어 고찰하고 있다.[100] 유진오에 의하면, 먼저 "고전적 의미의 법치국가란 인민의 자유와 권리를 제한함에는 반드시 법률로써 하여야 하는 국가"[101] 즉 법률국가를 말한다고 한다. 여기에서 법률이란 국회에서 제정한 법률을 의미하는 것임은 물론이다. 이러한 의미에서의 법률의 지배를 논한 가장 대표적인 헌법학자로 영국의 다이시(A. V. Dicey)와 독일의 오토 마이어(O. Mayer)가 언급된다. 다

---

99) 같은 글, 5면.
100) 같은 글, 5-6면: 반면 『헌법강의(상)』에서는 이를 합법주의(legality)와 균등주의(equality)로 나누어 설명하고 있는데, 보다 다이시의 법의 지배(Rule of Law) 사상에 가깝게 서술된 인상을 준다. 그러나 이러한 차이는 사고의 변화라기보다는 전문 학술논문이 강의안으로 요약된 데 따른 차이에 불과한 것으로 보인다. 무엇보다도 내용의 변화를 찾기가 어려울 뿐 아니라, 시기적으로도 비슷한 시기에 집필된 것으로 추측되기 때문이다. 『헌법강의(상)』이 해방 후 10년간의 강의안을 그대로 출판한 것임은 이미 말한 바이거니와, 「법치국가의 기본구조」도 1958년 1월부터 3월까지 3회에 걸쳐 『법정』지에 게재된 것이기는 하지만, 원래는 『법률평론』에 게재할 목적으로 1949년 2월경 집필된 것이 6·25전쟁 발발로 1회분만 게재된 채 원고가 유실되었다가 후에 그 잔고를 발견하여 다시 게재하게 된 것이라고 하기 때문이다. 그 1회분은 『헌정의 이론과 실제』, 60-71면에 전재되어 있다.
101) "법치국가의 기본구조(1)", 5면.

이시의 경우, 그가 주장한 법의 지배의 세 가지 측면 중 첫 번째 측면
이 바로 여기에 해당한다는 것이다. 다이시는 법의 지배의 원리를 정
의하면서, 그 첫째 의미로 "국가 통상의 재판소 앞에서 통상의 합법적
인 방법으로 성립된 명백한 법 위반의 경우를 제외하고는 누구도 처벌
을 받지 아니하며 신체나 재물에 불이익을 받지 않을 것"102)을 들었는
데, 유진오는 이를 법률의 지배로 이해한 것이다. 오토 마이어에 대해
서는 두말할 것도 없이 그가 법치주의의 내용으로 들고 있는 법률의
법규창조성, 법률의 우위, 법률유보 등이 언급되고 있는데, 이것들은
"행정의 법률적합성 원칙의 세 가지 면에 불과한 것으로서" 법률의 지
배에 관한 "다이시의 설명과 동일한 것으로 귀착되는 것"이라고 설명
되고 있다.103)

물론 다이시의 법의 지배에 있어서 법은 유진오가 이해한 대로의 형
식적 의미의 법률은 아니며, 따라서 다이시의 법의 지배의 원리를 오
토 마이어와 함께 법률의 지배라는 카테고리에 넣을 수는 없다. 하지
만 유진오는 뒤의 계속되는 서술로 보아 분명히 이 점을 인식하고 있
었을 것으로 추측됨에도 불구하고 의도적으로가 아니면 명백한 착각에
의해 그러한 차이를 무시하고 있는 것이다. 『헌법강의(상)』에서는 그
가 다이시의 법의 지배의 이 첫째 의미를 다음과 같이 두 가지 의미로
이해하고 있음을 암시하고 있다. 즉, "① 법률 위반 없이는 처벌을 당
하지 아니한다는 것(죄형법정주의), ② 반드시 법원의 정규절차를 밟
아야 한다는 것"104)이 곧 그것이다. 물론 이 경우도 죄형법정주의를
오토 마이어의 법치주의와 동일한 것으로 간주하는 데는 의문이 없는
것이 아니지만, 사법부에 의해 형성된 코먼로(common law)라는 다이

---

102) A. V. Dicey, *Introduction to the Study of the Law of the Constitution*, 8th. (London: Macmillan And Co., 1915), p.183.
103) "법치국가의 기본구조(1)", 6면.
104) 『헌법강의(상)』, 128면.

시의 법의 의미를 단지 법원에 의한 법률의 적용이라는 의미로 재해석하여 이해함으로써, 다이시와 오토 마이어를 행정권의 법률적합성이라는 공통의 원칙으로 파악할 수 있었던 것이다.

두 번째로 유진오에 의하면 고전적 법치국가에 있어서 사법권은 행정권을 장악한 군주와 인민의 대표로써 구성되는 입법권 사이의 제3세력으로서, 그 양자가 각각 그 고유의 직무권한을 유월함이 없도록 감시하고 보장하는 기능이 부여된 데 그 특색이 있다고 한다. 여기에서 몽테스키외의 사법권의 독립과 사법작용의 중립적 성격 – 사법작용은 단지 법률을 적용하는 것에 불과하여 독자적인 아무런 적극적 의미도 갖지 않는다는 의미에서 – 이 고전적 법치국가와 연관되어 설명되고 있다.105) 이러한 연장선상에서 다시 다이시의 법의 지배론에 있어서 두 번째 요소가 언급된다. 즉, 다이시는 사법권의 독립을 주장할 뿐만 아니라 모든 사람이 보통법에 복종하며 보통재판소의 관할에 복종해야 한다고 하여, 행정법과 행정재판소의 존재를 부인하고 관리와 시민 간의 관계를 일반 사인간의 관계와 똑같이 취급하는 '극단'에까지 나아갔다는 것이다.106) 물론 여기에서도 유진오에게 있어서 다이시의 보통법은 코먼로로서의 의미는 탈색되고 오로지 특별법으로서의 행정법에 대립하는 일반사법(私法)의 의미로만 이해되고 있다. 이렇게 해서 대륙법계의 법치국가와 영미법계의 법의 지배는 그 최후의 보루로서의 사법부의 지위와 그 특수한 임무를 인정한다는 점에서 공통된 것으로 파악되었던 것이다.

이상과 같은 고전적 법치주의에 대한 설명에서 가장 쉽게 눈에 띄는 사실은 바로 유진오가 보이는 영미의 '법의 지배' 사상에 대한 관심이다. 사실 그가 고전적 법치주의의 특색을 법률의 지배와 사법부의 특수한 기능으로 나누어 고찰한 것 자체가 다이시의 영향을 짐작케 하는

---

105) "법치국가의 기본구조(1)", 6-7면.
106) 같은 글, 7면.

대목이다. 이미 살펴본 대로 유진오의 고전적 법치주의의 두 특색은 다이시의 법의 지배의 세 가지 의미 중 앞의 두 가지에 맞추어 구성된 것이기 때문이다. 다이시의 법의 지배론의 세 번째 의미는 영국의 헌법상의 원리는 입법에 의하여 추상적으로 결정된 것이 아니라 구체적인 사건을 통하여 개인의 권리를 확정하는 사법부의 구체적인 결정의 집적에 의하여 이루어졌다는 것이다.107) 이 원리는 전혀 새로운 토대 위에서 법체계를 새로 건설해야 했던 신생국으로서는 논의의 여지조차 없었던 것임을 감안하면, 사실상 유진오의 법치국가론의 서술 체계는 가능한 최대한도에서 다이시의 법의 지배론에 따른 것이었다고 말할 수 있다. 뿐만 아니라 헌법 기초 당시의 그의 개인적인 비망록에 의하면, 그가 영국의 대헌장(Magna Carta)이나 권리장전(Bill of Rights) 등의 문서를 얼마나 치밀하게 검토했는지를 보여 주고 있다.108)

법의 지배에 대한 이러한 관심은 그가 영미의 인신보호제도에 대한 이해의 부족에서 오는 고충을 토로했던 점에 비추어 보면, 미 군정 당국에 의하여 포고되는 여러 적법절차 규정들을 제대로 이해하기 위한 나름의 노력이었던 것으로 보인다. 그러나 앞서 건국헌법의 기초과정에서 보았듯이 영미의 절차적 인신보호 조항들이 헌법안에 많이 반영되지는 못 하였다. 가령 유진오가 헌법기초 시 참조하였다고 한 하지 중장의 〈조선인민의 권리에 관한 포고〉에는 많은 절차적 조항을 포함하고 있었으나, 건국헌법에는 보석의 권리나 잔혹하고 비상한 형벌의 금지, 자백의 증거능력 제한 규정 등이 누락되었다. 특히 유진오사안은 〈조선인민의 권리에 관한 포고〉에는 말할 것도 없고, 행정연구회와의 공동안이나 권승렬안, 또는 그가 중요하게 참고하였던 중화민국헌법의 수준에도 못 미치고 있었다. 절차적 규정에 관한 한 유진오사안은 완전히 바이마르헌법과 마찬가지로 최소한에 머무르고 있었다. 또한 법

---

107) A. V. Dicey, op. cit., p.188.
108) 중앙일보, 1998. 7. 17.

의 지배에 있어서 일반법원의 역할에 대한 중요성을 충분히 인지하고
있었음에도 불구하고, 행정재판소의 설치와 관련해서는 여전히 확신에
이르지 못한 모습을 보여 주었다. 물론 법의 지배에 대한 관심이 전혀
영향을 미치지 못한 것은 아니다. 헌법의 제정 작업이 진행되어 감에
따라 강화되어 가는 절차적 규정들에 그가 대체로 순응할 수 있었던
점이나, 사법부에 대한 불신에도 불구하고 행정재판소의 설치를 드러
내 놓고 주장하지 못한 데는 역시 법의 지배론의 영향이 있었다고 보
아야 할 것이다.

그럼에도 불구하고 독일에서의 고전적 법치국가 사상이 나치의 의하
여 파국을 경험한 후 법의 지배의 원리에서 어떤 교훈을 발견하고자
한다고 할 때 일반적으로 기대되는 만큼의 인권보장의 정신을 그가 법
의 지배 사상으로부터 충분히 받아들이지 못했다는 것은 분명해 보인
다. 그것은 그가 법의 지배를 오토 마이어식 법치행정과의 구별 없이
일원적으로 설명하고 있는 데서 이미 암시되고 있는 것으로,[109] 그가
법의 지배 사상을 보는 더 기본적인 관점이 다른 데 있었기 때문이었
다. 다시 말하면 법의 지배를 포함한 고전적 법치주의가 사회적·경제
적 기능 등이 부가된 현대국가에 어떻게 조화될 수 있겠는가 하는 것
이 그의 주된 관심사였던 것이다.

법치주의에 대한 주된 두 문헌인 「법치국가의 기본구조」와 『헌법강
의(상)』을 종합하여 보면, 유진오는 현대국가에 있어서 고전적 법치주
의가 동요할 수밖에 없는 원인을 다음 네 가지로 정리하고 있다.

첫째로, 국가 구성의 사회적 기반이 변천되었다는 것이다. 즉 국가가
행정권은 전제자의 손에, 그리고 입법권은 인민의 손에 나뉘어 성립하

---

109) 일본의 경우 전후 신헌법의 해석을 둘러싸고 법치주의와 법의 지배 사
이에 논쟁이 활발히 전개되었던 것은 유진오의 일원론적 이해와 좋은
대조를 이룬다. 高田敏, "前後わが國における「法治主義と法の支配」論
爭序說", 『法と政治の現代的課題』(大阪: 大阪大學法學部, 1982) 참조.

던 시대가 지나고, 입법권뿐 아니라 행정권도 인민의 손에 돌아오게 됨에 따라 삼권의 분립과 균형보다는 그 상호의존이 보다 요청되게 되었다는 것이다.[110] 둘째로는 자유법학론의 대두를 들고 있다. 법률이 국민생활의 모든 면을 망라하여 규정할 수 없을 뿐더러 또한 국민생활은 시시각각 변하는 것이기 때문에 법률을 모든 사태에 그대로 적용하는 것은 불가능하다는 것이다. 즉, 사법권의 본질을 정치적으로 무색으로 보는 견해는 더 이상 유지될 수 없고, 법률의 적용에는 반드시 법관의 자유재량이 개입하지 않을 수 없다는 것이 밝혀졌다는 것을 그 이유로 들고 있다.[111] 셋째는 위임입법의 확대에서 그 원인을 구한다. 현대국가에서는 그 사회적 기능의 확대에 따라 법률로써는 대강만을 정하고 세부는 행정권에 위임하는 경향이 점점 더 강해지고 있다는 것이다.[112] 이에 덧붙여 마지막으로 긴급명령 등의 비상입법 제도를 든다.[113]

이러한 변천의 결과 현대 법치주의는 "행정권에 의한 자유재량 범위의 확대를 인정하는 점에 있어서 고전적 법치주의＝법률국가주의와 그 내용을 달리"하게 되었다고 주장한다.[114] 물론 그렇다고 그가 행정권의 무제한한 확장을 말하고 있는 것은 아니다. 바로 이어 "적어도 행정권은 여하한 경우에도 법률의 한계를 넘거나 또는 법률의 근거 없이는 행동할 수 없음을 주장하는 점에 있어서, 환언하면 행정권의 행위의 법률적합성을 요구하는 점에 있어서, 법치주의는 의연히 각인의 자유와 권리의 확보를 기본으로 하는 현대 민주국가 조직의 기본원리로서의 지위를 차지하고" 있다고 말하고 있기 때문이다.[115] 즉 그가 고전적 법치주의의 첫 번째 특색으로 들었던 법률의 지배와 관련하여 말

---

110) "법치국가의 기본구조(2)", 4면.
111) 『헌법강의(상)』, 123면; "법치국가의 기본구조(2)", 5-7면.
112) 『헌법강의(상)』, 123면.
113) 같은 책, 124면.
114) 같은 책, 125면.
115) 같은 책, 126-127면.

한다면, 행정의 법률적합성은 현대의 법치주의에도 그대로 유지되어야
하나, 다만 법률 또는 그 적용 자체가 부여하는 재량적 성격이나 위임
입법의 증가 그리고 행정권에 의한 비상입법의 필요성 등에 의하여 행
정권의 재량의 여지가 현저히 넓어졌다는 것이 그가 말하는 현대 법치
주의의 내용이었던 것이다. 그리고 여기에는 현대 민주주의에서는 행
정권도 인민의 민주적 정당성을 확보했다는 앞서 든 첫 번째 이유가
그 이론적 뒷받침이 되고 있다.

그가 국가의 기능이 확대됨에 따라 행정권의 재량의 여지가 불가피
하게 확대될 수밖에 없음을 인식한 것은 전혀 새로울 것이 없다. 그렇
지만 그러한 상황 가운데서도 행정을 최대한 법적 통제 안에 있게 하
려는 것이 법치주의의 이념적 기능인 데 반하여, 유진오의 현대적 법
치주의는 법률의 틀 안이라는 최소의 발판을 전제로 오히려 행정의 자
유재량 확대를 적극적으로 인증하고 있는 데 그 특징을 발견할 수 있
는 것이다.

물론 그가 행정의 자유재량 확대에 따른 위험을 인식하지 못한 것은
아니다. 미국의 영(J. T. Young) 교수가 제안한 행정의 투명성 확보,
사전조사의 의무화, 과도한 위임의 금지, 공정한 제3기관에 의한 감시
등 주로 절차적 측면에서의 행정통제 방안을 소개하면서, 행정의 법률
적합성의 원칙 이외에 새로운 원리로서 행정의 민주화가 필요하다고
말하고 있기도 하다.[116] 그러나 오늘날의 관점에서 매우 유용하고 중
요성을 띠는 이러한 제안은 별로 신중하게 취급되고 있지 않다. 그것
은 문제제기에 그칠 뿐 문제에 대한 적절한 해명은 되지 못하며, 그와
같은 "약간의 방식은 너무나 고식적"이라는 것이다.[117] 대신에 행정의

---

116) "법치국가의 기본구조(3)", 4면. 영 교수의 소론에 대해서는, J. T.
Young, *The New American Government and Its Work*, 4th ed. (The
Macmillan Company, 1940), pp.148-158을 참조할 것.
117) "권력분립제도의 검토", 『헌법의 기초이론』, 74면.

202

민주화를 위해 그가 제안하는 "무엇보다도 유력한 방법은 인민의 대표로써 구성된 국회로 하여금 행정을 감시케 하는 데" 있는 것이었다.118) 결국 유진오에게 있어서 법치주의론은 권력구조의 문제로 귀착되게 된 것이다.

이것은 바로 고전적 법치주의에 대비한 현대적 법치주의의 두 번째 특색과도 관련된다. 현대 법치국가에서는 사법작용도 순수한 법적 작용이 아님이 밝혀진 이상 "법치의 보장을 사법권에서 구한다는 것은 논리상의 모순"이라고 주장하고 있기 때문이다.119) 요컨대 "법치는 법률의 테두리 안에서의 일이므로 법치에 대한 보장은 법률보다 상급의 국가작용에서 구하지 아니할 수 없[다]는 것이다."120) 명백히 켈젠을 연상시키는 그러한 언명에서 법률보다 상급의 국가작용이 의회를 의미했음은 물론이다.

그러나 이로써 그가 국회만능사상에 도달하고, 형식적 법치주의에 만족했던 것은 아니다. 바로 이어서 그의 경성제대 시절 헌법교수이기도 했던 키요미야 시로오(淸宮四郞)를 인용하여 입법권의 한계에 대해서 논하고 있기 때문이다. 이에 따르면 입법행위에는 초법내용적 한계와 법내용적 한계가 있는데, 전자는 다시 논리적 한계와 사실적 한계 그리고 정의적 한계로 나눌 수 있고, 후자는 헌법적 한계와 국제법적 한계로 나눌 수 있다고 한다. 이 중 헌법적 한계에 대해서는 우리나라 헌법이 위헌법률의 심사기관으로서 헌법위원회 제도를 두고 있어 별로 검토할 것이 없다는 이유로, 국제법적 한계에 대해서는 법치의 보장 문제와 직접적인 관련이 없다는 이유로 논외로 하고, 초법내용적 한계만을 악법의 문제로 총괄하여 실질적 논의를 전개하고 있다. 그러나 이 부분

118) "법치국가의 기본구조(3)", 5면; 비슷한 사고가 "권력분립제도의 검토", 『헌법의 기초이론』, 74면에서도 반복되고 있다.
119) "법치국가의 기본구조(3)", 5면.
120) 같은 글, 5면.

도 실제로는 법률의 내용적 한계에 대한 논의라기보다는 레퍼렌덤
(referendum)이나 국민의 불복종 등 법치의 보장이 궁극적으로는 국민
의 힘에 의존할 수밖에 없음을 말하려는 데 주목적을 두고 있다. 다만
그 논의의 와중에서 규범의 효력조건으로 최소한의 실효성을 내세우며,
"인민이 복종하는 법률만이 법률로서의 효력을 가지는 것이며, 이곳에
국회의 입법행위의 궁극적 한계가 있는 것"121)이라고 주장함으로써, 법
률의 내용적 한계에 대한 우회적 암시를 내비치고 있기는 하다.

그럼에도 불구하고 이것이 오늘날의 용어로 말해서 실질적 법치주의
에로의 사상적 발전이나 수용에 이르렀음을 증명하는 것은 아니다. 설
혹 그렇지 않다 하더라도 적어도 실질적 법률 개념이 법치주의의 불가
결한 요소로서 강조되고 있지 않다는 사실만큼은 확실한 것 같다. 우선
그가 켈젠의 법단계설에 입각하여 헌법의 최고규범성을 당연한 것으로
전제하고는 있으나, 그 실질적인 보장으로서 그가 구상한 헌법위원회의
구성은 뒤에서 다시 보게 되는 바와 같이 의회 중시의 사상이 여전히
영향을 미쳐 "헌법의 사법적 보장과는 거리가 먼" 것이 되었다.122) 더
욱이 국민의 기본권과 관련해서는 뒤에서 다시 보게 되는 바와 같이 그
의 법률유보 사상으로 말미암아 실질적 법치에의 보장은 거의 기대할
수 없게 되었다. 또한 초법내용적 한계로서 '인민이 복종하는 법률'이라
는 것도 그 기준의 모호성은 차치하고라도 인민의 불복종은 최후의 수
단이라는 점에서 문제의 회피에 불과할 뿐더러, 나아가서는 도대체 인
민의 불복종이라는 사고 자체가 유진오의 전체 사상 가운데서 극히 예
외적이라는 점을 기억할 필요가 있다. "실정법의 입장에서는 악법도 법
일 수밖에 없다. 만일 악법이라는 여론이 높다면 절차에 따라 그 법률

---

121) 같은 글, 7면.
122) 김철수, "헌법의 사법조항과 경제조항의 변천", 『헌법개정, 회고와 전
　　망』(대학출판사, 1986), 115면. 보다 자세한 것은 사법부에 관한 부분
　　에서 다시 후술하기로 한다.

을 개정할지언정, 법률을 법률대로 놓아두고, 이를 유린함은 용허될 수 없다"[123]는 준법사상이야말로 유진오의 일관된 주장이요 강조점이자, 그가 민주주의의 조건으로 이해했던 핵심 요소였던 것이다.

이런 점은 그가 법률의 한계에 대해 이야기할 때 그것이 나치정권하의 형식적 법치주의에 대한 반성으로부터 비롯된 것이 아니라, 1930년대 서구에 풍미했던 의회주의에 대한 불신의 대응책으로서 나타난 것이라는 데 그 일차적인 이유가 있다. 즉 법률의 몰가치성에 대한 반성이 아니라 대의제도로서의 결함이라는 기능상의 문제에 대한 반성, 다시 말해서 의회의 무능 또는 부정부패 등에 대한 견제라는 차원에서 이야기되었던 것이다. 그나마 유진오에게 있어서는 국민에 대한 불신이 의회에 대한 불신보다 더 깊었기 때문에 결국은 다시 강력한 의회주의로 회귀할 수밖에 없었고, 의회에 대한 국민의 통제라는 것은 국민의 민주의식 함양 밖에 없다는, 법치주의론에 있어서는 사족에 불과한, 좀더 긍정적으로 본다면 국민에 대한 계몽적 의미밖에 없는 것이 되어 버렸던 것이다.

사실 그의 법치주의 사상의 요약이라고 할 수 있는 『헌법강의(상)』에서는 법률 자체의 내용적 한계에 대한 언급은 더 이상 나오지 않는다. 나치국가에 대한 비판조차도 "나치스국가에서는 입헌주의적 절차를 밟아 법률을 제정하지 아니하고 전 민족의 법감정을 대표하는 지도자의 명령으로써 법률을 제정한다고"[124] 하는 것, 그리하여 "행정권이 입법권의 전권을 흡수하고 행정기관의 명령으로써 국민의 자유와 권리를 자의적으로 제한 또는 침해"[125]할 수 있게 되었다는 점에 그침으로써, 그가 위임입법의 증가를 특색으로 들었던 현대적 법치국가와의 사이에 단지 양적인 차이에 불과한 것으로 되었던 것이다.

이로써 그가 말하고 싶어 했던 것은 『헌법강의(상)』의 '법치국가의

---

123) "민주정치와 법의 지배", 『헌정의 이론과 실제』, 104면.
124) 『헌법강의(상)』, 124면.
125) 같은 책, 125면.

이념'부분에서 결론적으로 말하고 있는 바와 같이, "문화국가, 경제국
가, 행정국가 또는 사회국가, 복지국가 등의 용어는 고전적인 법치국가
의 이념 즉 법률국가와는 양립되지 아니하는 것이지만, 현대적 법치국
가의 이념과는 상호 모순됨이 없이 양립할 수" 있다는 것이었다.[126]
다시 반복해서 말한다면 유진오의 법치주의론의 주된 관심은 자신의
경제적·사회적 민주주의의 이념에 부합하게 국가의 주도적·적극적
역할을 인정하는 위에, 정치적 민주주의의 최소한의 담보로서 나치국
가에 대한 나름대로의 반성으로부터 도출된 것으로 보이는 최소한의
권력분립과 행정의 법률적합성이라는 조건을 요구하였던 것이다. 이로
인하여 개인의 자유와 권리에 대한 침해 가능성이 오히려 더 높아졌다
는 우려에 대해서는 의회의 정치적 역할에 대한 신뢰와 기대로써 해결
하고자 했다. 거의 전적으로 자유의 한계를 정하는 일이 의회에 맡겨져
있을 뿐 아니라, 행정부의 확대된 재량권의 통제에 대해서도 역시 의
회의 정치적 통제에 기대했기 때문이다. 결국 국민주권 사상에서와 마
찬가지로 법치주의 사상에 있어서도 그 궁극적 귀착점은 의회의 기능
에로 향하였던 것이다.

4. 기본권 사상

1) 실정권설과 법률유보사상

근대 이후의 민주주의가 그러하듯이, 유진오가 이해한 대로 민주주의
의 기본정신이 개인의 권리와 자유의 보장에 있다면, 그것이 가장 직접

---

126) 같은 책, 127면.

적으로 반영되는 곳은 바로 기본권에 관한 부분이라고 하여야 할 것이다. 유진오의 저작 곳곳에는 "권리의 보장이 안고(安固)치 않고, 또 권력의 분립이 확립되지 아니한 사회는 총(總)히 헌법을 가진 것이 아니다"라는 프랑스인권선언이 자주 인용되고 있는데,127) 이는 일단 그가 그만큼 민주주의헌법에 있어서의 기본권의 중요성을 지득하고 있음을 보여준 것이라고 할 수 있을 것이다. 헌법기초작업 과정에서 기본권 장을 어디에 위치시킬 것인가를 둘러싸고 있었던 논쟁은 유진오의 기본권 의식을 잘 보여주는 것이라고 볼 수도 있을 듯하다. 이미 본 대로 유진오사안과는 별도로 헌법 초안을 작성하였던 행정연구회안에 의하면 바이마르헌법의 예에 따라 기본권에 관한 장이 국가권력구조에 관한 장의 뒷부분에 위치하고 있었다. 이것은 우리의 건국의 역사적 의미가 인권옹호가 아니라 국권회복에 있었다고 보았기 때문이라고 한다.128) 그러던 것이 두 안의 검토과정에서 민주주의 헌법에 있어서의 기본권의 의의를 강조한 유진오에 의하여 공동안에는 유진오사안대로 기본권에 관한 장이 통치기구에 관한 장보다 앞에 오게 되었던 것이다. 기본권에 관한 한 당시 선진 헌법으로 여겨지던 바이마르헌법의 영향하에 있었음에도 불구하고 바이마르헌법의 배열체제에 따르지 않고 기본권에 관한 장의 선치(先置)를 끝까지 주장하여 관철시킬 수 있었던 것은 기본권에 관한 나름대로의 확고한 가치관이 이미 서 있었음을 의미하는 것일 것이다.

그러나 이러한 총론적 의미에서의 기본권의 중요성에 대한 강조에도 불구하고 그의 헌법사상의 전체에서 보면, 기본권은 상대적으로 소홀하게 취급되었다. 우선 통치구조에 관한 부분에 비해 상대적으로 적은 논문 수가 그렇거니와, 논의 전개의 심도 역시 통치구조에 관한 논문에서만큼 심각한 사색의 흔적을 보이지 않고 있다. 무엇보다도 기본권

---

127) 가령, "우리 헌법의 윤곽", 『헌법의 기초이론』, 78면; 『新稿憲法解義』, 5면; 『헌법강의(상)』, 14면 등.
128) "헌법기초 당시의 회고담" 국회보, 제20호, 1958. 7., 37, 43면.

논의에서 보이는 사고의 혼란 및 근접한 시간대에 나타나는 사고의 변
화로 보아 이 시기 기본권 사상이 유진오에게서 아직 확고히 정리되지
않았음을 알 수 있다.

그럼에도 불구하고 이 시기 그의 기본권 논의에서 일관되게 강조되고
있는 것을 찾아내기는 어렵지 않다. 기본권에 관한 논의가 처음으로 나
타나는 「우리 헌법의 윤곽」(1947)에서 이미 그것을 찾아볼 수 있는데,
기본권에 대한 법률유보의 강조가 그중 하나이다. 그는 민주주의 사상
의 변천은 기본권의 성질에 있어서 자연권적 이해에서 실정권적 이해로
의 변화를 초래하였다고 말한다. 즉 18세기의 헌법에 있어서의 기본권
은 사회의 모든 구성원으로 하여금 동일한 권리를 향유시키는 것 외에
는 제한이 없었지만, 현대적 헌법에 있어서는 그 반대로 "권리에 대한
법과 국가의 선행"이 강조되어 각인의 기본권은 법률에 의하여 비로소
인정되는 것이라 생각되기에 이르렀다는 것이다. 따라서 현대에 있어서
기본권의 보장은 천부인권으로서의 그 고전적 의의를 상실하고, 단지
"법률의 유보에 지나지 아니함"이 명백해졌다고 단언한다.129)

그의 말을 문자 그대로 따른다면, 현대적 민주주의에 있어 헌법상의
기본권은 법률상의 기본권으로 전락하는 셈이 된다. 물론 그러한 주장
은 기본권이라는 것이 제한이 불가능한 것이 아니라 법률에 의해 제한
이 가능하다는 것을 강조하는 맥락에서 이루어지고 있으므로, 그러한
주장만으로 그를 법률만능주의자로 규정할 수 있을지는 보다 신중을
요한다.130) 이 점은 뒤에서 기본권 제한입법의 한계에 대한 그의 태도
를 살펴봄으로써 보다 정확한 판단을 내릴 수 있을 것이다. 그러나 오
해를 불러일으키기에 충분한 그의 표현에 드러나듯 유진오가 '강한 법
률유보'의 사상을 지니고 있었다는 점만은 의문의 여지가 없다.

---

129) "우리 헌법의 윤곽", 『헌법의 기초이론』, 84-85면.
130) 정종섭, "기본권의 개념과 본질에 대한 이론적 논의의 전개", 『한국에
서의 기본권이론의 형성과 발전』(박영사, 1997), 10면.

이와 같은 실정권설은 전전(戰前)의 독일과 일본의 기본권이론으로
부터 영향을 받은 데 기인한다. 특히 압도적으로 옐리네크와 그를 따
른 미노베의 영향을 받고 있다. 그런데 여기서 유진오가 한 가지 중요
하게 오해하고 있는 점이 있는데, 그것은 그가 거의 법률만능사상으로
오해될 수 있을 정도의 강한 법률유보사상을 주장하면서, 이를 현대국
가에 있어서의 경제적 · 사회적 민주주의의 대두와 연결시키고 있다는
점이다. 그러나 원래 천부인권설로부터 출발한 기본권 사상이 독일과
일본에서 실정권적 이해로 변화되게 된 것은, 유진오가 이해한 바와
같이 20세기 초의 경제적 · 사회적 민주주의의 대두와 필연적 관련이
있었던 것은 아니었다. 분명히 그것이 국가공동체에 대한 강조와 더불
어 일어난 현상임은 틀림없지만, 독일의 경우 경제적 · 사회적 민주화
를 위해서가 아니라 그보다 훨씬 이른 시기에 일어난 법률실증주의의
산물이었다. 그리고 일본의 경우에는 오히려 한 걸음 더 나가 어떠한
사회주의적 경향도 주류로부터 배척되었고, 미노베조차도 아주 소극적
으로만 사회주의적 경향을 받아들였던 것이다. 그럼에도 불구하고 경
제적 · 사회적 민주주의의 대두를 기본권의 실정권설에 대한 강조와 관
련시킨 그 오해의 논리구조와 의미는 그가 현대적 기본권 사상의 또
다른 특징으로 들고 있는 사회적 기본권에 대한 강조를 살펴보는 가운
데 다시 논할 수 있을 것이다. 여기에서는 다시 「우리 헌법의 윤곽」으
로 돌아가 보자.

「우리 헌법의 윤곽」에서는 그의 법률유보관이 종류 여하를 막론하고
자유권적 기본권 모두에게 관철되고 있다. 언론 · 출판 · 집회 · 결사의
자유는 물론, 건국헌법상에는 절대적 자유로 규정된 신앙의 자유 등까
지도 아직까지는 특별한 구분 없이 취급되고 있었다.[131] 그런데 적어
도 건국헌법의 기초작업을 전후해서는 좀더 세분화된 이해를 보이고

---

131) "우리 헌법의 윤곽", 『헌법의 기초이론』, 85면.

있는 점이 발견된다. 법전기초위원회에 제출된 1948년 5월의 유진오사
안에는 그의 법률유보에 대한 강조가 기본권의 개별적 법률유보 형식
으로 드러나고 있는데,[132] 신앙·양심·학문·예술의 자유에 대하여는
다른 기본권 조항과는 달리 절대적 기본권의 형식을 취하고 있는 것이
보인다. 이 점은 건국헌법상에까지 그대로 반영되고 있는데, 입장을 바
꾼 경위나 이유에 대한 설명은 어디에서도 찾아볼 수 없다. 다만 건국
헌법의 제정 후에 쓰인 「헌법이념의 구체화 과정」(1949)에서는 토마
(R. Toma)의 효력 정도에 따른 기본권 분류를 모델로 하여, 평등권과
신앙·양심·학문·예술의 자유를 헌법적 효력을 가진 것, 즉 헌법으
로써 그 효력이 완성된 것으로 보고, 그 밖의 자유권적 기본권에 대해서
는 이를 구체화하는 법률이 제정되어야 비로소 그 한계가 확정되는 것
으로, 그리고 사회적 기본권은 법률에 의하여 비로소 창조되는 것으로
세분하여 설명하고 있는 것을 볼 수 있는데,[133] 그의 입장 변경은 이

---

132) 개별적 법률유보 형식 역시 구 명치헌법이나 바이마르헌법의 입법형식
을 따른 결과일 것이다. 그러나 일본의 신헌법은 물론 그가 주의깊게
참조하였던 1947년의 중화민국헌법이 일반적 법률유보 형식을 취하고
있었던 것으로 보아, 헌법기초에 있어 선택의 여지를 제공하는 입법례
적 정보는 충분한 상태였다. 물론 단순히 논리적으로만 볼 때, 개별적
법률유보 형식을 취하든 일반적 법률유보의 형식을 취하든 법률유보인
점에 있어 어떤 차이가 있는 것은 아니다. 그러나 유진오가 법률유보
를 강조하면서, "현대 각국 헌법이 인민은 '법률이 정하는 바에 의하여
이러이러한 권리를 有함', 또는 '법률에 의하지 아니하고는 이러이러한
자유 또는 권리[는] 제한되지 아니함'이라는 형식으로써 인민의 기본
권을 보장하고 있는 것은 이 까닭이다"("우리 헌법의 윤곽", 『헌법의
기초이론』, 85면)라고 설명하고 있는 데서 볼 수 있듯이, 그가 개별적
법률유보 형식을 취한 데는 법률유보를 강조하기 위한 계몽적 의도가
있었던 것이 분명하고, 한편 그와 같은 법률유보에 대한 강조가 법률
유보의 정도나 범위를 확대하는 방향으로 쉽게 작용하리라는 점 또한
부인할 수 없다.
133) "헌법이념의 구체화 과정", 『헌법의 기초이론』, 133면. "우리 헌법의
윤곽", 『헌법의 기초이론』, 88면에서 기본권의 효력 정도에 관한 간단

러한 기본권 분류론의 영향을 받은 것은 아닌가 짐작될 뿐이다. 또 한 가지는 미국 헌법 수정 제1조의 규정형식을 의식하지 않을 수 없었다는 점도 지적할 수 있겠다.

그러나 효력 정도에 따른 기본권 분류론이나 미국 헌법 수정 제1조가 기본권의 성격이나 법률유보에 대한 유진오의 견해에 근본적인 변화를 초래한 것은 아니다. 전체적으로 강한 법률유보 사상의 기조는 줄곧 그대로 유지되었으며, 그러한 법률유보적 성격을 그는 특히 언론·출판·집회·결사의 자유에 대하여 강조하였다. 언론·출판·집회·결사의 자유는 국민의 의사 형성과 밀접한 관련을 갖는 기본권이기 때문에 이들 자유권의 법률유보적 성격에 대한 유진오의 설명은 특히 주목할 만한 가치가 있다.

유진오는 신앙의 자유 및 언론·출판·집회의 자유에 대한 법률의 제한을 금지한 미국 헌법 수정 제1조를 검토하면서, 영(J. T. Young)의 『The New American Government and its Work』를 인용하여 다음과 같이 자신의 견해를 피력하고 있다. 미국에서도 그러한 제한 금지는 입법권에 대한 제한이므로 헌법제정권력을 구속하는 것은 아니며, 자유의 남용이 불법행위를 구성하는 경우에 민사상·형사상의 책임이 면제되는 것도 아니고, 언론의 자유를 제한하는 방첩법(Espionage Act)이 연방대법원에서 합헌으로 결정난 경우가 있었던 점 등으로 보아, 미국에서도 그러한 권리들이 헌법상의 표현과 같이 절대적으로 보장되는 것은 아니라는 것이다.[134] 물론 절대적 기본권의 형식으로 규정된 기본권이라 할지라도 기본권의 내재적 한계까지 일탈할 수 있는 것은 아니다. 건국헌법상 절대적 기본권의 형식으로 규정된 신앙과 양심의 자유나 학문 예술의 자유의 경우에도 "종교를 빙자하여 행하는 범죄행위

한 언급이 나온다.

134) "우리 헌법의 윤곽", 『헌법의 기초이론』, 85-86면, 주)3; "인민의 기본권", 『헌정의 이론과 실제』, 110-111면 등.

를 방임"하거나, "풍기문란 등 법률에 저촉되는 경우"까지 방임할 의
도는 아니었다.135) 그런데 문제는 그 자신의 입장은 영의 설명보다 훨
씬 더 나간 것이라는 데 있다. 명백히 앞서 말한 미국 헌법 수정 제1조
의 해석기준을 의식하면서 결론적으로 그는 다음과 같은 강조로 끝을
맺고 있다.

> 인민의 기본권은 결코 절대적인 것이 아님은 물론이요, 일보를
> 진(進)하여 불법행위나 권리남용에 이르지 않는 한 자유인 것도
> 아니요, 실로 법률이 인정하는 범위 내에서만 향유할 수 있고 보장
> 되는 것이다.136)

언론·출판·집회·결사의 자유에 대한 유진오의 생각을 이해하는
데는 허가나 검열에 대한 그의 입장을 살피는 것도 도움이 된다. 그는
언론·출판·집회·결사의 자유를 규정한 건국헌법 제13조를 해설하는
가운데 "출판의 자유에 대한 가장 큰 침해는 검열제도"라고 못 박고, 일
본 신헌법과 독일의 바이마르헌법이 검열을 금지하고 있음을 적시하고
있으면서도, "부득이한 경우가 아니면 그를 행하지 않는 것이 본 조의
취지에 적합한 것"이라고 설명함으로써 검열의 가능성을 열어 놓았
다.137) 실제 뒤에서 보듯이 그 자신이 직접 검열을 옹호하기도 했다.
집회 및 결사의 허가에 대해서도 마찬가지였다.138) 어떤 경우라도 기
본권 제한의 절대적 한계를 명시하는 일은 피하고자 했던 것이다.

그런데 여기서 한 가지 짚고 넘어가야 할 점은 이러한 국가우월적 법률
유보 사상에는 단순히 헌법이론상으로는 포섭되지 아니한 또 다른 실질적
인 이유도 놓여 있었다는 사실이다. 그것은 국민에 의한 자유의 오용 내

---

135) 『憲法解義』, 41, 44면.
136) "우리 헌법의 윤곽", 『헌법의 기초이론』, 85면.
137) 『憲法解義』, 43면.
138) 같은 책, 44면.

지는 남용에 대한 경계였다. 누차 이야기하는 바이지만, 당시의 극심했던 무질서와 투쟁적 분위기에 대해 유진오가 갖는 거부감은 대단했다. 유진오가 언론·출판·집회·결사의 자유에 대하여 다른 어떤 자유보다도 특히 법률의 유보를 강조하였던 것은 물론 이들 자유권에 대하여 법률유보를 인정치 않는 미국 헌법과 다르게 된 데 대한 해명의 필요성 때문이기도 하였지만, 다른 한편으로는 이들 자유권이 정치적 사회적 혼란과 가장 밀접한 관련을 가지고 있었기 때문이기도 했다.[139] 그가 나중에 언론의 자유를 법률유보로 한 데 대해 변명하기를, 민주정치에 익숙지 못한 민중에게 항법자자(抗法自恣)를 선동하는 것 같은 인상을 주지 않기 위해서였을 뿐이라고 말한 바도 있거니와,[140] 이것이야말로 그가 기본권의 자연권성을 배척하고 실정권설을 확신한 또 다른 중요한 이유였던 것이다.

이러한 점은 노동3권에 대한 그의 태도에서도 잘 드러난다. 유진오 사안의 내용이 그대로 채택된 건국헌법 제18조 제1항은 근로자의 단결, 단체교섭과 단체행동의 자유는 '법률의 범위 내에서' 보장된다고 규정하고 있는데, 유진오는 이를 해석하여 "본 항의 자유는 '법률의 범

---

139) 그의 인식을 보여주는 한 단락만 인용해 보자. 1949년에 쓰인 한 글에서 그는 이렇게 쓰고 있다. "해방 이후 지금까지 우리들이 걸어온 길을 돌아다본다면 실로 등에 식은땀이 흐르는 것을 금할 수 없을 만치 우리들은 생각 없는 행동을 해온 것이 사실이다. 그동안 우리들은 어떠한 행동을 해왔는가? 언론이 자유라 해서 함부로 남을 욕하지는 않았던가? 욕을 하는 사람이 욕을 할 자유가 있다 하면 욕을 먹는 사람도 욕을 먹지 아니할 자유와 욕하는 사람에게 마주 욕할 자유가 있는 것이니 그렇게 되면 결과는 싸움밖에는 없는 것이 아닌가? 우리 동포 중에는 정부에서 쌀을 공출하라고 요청한 데 대해서 덮어놓고 공출을 하지 말라고 남을 선동한 사람은 없었던가? 정부가 쌀을 공출하라고 국민에게 요청하는 것은 불가불 그렇게 해야만 될 필요가 있어서 하는 노릇이겠는데, 덮어놓고 쌀을 내지 말라고만 한다면 정부는 부득이 강권을 쓰게 될 것이니 그래가지고는 자유도 평등도 자취를 감추어 버리고 말 것이 아닌가?" 『헌법입문』, 36면.

140) "근대국가와 언론의 자유", 『민주정치에의 길』, 135면.

위 내에서' 인정되는 것이므로, 법률에 의하지 아니하면 제한할 수 없다 하는 우리 헌법상의 다른 자유보다도 이를 용허하는 범위가 엄격함은 특히 유의할 필요가 있다"[141]고 적고 있다. 그 이유는 "본 항의 각종 자유는 헌법 제13조의 집회 결사의 자유보다도 공공질서와 국민생활에 한층 직접적이며 중대한 영향을 미치는 것이기 때문"[142]이라는 것이다. 특히 파업에 관해서는 다음과 같은 사항을 요청하고 있다.

> 그중에도 파업은 자칫하면 국민경제상 또는 생활상 지대한 손실을 주는 것이므로 가급적 이를 피하도록 하여야 할 것이며, 노동쟁의가 일어나는 때에는 최후의 수단인 파업의 수단을 사용하기 전에 조정으로써 그를 해결하도록 노동조정제도를 광범 강력하게 활용할 것이 요망된다.[143]

개인의 실질적 자유와 평등 확보를 위해 경제적 · 사회적 민주주의를 그토록 열정적으로 주장했던 그가 그와 같이 노동3권을 엄격하게 제한적으로 해석했다는 사실은 무엇을 의미하는가? 그것은 민족구성원의 경제적 사회적 동질성의 추구도 국가 전체의 이익의 우선 고려하에서 추구되어야 하며, 그것도 권리 주장을 통해서보다는 동포애에 기초한 국가의 정책적 배려에 의해서 실현되는 것을 그가 더 선호했음을 말해 주는 것이라고 할 수 있을 것이다.

2) 사회적 기본권의 강조

기본권의 실정권성과 함께 유진오가 20세기 현대 민주주의에 있어

---

141) 『新稿憲法解義』, 84면.
142) 같은 책, 84면.
143) 같은 책, 84면.

214

기본권 사상의 또 하나의 특징으로 들고 있는 것은 소위 사회적 기본권, 유진오 자신의 용어를 따른다면 수익권에 대한 강조이다. 그의 경제적·사회적 민주주의에 대한 강조가 기본권론에 있어서 사회적 기본권의 강조로 이어지리라는 점은 충분히 예상할 수 있는 일이다.

그러나 사회적 기본권에 대한 강조가 얼마나 실효적일 수 있는가 하는 것은 검토를 요하는 별개의 문제이다. 그는 수익권 중에는 법률상 권리인 것도 있지만, 반사적 이익에 불과한 것도 있다고 말한다.144) 한편 다른 곳에서는 수익권의 대부분은 종전에는 반사적 이익에 지나지 않는 것이었으나, 제1차세계대전 이후로 그 권리적 성격이 명확해졌다고 말하기도 했다.145) 그러나 건국헌법상의 사회적 기본권 규정에 권리적 성격을 부여하는 데는 주저하였던 것 같다. 노령자 등 생활능력이 없는 자에 대한 국가의 보호를 규정한 건국헌법 제19조 및 혼인의 순결과 가족의 건강에 대한 국가의 보호를 규정한 제20조와 관련하여 그는 "국민이 '국가의 보호를 받을 권리를 가진다'라는 언표를 쓰지 않고, 단순히 '국가의 보호를 받는다' 하였을 뿐이므로 보호의 의무가 국가에 있음은 명확하나, 그렇다 하여 보호를 받을 권리가 국민에게 있는 것인지 또는 국가가 그러한 의무를 짐으로 인하여 국민은 다만 반사적으로 이익을 받는 것에 지나지 아니하는 것인지" 헌법의 조문만으로는 아직 명확치 않다고 말하기 때문이다.146) 물론 건국헌법 제20조는 원래 헌법초안에는 없다가 본회의 과정에서 장면 의원의 제안에 의해 삽입된 것이고, 제19조의 경우도 최초 유진오사안에는 "국가의 보호를 받을 권리가 있다"고 규정되었던 것이 헌법기초위원회 심의과정에서 "국가의 보호를 받는다"라는 문구로 수정된 것이기 때문에, 권리성 인정에 주저하는 태도가 유진오 자신의 생각에 의한 것인지, 아니

---

144) "우리 헌법의 윤곽", 『헌법의 기초이론』, 88면.
145) "헌법이념의 구체화 과정", 『헌법의 기초이론』, 134면.
146) 같은 글, 134면.

면 단지 중립적 입장에서 해석을 한 것에 불과한 것인지 분명히 말하기는 어렵다. 그러나 여기서 중요한 점은 어느 경우든 유진오가 헌법규정에 근거하여 직접 권리 주장을 할 수 있다고는 생각하지 않았다는 점이다. 이들 규정을 입법방침규정으로 이해했기 때문이다.

이런 혼란스러운 설명은 건국헌법 제17조 제1항이 '근로의 권리를 가진다'는 언표를 쓰고 있음에도 불구하고 다음과 같이 해설하고 있는 데서 분명히 드러난다.

> 본 항의 규정은 그 내용이 너무 막연함으로 국민이 본 항에 의하여 구체적으로 어떠한 권리와 의무를 가지는가 하는 것은 구체적 법령의 제정을 기다려 비로소 명확해질 것이다. 그러나 그렇다 하여 본 항의 규정을 단순한 도의적 규정으로 볼 수는 없으니, 헌법의 규정이란 보통 입법의 근본방침(Richtlinie der Gesetzgebung)을 지시하는 것이므로 근로에 관한 본 항의 규정도 장래의 근로입법의 방향을 결정하며 그를 지시하는 것이라 할 것이다.147)

사실 그는 사회적 기본권의 대부분을 입법방침규정으로 보고, "그것을 구체화하는 법률에 의하여 비로소 창설되는 것"148)이라고 설명하고 있다. 따라서 그 구체화하는 "특수입법의 실현 여부와 및 그 입법의 내용 여하에 의하여 그 헌법상의 규정이 실현되느냐 그렇지 않으면 공문화(空文化)하고 마느냐 하는 것이 결정되는 것"으로 보았다.149) 유진오에게 있어서 이러한 논리는 비단 사회적 기본권에만 해당되는 것은 아니다. 그렇지만 특히 사회적 기본권에서 그러한 논리구조가 가장 부각되고 있는 것은 말할 것도 없다.

우리의 기본권이론사에 있어 사회적 기본권의 성격에 대해 프로그램적 규정설에서 추상적 권리설을 거쳐 구체적 권리설로 인정된 것이 비

---

147) 『新稿憲法解義』, 82면.
148) "헌법이념의 구체화 과정", 『헌법의 기초이론』, 133면.
149) "우리 헌법의 윤곽", 『헌법의 기초이론』, 89면.

216

교적 최근의 일이고, 그나마도 불완전한 권리로 인정되고 있다는 사실을 감안한다면, 유진오가 헌법상의 사회적 기본권 규정들로부터 직접 개인의 구체적인 권리를 인정하지 않았다는 점이 새삼스러울 것은 전혀 없다.[150] 다만 주목되는 점은 유진오가 현대의 경제적·사회적 민주주의의 등장과 함께 기본권의 중점이 자유권에서 수익권으로 옮겨졌다고 말할 정도로[151] 사회적 기본권을 강조하면서도, 국가의 입법정책적 매개 없이 곧바로 개인의 적극적인 사회적 경제적 권리가 인정될 가능성에까지는 생각이 미치지 못했다는 점, 나가서는 오히려 그러한 가능성을 부인하는 데 더 논의의 심혈을 기울이고, 심지어는 사회적 기본권을 구체화하는 법률이 제정된 후조차도 그 법률 규정 자체를 반사적 규정으로 해석할 여지를 남겨놓았다는 점일 것이다.

이러한 사실은 그가 왜 기본권보다는 경제질서에 관한 조항에 더 중점을 두었는지에 관해 해답을 제공한다.[152] 그것은 우선 기본권 조항보다는 경제질서에 관한 조항의 영향이 보다 직접적이라고 생각했기 때문이고, 또 하나의 이유는 경제적·사회적 민주주의의 이상을 실현

---

150) 종래의 학설에서는 입법방침규정이란 것이 권리적 성격을 갖지 않는 규정을 지칭하기 위해 사용되었다면, 유진오에게 있어서는 권리성 유무를 떠나 켈젠적 맥락에서 권리의 구체적 내용이 확정되기 위해서는 법령의 제정을 기다려야 하는 개방적 규정이라는 의미에서 사용되고 있고, 따라서 법령의 제정 여부나 내용 여하에 따라 헌법상의 규정이 '사실상' 공문화로 돌아갈 수 있다는 논리를 취함으로써 종래의 학설과 동일한 결론에 이르고 있다는 점이 다를 뿐이다.

151) "인민의 기본권", 『헌정의 이론과 실제』, 112면.

152) 유진오가 헌법을 기초함에 있어 경제질서에 관한 조항을 중요시했다는 증거는 여러 군데서 발견할 수 있다. 우선 유진오가 "경제제도에 특히 관심이 깊어 헌법에 그 기본원칙을 규정함으로써 자기가 평소에 품고 있던 경제적 이상을 우리나라에 구현시키고 실천시키고자 하는 열의가 대단한 것 같았"다는 황동준의 회고를 들 수 있고[황동준, 『민주정치와 그 운용』(한일문화사, 1958), 333-334면], 유진오가 헌법기초의 원칙으로 세웠던 것에 기본권에 관한 사항은 없고, 대신 통제경제와 농지개혁이 들어가 있던 것도 그 일례라 할 수 있을 것이다.

함에 있어 개인에게 권리를 부여하는 방식보다도 국가적 제도나 질서 형성을 통한 방법을 그가 더 선호했기 때문이었던 것으로 생각된다. 따라서 그의 경제적·사회적 민주주의에 있어 사회적 기본권의 강조가 보다 적극적으로 의미하는 바는 유진오의 경제질서 사상을 살펴보는 가운데 다시 논하기로 하고, 여기에서는 사회적 기본권의 강조가 다시 전체 기본권의 성격과 관련하여 실정권설과 법률유보사상을 어떻게 강화하고 있는지에 관해서만 잠깐 언급하고 마치기로 한다.

여기에는 두 가지 사고경로가 작용하고 있다. 우선 그 하나를 살펴보면, 유진오가 사회적 기본권을 강조하면 강조할수록 그와 대립적 관계에 있는 자유권의 대폭적인 후퇴 가능성을 예정하지 않을 수 없었다는 것이다. 이러한 관계가 가장 잘 나타난 것이 바로 바이마르헌법 조항을 모델로 하여 오늘날까지 이어지고 있는 유명한 재산권 조항이다.153) 더 분명히는 가능한 한 기본권을 망라하겠다는 그의 기초원칙에도 불구하고 영업이나 계약의 자유에 관한 규정은 헌법초안에서 용의주도하게 배제시킨 점에서도 드러난다.154) 그러나 이러한 구조는 비단 경제적 영역에만 국한되고 있는 것은 아니다. 그가 '경제적' 민주주의만을 말하지 않고 '사회적' 민주주의를 병행하여 '경제적·사회적 민주주의'라고 쓰고 있는 데서도 볼 수 있듯이, 경제적 영역에서뿐만 아

---

153) 건국헌법 제15조 제1항(현행 헌법 제23조 제1항) "재산권은 보장된다. 그 내용과 한계는 법률로써 정한다."

154) 사실 영업 및 계약의 자유는 최초 행정연구회안에도 들어 있었고, 헌법기초위원회의 심리과정과 본회의 과정에서도 추가하자는 주장이 있었지만, 결국 최종단계까지도 건국헌법에 규정되지 못하고 누락된 규정이었다. 영업 및 계약의 자유가 누락된 점은 중화민국헌법이 취한 것과 같은 태도로, 적어도 경제적인 면에 관한 한 우리 건국헌법이 바이마르헌법보다는 중화민국헌법에 더 가깝다는 점을 보여주는 강력한 일례라고 할 것이다. 경제면에서의 우리 건국헌법과 중화민국헌법, 바이마르헌법 사이의 관계는 경제질서를 살펴보는 가운데 더 자세히 언급할 기회가 있을 것이다.

니라 사회 모든 영역에서 국가의 적극적인 개입이 방해에 부딪치지 않도록 하기 위해 관련된 모든 자유권의 범위를 국가의 의사에 위임시킬 필요가 있었다. 다시 말해서 사회적 기본권을 중심으로 전체 기본권을 파악하고 있었기 때문에 자유권이 무제한적인 사회적 기본권의 확장 가능성에 분명한 방파제로서의 역할에 충실하지 못하고, 오히려 장차 사회적 기본권이 실현되는 정도에 따라 자유권의 범위를 정한다는 논리가 성립될 수 있었던 것이다. 사회적 기본권을 어느 정도로 실현할 것인가, 그리고 이에 맞추어 어느 범위에서 자유권을 인정할 것인가를 결정하는 것은 물론 의회의 입법권에 일차적으로 위임되었다. 이것이 기본권에 있어 강한 법률유보로 나타나게 되었던 것이다.

또 다른 경로로는 그가 경제적·사회적 민주주의의 대두와 기본권의 실정권설을 역사적으로 연결시키는 오해에서 볼 수 있듯이, 사회적 기본권을 강조한 나머지 사회적 기본권의 법적 성질을 기본권 전체의 법적 성질로 확산하여 이해하려는 경향이 있었다는 점을 들 수 있다. 즉 자유권과 사회적 기본권의 실현구조 자체가 서로 전혀 다른 차원에 속했다는 인식이 유진오에게는 아직 확고하지 못했다. 물론 앞에서도 보았듯이 자유권과 사회적 기본권의 효력 정도가 다를 것이라는 막연한 인식은 일찍부터 보이고 있었다. 그러나 전체적으로 볼 때 그 의미를 충분히 파악하여 자기의 기본권이론에 철저히 관철시키는 데는 실패했던 것이다.

제2차세계대전 후 현대적 법치국가 사상의 발전이 한편으론 자유주의적 법치국가 대신에 사회적 법치국가에로의 방향으로, 다른 한편으론 형식적 법치국가 대신에 실질적 법치국가에로의 방향으로 이루어져 왔다고 한다면, 이렇듯 사회국가 이념에 대한 강조가 지나친 나머지 그것이 오히려 형식적 법률의 위력을 강화하는 방향으로 작용한 점은 유진오 기본권 사상의 하나의 특징이라고 할 수 있을 것이다.155)

3) 기본권 제한 한계의 문제

그렇다면 유진오에게 있어서 사실상 기본권의 의의를 현저히 약화시키는 법률유보 사상과 민주주의 헌법에 있어서의 기본권의 중요성에 대한 강조 사이에는 어떻게 조화가 가능한가? 「우리 헌법의 윤곽」 후 바로 뒤에 발표된 「인민의 기본권」(1947)에서 그 역시 그러한 딜레마를 의식하고 있음을 내비쳤다. 이 문제에 관하여 우선적으로 말할 수 있는 것은 그가 법률에 의한 기본권의 무제약적인 제한을 당연시한 것은 아니라는 것이다. 매우 극단적인 예이기는 하지만 그의 이야기를 직접 빌리면, 헌법으로는 법률에 의하지 아니하고는 체포나 감금되지 않는다 해놓고 법률로써 아무나 아무 때나 체포 또는 감금할 수 있도록 한다면, 그러한 법률은 헌법 위반으로서 무효가 될 것은 명확관화하다는 것이다. 이러한 극단적인 예가 아니더라도 헌법상 보장된 기본권이 법률에 의하여 사실상 "공문"(空文)이나 "양두구육"(羊頭狗肉)이 될 위험성을 경계하였다.[156]

이는 기본권 제한의 한계에 대한 건국헌법 제28조 제2항 "국민의 자유와 권리를 제한하는 법률의 제정은 질서유지와 공공복리를 위하여 필요한 경우에 한한다"라는 규정으로 보다 분명히 나타난다. 여기서 질서유지를 위해서뿐만 아니라 공공복리를 위하여서도 기본권을 제한할 수 있다는 것은 물론 그의 경제적·사회적 민주주의의 기본권적 의미를 재차 반복한 것에 불과한 것이지만, 이 규정에 대하여 『新稿憲法解義』에서는 이렇게 해석하고 있다.

---

155) 물론 이 말은 제한적으로만 이해되어야 한다. 유진오가 법률해석과 관련하여 자유법론적 관점을 수용하였고, 이 점이 사실상 형식적 법치주의조차도 그 위력을 상당히 감퇴시킬 것은 분명하기 때문이다.
156) "인민의 기본권", 『헌정의 이론과 실제』, 111면.

그러나 이와 같이 입법권에 대하여 종전 자유방임주의 시대에는 인정되지 않던 활동의 범위를 인정하는 것은 잘못하면 헌법에서 국민의 자유와 권리를 보장하는 취지를 망각시킬 우려가 있으므로, '공공복리를 위하여'라는 문구의 해석은 엄격하고 신중하게 할 필요가 있다. 나치스 독일이나 패전 전의 일본에서 독재정치를 행하던 시대에도 공공의 복리를 위한다는 명목을 표면에 내세웠던 것을 우리는 잊어서는 안 될 것이다. 요는 공공의 복리나 문화를 증진시키기 위하여 국민의 자유와 권리를 제한하는 일은 지금 와서는 부득이한 일, 필요한 일이 되기는 하였지만, 그것은 여전히 부득이한 경우에 한하여야 할 것이며, 여하한 경우에도 국민의 창의를 위축시키거나 국민의 자유를 무시하거나 하는 정도에 이르러서는 아니 될 것이다. 국가의 건전한 발달은 국민에게 가능한 최대한도의 자유와 권리를 용인하는 데에서만 기대할 수 있음은 역사가 엄연히 증명하고 있는 사실이기 때문이다.[157]

김철수는 이러한 유진오의 해석에 대하여 우리 헌법상의 기본권 보장에 이바지한 바가 크다고 긍정적으로 평가하고 있으나,[158] 유진오 자신이 이미 동일한 책에서 그 의의를 약화시키는 발언을 하고 있다는 점 또한 주목할 필요가 있다.

그런데 국가권력에 의한 침해를 방지하는 태도에는 두 가지가 있으니, 하나는 절대적 금지 즉 헌법에 의하여 보장된 국민의 기본권에 대하여는 국회의 입법권으로써 하더라도 이것을 제한하지 못하도록 하는 것이요, 다른 하나는 '법률의 유보' 즉 이것을 제한할 필요가 있는 때에는 반드시 국회에서 제정하는 법률로써 하여야 하고, 법률에 의하지 아니하고는 이를 제한할 수 없도록 하는 것이 그것이다. 그러므로 이 후자의 경우에는 국민의 기본권에 대한 침해를 금지받는 국가권력, 환언하면 헌법상의 기본권 규정의 수범자(Adressat)는 입법부를 제외한 행정부와 사법부인 것이다.[159]

---

157) 『新稿憲法解義』, 101-102면.
158) 김철수, "유진오의 기본권론", 한국법학교수회(편), 『법학교육과 법학 연구』(길안사, 1995), 320, 323면.

결국 우리는 유진오가 법률유보로써 법률에 의한 기본권의 무제한적 제한을 의도하였던 것은 아니었지만, 그가 뒷날 고백했듯이 당시로서는 이 문제에 대한 문제의식 자체가 근본적으로 박약했다고 결론내릴 수밖에 없을 것 같다.[160] 이러한 문제의식의 박약성은 한편으로는 아마도 그의 국가권력에 대한 낙관적 견해 때문이고, 다른 한편으로는 사실력에 대한 체념 때문이었을 것이다. 국가권력은 - 특히 이 경우는 입법부가 - 최대한으로 국민의 기본권 보장을 위하여 당연히 노력할 것이라는 것이 그의 무의식적 전제였다는 점, 그리고 만약 국가권력이 그러한 기대를 저버린다면 사실상 어떻게 할 수 없다는 그의 사고를 염두에 두지 않으면, 위와 같이 일견 모순되어 보이는 언술을 이해하기가 힘들다. 미 군정 당시 법률고문으로 와 있던 프랭켈 박사가 법률유보와 관련하여 "당신처럼 그렇게 국회에 큰 권한을 주었다가 국회가 만일 기본권을 아주 인정 안 하는 법률을 제정하는 일이 있다면 어떻게 할 작정인가?"라고 물어서, "국회가 만일 그렇게 된다면, 그때에 기본권이 헌법상 미국식으로 보장되어 있다 치더라도 그것이 무슨 실효가 있겠는가"라고 대답했다는 일화는 이 점에 있어서 매우 시사적이다.[161] 유진오에게 있어서 이것은 아마도 사실력의 강조로 인해 헌법이론을 민주주의 이념에 따라 예리하게 정련하고자 하는 정신적 노력이 어떻게 방해받았는지에 대한 대표적인 예가 될 것이다. 이렇게 볼 때, 그가 확실히 극단적인 기본권 침해법률과 관련하여 '위헌법률'을 말하기는 했지만, 기본적으로 건국헌법 제28조 제2항의 규정을 입법부에 대한 법적 통제규범이라기보다는 오히려 입법을 위한 하나의 지침규정 정도로 생각했던 경향이 더 강했던 것은 아닌가 생각된다.

---

159) 『新稿憲法解義』, 57면.
160) "우리 헌법의 복습문제", 사상계, 1959. 7., 247면. 헌법 제28조의 해석과 관련하여 이렇게 말하고 있다. "우리 헌법 기초 당시에는 그 문제를 그렇게 철저하게 생각을 안 했던 것도 사실입니다."
161) "우리나라 헌정이 걸어온 길", 『민주정치에의 길』, 176면.

설혹 그렇지 않다 하더라도 한편으론 사회적 경제적 균등 실현을 위해서, 다른 한편으로 국가의 안정 및 신속한 부흥을 위해서 국가의 개입 여지를 가능한 한 넓게 확보하고자 했던 유진오의 사상체계 내에서 건국헌법 제28조 제2항이 실질적으로 작용할 여지는 극히 협소한 범위로 축소될 수밖에 없었다. 뒤에서 다시 보듯이 그가 제헌 후 법제처장 재직 시 자신의 책임하에 작성된 신문지법 초안이 허가제 등 광범위한 언론제약적 내용을 담고 있었다는 사실은 그가 이 조항의 의미를 어느 정도의 수준에서 받아들이고 있었는가를 잘 보여주는 사례라고 할 수 있을 것이다. 어쨌든 유진오가 강조했던 것은 입법자가 공동체 목적을 위하여 개인의 기본권을 제한할 권능을 가졌다는 사실이었지, 그 기본권 제한이 반드시 '필요한 경우에 한하여' 제한되는, 따라서 오히려 공동체 목적이라는 것이 기본권 제한의 한계규정이어야 한다는 사실은 아니었다는 전광석의 지적은,[162) 유진오의 기본권 사상의 전체 논조로부터 판단할 때도 전적으로 공감할 수 있는 지적이라고 하겠다.

4) 기본권 분류론에 대한 보론적 검토

유진오는 옐리네크를 따라 국가에 대한 국민의 지위를 소극적 지위, 적극적 지위, 능동적 지위와 수동적 지위로 분류하고, 그 각각의 지위에 대응하여 국민의 기본권을 자유권과 수익권과 참정권, 그리고 국민의 기본적 의무로 분류하였다. 그리고 이러한 분류법에 따라 건국헌법상의 기본적 권리의무를 다음과 같이 분류하였다.

　가. 자유권: 평등권(제8조), 신체의 자유(제9조, 제23조), 주거이전의 자유(제10조), 통신의 자유(제11조), 신앙과 양심의 자유(제12

---

162) 전광석, 앞의 글, 80면.

조), 언론·출판·집회·결사의 자유(제13조), 학문과 예술의 자유
(제14조), 재산권의 보장(제15조), 근로자의 단결권·단체교섭권·
단체행동권(제18조)

　나. 수익권: 교육을 받을 권리(제16조), 근로권(제17조), 근로자
의 이익분배균점권(제18조 제2항), 노령·질환자 등의 보호를 받을
권리(제19조), 혼인의 순결과 가족의 건강을 보호받을 권리(제20
조), 청원권(제21조), 재판청구권(제22조, 제24조)

　다. 참정권: 공무원선거권(제25조), 공무담임권(제26조)

　라. 의무: 재산권 행사에 관한 의무(제15조 제1항), 교육의 의무
(제16조 제1항), 근로의 의무(제17조 제1항), 납세의 의무(제29조),
국토방위의 의무(제30조)

　이러한 기본권의 분류에 대해서는 평등권이나 근로3권을 자유권에
포함시키고 있는 것이 과연 적합한 것인지, 본래 주관적 공권(subjektive
öffentliche Rechte)으로서의 성격을 갖는 수익권의 목록에 유진오 자
신이 주로 입법방침규정으로 설명한 제 규정들을 포함시키는 것이 과
연 타당한 것인지 등의 여러 가지 문제가 지적될 수 있다. 나아가 옐
리네크에 따른 분류법에는 그것이 건국헌법 제1조와 제2조가 표현하는
국민주권 사상과 양립할 수 있는가라는 보다 본질적인 문제점이 놓여
있다. 이 때문에 유진오의 기본권 분류에 대해 주권자로서의 국민의 지위
에 둔감했다는 부정적 평가가 나오는 것은 전혀 의외의 일이 아니다.[163]

　그러나 논리적 정합성의 문제를 별개로 놓고 본다면, 그의 기본권
분류는 국가적 가치를 강조하는 그의 헌법사상 일반에 오히려 부합하
는 측면이 많고, 앞에서 본 대로 전체 기본권 사상의 맥락에서는 더욱
그렇다. 그러나 이 점을 강조하는 것이 우리의 관점에서 큰 의미를 갖
는 것은 아니다. 왜냐하면 옐리네크의 기본권 분류론을 받아들임에 있
어 유진오가 그 논리적 사상적 의미를 충분히 숙지하고 받아들인 것
은 아니기 때문이다. 그것은 옐리네크의 4분류설이 "지금에 이르기까

---

163) 김철수, "유진오의 기본권론", 306면.

지 거의 세계적 통설이므로 저자도 그 분류의 방법을 따르기로 한
다"164)는 데서 볼 수 있듯이, 유진오에게 있어서는 하나의 강학상의
편의에 따른 분류에 불과하였다. 따라서 학설사를 목표로 하지 않는
이 논문에서 그의 기본권 분류론은 별 큰 의미를 갖지 않는다. 그럼에
도 불구하고 그의 기본권 분류에서 굳이 의미를 찾고자 한다면, 기본
적으로 국민에 대한 국가의 우월을 전제로 한 옐리네크의 기본권 분
류론을 그대로 받아들이면서 유진오가 어떤 문제의식도 느끼지 못했다
는 점, 바로 그와 같은 소극적인 측면에서 그의 국가에 대한 태도를
짐작해 볼 수는 있을 것이다.

5. 통치구조에 관한 사상

1) 내각책임제 사상

내각책임제는 유진오가 건국헌법을 기초함에 있어 가장 심혈을 기울
인 부분이다. 그런데 그의 내각책임제 사상은 앞에서 본 바와 같은 권
력분립론에 대한 자기 나름대로의 반성과 이해로부터 도출된 것이었
다. 다시 반복해서 말한다면, 그는 권력분립론의 최소한의 의의를 인정
하면서도 현대국가에 부과된 막중한 과제에 대응하기 위해서는 국가권
력 간의 상호의존과 통일이 필수적이라고 보았는데, 이러한 현대적 요
청에 적절히 부응하는 통치구조로서 바람직하게 생각하였던 것이 바로
의원내각제였던 것이다. 특히 그가 건국헌법 초안 작성 당시 모델로
삼은 것은 영국의 의원내각제였다고 한다.165) 그러나 이 말은 뒤에서

---

164) 『新稿憲法解義』, 61면.

보듯이 매우 제한적으로만 이해되어야 한다.

제헌국회에서 행한 다음의 헌법제안이유 설명은 유진오가 그토록 의원내각제에 집착했던 가장 큰 이유가 무엇이었던가를 잘 말해 준다.

> 제4장 정부 장에 들어가서는 우리들이 초안을 작성할 때 제일 염두에 둔 것은 어떻게 해서 정부를 안정시키겠느냐, 어떻게 하면 행정권이 항상 흔들리지 않고 안정된 기초 위에 서서 강력한 정치를 추진해 나갈 수 있겠느냐 하는 것이 최대 관심사였습니다. 그래서 우리들은 생각하기를 정부가 안정성이 있고 강력한 정치를 해 나갈 수 있는 것은, 결코 정부와 국회를 따로 떼어놓고 양자가 서로 간섭하지 못하게 하는 그러한 데서 얻을 수 있는 것이 아니라 오히려 양자의 관계를 밀접히 해놓고 국회의 다수한 사람이 지지하는 그러한 정부를 수립하는 것이 정부의 안정성과 정치의 강력성을 도모하는 데 있어서 가장 좋다고 생각되기 때문에, 저희들은 소위 대통령제를 취하지 아니하고 의원내각제도를 취했던 것입니다.[166]

그렇지만 유진오가 정부의 안정성이나 정치의 강력성을 그토록 중요시했던 이유는 단순히 그의 이론적 설명에 나타나는 대로 현대에 들어 국가의 기능이 확장되었다는 보편적 세계사적 현상에만 있는 것이 아니었다. 동시에 산적한 문제 가운데서 신국가 건설에 매진해야 할 우리의 특수한 상황이 함께 고려된 결과이기도 했다. 왜 우리의 경우 내각책임제가 더욱 절실하다고 생각하였는지 유진오는 이렇게 회고하고 있다.

> 국토양단, 경제파탄, 공산주의자들의 극렬한 파괴활동 등 생사의 문제를 산더미같이 떠안고 있는 대한민국이 대통령제를 채택해 가

---

165) "대담: 우리 헌법의 복습문제", 240면.
166) "대한민국헌법 제안이유 설명", 『헌법의 기초이론』, 120면. 이런 점에서 김철수가 유진오의 의원내각제 주장에서 독재의 방지라는 측면만을 본 것은 일면적인 파악이라 할 수 있다. 김철수, "유진오의 헌법초안에 나타난 국가형태와 정부형태", 한국사시민강좌, 제17집, 1995, 113-114면.

지고 국회와 정부가 대립하여 저물도록 옥신각신하고 앉아 있다면 나라를 망치기(아니면 독재화하기) 꼭 알맞은 것으로 나는 생각하고 있었던 것이다.[167]

물론 그도 오늘날 흔히 제기되는 문제점, 즉 소수 정당이 난립할 경우 내각책임제의 채택은 오히려 정국의 불안정을 야기할 우려가 높다는 점을 일찍부터 충분히 의식하고 있었다. 이 점에 관하여 그가 얼마나 정확히 파악하고 있었는가는 그의 다음의 말만으로도 충분히 알 수 있다. "의회정부 제도가 능률을 내기 위해서는 소수의 대정당 — 될 수 있으면 2대 정당이 교체하여 정권을 잡아야 한다." 그렇지 않으면 "불란서에서 보는 바와 같이 정부는 항상 여러 정당의 연립으로 성립되기 때문에, 인민 전체의 입장으로부터 보면 문제도 되지 않는 군소 정당의 명분 향배에 의하여 그 기초가 항상 동요되며 따라서 정부는 강력한 행정을 추진할 수 없게 되는 것이다."[168] 그러나 그러한 문제점 때문에 의원내각제를 채택할 수 없다는 견해에는 단호히 반대했다.

　　그러면 언제쯤이면 우리나라의 정당은 기초를 확립할 것인가? 나는 현재와 같이 국회를 정권으로부터 떼어놓는 제도하에서는 정당은 여간해서 육성되어지지 않을 것으로 본다. 환언하면 정권과 정당은 서로 원인결과의 관계를 가지고 있는 것이어서, 정당이 커지면 정권을 쥐일 수 있는 동시에 정권을 중심으로 하여 정당은 발달되는 것이다. 즉 나는 정당이 발달한 후에 책임내각제를 채용한다는 것은 백년하청(百年河淸)을 기다리는 것이고, 정당은 책임내각제를 채용함으로써 급속히 발달할 것이라고 생각한다.[169]

또한 정부의 무조건적인 의회해산권과 의회의 정부불신임권이 동시에 인정되면 생각만큼 함부로 의회가 정부불신임권을 남발하여 정국을

---

167) 『헌법기초회의록』, 57-58면.
168) "우리 헌법의 윤곽", 『헌법의 기초이론』, 93면.
169) "개헌론시비", 『헌정의 이론과 실제』, 138면.

불안하게 만들 수도 없을 것으로 예상했다. 정부를 불신임하면 정부에 의한 의회해산을 각오해야 하는데, 다음 총선에서의 확실한 승리가 보장되지 않는 한 의원직을 거는 모험을 하기가 쉽지 않을 거라는 이유에서였다. 프랑스에서 정부가 자주 경질되어 정국이 항상 불안한 것도 "정부가 실질적으로 국회의 해산권을 가지고 있지 못한 데 중요한 원인이 있"다고 판단하였다.170) 이 점은 헤드람-몰리(A. Headlam-Morley)가 그의 책 『The New Democratic Constitutions of Europe』에서 영국식 의원내각제의 핵심으로 지적했던 사항인데, 유진오가 영국식의 내각책임제를 모델로 삼았다고 했을 때 일차적으로 의미했던 것은 이 의미에서였다. 유진오에 의하면, 헌법초안에서 "정부에 다른 구속을 받지 않고 민의원을 해산할 수 있는 권한을 부여"하고 민의원의 정부불신임결의에 기명투표를 요구한 것도 바로 그러한 점을 고려하여 국회가 정부불신임권을 남용하지 못하도록 하기 위한 것이었다고 한다.171)

나아가 내각책임제가 설혹 정국의 불안정을 야기할 우려가 있다고 하여도 행정부와 입법부의 엄격한 분리를 이상으로 하는 미국식의 대통령제가 정부의 안정을 보장하는 대안이 될 수는 더욱 없는 것으로 생각하였다. 오히려 그는 미국식의 대통령제는 이를 채용한 여러 중남미 국가가 실증하는 바와 같이 행정부와 국회 사이에 알력이 생기는 경우에는 그것을 해결할 합법적인 길이 없어 결국 혁명이나 쿠데타와 같이 폭력에 의존하게 된다는 것이었다.172) 그럼에도 불구하고 미국 헌법이 대통령제를 채택하였던 것은, 결국 제헌 당시 유진오의 확신한 바에 의하면 "첫째 미국 헌법이 제정되던 18세기에는 미국이 국제적으로 고립정책을 쓸 수 있었고, 둘째 19세기까지는 국내적으로도 국가의 세입이 풍부하여", "정부와 국회가 대립한 채로 장기간 국정이 마비상태에 빠지더라도

170) 『新稿憲法解義』, 113면.
171) 같은 책, 113면.
172) 『헌법입문』, 52면.

별로 지장이 없었기 때문에 가능"하였다는 것이다.173)

　이상의 설명에서 우선 한 가지 주목되는 점은 정부가 의회의 민주적 기초 위에서 구성되고 운영될 때만 강력하고 안정된 정부를 이룰 수 있다는 생각이다. 반면에 다른 한편으로 유진오가 미국식의 대통령제를 국민의 자유와 권리를 보호하기 위해 국가권력을 최대한 약화시키려는 발상에서 출발한 제도라고 이해한 것과는 별개로, 실제로는 대통령제를 채택할 경우 독재화가 우려된다는 주장도 펼치고 있다는 것이다. 사실 제헌과정에서 내각책임제를 지지했던 사람들의 대부분의 논거도 대통령제의 독재화에 대한 우려와 내각책임제의 민주성을 근거로 하였고, 대통령제를 지지했던 대부분의 사람들도 권력분산에 의한 자유의 증대를 이유로 한 것이 아니라, 오히려 건국 초기 산적한 난제를 해결하기 위해서는 강력한 행정부를 필요로 한다는 권력 강화를 그 이유로 주장했다. 이런 점에서 강력한 정부와 반독재라는 두 가치를 동시에 내각책임제의 논거로 삼은 점은 유진오의 내각책임제 사상에 있어 하나의 특징이라면 특징이라고도 말할 수 있을 것이다.

　이러한 인식은 당시의 상황을 고려할 때 더 잘 이해할 수 있다. 당시 우리의 정치상황은 어느 당도 다수를 차지하지 못한 채 군소 정당들이 제각기 목소리로 할거하며 서로 반목하던 상황이었다. 가령 5·10 선거의 결과만 보더라도, 어느 정도 군소 정당들이 정리된 후임에도 불구하고 무소속이 42.5%로 가장 많은 의석 비율을 차지하였고, 그 다음으로 이승만계의 독립촉성국민회가 27.5%, 그리고 한민당이 14.5%, 그 다음이 대동청년당 6%, 민족청년당 3%의 순이었으며, 한두 의석을 차지한 기타 정당의 비율도 6.5%나 되었다.174) 이러한 상황에서 어느 누구보다도 해방 후 정파 간의 투쟁과 혼란을 큰 우려를 가지고 관찰

173) 『헌법기초회의록』, 57-58면.
174) 중앙선거관리위원회, 『대한민국선거사』, 제1집(중앙선거관리위원회, 1973), 1083면.

했던 유진오는 대통령제를 대통령을 배출한 소수 한 정파에 의한 권력의 독점으로 보았고, 이럴 경우 의회에서 다수를 차지하는 다른 정파에 의한 맹렬한 반대에 부딪칠 것은 불문가지로 생각했던 것이다. 이와 같은 행정부와 의회 사이의 대립이 발생할 경우, 앞에서 인용한 글에 나타난 바와 같이 행정부에 의한 독재나 행정부의 무력화에 의한 국가 기능의 마비 둘 중의 하나로 귀착될 것이라는 것이 그의 결론이었다. 이러한 인식의 바탕 위에서 그는 가능한 한 정부를 다수 정파의 동의와 협조에 의존시킴으로써 국가적 통합을 이루고, 이에 기초한 강력한 국가 건설을 희망하였던 것이다. 물론 여기에는 각 정파들이 과연 의회 안에서 다수의 합의를 안정적으로 이루어낼 수 있는가 하는 문제는 별로 심각히 고려되고 있지 않다. 여기에서 우리는 의회에 대한 유진오의 낙관적 기대를 보게 된다. 내각책임제를 채택했던 제2공화국 때의 짧은 경험은 이를 반드시 낙관할 수만은 없다는 사실을 보여주었으나, 이것은 이 연구과는 별개의 문제로 취급되어야 할 것이다.

어쨌든 유진오가 내각책임제를 독재를 방지하기 위한 중요한 안전판으로 생각했다는 점에서 확실히 그것은 민주주의적 요구에 부응하려는 나름대로의 진지한 사색의 결과였다. 그러나 국가권력의 정당성의 문제와 정치적 의사 결정에 있어 국민으로부터의 상향식 이념이 잘 관철되고 있다는 점에서, 그의 내각책임제 사상을 민주주의적이라고 단정지을 수 있을지는 여전히 의문이다. 물론 각 정치세력들이 국민들의 의사를 반영한다는 민주주의의 통상적 원리에서 보면 정치세력들 간의 합의 추구는 곧 국민의 합의의 반영으로 볼 수 있고, 실제 유진오에게 있어서도 그렇게 발전할 가능성은 존재한다. 또한 제도내재적으로 볼 때도 대통령의 임기 동안 책임을 물을 수 없는 대통령제보다는 내각책임제가 수시로 국민의 의사를 반영할 여지가 많다는 점도 부인할 수 없다. 그러나 이 점은 위에서 보아온 바와 같이 유진오가 내각책임제를 구상함에 있어 일차적으로 고려한 사항은 아니었다. 그렇게 보기에는 의회든 정당이든 이들 정치세력들이 국민의 의사에 일치하도록 통제하는 데 대한 관심이 지나치게 미약하게 나타나고 있고, 이미 여러 번 말한 대로 국민의 민주역량에 대한 불신 때문에 가능한 한 의회와 국민의사 사이를 단절시키고자 노력하였기 때문이다. 물론 그의 저술 곳곳에는 민주주의의 최후의 보루가 국민에게 있다는 식의 언술이 드물지 않게 나타나고 있는 것은 사실이다. 그러나 대부분의 경우 그렇기 때문에 우리나라의 민주주의가 발전하기 위해서는 하루빨리 국민의 민주의식의 함양이 이루어져야 한다는 계몽 촉구의 맥락에서 이루어진 것일 뿐, 국가권력의 정당성을 '실질적으로' 국민에게서 구하는 메커니즘은 여전히 취약한 채로 남아 있었다고 말할 수 있다. 결국 그의 내각책임제 사상은 정치 지도층들의 협력을 바탕으로 해서만 강력한 국가건설이 가능하다는 데 주안점이 있었을 뿐, 국민의 의사를 반영한다는 측면은 부수적으로나 결과론적으로만 고려되었던 것이다. 그의 내각책임제 사상에 나타나는 이러한 측면은 양원제에 대한 구상을 살펴봄으로써 다시 확인할 수 있을 것이다.

결론적으로 유진오의 생각을 정리한다면, 국가의 통치구조는 제반 민족주의적 요구를 효과적으로 수행하기 위해 국가권력의 효율성과 강력성을 확보하는 것이어야 하며, 마찬가지 이유에서 국민의사의 직접적 반영은 제한되어야 하지만, 동시에 나치나 일본의 쇼와(昭和) 정부와 같이 독재적 권력이 탄생하는 것도 막아야 한다는 것이었다. 이러한 요구들을 잘 실현시킬 수 있는 바람직한 제도가 바로 내각불신임권과 무조건적인 의회해산권이 보장된 내각책임제라고 유진오는 생각했던 것이다. 이 경우 국가권력의 강력성을 뒷받침하고 동시에 권력의 독재화를 방지할 원천으로서 국회는 일반 국민에 비하여 더 많은 식견과 민주적 합리성, 그리고 애국심이 은연중 기대되고 있었음은 물론이다.

2) 양원제 사상

유진오의 통치구조에 대한 구상은 앞의 내각책임제 사상에서 보았듯이 의회중심주의로 요약될 수 있다. 그가 한태연과의 대담에서 자신의 내각책임제 구상이 영국을 모델로 한 것임을 밝히면서, "권력기관으로서는 국회를 최고기관으로 구상한 것이지요"[175]라고 말했던 것은 이러한 맥락에서 이해될 수 있다.[176] 그러나 다른 한편으로 그는 1930년대에 이미 일본을 통하여 우리의 지식층에게도 소개되어 있었던 의회에 대한 불신 경향도 일찍부터 접하고 있었다. 『新稿憲法解義』에서는 유럽에서 의회의 위신이 저하한 원인을 의회의 전문적 능력의 결여, 국무 수행에 있어서의 지연과 불철저, 정부의 불안정, 정쟁의 격화, 그리고 마지막으로 의원의 소질 저하와 신용의 저하, 이렇게 다섯 가지로 정리하고 있는데, 그럼에도 불구하고 그가 의회중심주의로 회귀하였던 것은 의회에 대한 불신이 결국 독일의 나치나 이탈리아의 파시즘을 초래하였다는 인식 때문이었다.[177]

어쨌든 의회를 국권의 최고기관으로 구상했다는 그의 말은 그가 가능한 한 국회의 권한을 확대하여 의회 중심의 정치가 이루어지길 바랐다는 점에서는 적절한 표현이라고 할 수 있을 것이다. 더 이상 의회의

---

175) "대담: 우리 헌법의 복습문제", 240면.
176) 물론 그의 국회에 대한 구상이 그 자신의 말같이 영국식의 의회만능사상과 정확히 들어맞는 것은 아니다. 적어도 이론적 제도적 측면에서는 켈젠의 법단계설을 근거로 국회에 대한 헌법의 상위규범성을 자연스럽게 받아들이고 있고, 이러한 연장선상에서 헌법위원회에 위헌법률심사권을 부여하였기 때문이다. 또한 헌법제정권력과 헌법에 의해 제정된 권력인 의회권의 구별로부터 경성헌법주의를 설명하고 있는 것도 영국식의 의회만능사상과는 일치하지 않는다(『헌법강의(상)』, 26-27면). 신일본헌법에는 국회가 국권의 최고기관이라는 규정을 명문으로 두고 있는데, 유진오의 경우도 일본헌법상의 의미로 이해해야 할 것이다.
177) 『新稿憲法解義』, 120-122면.

위신이 예전과 같은 것일 수 없음을 충분히 인식하고 있으면서도, 그는 재차 의회의 중요성을 다음과 같이 표현하고 있다.

> 민주정치의 중추기관인 의회는 국정에 대한 공적 비판기관이며, 국민을 대신하여 민의를 표명하는 기관이며, 또 간접으로는 국민의 권리와 자유를 옹호하는 기관으로서 민주정치에 없어서는 안 될 기관이므로, 그를 폐지한다든가 또는 유명무실하게 한다면 아무리 민주정치를 실시한다고 과언하더라도 도저히 민주정치의 실(實)을 얻을 수 없는 것이다. 그러함으로 민주정치를 실시하려면 상기와 같은 결함이 있더라도 의회정치를 어디까지든지 사수하지 않으면 안 되는 것이다.[178]

그런데 그가 국회를 국권의 최고기관으로 하면서도 의회의 결함을 방지하기 위하여 구상한 제도가 바로 양원제였다. 즉 널리 인정되고 있는 바와 같이 민의원과 함께 참의원을 둠으로써 중요한 국가의사의 결정을 좀더 신중하게 할 수 있으리라는 것이 양원제를 채택하려고 한 가장 주된 이유였다.[179]

그의 양원제에 대한 구상을 보면, 국권의 최고기관으로서의 국회의 권력을 근본적으로 양분한다는 발상이라기보다는 국회의 결정에 한번 재고의 기회를 주자는 보충적인 의미를 갖는 것이었다. 다시 말해서 국회가 양분됨으로써 국가권력의 원활한 작동에 지장이 초래되거나 행정부에 대한 통제기능이 현저히 약화되는 것을 원치 않으면서도 국회의 결함을 체크할 수 있는 최소한의 시스템을 갖추어야겠다는 것이 그의 양원제 구상의 기본 취지였다는 것이다. 이는 우선 상원에 해당하는 참의원의 위상을 민의원에 비해 현저히 약화시킨 데서 드러난다. 그의 헌법초안에 따르면, 참의원의 의원 수는 민의원 의원 수의 3분지

---

178) 같은 책, 123면.
179) "대한민국헌법 제안이유 설명", 『헌법의 기초이론』, 119면.

1 이상 2분지 1 이하의 범위 내로 제한된 것이었고(공동안 제33조),
그 권한에 있어서도 참의원과 민의원의 의결이 다를 경우 민의원의 결
정에 압도적인 우선권을 주는 방식으로 기초되었던 것이다.[180]

이것은 그가 양원제를 채택함으로써 국회 권력이 근본적으로 약화되
는 것을 원치 않았음을 말해 준다. 따라서 양원제가 내각책임제와 함
께 헌법기초의 원칙으로 삼았던 것이기는 하나, 그의 헌법사상의 골격
을 파악하는 데 있어서 양원제 사상은 내각책임제 사상보다는 종속변
수로 파악할 필요가 있다. 결국 그의 양원제 구상이 자신의 강한 반대
에도 불구하고 헌법기초위원회의 심의과정에서 삭제되었을 때, 그가
불만 가운데서도 그런대로 넘어갈 수 있었던 것은 그것이 자신의 학문
적 소신에 치명상을 주는 것은 아니었기 때문이었다는 그 자신의 회
고[181] 역시 그러한 관점과 일맥상통하는 바가 있다고 할 수 있겠
다.[182] 그러나 그의 양원제 구상을 자세히 살펴보면, 그가 국회에 기대
한 것이 무엇이었는지 하는 점에 중요한 시사를 받을 수 있다.

먼저 참의원의 구성방식과 관련하여 그의 헌법초안에 따르면, 참의
원은 지방의회의원에 의하여 선거된 의원, 경제·교육·종교·노동과
문화의 각계에서 선임된 의원, 국가에 공로가 있는 자 또는 학식덕망
이 있는 자 중에서 선임된 의원으로 구성되도록 규정되어 있다(공동안
제33조). 이러한 구성방식은 일단 유진오 자신이 강조하고 있듯이 역
사적으로 상원이 봉건적 특권적 계급들로 구성되어 왔던 방식에 비추

---

180) 법률안의 경우 민의원 부결은 그대로 확정되지만, 참의원에 의한 부결
    은 민의원의 재의에 부쳐 재적의원 3분지 2 이상의 출석과 출석의원 3
    분지 2 이상의 다수로써 가결하면 확정되도록 했고, 예산안의 경우도
    민의원과 참의원의 의결이 다른 때에는 먼저 양의원협의회를 열고, 그
    래도 협의가 성립되지 않을 때에는 민의원의 의결에 따르도록 규정되
    어 있다(공동안 제44조, 제45조).
181) 『헌법기초회고록』, 57면.
182) 헌법제정 전에 발표된 그의 글 중 어디에서도 양원제에 대한 암시를 찾
    을 수 없다는 점도 그렇게 생각할 수 있는 한 논거로 볼 수 있을 것이다.

어 보면 확실히 민주적으로 진보된 형태라고 할 수 있을 것이다. 그러
나 전후에 제정된 헌법으로서 양원이 모두 전 국민을 대표하는 선거된
의원으로써 조직되도록 한 일본헌법이나 주를 단위로 하여 역시 국민
의 직접선거에 의하여 선출된 의원으로써 구성되도록 한 이탈리아헌법
보다는 국민주권의 정신에 있어서 미흡한 것이 사실이다. 그가 헌법기
초 시에 일본헌법이나 이탈리아헌법을 참조하였음에도 불구하고 국민
주권주의에 보다 철저한 이들 헌법례에 따르지 않은 이유는 무엇일까?

우선 참의원의 5분의 3 이상을 차지하도록 예상되어 있는 지방의회
의원에 의하여 선거된 의원의 경우 간접선거 방식이 채택되고 있음을
알 수 있다. 그가 간접선거에 관해서 민의를 직접 반영하지 못하여 민
주주의 정신으로 보아 훌륭하지 못한 것이라고 말한 것을 기억할
때,[183) 참의원에 있어서 간접선거의 채택은 그가 실제로는 민의에 불
신을 가지고 있었음을 보여주는 것이라고 할 수 있겠다. 그러한 불신
은 헌법제정 전에 이미 국회의원선거법에 의하여 채택되었던 소선거구
제에 대한 그의 비판과 함께 이해할 때 좀더 잘 알 수 있다. 그에 의
하면 소선거구제는 정실관계에 좌우되어 전국적 인물 또는 신진세력보
다는 지방적 소인물이 당선되기가 쉽다는 점에서 단점이 있기 때문에,
우리나라의 현실에서는 중선거구제가 가장 적당하다고 생각했다고 한
다.[184) 그러나 이미 소선거구제를 채택하고 있는 상황에서 참의원으로

---

183) "선거의 기본관념", 『헌법의 기초이론』, 155면: 『나라는 어떻게 다스리
　　나』, 57면.
184) 『나라는 어떻게 다스리나』, 61면. 이 밖에도 소선거구제의 단점으로 선
　　거인 매수나 관권선거가 용이한 것, 선거전이 격렬하여 입후보자 사이
　　에 감정대립이 생기기 쉬운 것을 들고 있다(같은 책, 60면). 그러나 결
　　론을 맺으면서는 본문에서 설시한 이유만을 들고 있는 것은 그것이 실
　　제에 있어서는 그가 가장 심각히 생각했던 이유였다는 점을 방증하는
　　것이라고 할 수 있을 것이다. 그리고 「선거의 기본관념」에서는 앞의
　　이유에 덧붙여 사표의 발생이 많다는 점을 지적하고 있는데("선거의
　　기본관념, 『헌법의 기초이론』, 153-4면), 곧이어 대선거구제 역시 민의

써 그 단점을 보완할 필요를 느꼈던 것 같다. 그의 설명에 의하면, 지방
의회의원에 의해 선거되는 의원의 경우 도를 단위로 한 대선거구제를
구상한 것이었다고 한다.185) 이렇게 보면 이 부분에 관한 그의 참의원
의 구상은 보다 식견과 국가적 안목을 가진 사람들로 하여금 국가의사
결정에 참여케 하고자 한 의도가 있었다고 생각해 볼 수 있다. 간접선
거의 구상 역시 이러한 의도와 관계가 있었을 것이다. 그가 물론 대선
거구제에 대해서도 역시 선거운동이 복잡하고 선거비용이 많이 들어
우리나라와 같이 선거 경험이 얕은 나라에서는 채택하기가 곤란하다는
입장을 취하고 있기는 하다.186) 하지만 간접선거를 취한 이상 그와 같
은 염려는 더 이상 할 필요가 없었던 것이다. 그의 이런 의도는 비록
소수이기는 했지만 국가유공자나 학식덕망이 있는 자 중에서 선임된
의원을 참의원에 포함시킨 데서 보다 분명히 드러난다.

다음으로 직능대표 구상은 두말할 것도 없이 그의 경제적·사회적
민주주의로써 직접적으로 의도한바, 국민대표 또는 지역대표제로서는
제대로 반영할 수 없는 각 직역간의 이해를 조정 또는 통합하고자 한
것이라고 보아야 할 것이다. 경제적 관점에서의 그의 이런 관심은 사
실 민의원 선거에 있어서도 금권선거의 폐해를 우려하여 선거비용 제
한과 보다 철저한 선거공영제를 강하게 주장하는 것으로 나타나기도
했다.187) 그러나 유진오에게 있어서 직능대표 사상은 그 외에도 또 다
른, 어쩌면 더 직접적인 의미를 찾을 수 있는데, 그것은 각 분야의 전문
가들로 국정에 참여시킨다는 것이었다. 그가 양원제의 장점으로 전문
가와 학식·경험이 있는 자를 선출할 수 있다는 것을 들면서 그 예로
바로 직능대표에 의한 구성방법을 언급하고 있는 것은188) 그러한 생각

의 정확한 반영이 어렵다는 점을 들고 있는 것으로 보아 그 점이 참의
원의 대선거구제를 구상한 이유가 된 것 같지는 않다.
185) "헌법제정의 정신", 『헌법의 기초이론』, 103면.
186) 『나라는 어떻게 다스리나』, 61면.
187) "선거의 기본관념", 『헌법의 기초이론』, 159-60면.

이 반영된 것으로 보아 좋을 것이다.

이와 같이 그의 양원제 구상에는 국회에 민의가 공정하게 반영되는 것은 물론, 보다 국가적 경영에 식견과 능력을 갖춘 인물들로써 국회를 구성하고자 하는 바람이 표현된 것이었다. 물론 그러한 바람 자체는 유진오에게만 독특한 것이라기보다는 대의제를 취하고 있는 모든 민주주의 국가가 당면하고 있는 과제라고 해야 할 것이다. 다만 유진오에게 있어서는 그것이 국민의 민주역량 및 선거제도에 대한 강한 불신이 동기가 되어 보다 제한된 선출방법의 고안으로 이어졌다는 점에서 그 특색을 찾을 수 있다.

후진국가에서 선거제도가 이상적이라고 생각하던 시대는 우리는 벌써 지나지 않았어요. 선거의 장점을 잘 알지만 동시에 선거의 단점도 알지 않습니까. 그래서 참의원 구성에 있어서는 그러한 요소를 제거해 볼까 그랬던 것이예요.189)

이처럼 '후진국가에서의 선거' 자체의 의미, 다시 말해서 대의원을 선출하는 국민 수준에 대한 불신 때문에 한때 참의원 의원에 대하여 "임명제까지 구상"190)하였다고 한다. 여기에 이르면 그의 참의원 조직에 관한 구상이 국민주권원리의 손상을 무릅쓰고라도 국가건설에 적합한 엘리트로 충원하려고 한 것이었다는 것은 더 이상 의문의 여지가 없게 된다.

결론적으로 말한다면, 그의 양원제 구상은 의회의 전횡으로 말미암아 프랑스에서의 경험과 같이 정부가 불안정해지는 사태를 예방함과 동시에, 식견과 능력 있는 자에게 국회 기능을 담당시키고자 한 것이 주된 이유였다는 것이다. 특히 후자의 경우 유진오에게 있어 국가적

---

188) 『新稿憲法解義』, 134면.
189) "대담: 우리헌법의 복습문제", 243면.
190) 같은 면.

이해와 민주적 가치의 조정이 국회에 위임되었다는 사실, 그것도 통상적 의미를 넘어 국민에 대한 불신과 결합되어 그렇게 되었기 때문에 국회의 엘리트성 강화가 더욱 필요했다는 점을 염두에 두고 이해되어야 할 것이다. 그리고 이러한 그의 양원제 사상은 역사적으로 의회의 전횡과 무능이 항상 나치와 같은 독재를 불러들였다는 인식이 그 배경이 되었다는 점도 아울러 기억되어야 할 것이다.

3) 집행부에 관한 구상

의원내각제의 성격을 결정짓는 중요한 요소 중의 하나가 입법부와 행정부 사이의 관계와 더불어 대통령과 총리 사이의 관계일 것이다. 이 점에 있어서도 유진오의 생각은 영국식의 순수내각제를 지향하였음은 물론이다. 즉 국무총리로 하여금 국정의 실질적 역할을 담당케 하고 대통령은 영국에 있어서의 군주와 같이 상징적 지위에 놓고자 하였다. 그가 작성한 기초안에는 집행권의 최종적 권한이 표면적으로는 대통령에게 있는 것으로 되어 있다. 특히 의회와의 관계에서 의회의 해산을 명할 수 있는 권한도 충분히 논란의 여지가 있음에도 불구하고 대통령이 보유하는 것으로 규정하였다. 그렇지만 중요한 국무에 대해서는 반드시 국무총리가 의장으로 있는 국무회의의 의결을 거쳐야 하고 대통령의 국무에 대한 문서에는 국무총리와 관계 국무위원의 부서가 있어야 하므로, 실질에 있어서 대통령의 권한은 명목상의 것이라는 것이 그의 생각이었다. 다만 이와 관련하여 문제가 되는 것은 그가 대통령의 지위를 단지 국가의 대표로서만이 아닌, '행정권의 수반'으로서 규정하고 있다는 점이다. 이러한 규정은 의원내각제를 채택하고 있는 국가의 헌법으로서는 드문 예로,191) 일단은 일본의 명치헌법이 천황으로 하여금 삼권을 총람(總攬)하도록 규정한 데 대한 반성에서 비롯된 것으로 보인다. 비록 1947년의 중화민국헌법을 예로 들고는 있지만, "대통령을 국가의 원수라 하여 대통령이 입법, 사법, 행정의 삼권을 총괄하는 지위에 있는 것 같은 인상을 주는 예"[192]를 자신의 규정방식과 대비시켜 해설하고 있는 데서 그러한 사고를 엿볼 수 있다. 동시에 군주에게 집행권이 보유되던 입헌군주제적 사고의 영향이 완전히 불식되지 않았음을 보여주는 대목이기도 하다. 그러나 이 규정조차도 그 자신은 그저 형식적이고 의례적인 것으로 생각했다. 여기에서 다시 한번 그의 권력에 대한 낙관을 보게 된다. 이 점에서 그가 영국식의 의원내각제를 염두에 두고 권력구조를 구상했다는 이야기는 그 자신의 주관적인 의도가 그랬다는 것을 나타낼 뿐, 실제 결과는 의도와는 전혀 다르게 나타날 수 있었던 것이다. 사실 제헌과정에서 권력구조에 대한 변경이 가해진 후 그의 내각책임제적 해석 노력이 실패로 돌아가게 된 데는 대통령과 총리의 관계에 대한 이러한 모호한 규정태도도 적지 않게 한몫 하였던 것이다.

그러나 유진오의 내재적 입장을 고찰대상으로 하는 우리의 입장에서 보다 중요한 점은, 그가 국무회의에 실질적 권한을 부여함으로써 대통령 1인에 의한 독재정치를 예방할 수 있다고 생각하였다는 점이다. 그는 "1인제의 관청이란 항상 회의제의 관청보다도 독재적으로 기울 가능성을 더 가지고" 있다고 이야기한다.[193] 즉 "국가행정의 최고방침을 대통령 1인이 결정하는 경우와 행정장관 又는 국무위원의 회의에서 결정하는 경우와 어느 것이 더 민주적인가. 대답은 명백하다"고 말하면

---

191) 듀베르제(Duverger)는 국가원수와 행정수반의 일원화를 대통령제에 있어서의 첫째 요소로 보고, 베이커(E. Baker) 역시 집행권이 국가원수와 내각으로 분립케 되는 이른바 집행권의 이원주의를 의원내각제에 있어서의 핵심 요소로 보고 있다. 한태연, "건국헌법의 신화", 동아법학, 제6호, 56면에서 재인용.
192) 『新稿憲法解義』, 176면.
193) "우리 헌법의 윤곽", 『헌법의 기초이론』, 75면.

서, "부장회의 하나도 없는" 당시의 미 군정청의 기구를 빗대 미국식의 순수대통령제에 대한 불신을 우회적으로 표출하였던 것이다.194) 바로 이것이 후에 대통령제적 권력구조하에서도 끝까지 국무회의의 중요성을 역설하게 되는 이유였다.

그러나 행정부 조직에 관한 그의 구상에는 역시 국가권력의 효율성 강화를 도모한 것이 가장 두드러지게 나타나는 특성이다. 그것은 무엇보다도 우선 종합행정을 지향하는 형태로 나타났다. 그에 의하면 행정조직의 유형은 독립형과 통합형으로 나눌 수 있다. "독립형의 행정조직이라는 것은 행정 각 부분 상호간에 횡적 연락 없이 행정 각 부분은 각각 독자적으로 행정을 해나가며, 만일 그 시책에 과오가 있다든가 하는 때에는 그 부분의 책임자가 책임을 지는 조직방법을 말하는 것이고, 통합형의 행정조직이라는 것은 행정 각 부분을 각각 그 직무의 성질을 따라 나누기는 하되, 행정 각 부분 간에 다시 횡적 연락을 부쳐서 각 부문으로 하여금 종합적 통일적 정책하에 행정을 해나가게 하며, 만일 그 시책에 과오가 있는 때에는 그 부문의 책임자 또는 내각 전체가 책임을 지게 하는 조직방법을" 말한다.195) 그런데 근대에 있어서는 "국가의 기능이 간소하였으므로, 따라서 국가의 행정조직도 비교적 간소하여서 행정 각 부문간에 특별한 조정을 하지 않아도 별다른 지장을 일으키지 않을 수 있었던" 반면에, 현대국가는 "정치적 기능 이외에 경제적 사회적 문화적인 면에 있어서도 광범 복잡한 책무를 부담하게 되었으므로, 이러한 책무를 수행해 나가기 위하여서는 다수(多數)한 새 행정기관을 창설하지 않을 수 없었으며, 그것을 따라 행정 각부의 기능을 횡적으로 조정 종합하여 행정의 종합성 통일성 체계성을 보지하여야 할 필요도 그만큼 증대"되었다고 말한다.196) 종합행정을 취

---

194) 같은 면.
195) "종합행정의 원리", 『헌정의 이론과 실제』, 75면.
196) 같은 글, 78면.

함으로써 국가 전체의 입장을 고려하여 행정을 펼칠 수 있게 된다는 것이었다.

그는 종합행정을 실현하는 방법으로 국무위원의 연대책임과 종합적 행정조직을 강조했다. 국무위원들에게 연대책임을 지움으로써 부처 이기주의에 매몰되지 않고 항상 전체적인 입장에서 종합적 통일적으로 정책을 추진할 수 있게 된다고 보았다. 그는 영국이 비합리적인 행정조직을 갖추고 있음에도 불구하고 파탄 없이 국정을 운영해 나갈 수 있는 것은 전적으로 이 내각의 연대책임제도에서 기인하는 것이라고 생각했다. 그런데 여기서 한 가지 생각해 보아야 할 점은 그가 국무회의의 의결을 영국에서와 같이 전원합의제로 하지 않고 다수결제도를 채택하였다는 점이다. 영국에서는 내각의 전원합의제가 연대책임의 논리적 기초가 되고 있기 때문이다. 그러나 이 점에 있어서도 유진오의 해석에 의하면, 국무회의의 다수결제도는 "반대의견을 가진 국무위원의 책임을 면제해 주기 위해서가 아니라, 분립행정의 구식 형태를 버리고 종합행정의 현대적 형태를 취한 것에 지나지 않는 것이었다."197) 만일 한 국무위원이 끝까지 반대할 경우 전원합의제를 취한다면 한 부처의 이기주의로 국가 전체의 입장이 손상 받을 수 있다는 것이었다. 따라서 국무회의 의결은 다수결에 따르되, 그에 반대하는 국무위원은 사임하여야 하며, 그 자리에 그대로 머물러 있는 이상에는 자신이 반대했다고 하여 국무회의 의결에 대한 책임을 결코 면제받을 수 없다고 주장했던 것이다.

행정조직의 종합화와 관련해서는 우선 내각 안에서의 국무총리의 권한 강화를 도모하였다. 이러한 결과로 행정연구회와의 공동안에는 국무총리가 내각의 수반으로서 내각의 통일성을 유지하기 위하여 국무위원을 통할하도록 하였으며(제73조), 국무총리에게 국무위원 제천권(提

---

197) 같은 글, 82면.

薦權)과 내각회의의 결의에 복종하지 않거나 내각의 통일을 저해하는 국무위원을 대통령에게 제청하여 파면할 수 있는 권한을 부여하였으며 (제72조, 제74조), 행정 각 부장을 지휘감독할 권한을 부여하였다(제78조). 동시에 정부조직법에서 인사, 예산 등 각 부에 공통되는 업무를 담당할 기관으로서 총무, 공보, 법제, 기획 4처를 국무총리 소속기관으로 두어 국무총리의 통할기능을 강화한 것도 종합행정 구현을 위하여 그가 역점을 두었던 부분이었다.

이와 같이 의회에 책임을 지는 내각이라는 회의체를 통하여 반독재의 최소한의 발판을 마련하고, 그 위에서 최대한 집행력의 종합적 효율성을 도모한다는 것이 행정부에 관한 구상의 기본인식이었던 것이다.

4) 사법부에 관한 구상

사법부와 관련해서는 사법권의 독립에 관한 유진오의 생각을 살펴보는 것이 가장 기본적인 작업이 될 것이다. 그러나 사법권의 독립에 관해서는 거의 모든 민주주의 국가가 이를 확고한 원칙으로 채택하고 있기 때문에, 사법권의 독립 자체에 대해 유진오 개인의 판단이 작용할 여지는 적었던 것으로 보인다. 국가기관 사이의 분리보다는 그 상호의 존성이 압도적으로 강조되었던 입법부와 행정부 사이의 관계와는 달리, 사법부에 있어서는 입법부와 행정부로부터의 분리·독립이 상대적으로 보다 강조되고 있기 때문이다.

그렇다고 하여 삼권분립의 원칙에서 논의되었던 국가기관의 절대적 분립 불가능성이 사법부의 경우에는 포기되었던 것은 물론 아니다. 사법권의 독립 역시 절대적 독립은 될 수 없음을 설명하는 가운데, 사법권의 독립을 다음과 같이 정의하고 있다.

　요컨대 사법권의 독립이라는 것은 사법권이 헌법이나 법률 이외의 것에는 구속을 받지 않는다는 의미에 지나지 않는 것이라 할 수 있다. 그러므로 만일 법률로써 규정하는 경우에는 성질상 사법권에 관계있는 사항이라 할지라도 입법권이나 행정권에서 간섭할수 있는 것인데, 다만 재판의 독립만은 법률로써 하더라도 이를 제한할 수 없는 것이다. 즉 사법권 독립이라는 것은 사법권의 조직과 사법행정을 제외한 순수한 재판작용의 독립을 의미하는 것이라 할것이다.198)

　이에 따르면 재판권의 독립 외 사법부의 조직이나 인사·행정에 대해서는 법률 여하에 따라서는 어떤 간섭도 가능한 것처럼 비춰지고 있으나, 법관의 인적·물적 독립과 법원 조직의 독립도 동시에 이야기하고 있어, 대체적인 입장에서 본다면 재판의 독립을 보장하기 위한 광의의 사법권의 독립에도 전적으로 소홀했다고 말할 수는 없다. 그러나 사법권의 독립을 협의로 이해한 결과, "법원의 예산은 정부에서 편성하여 국회에서 의결을 받아야 하며, 또 사법인사·행정의 권은 법무부장관에게 소속하게 되어 있는 것"199)이라는 발언이 의문의 여지없이 행해지고 있다는 점은 주목할 필요가 있다. 사실 법원예산의 정부편성권은 현재에도 유지되고 있는 제도이기는 하지만, 만일 그가 예산에 대한 국가전체적 입장에서의 기획의 필요성보다 사법권의 독립이 갖는 의미를 보다 심각히 고려했다면 얼마든지 다른 결론도 가능했을 사항이었다. 더욱 문제인 것은 사법부의 인사·행정권이 법무부장관에게 소속되어 있다는 그의 설명이다. 이것은 물론 당시의 정부조직법의 내용에 따라 설명한 것이지만, 정부조직법의 제정에도 그 자신이 일정한 영향력을 행사했던 사실을 감안하면 결코 그 자신의 사상과 무관한 것은 아니었다. 물론 그 자신은 법무부장관의 권한을 의례적인 것으로 생각했을 수도

---

198) 『나라는 어떻게 다스리나』, 94-95면.
199) 『新稿憲法解義』, 242면.

있으나, 어쨌든 그것은 뒷날의 역사가 보여주듯 사법권의 독립을 확보하는 데 사려 깊은 조치는 아니었다. 결과적으로 국가 특히 행정권의 불신으로부터 출발한 사법권 독립의 원칙이 국가기관 간 상호의존성을 강조하는 과정에서 그 철저한 관철이 저지당했던 것이다.

이외에도 유진오가 헌법적 구상을 함에 있어서 보다 의식적으로 고민한 부분도 있었다. 특히 사법부에 대한 그의 헌법적 구상에 결정적으로 영향을 끼친 배경은 미국 루스벨트 대통령 재임 시 뉴딜정책을 둘러싸고 행정부 및 입법부와 대립하여 보수적 판결을 내렸던 사법부에 대한 비판적 시각이다.[200] 이것이 일제시대 때의 보수적·관료적 분위기에 여전히 젖어 있던 당시 우리의 법조계에 대한 비판적 시각과 결합하여 사법부에 대한 불신 경향을 깊이 심어주었던 것으로 보인다. 여기에 덧붙여 사법부의 법적용이 더 이상 기계적인 것이 아니라 법관 개인의 주관이 개입할 여지가 많은 자유재량적 행위라는 자유법론자들의 주장 역시 사법부 구상에 영향을 미쳤다.[201] 즉 법관의 법적용 행위가 자유재량 행위임이 드러난 이상, 사법권의 독립과 함께 법적용이 민주주의-경제적·사회적 민주주의-에 적합하게 행사되도록 할 수 있는 방안도 동시에 강구되어야 한다고 생각했던 것 같다.

이러한 바탕 위에서 사법부에 대한 불신은 세 가지 점에서 나타나는데, 첫째는 법관의 신분보장과 관련하여 일본헌법의 예에 따라 법관에 대한 10년의 임기제를 정한 것이다. 그 이유를 그는 「헌법제정의 정신」에서 이렇게 말하고 있다.

---

200) 이 점에 대해 가장 분명히 예증해 주는 것으로는, "대담: 우리 헌법의 복습문제", 244면.

201) 경성대학법문학회논집인 『法政論纂』에 실린 키요미야 시로오(淸宮四郞) 교수의 논문 「법의 정립, 적용, 집행」을 인용하면서, "이론적으로 엄밀하게 따지면 사법권 독립도 18세기의 그것과 현재의 그것과는 결코 같은 것이 아니"라고 말하고 있다. "우리 헌법의 윤곽", 『헌법의 기초이론』, 90면, 주3).

그것은 일단 종래와 같이 일단 법관이 된 사람은 무조건하고 종
신관이 된다 하면, 현재와 같이 모든 정세가 날로 격변하는 시기에
있어서는 법관이 시대의 진운에 낙오되거나, 또는 민주적 의욕으로
부터 유리될 염려가 있기 때문이다.[202]

이로 미루어 보건대, 법관 임기제의 채택은 입법부와 행정부에 의한
경제적·사회적 민주주의의 실현을 위한 적극적 노력이 사법부에 의하
여 저해되지 않도록 그 보수화·관료화를 견제하고자 했던 것으로 이
해된다. 이 법관의 임기제는 오늘날까지도 존속해 오고 있는 것 중의
하나인데, 장점과 동시에 그동안의 우리의 역사적 경험이 말해주듯이
집권자가 사법권의 독립을 침해하는 데 악용될 소지도 다분히 내포하
고 있는 것이었다. 물론 유진오 자신도 이 점을 의식하고 있었기에, 앞
의 인용된 글에 바로 뒤이어 "법관이 10년 후의 연임을 위하여 심판의
공정을 상실하는 등의 폐단이 생겨서는 아니 될 것이므로, 앞으로 이
것을 구체화하는 법률을 제정하는 데 있어서는 특별히 신중한 고려가
있어야 할 것"[203]이라고 주의하기도 했다. 그럼에도 불구하고 당시의
일반적인 입법례와 달리 그가 경원시했던 일본헌법의 독특한 예에 따
라 굳이 10년 임기제를 헌법에 규정하고자 한 것은, 그가 사법권의 독
립이 침해될 우려보다는 사법부에 의해 경제적·사회적 민주주의의 실
현이 저해될 수 있다는 우려에 더 민감했다는 점을 보여주는 것이라
할 수 있을 것이다.

두 번째로 사법부와 관련하여 그가 고민했던 문제는 특별법원, 특히
행정법원의 설치와 관련된 문제였다. 이와 관련하여 처음 유진오사안
은 "법원은 법률이 정하는 바에 의하여 모든 종류의 명령과 처분이 헌
법과 법률에 위배되는 여부를 심사할 권한이 있다"(제89조)고 규정하
여 특별법원의 존재를 인정하지 않는 태도를 취했다. 그러나 국회 본

---

202) "헌법제정의 정신", 『헌법의 기초이론』, 108면.
203) 같은 글, 108면.

회의에 이송된 헌법기초위원회안에서는 하급법원으로서의 특별법원의
설치 가능성을 열어 놓기 위하여 "대법원은 법률의 정하는 바에 의하
여 명령, 규칙과 처분이 헌법과 법률에 위반되는 여부를 최종적으로
심사할 권한이 있다"는 내용으로 변경이 가해졌다.[204] 물론 이러한 변
경은 헌법기초위원회의 심의과정에서 발생한 일이기 때문에, 이를 유
진오 자신의 생각과 곧바로 일치시키는 것은 무리일 것이다. 그러나
그는 후에 헌법제정 당시 자신은 사실은 행정재판소를 주장했는데 결
국은 되지 않았다고 발언함으로써,[205] 특별행정재판소에 대한 그의 진
정한 입장이 무엇이었는가에 대해 혼란을 주고 있다. 만일 그의 이 발
언이 사실이라면, 유진오사안에 있는 내용은 당시 서울고등법원에 재
직하던 정윤환(鄭潤煥) 판사의 영향에 의한 것일 가능성이 큰 것으로
보인다. 그의 헌법기초회고록에 의하면, 정윤환은 특히 사법제도에 관
한 한 유진오 자신보다도 훨씬 무게 있는 의견을 들려주었다고 한다.
실제 법전기초위원회에 초안을 제출할 때 법관의 종신제를 규정할 것

---

204) 오늘날 특별법원의 설치 가능성 여부에 대해서는 사법권을 법관으로
   구성된 법원의 권한으로 규정하고 있는 헌법 제101조 제1항(건국헌법
   제76조 제1항)과 국민에게 헌법과 법률에서 정한 법관에 의해서 재판
   을 받을 권리를 보장하고 있는 제27조(건국헌법 제22조)를 들어, 그
   설치에 부정적 입장을 보이는 것이 대부분이다 [권영성, 같은 책, 971
   면; 김철수, 『헌법학개론』, 1175면]. 따라서 이러한 해석에 따른다면,
   건국헌법 제81조 제1항에 관계없이 특별법원의 설치는 부정될 것이다.
   그러나 유진오는 앞의 제81조 제1항을 해석하면서, "본 항의 중점은
   행정처분을 주로 하는 국가의 처분행위를 법원이 심사할 수 있다는 점
   에 있다. 본조에 의하여 우리나라에서는 구주대륙제국과 달라서 본장
   의 법원 이외에 독립한 행정재판소를 설치할 수는 없게 되었으나, 대
   법원은 모든 명령, 규칙과 처분이 헌법 또는 법률에 위반되는 여부를
   최종적으로 심사할 권한이 있다 하였을 뿐이므로, 필요에 의하여 하급
   심재판소로서 특별히 행정재판소를 설치하는 것은 무방하다 할 수 있
   지마는"(『新稿憲法解義』, 247면)이라고 하여 위 조항을 근거로 하급심
   으로서의 특별행정재판소가 가능한 것으로 보았다.
205) 『헌법개정심의록』, 89면.

과 위헌법률심사권을 대법원에 부여하자는 정 판사의 의견을 자신의
원안에 유보의견으로 첨가하여 제출하였다고 할 정도로 정윤환의 영향
은 컸다.[206] 따라서 만약 유진오가 특별행정재판소를 구상했다면 법원
의 입장을 대변했던 정윤환이 극력 반대했을 것은 분명하고, 이 문제
에 관한 한 유진오 자신도 다이시의 법의 지배 사상이나 일본 신헌법
의 영향으로 별로 자신이 없었던 터이기에 정윤환의 의견을 그대로 채
택한 것이 아닌가 생각된다.[207] 그만큼 이 문제에 대해 입장이 확고히
정리되지 않았던 것이다.[208] 한편으로는 행정재판소의 설치가 국민의
권리를 침해할 가능성을 염려하면서도, 다른 한편으로는 경제적·사회
적 민주주의의 과제에 비추어 일반법원이 행정사건을 심판하기에는 부
적격하다고 보았기 때문이다.

　마지막으로 사법부에 관한 구상 중에 독창적이면서도 유진오의 사상
이 가장 잘 들어나는 부분으로 위헌법률심사 제도에 대한 구상을 들
수 있다. 위헌법률심사 제도 자체가 결여된 구일본헌법의 입장이 처음
부터 배제된 것은 당연했지만, 가장 가능성이 있어보였던 미국식의 사

---

206)『헌법기초회고록』, 24, 38면.
207) 그가 이 문제에 별로 자신이 없었다는 것은 문제의 그 발언을 하게 된
　　맥락에서도 분명히 나타난다.
208) 행정재판과 관련하여 또 하나의 문제는 행정처분에 대한 출소(出訴)
　　범위이다. 당초 유진오사안에는 '모든 종류의 명령과 처분'에 대하여
　　법원이 심사할 수 있도록 규정하였으나, 헌법기초위원회안에는 '모든'
　　이라는 단어를 삭제함으로써 해석의 여지를 남기고 있기 때문이다. 이
　　에 대하여 유진오는『憲法解義』에서 "우리나라 헌법의 인권존중의 입
　　장으로 보든지 헌법 제24조 제2항과 제27조 제2항의 정신으로 보든지
　　행정처분의 성질상 행정소송의 제기를 허용할 수 없는 것(예를 들면
　　소위 '확정력' 있는 행정처분 등)을 제외하고는 전면적으로 출소의 길
　　을 열도록 할 필요"가 있음을 인정하면서도, "여하한 정도와 범위에서
　　출소를 허용할 것인가 하는 것은 앞으로 제정될 법률에서 결정될 것"
　　이라는 입장을 견지하였다(『憲法解義』, 172면). 이후 제정된 행정소송
　　법에서는 전면적으로 행정소송을 제기할 수 있도록 허용함으로써 더
　　이상의 논란의 여지를 없앴다.

법심사 제도 역시 일찍부터 배제되었던 것 같다. 전자의 입장은 헌법을 제정하여 최고법규로 삼고 있는 국가에서는 자기모순이라는 이유로, 그리고 미국식의 사법심사 제도에 대해서는 사법부의 보수화 경향에 대한 우려, 그리고 국민의 대표인 국회의원이 제정한 법률을 소수의 법관의 판단으로, 그것도 때로는 단 1인의 향배 여하로써 위헌 여부를 결정하는 것이 과연 타당한 것인지 의심된다는 이유로.[209] 여기에 하나를 덧붙인다면 사법권의 독립이라는 것이 국회에서 제정한 법률에만 구속을 받는 것이기 때문에 사법부가 법률의 위헌 여부를 판단하는 미국식의 제도는 이론적으로 모순이라는 이유로 배제되었다.[210][211]

결국 제3의 대안으로서 구오스트리아헌법(1920년)상의 헌법재판소 제도와 1946년의 프랑스헌법상의 헌법위원회 제도를 고려했던 것으로 보이는데,[212] 건국헌법상의 헌법위원회라는 명칭은 프랑스헌법으로부터 차용한 것이지만[213] 그 실질내용은 그 어느 쪽에도 속하지 않는 독창적인 것으로 귀결된다. 헌법위원회 위원이 국회의원 중에서 선출되는 프랑스의 제도는 사실상 위헌판결을 내릴 가능성이 없는 무의미한 제도이고,[214] 구오스트리아의 제도는 행정권 우월주의의 결과로 되는 일이 많기 때문에 취하지 않았다는 것이다.[215] 대신에 그가 헌법위원회 제도를

---

209) "헌법제정의 정신", 『헌법의 기초이론』, 109면.
210) 『나라는 어떻게 다스리나』, 98면.
211) 헌법기초작업에 참여했던 황동준의 회고에 의하면, 유진오를 비롯하여 행정연구회 멤버들이 해방 후 미 군정 시대에 사법관들이 미국의 사법권 우월 제도를 너무 금지옥엽(金枝玉葉)과 같이 생각하여 별로 큰 실력도 없어 보이면서 우월감을 가지고 있었던 데 대하여 적지 않게 반감을 가지고 있었고, 이것이 헌법위원회 제도를 우호적으로 생각한 데 영향을 미친 것으로 이야기하고 있다. 황동준, 앞의 책, 331면.
212) 최초 유진오안의 육필원고의 해당 조항 위 여백에는 양 제도를 지칭하는 단어가 나란히 부기되어 있다.
213) 『新稿憲法解義』, 249면.
214) 같은 면.
215) "헌법제정의 정신", 『헌법의 기초이론』, 109면.

구상하면서 나름대로 가졌던 원칙은, 첫째로 켈젠의 법단계설에 따라 헌법위원회는 헌법의 하위에 위치하면서도 국회보다는 상위의 지위를 가져야 한다는 것, 둘째로는 따라서 헌법위원회는 입법부, 행정부, 사법부 어느 쪽에도 경도됨이 없이 균형이 이루어져야 한다는 것이었던 것으로 보인다. 그 결과 유진오사안에는 대통령을 의장으로 하고 대법원장과 국회 양원 의장, 그리고 참의원의 동의로써 대통령이 임명하는 3인의 위원으로 구성되는 헌법위원회가 법원의 제청을 받아 법률의 위헌 여부를 심사하도록 규정되었다(제89조 후단). 그러나 이러한 구성방식은 현실적으로 무리였을 뿐만 아니라 법원 측의 심한 반발을 초래하였다. 나아가 헌법기초위원회의 심의과정에서 양원제 자체가 삭제되었기 때문에, 차제에 법원의 제청을 요하도록 한 것은 그대로 두면서도 그 구성에 있어서는 부통령을 위원장으로 하고 대법관 5인과 국회의원 5인의 위원으로 구성되도록 변경되었다(건국헌법 제81조 제2, 3항).

이러한 변경에 유진오 자신의 생각이 얼마나 반영되었는지는 잘 알 수 없다. 행정연구회와의 공동안에 규정된 사법심사제를 다시 헌법위원회제로 변경하는 대신, 사법부 측의 의견을 감안하여 당초 유진오사안보다 사법부의 영향력을 증대시키는 방향으로 타협이 이루어졌던 것이 아닌가 추측된다. 그러나 중요한 것은 이 조항에 대해 그가 "사법권 우월과 입법권 우월의 어느 편에 치우치지 않고 공정한 결정을 얻기 위"한 것이라고 긍정적 평가를 하고,216) "실지 운영이 여하히 될 것인가 자못 주시를 요하는 바"라고 기대를 표시하고 있다는 점이다.217) 어느 한 기관에 절대적 권력을 주지 않으려는 의도가 나타나고는 있으나, 다만 그가 한 가지 놓치고 있는 것은 그러한 구성방식이 사실상으로는 의회의 우월로 귀착될 가능성이 컸다는 점이다. 국회의원 중에서 선출되는 위원의 선출방법을 정하지 않음으로써, 그가 프랑

---

216) 『新稿憲法解義』, 251면.
217) "헌법제정의 정신", 『헌법의 기초이론』, 109면.

스의 헌법위원회 제도를 비판했던 것과 똑같이 위원 3분지 2 이상의
찬성으로만 가능한 위헌결정이 사실상 불가능해질 수 있기 때문이다.
이를 묵인했든 아니면 전혀 의식하지를 못했든 적어도 사법부에 대한
불신에 비하면 의회에 대한 기대가 상대적으로 컸다는 사실을 보여주
는 한 예라고 할 것이다.

이렇듯 그의 사법부에 대한 구상은 사법권 독립의 원칙을 기본적으
로 견지하면서도, 사법부의 보수성이 그의 경제적·사회적 민주주의의
실현을 방해하지 못하도록 사법부 권한을 축소하거나 우회적으로나마
통제하려는 기본발상에서 비롯되었던 것이다.

5) 지방자치 사상

지방자치에 관한 유진오의 생각 역시 그의 헌법사상의 이해에 중요
한 시사점을 제공해 준다. 그는 처음부터 민주주의에 있어서 지방자치
가 갖는 의미의 중요성에 관해서 의식하고 있었던 것 같다. 비교적 초
기에 쓰인 「우리 헌법의 윤곽」(1947)에서 지방자치의 문제를 선거제도,
사법기구, 관리제도, 정치감찰제도 등과 함께 "신중한 검토를 요하는"
앞으로의 과제로 언급하고 있기 때문이다.[218] 그럼에도 불구하고 헌법
제정 시까지도 지방자치에 관한 확고한 소신은 정립하지 못했던 것으
로 보인다. 건국헌법의 지방자치규정은 지방자치단체가 고유사무와 위
임사무를 처리한다는 것과 법령의 범위 내에서 자치규정을 제정할 수
있다는 것, 그리고 지방의회를 두어야 한다는 것을 규정한 외에는 지
방자치단체의 종류, 조직 및 운영 등 일체의 결정을 추후 법률의 제정
에 미루는 태도를 취하고 있는데, 그것은 지방자치의 기본원칙과 관련

---

218) "우리 헌법의 윤곽", 『헌법의 기초이론』, 94면.

하여 결정하기에 용이하지 않은 문제들이었기 때문이라고 그는 말하고 있다.[219] 그렇다고 하여 지방자치의 기본원칙에 관한 생각이 전혀 없었던 것은 물론 아니었다.

그는 우선 지방자치의 필요성을 두 가지 점으로부터 논증하였다. 첫째는 국회의원 선거만으로는 국민의 정치참여 기회가 너무 적으므로, '지방적 특수적 이해를 가진 사항'에는 지방민의 참가를 허용하는 것이 보다 민주적 정신에 부합한다는 것이었다. 그리고 두 번째로는 중앙정부는 항상 전국적 일반적 이익을 고려하여 정책을 결정하므로, '지방적 특수적 이익'의 보호를 위해서도 지방자치가 필요하다는 것이다.[220]

그러나 이미 여기에서도 암시되고 있듯이, 그가 지방자치를 보는 기본 시각은 그 확대가 아니라 제한이었다. 그에 의하면 건국헌법이 "지방행정을 전부 자치로 하느냐, 아니면 자치와 관치(官治)의 병행으로 하느냐 하는 문제에 전연 언급하지 않은" 것은 "지방행정을 담임하는 기관에는 자치기관도 있을 수 있고 관치기관도 있을 수 있음"을 전제로 한 것이었다고 한다.[221] 이러한 입장에서 그는 후에 지방자치법이 제정되었을 때, '지방행정은 지방주민의 자치로 행하게 한다'는 지방자치법의 목적조항은 "헌법이 무언중에 예상한 전제를 깨뜨린" 것이라고 말할 수 있었다.[222]

그런데 그와 같이 지방자치를 가능한 한 제한하려는 시각 역시 역사적 변천에 의하여 정당화되었다. 선진 각국의 지방자치제도의 역사적 추이를 보면 고도의 지방분권주의로부터 점차 중앙집권주의로 변천해 나가는 것이 일반적 경향이라는 것이다. 예전에는 지방적 특수적 이해에 관계되는 사항이 비교적 많았으나, 오늘날에 이르러서는 산업의 발달, 교통, 통신망의 확대, 국제대립의 격화 등으로 인하여 전과는 반대

---

219) "지방자치의 의의", 『헌법의 기초이론』, 201면.
220) 같은 글, 206-207면.
221) 같은 글, 202면.
222) 같은 글, 202면.

로 지방적 특수적 이해에 관계되는 사항은 점차 적어지는 반면에, 전
국적 일반적 이해에 관계되는 사항은 격증된 것이 그 원인이라고 그는
설명한다.223) 특히 중앙집권을 강화해야 할 필요는 건국기 우리나라에
있어 더욱 절실하다고 그는 느꼈다. 그리하여 "지금 우리나라는 정치,
경제, 문화의 모든 면에 있어서 강력한 전국적 계획하에 모든 것을 추
진하여야만 급속한 시일 내에 모든 재건을 달성할 수 있다는 현실의
필요로 보아,"224) "지방적 특수적 이해에만 관계되는 극소 부분의 행
정을 제외하고는 전국적 일반적 사항은 전부 중앙정부로 집중하여 강
력한 중앙집권국가를 건설하는 것이 지금 우리들에게 부하된 역사적
민주적 사명"225)이라고 강조했던 것이다.

결론적으로 말해서 주민의 정치참여에 관한 한 국가 전체의 이익을
위해서라면 제한될 수 있고, 실제 최소한으로 억제되어야 한다는 것,
그리고 신속한 국가건설을 위하여 강력한 중앙집권이 요구된다는 것이
그의 지방자치사상의 핵심이었던 것이다.

6. 경제질서에 관한 사상

유진오의 경제적·사회적 민주주의 사상은 바이마르헌법 및 제1차세
계대전 후의 각국 헌법의 조류에 따라 소위 '경제헌법'이라 일컬어지는
부분이 우리 헌법상에 삽입되게 되는 결과를 낳았다. 특히 그가 내각
책임제와 함께 초안 작성 시 역점을 두었던 부분도 바로 이 경제질서
에 관한 부분이었는데,226) 내각책임제가 헌법제정 과정에서 중요한 변

---

223) 같은 글, 207면.
224) "헌법제정의 정신", 『헌법의 기초이론』, 114면.
225) "지방자치의 의의", 『헌법의 기초이론』, 209면.
226) 황동준, 앞의 책, 333-334면.

질이 있었던 반면에, 경제질서에 관한 부분은 거의 그대로 유진오안이
건국헌법에 반영되었다.

종래 건국헌법상의 이 경제조항은 기본권 조항과 함께 우리 건국헌
법이 바이마르헌법을 주된 모델로 삼았다는 강력한 논거로 제시되곤
했다.227) 그러나 이러한 견해는 표면적인 유사성에만 주목했을 뿐으로,
경제조항을 비교법적으로 분석해 보면 그것에 반영된 사상은 바이마르
헌법의 이념을 넘어선 어떤 것이 감지된다.

우선 체제 면에서 경제조항이 헌법상에서 차지하고 있는 순서가 다
르게 되어 있다. 바이마르헌법의 경우 경제조항은 기본권 조항의 일부
분으로 구성되어 있는 반면에, 건국헌법에서는 국가의 통치구조 다음
에 경제라는 별도의 장으로 존재하고 있는 것이다. 이러한 형식은 당
시로서는 입법례적으로도 그 유래가 드문 것으로 알려지고 있다. 한
조사에 의하면, 당시 경제조항을 두고 있는 헌법들은 바이마르헌법이
나 단치히자유시헌법, 스페인헌법 등과 같이 경제조항을 기본권 항목
중에서 세분하여 규정하거나, 유고슬라비아헌법, 브라질헌법 등과 같이
기본권과 별도의 항목으로 규정하고 있는 경우에도 기본권 조항과 병
행하여 규정하고 있는 것이 통례라는 것이다.228) 이런 점에서 우리 건
국헌법의 태도는 소위 5·5헌장이라고 일컬어지는 1936년 5월 5일의
중화민국헌법초안과 유사한 형식이라고 볼 수 있다. 물론 우리의 건국
헌법의 체제는 5·5헌장과도 반드시 일치하는 것은 아니다. 5·5헌장

---

227) 기본적으로 이러한 관점에서 건국헌법과 바이마르헌법과의 관계를 기
    본권, 권력구조, 경제질서라는 세 개의 카테고리에서 검토한 것으로는,
    김효전, "한국헌법과 바이마르헌법", 헌법연구, 제14집, 한국공법학회,
    1980; 그 외에도 김철수, 『헌법학개론』, 60면; 한상범, "한국 헌법학
    40년", 법학연구, 제16집, 전북대법학연구소, 1989, 122면 등에서 그러
    한 견해가 보이고 있다.
228) 宮澤俊義, 田中二郎 공저, 『中華民國憲法確定草案』(東京: 中央大學,
    1936), 296-297면.

에는 소위 유진오의 말하는바 수익권적 규정이 경제질서에 관한 규정
과 혼합되어 - 이 점에 있어서 5·5헌장은 오히려 바이마르헌법과 비슷
하다고 할 수 있다 - 국가의 통치구조에 관한 규정 다음에 위치하고 있
는 반면에, 건국헌법은 수익권에 관한 규정과 경제질서에 관한 규정을
용의주도하게 분리하여 전자는 기본권의 장에, 후자는 국가 통치구조
다음의 경제의 장에 위치시키고 있기 때문이다.

　일본의 미야자와(宮澤俊義)와 다나까(田中二郎)는 이러한 중화민국
의 규정방식에 대하여 비판하기를, 경제생활의 질서는 인민의 권리의
무와 밀접한 관계에 있고, 양자의 관계 또한 전자보다 후자에의 발전
을 명확히 하는 것이 타당할 뿐 아니라, 양자를 통일적으로 이해할 때
비로소 그 참 의의를 파악할 수 있는 것이라고 말한 바 있다. 그러나
이러한 비판은 오늘날의 관점에서는 적절한 것일지 모르나, 5·5헌장
의 기초정신을 염두에 두지 않은 비판이다.[229] 다시 말하면 이러한 차
이는 우연이라기보다는 헌법기초자들의 기본적인 인식 차이를 반영한
것으로 보아야 한다는 것이다. 즉 바이마르헌법의 경제적 조항들이 각
인의 자유와 평등을 형식적인 면에서뿐만 아니라 실질적인 면에서도
확보해 주고자 한 것이었다는 점에서 어디까지나 개인 중심적 사고의
연장에 기초하고 있다고 한다면, 5·5헌장의 경우는 국가목적을 위한
바람직한 경제구조 내지 경제질서 자체에 대한 관심이 보다 직접적이
었다는 점이 헌법체계상의 편별의 차이로 이어지고 있다는 것이다.

　이에 비하면 기본권과 경제질서로 나누어 규정한 유진오의 태도는 어
느 쪽에도 속하지 않는 독특한 것이지만, 어쨌든 기본권 조항과는 별도
로 국가의 경제적 구조 그 자체에 대한 규정을 두고 있다는 점, 그것도
소위 수익권 조항에 비하여 경제질서 조항에 그가 더 압도적인 열의와
기대를 보였다는 점을 감안하면, 그의 경제적·사회적 민주주의 역시

---

229) 같은 책, 297면.

개인의 권리적 측면에서의 관심보다는 국가 건설에 있어 바람직한 경제질서에 보다 일차적인 관심을 가진 것이었다고 말할 수 있을 것이다.

이러한 점은 건국헌법의 개개 경제조항들을 비교법적·내용적으로 분석해 보아도 명확히 알 수 있다. 특히 유진오가 경제질서의 기본원칙을 정한 것이라고 말하고 있는 건국헌법 제84조의 규정은 대표적인데, 이 규정은 뒤의 〈표〉에서 보는 바와 같이 그 문언상의 유사성으로 인해 바이마르헌법의 영향을 받은 대표적인 예로 꼽혀 왔다. 그러나 자세히 살펴보면, 유진오는 우리 경제질서의 기본원칙으로서 '사회정의의 실현'과 함께 바이마르헌법 제151조 제1항에서는 그 대구를 찾을 수 없는 '균형 있는 국민경제의 발전'을 추가하고 있는 것을 볼 수 있는데, 이는 5·5헌장 제116조의 '국민생계의 균등과 충족'(均足)이라는 용어에서 암시받은 것일 것이다. 유진오는 이 건국헌법 제84조에 대하여 해석하기를, 사회정의의 내용은 조문 자체가 정의하고 있는 바와 같이 모든 국민에게 생활의 기본적 수요를 충족할 수 있게 함을 말한다고 하면서, '균형 있는 국민경제의 발전'의 의미에 대해서는,

> 경제균등의 의미로도 생각할 수 있으나, 이곳에서는 그것보다도 우리 국민경제 조직의 균형 있는 발전을 의미하는 것으로 보아야 할 것이다. 환언하면 우리의 경제는 무원칙, 무계획하게 방임되는 것이 아니라, 국민적 기초 위에서 일정한 국가적 계획하에 설계되고 발전되어야 한다는 계획경제의 원칙이 이곳에 전시되어 있는 것이다.[230]

라고 설명하고 있다. 여기서 경제균등이라는 용어는 문맥상으로 보면 사회정의의 실현으로써 이루고자 하는 것, 즉 바이마르헌법의 정신을 표현한 것임이 분명하다. 그렇다면 제84조의 의미는 경제균등의 정신을 '사회정의'와 '균형 있는 국민경제의 발전'이라는 두 용어로써 중복하여 강조한 것이 아니라, 경제균등의 정신과 병행하여 계획경제의 원

---

230) "헌법제정의 정신", 『헌법의 기초이론』, 111면.

칙을 선언한 것이라는 이야기가 된다. 물론 계획경제는 "국민 각층의 경제상의 차이를 완화시키기" 위한 수단적 측면도 가지고 있다.[231) 그러나 이로써 그가 보다 직접적으로 의도했던 바는 우선 균형 있는 국민경제의 '발전'이라고 표현된 데서 알 수 있듯이 국가 주도에 의한 국가경제의 급속한 재건 및 부흥이었고, 두 번째로는 다음의 설명에서 암시되어 있듯이 자립경제의 수립이었던 것이다.[232)

> 국민경제가 균형 있게 발전되지 못하여 소비자재의 생산과 생산자재의 생산이 균형을 얻지 못한다든가 일부 산업만이 발전하고 일부 산업이 부진하다든가 부의 편재가 심하다든가 하면 결국에 있어서는 모든 국민에게 생활의 기본적 수요를 충족시킬 수 없음으로 각 산업의 균형 있는 발전을 기하고…….[233)

이와 같이 경제의 기본원칙에서 이미 사인 간의 단순한 이해조정을 넘어선 국가적 필요에 의한 경제통제가 예상되고 있다.

"대외무역은 국가의 통제하에 둔다"는 건국헌법 제87조 제2항의 규정 역시 동일한 관점에서 설명이 가능하다. 이 규정은 성격상 개인의 인간다운 생활의 보장을 직접적인 목적으로 하는 바이마르헌법의 관점에서는 설명이 불가능한 것으로, 5·5헌장 제145조 제3항에서 유래한 것이

---

231) 『新稿憲法解義』, 258면.
232) 국가적 필요를 보다 명확히 나타내 주는 표현으로는 다음의 구절을 인용할 수 있다. "우리 헌법은 그러므로 균등경제의 원칙을 기본정신으로 하고 있다고 말씀할 수 있겠습니다. 이러한 사회정의의 실현과 또 균형 있는 국민경제의 발전 — 다시 말씀하면 경제상의 약자를 다만 도와줄 뿐만 아니라 국민경제의 전체에 관해서 균형 있는 발전을 하는 것을 우리나라 경제의 기본정신으로 하는 것입니다. 국가적 필요로 보아서 어떠한 부문의 산업을 진흥시킬 필요가 있는 경우, 또 국가적 필요로 보아서 어떤 부문의 산업을 제한할 필요가 있는 경우, 그러한 때에는 국가권력으로써 이 모든 문제에 관해서 조정을 할 것입니다.", "대한민국헌법 제안이유 설명", 『헌법의 기초이론』, 125면.
233) 『新稿憲法解義』, 257-258면.

다. 유진오는 이 규정에서의 '통제'의 의미가 무엇이냐는 미 군정의 법률고문 프랭켈의 질문에 감독보다는 의미가 강하고 관리보다는 의미가 약한 것이라고 설명한 바가 있다고 한다.[234] 『新稿憲法解義』에서는 이를 좀더 자세히 설명하고 있는데, 국가의 감독하에 두는 경우에는 대외무역을 원칙적으로 사인의 자유 활동에 맡겨 두고 그 결과 폐해가 생길 때에 비로소 국가가 이에 간섭하는 것이지만, 통제하에 두는 경우에는 대외무역에 관하여 국가는 일정한 계획을 수립하고 그 계획의 범위 내에서 사인의 활동을 허용하는 것이라고 한다. 그러나 그렇다고 하여 사인의 자유 활동을 전혀 허용치 않고 이를 국가가 독점하는 관리제도도 아니라고 설명하고 있는 것이다. 이렇게 볼 경우, 우리 건국헌법의 규정은 국가의 '장려지도 및 보호'를 규정하고 있는 5·5헌장보다 더 통제의 색채가 강한 것이라고 말할 수 있다. 문제는 유진오가 왜 이토록 대외무역에 대한 국가의 통제에 강한 열의를 가졌는가 하는 점이다. 그 자신이 명시적으로 이를 설명하고 있는 것은 없지만, 역시 5·5헌장에 나타난 대로 강력한 국가 주도하에 무역을 증진할 필요성, 그리고 무역으로 인한 경제적 대외종속의 우려 등을 고려한 결과로 생각할 수 있을 것이다.

사영기업을 국유 또는 공유로 이전하거나 그 경영을 통제관리할 수 있는 요건으로서 건국헌법 제88조가 국민경제상의 필요 외에 들고 있는 '국방상의 필요'도 바이마르헌법에는 없는 조항인데, 5·5헌장에서 발견된다. 이것도 경우는 다르지만 역시 우리 건국헌법이 개인간의 단순한 이해 조정을 뛰어넘는 국가 전체적 관심이 경제조항에 반영된 한 예라고 보아야 할 것이다.

한편 바이마르헌법의 경제조항과 우리 건국헌법의 경제조항 사이에 나타나는 이러한 성격상의 차이가 경제 활동에 대한 국가적 통제의 범위나 정도에 차이를 초래할 것이라는 점은 당연히 예상할 수 있는 일

---

234) 최종고, 『한국의 서양법수용사』, 257면.

이다. 가령 지하자원이나 자연력에 대해 바이마르헌법은 단순히 국가의 감독을 규정하고 있을 뿐인 데 반하여, 5·5헌장이나 우리 건국헌법은 처음부터 국유를 선언하고 있다. 뿐만 아니라 바이마르헌법은 '사회적이 되기에 적당한' 사기업을 공유로 '옮길 수 있다'고 하였을 뿐인데, 건국헌법 제87조 제1항은 '중요한 운수·통신·금융·보험·전기·수리·수도·가스 및 공공성을 가진 기업'으로 광범위하게 특정하여 '국영 또는 공영으로 한다'고 규정하고 있다. 그의 해석에 의하면, '국영 또는 공영'의 의미는 국유국영(國有國營) 또는 공유공영(公有公營)의 의미였다.[235] 이것 역시 공유를 원칙으로 하고 있는 5·5헌장에 보다 유사한 것이다. 유진오 자신도 이 규정에 대하여 소련헌법과 중화민국헌법을 제외한 각국 헌법에서 별로 유래를 찾아볼 수 없는 규정이며, 이 규정만으로 볼 때는 국가사회주의적 경제정책을 채용한 것으로 보일 수도 있다고 말하고 있을 정도이다.[236] 나아가 이와 같은 국영 또는 공영의 원칙이 적용되지 않는 중소상공업에 대해서도 앞서 말한 바와 같이 국방상 또는 국민경제상 긴절한 필요가 있는 경우에는 다시 공영화나 경영의 국가통제가 가능하도록 되어 있는 것이다. 이에 해당하는 바이마르헌법 제156조 제2항은 동조 제1항과의 관계에서 볼 때, 공유로 할 정도는 아니나 어느 정도의 국가적 통제는 필요하다고 생각되는 공공적 기업을 대상으로 한 규정이었다. 이에 반하여 유진오는 건국헌법 제87조 제1항을 주로 대기업을 염두에 두고 규정한 것이기에, 경제자유의 원칙이 적용되는 중소상공업 중에서도 필요한 경우에는 공영화나 기타 경영통제가 가능하도록 할 필요를 느꼈던 것 같다. 그 결과는 물론 전체적으로 보아 바이마르헌법에 비해 훨씬 통제적 색채가 강화된 것이었다.

이렇게 볼 때, 우리 건국헌법이 5·5헌장으로부터 영향을 받은 부분

---

235) 『憲法解義』, 184면; 『新稿憲法解義』, 265면.
236) 『新稿憲法解義』, 264면.

은 단순히 개인간의 이해대립을 조정한다는 의미를 넘어 전체로서의
국가 자체의 발전이나 경제구조 자체가 직접적 관심이 되고 있는 부
분, 또는 개인간의 이해 조정의 목적만으로는 허용될 수 없는 과도한
국가통제에 관한 부분에 집중되고 있음을 볼 수 있다. 이러한 점은 수
용의 소극적인 측면, 즉 바이마르헌법에는 있으나 건국헌법상에는 누
락되어 있는 조항들을 보아도 확연히 드러난다. 건국헌법의 경우 경제
질서나 기본권 조항 어디에서도 통상 및 영업의 자유, 계약의 자유에
대한 명시적 규정을 의도적으로 피하고 있는 반면에, 바이마르헌법의
경우는 경제조항의 처음부터 경제자유의 보장을 천명하고 이들 자유권
의 보장을 차례로 규정하고 있음을 볼 수 있다. 바이마르헌법의 이러
한 태도는, 바이마르헌법이 경제자유의 원칙에 우선권을 두고 자유를
한계지우는 유보의 의미에서만 공동경제적·사회국가적 개입 권한을
인정하는 그러한 경제적 타협 위에 성립한 것이라는 후버(E. R.
Huber)의 지적에 비추어 충분히 예상될 수 있는 것이었다.[237] 반면에
우리 건국헌법상의 경제질서는 "이해하기 어려울 정도로 그 성격이 모
호"하여 단일적 개념으로써 성격을 규정짓는 것이 적절치 않거나 별
의미가 없다는 평가가 내려지고 있으나.[238] 분명한 사실은 그만큼 서
구에서 발전한 '사회적 시장경제질서'의 개념을 넘어서는 강한 통제경
제 원칙을 규정하고 있다는 사실이다.[239] 확실히 그것은 유진오 자신

---

237) E. R. Huber, *Deutsche Verfassungsgeschichte seit 1789*, Bd. 6 (Stu-
    ttgart: Verlag W. Kohlhammer, 1981), S. 1027.
238) 권영설, "국가와 경제: 경제질서의 헌법적 기초", 공법연구, 제16집, 한
    국공법학회, 1988, 26, 27면.
239) 건국헌법상의 경제질서를 사회적 시장경제질서로 규정하는 견해도 있
    으나, 사회적 시장경제의 개념에 비추어 볼 때 이는 적절치 않다. 사회
    적 시장경제의 개념에 대해서는 김문현, "사회적 시장경제질서: 한국
    헌법상 경제질서로서의 적실성과 관련하여", 이화여대 사회과학논집,
    제13집, 1993.12. 및 성낙인, "헌법상 경제질서의 연구", 서울대 석사논
    문, 1980. 등을 참조할 것.

이 인정한 바와 같이 경제적 자유주의의 수정을 넘어 오히려 사회주의의 정신에 더 가까워 보이는 것이 사실이다.

다만 사회주의가 계급대립을 전제로 하여 강제적 혁명적 수단에 의지하는 반면, 건국헌법에 나타난 정신은 모든 계급의 포용을 전제로 하여 보다 점진적이고 평화적 방법에 의하여 목표를 달성하려 한다는 점에서 차이를 찾을 수 있을 것이다. 건국헌법 제85조에 의한 중요 자원의 개발이나 이용의 특허를 받은 자 또는 제87조에 의한 중요 기업의 사영의 특허를 받은 자에 대하여 그 특허를 취소하거나 농지개혁에 의한 농지 매수의 경우, 혹은 제88조에 의하여 사영기업을 수용·사용·제한하는 경우에 각각 보상을 지급하도록 한 것(제89조) 등은 이러한 정신의 발로이다. 건국헌법의 경제조항이 지나치게 통제적이 아니냐는 비판에 대하여, 경제조항들은 일제시대 이래 국가통제의 경제 현실을 확정한 것에 불과하여 새로운 조처들을 요구하는 것이 아니라는 그의 답변 역시 이러한 맥락에서 중요한 의미를 지닌다. 결국 건국헌법에 있어서 경제자유는, 생산의 측면에서 본다면 질적으로 국민경제에서 차지하는 비중이 미미한 중소상공업의 영역에서만, 그리고 사유재산의 교환가치를 보장한다는 점에서만 의미를 갖는다. 그나마 중소상공업의 사영조차도 언제라도 국가통제의 대상이 될 수 있는 무방비의 상태에 놓여 있으며, 사유재산의 교환가치의 보장 역시 '상당한' 보상에 만족해야 한다는 점에서 경제자유의 의미는 제한적으로 이해되어야 했던 것이다. 이러한 강한 통제경제의 원칙은 민족국가 건설을 위해 민족구성원의 단합된 에너지를 끌어낼 고도의 경제적 동질성을 확보하는 역할, 그리고 보다 중요하게는 신생국가의 경제 자체를 재건하는 역할이 국가에 기대되고 있다는 점에서 비롯되었다. 이 점이 바로 우리 건국헌법이 중화민국헌법초안에 보다 친근성을 보이는 사상적 이유이다. 중화민국헌법초안 역시 민족주의의 대내외적 측면을 농축한 손문의 소위 삼민주의(三民主義)에 기초한 것이기 때문이다.

건국헌법	중화민국헌법초안(5·5헌장)	바이마르헌법
84조 대한민국의 경제질서는 모든 국민에게 생활의 기본적 수요를 충족할 수 있게 하는 사회정의의 실현과 균형 있는 국민경제의 발전을 기함을 기본으로 삼는다. 각인의 경제상 자유는 이 한계 내에서 보장된다.	116조 중화민국의 경제제도는 민생주의를 기초로 함으로써 국민생계의 균등과 충족을 도모해야 한다. 121조 국가는 사인의 재산 및 사영사업에 대하여 국민생계의 균형과 발전에 방해가 된다고 인정할 때에는 법률에 의하여 이를 제한할 수 있다.	151조1항 경제생활의 질서는 각인으로 하여금 인간의 가치에 타당한 생활을 하게 하는 것을 목적으로 하고 정의의 원칙에 적합하여야 한다. 각인의 경제상의 자유는 이 한계 내에서 보장된다. 2항 법률적 강제는 위험에 처한 권리를 보호하거나 중요한 공익을 증진할 목적으로만 허용된다. 3항 통상 및 영업의 자유는 국법에 의하여 보장된다.
85조 광물 기타 중요한 지하자원, 수력과 경제상 이용할 수 있는 자연력은 국유로 한다. 공공필요에 의하여 일정한 기간 그 개발 또는 이용을 특허하거나 또는 특허를 취소함은 법률이 정하는 바에 의하여 행한다.	118조 토지에 부착된 광물 및 경제상 공공의 이용에 공하는 천연력은 국가의 소유에 속하고 인민의 취득에 관계되는 토지소유권으로 인하여 영향을 받지 않는다.	155조4항 토지의 천연자원 및 경제적으로 유용한 자연력은 국가가 이를 감독한다. 사적 특권은 법률에 의하여 이를 공유로 옮겨야 한다.
86조 농지는 농민에게 분배하며 그 분배의 방법, 소유의 한도, 소유권의 내용과 한계는 법률로써 정한다.	120조 국가는 토지의 분배 및 정리에 관하여 자작농 및 스스로 토지를 사용하는 자를 扶植할 것을 원칙으로 한다.	155조1항 토지의 분배 및 이용은 국가가 이를 감독하고 그 남용을 막으며 또 모든 독일인에게 건강한 주거를 제공하며 모든 독일의 가족 특히 다수의 자녀를 가진 가족에게 그 수요를 충족하는 주거와 가산을 가지게 하여야 한다. …… 제2항 토지의 취득이 주거의 수요를 충족시키기 위하여 척식개간을 장려하기 위하여 또는 농업의 발달을 위하여 필요할 때에는 이를 수용할 수 있다.
		155조3항 토지를 개척하고 이용하는 것은 공공에 대한 토지소유자의 의무이다. 노력 또는 자본을 사용하지 아니하고서 생긴 토지가격의 증가는 공공을 위하여 이를 이용하여야 한다.

건국헌법	중화민국헌법초안(5·5헌장)	바이마르헌법
87조1항 중요한 운수, 통신, 금융, 보험, 전기, 수리, 수도, 가스 및 공공성을 가진 기업은 국영 또는 공영으로 한다. 공공필요에 의하여 사영을 특허하거나 또는 그 특허를 취소함은 법률의 정하는 바에 의하여 행한다. **2항** 대외무역은 국가의 통제하에 둔다.	**123조1항** 공용사업 및 기타 독점성을 갖는 기업은 국가의 공영을 원칙으로 하고, 단 필요한 경우에는 국민의 사영을 특허할 수 있다. **122조** 국가는 국민의 생산사업 및 대외무역에 대하여 이를 장려지도 및 보호할 것을 요한다.	**156조1항** 독일국은 법률에 의하여 공용징수에 관한 규정을 준용하여 사회적이 되기에 적당한 사적인 경제적 기업을 보상을 주고 공유로 옮길 수 있다. 각 주 또는 공공단체는 스스로 경제적인 기업 및 단체의 감리에 참여하고 또는 다른 방법으로써 이에 대하여 지배력을 행할 수 있다.
88조 국방상 또는 국민생활상 긴절한 필요에 의하여 사영기업을 국유 또는 공유로 이전하거나 또는 그 경영을 통제관리함은 법률의 정하는 바에 의하여 행한다.	**123조2항1단** 국가는 국방상 긴급의 수요로 인하여 전항의 특허에 관계되는 사영사업을 임시관리하고 아울러 법률에 의하여 이를 공영으로 복귀시킬 수 있다.	**156조2항** 독일국은 공공경제의 목적을 위하여 긴절한 필요가 있는 경우에 있어서는 법률에 의하여 자치의 기초에 입각한 경제적인 기업 및 단체를 결합시켜서 모든 국민 중의 생산계급의 협력을 확보하고 노동고용자 및 피용자로 하여금 그 관리에 참여시키며 및 경제적 화물의 생산·제조·분배·소비가격과 수출입을 공공경제의 원칙에 따라 규율할 수 있다.
89조 제85조 내지 제88조에 의하여 특허를 취소하거나 권리를 수용, 사용 또는 제한하는 때에는 제15조 제3항의 규정을 준용한다.	**123조2항2단** 단 적당한 보상을 하여야 한다.	153조 및 156조1항 참조

제5장

제헌기 이후 헌법사상의 전개와 균열

제5장 제헌기 이후 헌법사상의 전개와 균열

1. 헌법사상의 구현노력: 정부수립부터
사사오입개헌 전까지

   역사적인 헌법제정이 있고 난 후 유진오는 1948년 8월 4일 바로 신정부의 초대 법제처장으로 발탁되게 된다. 그러나 그의 발탁은 곧 국회로부터 거센 반발을 불러 일으켰다. 1948년 8월 19일 김인식(金仁湜) 의원 등이 제출안 「정부 내 친일파 숙청에 관한 긴급건의안」이 채택되고, 그에 따라 구성된 특별위원회가 8월 23일 제47차 국회본회의에서 상공부차관 임문환, 운수장관 민희식 등과 함께 유진오를 정부 내 대표적인 친일파로 거론함으로써 사회 일반과 정부에 커다란 파문을 일으키게 된 것이다.[1] 그러나 이 보고는 충분히 자료정리가 안 된 상태에서 반민족행위처벌법의 심의와 맞물려 유야무야되게 되었고, 유진오는 이듬해 6월 사임 때까지 짧은 기간이나마 법제처장으로서 건국 초기 국가의 기본조직을 세우고 기본정책을 법제화하는 데 일익을 담당할 수 있는 기회를 누리게 된다. 법률전문가가 희소하였던 당시의 상황에서 그의 역할은 법제처장에게 일반적으로 예상되는 것 이상의 것이었던 것으로 보인다. 행정직제 등 적지 않은 법령들이 그가 직접 기초하거나 그렇지 않은 경우라도 미리 기본방침을 지시하고 사후 검토를 하는 식으로 기초되었고, 그가 직접적으로 주도한 경우가 아니라도 그의 법적 의견은 비중 있게 받아들여졌다. 법제처장으로서의 직책에 덧붙인 이러한 영향력은 자신의 헌법적 구상들을 법령을 통하여 구

---

[1] 『제1회 국회회의록(제47호)』, 881-882면.

체화시킬 수 있는 좋은 기회를 그에게 제공하였다. 이들 중 몇 가지 법령을 중심으로 그의 생각과 역할을 살펴보는 것도 그의 헌법사상과 관련하여 무의미한 일은 아닐 것이다.

국군조직법의 제정에 있어서는 군정(軍政)과 군령(軍令)의 분리 여부가 가장 문제로 되었다. 그가 정부 원안의 작성에 어느 정도 영향을 미쳤는지에 관해서는 정확히 알 수 없으나, 정부 원안에 대하여 국회 외무국방위원회에서 군정과 군령을 분리하는 수정안을 제출하자 법적 차원에서 수정안에 대한 반대의사를 강력하게 개진하였던 사실은 국회 의사록을 통해 확인할 수 있다. 그는 여기에서 이 문제를 국가의 백년 대계를 좌우하는 중대한 문제로 규정하고, 군정과 군령을 서로 밀접한 관련하에 두어 군이 국가의 기본방침에 순응하는 체제이어야 함을 역설했다. 헌법 제66조에서 대통령의 국무행위에 국무총리와 관계 국무위원들의 부서(副署)를 요구하면서 특별히 "군사에 관한 것도 또한 같다"고 부기한 것이나, 헌법 제72조 제7호에서 국무회의의 의결사항으로 "군사에 관한 중요한 사항"을 삽입한 것도 바로 그러한 점을 염두고 두고 규정한 것이라고 강조했다.[2] 그가 이 문제에 대하여 그토록 강한 확신을 갖게 된 데는 군령의 분리를 빌미로 군국주의로 치달을 수밖에 없었던 구 일본의 경험이 주는 경각심 때문이었음은 물론이다. 그러나 그 밑바탕에는 군령의 독자적 행사를 막음으로써 국가권력의 통일적 행사라는 제헌 당시의 사상이 그대로 이어지고 있었던 것이다.

공무원법에 있어서는 소위 문관제도, 즉 직업공무원 제도의 확립을 중점의 하나로 삼았다고 한다. 그는 공무원 제도를 영국식과 미국식으로 구분하여 설명한 후, 관리의 자격과 임면에 관한 일정한 표준을 세우고 일단 이에 따라 임명된 이상은 어느 정도 신분보장을 해주는 영국식의 제도가 더 나은 제도임을 강조했다.[3] 효과적인 국가사무 처리

2) 『제1회 국회회의록(제100호)』, 858-859면.
3) 『제1회 국회회의록(제122호)』, 1208면.

에 유리하다는 것으로, 이 점은 굳이 유진오의 입장을 생각하지 않더라도 충분히 이해될 수 있는 점이다. 그런데 흥미로운 점은 심계원법(審計院法)이다. 심계원법 정부안에 대한 제안설명에서 유진오는 정부안의 특징을 심계원의 권한 확대와 심계원장의 지위를 일반직 공무원이 아닌 정무관(政務官)으로 한 점을 중요한 특색으로 들었다. 헌법상에는 "국가의 수입지출의 결산은 매년 심계원에서 검사한다"(제95조 제1항)라고만 되어 있는데, 정부안은 단순한 국가의 수입지출뿐 아니라 국영사업이나 공영사업, 지방자치단체의 재정까지 검사할 수 있도록 했다는 것이며, 한 걸음 더 나가 법제사법위원회의 수정안에서 심계원이 '상시 심사·검사'를 할 수 있도록 하여 사후뿐 아니라 사전감독까지도 철저케 한 것은 정부안이 미처 생각하지 못한 것으로 적극 찬동한다는 의견을 피력했다. 방대한 재정적자 등 복잡다단한 재정상태를 감안할 때 그러한 권한 강화는 불가피하다는 것이었다.[4] 심계원장을 정무관으로 하도록 한 것 역시 재정의 효율적 운용을 위한 것이었다. 그는 심계사무에는 사법적 단결[죄]주의(團結[斷罪]主義)와 행정적 감사주의(監査主義)가 있다고 설명한다. 그런데 정부안은 후자의 입장을 취한 것으로, 회계감사를 통하여 정치적·행정적 차원의 개선점이 발견되면 반드시 불법적 사항이 아니더라도 바로 반영될 수 있도록 하기 위해 정치적 비중이 있는 정무관으로 심계원장에 보(補)하는 것이 좋겠다는 판단을 했다는 것이다.[5] 여기에서 새삼 다시 보게 되는 것은 그가 국가행정의 유연성 내지는 효율성에 지나치게 집착한 나머지, 이미 당시 조헌영 의원이 지적한 바와 같이[6] 정부의 부정부패가 오히려 정치적 고려에 의하여 처리될 수 있다는 점은 완전히 간과하였다는 사실이다.[7]

---

4) 『제1회 국회회의록(제110호)』, 1028-1029면.
5) 『제1회 국회회의록(제122호)』, 1216면.
6) 『제1회 국회회의록(제122호)』, 1215면.

268

비록 도중에 폐기되었지만 제정이 추진되었던 원로원직제안과 신문지법안 역시 국가통합에 대한 그의 관심과 언론의 자유에 대한 그의 생각을 잘 보여준다. 원로원직제는 정부수립 과정에서 많은 정치지도자들이 정권에서 탈락되어 총력집결에도 마이너스가 되고 국민 불만의 근원이 되고 있는 사실을 감안해서 자문기관으로 원로원을 둘 것을 그 자신이 여러 차례 대통령에게 건의하여 직접 기초하게 된 것이라고 한다. 자문기관은 대통령령만으로 설치할 수 있어 다 된 것으로 생각하고 있었는데, 마지막 단계에서 초안이 언론에 유출되어 무산되었다는 것이다.[8]

신문지법은 공보처와 법무부에서 각각 작성한 안을 토대로 법제처에서 전문 32개조로 새로 기안한 것이었는데, 국무회의까지 통과되었다가 여론의 악화로 도중 폐기된 것으로 보인다. 그 내용에 대해서는 제1조에서 허가제를 규정하고 있는 것은 물론, 광무 11년의 신문지법에 버금가는 광범위한 기사금지 조항과 가혹한 처벌규정 등으로 당시 기자단의 철폐 요청 등 여론의 반발이 심하였던 것이다.[9] 물론 법제처안 자체를 유진오의 사상과 직접 연결시키는 것은 무리일지 모른다. 그러나 그 안의 국무회의 통과에 즈음한 유진오의 다음의 담화는 매우 시사적이다.

영미 양국에 있어서는 형법상 저촉되지 않는 한 언론은 절대 자유로 인정되어 있거니와 대륙 제국에 있어서는 형법 외에 신문지법 같은 법령을 제정하여 언론에 대한 정부정책을 시행하고 있다. 이번 국무회의의 통과를 본 우리나라 신문지법안은 대체로 대륙

7) 유진오에 의하면 그 외에도 농지개혁법에 있어서는 지주의 산업자본가로의 전환을 위하여 노력하였고, 귀속재산처리법에 있어서는 지주의 구제와 불하재산의 종별 책정에 노력하였으며, 지방자치법에 있어서는 지방자치를 무조건 확대하자는 경향에 반대하여 우리나라 현실에 맞는 관치행정과 자치행정의 조정을 위하여 미력을 다했다고 회고하고 있다. "법제에 골몰한 10개월", 『민주정치에의 길』, 221면.
8) 『養虎記』, 230면.
9) 서울신문, 1948. 12. 10.

제국의 법에 비등한 것인바, 국헌을 문란시킬 경우에는 신문지법보
다도 국가보안법이 적용될 것이다.[10]

사실 그의 언론자유에 대한 협소한 이해는 법제처장 재직 당시 광무
11년의 신문지법 적용과 관련하여 한 언론계 인사와 사적으로 나누었
다는 대화에서 극명하게 드러난다.[11] 정부가 빈번히 광무 11년의 신문
지법을 적용하여 언론기관에 대하여 기사금지, 발매금지, 발행정지 등
의 처분을 내리는 데 대한 변명에서, 그는 우선 광무 11년의 신문지법
이 악법이라는 점과 빨리 새 신문지법이 제정되어야 한다는 점은 인정
하였다. 그럼에도 불구하고 다음의 두 가지 점을 들어 아마도 그 자신
이 영향을 끼쳤을 정부의 그러한 처사를 옹호하였다. 첫째는 언론에
대한 정부의 간섭은 어떤 식으로든 불가피하다는 점이었고, 둘째는 그
러한 규제는 반드시 법률에 의한 것이어야 한다는 것이었다. 이런 이
유로 새 신문지법이 제정되기 전까지 차라리 임시행정조치에 의해 언
론을 규제하는 것이 낫겠다는 항변을 민주주의에 대한 위험한 발상으
로 치부하였다. 물론 이것은 행정부에 의한 자의의 선례를 남기지 않
기 위해 법치주의의 형식성을 고수하려는 강한 신념의 표명으로 볼 수
도 있다. 그렇지만 광무 11년의 신문지법이란 것이 일제의 압력하에
제정된 법률로 우리의 독립운동을 탄압하기 위한 철저한 언론통제법인
것은 말할 것도 없다. 그런데도 그러한 법에 의하여 기사금지 등의 처
분을 정당시했다면, 그것은 국가의 선의를 추단할 수 있는 한 언론의
규제를 사실상 정당화한 것이라고 볼 수밖에 없다. 그만큼 언론의 자
유에 대한 광범위한 제한을 용인하였던 것이다. 사실 그가 법제처장으
로 재직 중이던 1949년 5월 3일 서울신문이 정간조치를 당했을 때 이
용되었던 근거가 바로 이 광무 11년의 신문지법이었다.[12]

---

10) 자유신문, 1948. 12. 8.
11) "민주정치와 법의 지배", 『헌정의 이론과 실제』, 105-107면.

한편 이러한 법령정비 작업과 함께 우리나라 최초의 국제조약인 한 미간의 「재정 및 재산에 관한 최초협정」과 바로 그에 이은 「대한민국 및 미합중국간의 원조협정」의 체결에도 우리 대표단의 법률자문역으로 참여하였다. 후자의 교섭과정에서는 미국 측이 원조조건으로 제시한 몇 가지가 수정되었는데, 그중의 하나는 국내에서의 외국인의 투자나 영업을 자유화하자는 제안에 대하여 "대한민국의 헌법과 법률에 규정 된 제한 내에서"라는 제한을 가한 것이고, 또 다른 하나는 귀속재산의 관리와 미국의 원조물자 관리를 위하여 각각 우리 정부와는 독립된 기 관을 설치하자는 제안에 대하여 우리 정부의 산하기관이 관리하도록 수정한 것이었다고 한다.13) 이러한 사실은 미국이 일찍부터 우리 헌법 상의 강한 통제경제체제에 불만을 가지고 있었음을 보여주는 것으로, 미국 측의 요구는 그 경제 비중을 감안하여 볼 때 사실상 우리 경제를 자유경제체제로 바꾸자는 것이었다.14) 어쨌든 이 교섭과정에서 그의

---

12) 당시 언론탄압 문제는 여론의 비상한 관심 대상이었다. 1949년 6월 2 일 공보처차장의 국회답변에 의하면, 국무회의의 결의에 의하여 ① 대 한민국의 국시(國是)·국책(國策)에 위반되는 기사, ② 정부를 모해하 는 기사, ③ 공산당과 이북 괴뢰정권을 인정 또는 옹호하는 기사, ④ 허위의 사실을 열조(捏造)·선동하는 기사, ⑤ 우방과의 국교를 저해 하고 국위를 손상하는 기사, ⑥ 자극적인 논조나 보도로써 민심을 격 앙·소란케 하려는 외에 민심에 악영향을 끼치는 기사, ⑦ 국가의 기 밀을 누설하는 기사 등의 게재를 금지하도록 명하였으며, 정부수립 후 신문사 9개, 통신사 1개, 신문사 정간 1개를 포함하여 월간·순간·주 간 등 59건이 허가 취소된 것으로 되어 있는데, 이러한 상황에서 그 근거로 원용되던 광무 11년의 신문지법의 옹호는 언론의 자유가 얼마 나 협소하게 이해되었는지를 잘 보여 주는 것이라고 하겠다.
13) "법제처 창설 전후", 『민주정치에의 길』, 216-217면.
14) 미국은 1954년에도 FOA의 경제협력관인 우드(Wood)가 미 군정 당시 법무국 국장이었던 코넬리 변호사(John W. Cornelly Jr.)에게 한국헌법 의 경제조항이 사기업에 대한 제한이 되는지, 이 헌법조항의 배경과 적 용·해석에 관하여 답신해 줄 것을 요구하면서, 특히 제87조의 기업의 국공유화 조항과 공공필요가 있는 경우 사기업에게 특허를 발할 수 있

역할이 어느 정도였는지에 관해서는 알려진 바가 없지만, 거의 미국 측에 의해 일방적으로 진행된 교섭에서 일부나마 우리 측 수정안이 관철됨으로써 헌법의 경제조항이 형식적 규범력이나마 당분간 유지할 수 있었다.

법제처장으로서의 재임과는 별도로 1948년 9월 15일에는 "민사·상사 및 형사의 기초법전과 기타 소송·행형 등 사법법규"의 기초를 위하여 조직된 법전편찬위원회 위원으로 위촉되기도 했다.15) 그러나 법전편찬위원회 위원으로서의 뚜렷한 활동은 보이지 않는다. 그의 법제처장으로서의 재직은 1949년 6월 사임과 함께 10개월여라는 짧은 기간으로 막을 내린다. 이에 따라 다시 자동으로 고려대 교수와 법대학장 직에 복귀한 것은 물론, 그해 7월에 개설된 대학원의 고려대 대학원장 직까지 새롭게 맡게 된다. 그렇지만 이때에도 학문 연구에 몰두할 수 있는 여건이 허락되지는 않았다. 학교 행정에 덧붙여 이번에는 국회 문교사회위원회 전문위원에 선임되어 현상윤(玄相允), 장리욱(張利郁), 백낙준(白樂濬), 오천석(吳天錫)과 함께 교육법의 기초에 종사했을 뿐만 아니라, 중앙노동위원회 위원, 고등고시위원 등 많은 대외적 임무들이 주어져 있었기 때문이다.

한국동란 중에는 납북된 현상윤 총장을 대신해 고려대학교 임시관리

다는 조항을 집중적으로 연구해 줄 것과, 미국이나 유엔이 한국에 사기업을 설립하여 원조하는 것의 가능성에 대해 질문하고, 나아가 사기업의 발전을 위한 법적·경제적 장애 제거방안까지 답신할 것을 요구한 적이 있다. 이에 대해 코넬리는 한국의 경제헌법이 사회주의적인 것은 아니라고 하면서 민영기업의 활성화를 위해서 경제조항의 개정을 건의하는 보고서를 제출한 바 있는데, 김철수는 이에 대해 미국이 한국의 제2차 헌법개정시 경제조항의 개정에 적극적으로 개입한 것으로 보고, 그 근거를 제시한 이 보고서의 의의를 크게 평가하기도 하였다. 김철수, "제헌헌법의 경제조항의 해석: 미국변호사의 견해", 『법과 경제(하)』, 典岡 李鍾元 博士 古稀記念論文集(일신사, 1996), 18-19면.
15) 대한민국관보, 제4호, 1948. 9. 15.

책임을 맡는 한편, 1·4 후퇴 후 피난지 부산에서 대한민국교수단 단장과 전시연합대학 학장을 역임하였고, 해군 법무감실에서 미국의 해군 관련 법전을 번역하는 일 등에 종사하기도 하였다. 이외에 다시 한번 외교적 문제에도 관여하게 되는데, 1951년 7월에 미국의 대일강화조약 초안이 발표되자 외무부 산하 외교위원회의 일원으로 그 초안을 검토하는 일에 주도적으로 참여하게 된 것이다.16) 결국 여기서 검토된 내용이 미국 정부에 의해 일부 받아들여져, 적산에 관해서는 한일간 협의하에 처리하도록 되어 있던 원래의 내용 대신에 일본으로 하여금 기왕에 미 군정 당국이 행한 귀속재산 처리의 효력을 승인하도록 하는 규정이 새로 추가되게 된다. 이 일이 계기가 되어 그해 7월 20일 주일 대표부 법률고문 자격으로 한일회담 준비차 일본으로 건너가 9월 초순 경 귀국했다가, 다시 10월 19일에 정식 한일회담 대표로 도일하여 이듬해 4월 말 회담이 결렬되기까지 약 반 연간 일본에 머물게 되는 등, 한동안 그는 한일회담과 그 준비에 몰두할 수밖에 없었다.

그가 일본에서 귀국했을 때는 마침 개헌문제로 정국이 한창 시끄러울 때였다. 대통령의 독주에 불만을 가진 국회에서는 내각제개헌을 추진하고, 정부 측에서는 국회에서의 간선으로는 이승만의 재선 가능성이 없게 되자 대통령직선제 개헌안을 독자적으로 제출하여 이미 한 차례씩 부결된 바가 있었는데, 다시 내각제개헌안과 대통령직선제 개헌안이 동시에 상정되어 전쟁 중인데도 정국은 파국을 치닫고 있었던 것이다. 결과는 주지하다시피 계엄이 선포되고 폭력과 감금이 난무하는

---

16) 이 일의 시작은 당시 법무부 법무국장으로 있던 홍진기가 대일강화조약 초안이 실린 일본신문을 들고 유진오를 찾아와 상의한 것이 계기가 되었다고 한다. 그러나 그 후 일의 진행은, 외교위원회 구성이나 검토안의 작성이나 거의 전적으로 유진오의 주도에 의해 진행되었다. 검토의견을 자신의 이름으로 동아일보에 기고하기도 했는데, 여기에는 독도의 영유권이나 어로수역 문제 등 오늘날까지도 계속 문제되고 있는 사항들이 포함되어 있다. "대일강화조약 초안의 검토", 『민주정치에의 길』, 271-289면.

공포분위기 속에서 소위 발췌개헌안의 통과로 일단락지어졌다. 그의 회고에 의하면, 이때 당시 국무총리였던 장택상(張澤相)이 그를 불러 발췌개헌안에 대한 찬성을 구하였으나 이를 거부한 적이 있다고 한다.[17] 이 발췌개헌은 공고의 절차를 위반한 데다 국회의원의 토론의 자유 없이 강행된 것이기에 두말할 여지없이 위헌이었다.[18] 그러나 이러한 중대한 헌법위반 사태에 대하여 그가 당시 어떠한 공적 논평도 내놓지 않았던 것도 사실이다. 이 개정헌법에 따라 1952년 8월 5일에 행해진 제2대 대통령선거에서는 중앙선거위원으로 선거관리업무를 담당하기도 했다.

정국이 소강상태로 접어든 9월, 고려대학교 총장에 임명되자 곧 그는 하버드대학의 옌칭연구소 초청으로 한국을 떠나 약 10개월 동안 미국에 체류할 기회를 맞게 된다. 미국에 머무는 동안 유엔한국대표단의 법률고문으로 유엔총회를 방청하기도 하고, 하버드대학의 동양학 대학원과 로스쿨에서 한국의 현실문제와 헌법을 주제로 강연을 하기도 하고, 여러 대학의 교수들을 방문하여 면담하면서 나름대로 바쁜 생활을 보내게 된다. 헌법 개정에 따른 『憲法解義』의 개정작업이 이루어진 것도 바로 이 기간 동안의 일이었다.

"구미관계의 인연이 적"은 "약점을 의식하고", "미국이나 미국문화에 친숙해 보고 싶은 생각이 없지 않아 있었던 것"이라고 고백했을 만큼,[19] 그의 미국 방문은 제1차세계대전 후의 유럽의 헌법사상에 정체되어 있던 그의 헌법사상에도 새로운 전기를 마련할 기회가 될 수 있었다. 또 실제 그 스스로도 미국 체류기간 동안의 성과에 대하여, "하버드대학을 비롯해서 대소 30여 개의 대학을 순방하면서 여러 학자, 교육자들과 대화를 나누는 동안에 나는 어떠한 독서나 연구보다도 다양하

---

17) 『養虎記』, 260면.
18) 김철수, 『한국헌법사』(대학출판사, 1988), 78면.
19) 『養虎記』, 266면.

274

고 생생한 교훈과 계시를 얻을 수 있었다"[20]고 스스로 만족해 할 수 있었다. 하버드대학의 유명한 법리학교수 풀러(Lon L. Fuller)나 암허스트대학의 헌법학자 뢰벤스타인(Karl Loewenstein)도 그가 그렇게 만난 학자들 가운데 한 사람이었다. 특히 뢰벤스타인으로부터는 개인적으로 책을 기증받기도 하고,[21] 유진오가 뢰벤스타인에게 영역(英譯)된 헌법을 보내기도 했다고 한다.[22] 유진오의 아들이 암허스트대학에서 공부를 하고 있었고 뢰벤스타인 또한 유진오와 만나기 전부터 한국헌법에 관심을 가지고 있었기 때문에[23] 둘 사이의 만남이 제법 흥미로웠을 것으로 추측은 되지만, 그들이 어떤 대화를 나누었는지, 그리고 그로 인해 어떤 영향이 유진오에게 있었는지에 대해서는 이야기할 만한 구체적인 자료가 남아 있지 않다. 전체적으로 본다면, 세계인권선언의 의의를 새롭게 인식하게 된 것 정도 외에[24] 미국생활이 유진오의 헌법사상

---

20) 같은 책, 263면.
21) 같은 책, 264면.
22) "대담: 우리 헌법의 복습문제", 사상계, 1959. 7., 242면.
23) K. Loewenstein, "Der Staatspräsident: Eine rechtsvergleichende Studie", Archive des öffentlichen Rechts, Bd.75, 1949 / 김효전 역, 『비교헌법론』(교육과학사, 1991), 151면 참조. 뢰벤스타인이 한국헌법의 내용에 대해서는 미국무성 문서를 이용했다고 밝히고 있는 것으로 보아 미 군정 정치고문 제이콥스(J. E. Jacobs)가 1948년 7월 13일자로 국무부에 송부한 영역본을 참조한 것이 아닌가 생각된다("From Political Adviser to the Secretary of State: Constitution of the Democratic Republic of Korea", July 13, 1948, 895.011 / 7-1348, Records of the U.S. Dept. of State Relating to the Internal Affairs of Korea 참조). 유진오가 뢰벤스타인에게 보낸 영역본은 이 영역본에 유진오 자신이 약간의 수정을 가한 것인데(『憲法解義』, 序 2면), 최종고는 뢰벤스타인이 한국헌법의 존재를 알게 된 데는 최초 영역에도 관여했고 뢰벤스타인과도 절친했던 프랭켈을 통해서였을 것으로 추측하고 있다. 최종고, 『한국의 서양법수용사』(박영사, 1982), 259면.
24) 세계인권선언은 이미 일찍이 국내에 소개된 적이 있으나, 유진오는 이러한 사실을 몰랐거나 알았더라도 미국에 오기 전까지는 그 의미를 심각히 고려하지 않았던 것으로 보인다. 이법열, "세계인권선언의 의의",

에 당장의 어떤 뚜렷한 변화나 진전을 초래한 것으로는 보이지 않는다.

사실 세계인권선언과의 만남도 그의 헌법사상에는 별 큰 영향을 주지 못했던 것으로 보인다. 미국에서 귀국한 후 얼마 지나지 않아 쓰인 「세계인권선언의 역사적 의의」라는 글에서, 그는 세계인권선언을 전 세계 인민의 인권을 최초로 선언했다는 점에서 그 가치를 높게 평가하면서도, 서로 모순관계에 있는 자유권과 수익권 양자를 모두 추구해야 한다는 인류의 당면과제를 명백히 하였다는 점에서 그 역사적 의의를 찾고 있을 뿐, 세계인권선언의 바탕이 된 자연권 사상이 갖는 의미는 제대로 간취하지 못하였음을 보여주고 있다. 이 때문에 기존의 자신의 헌법사상과의 특별한 마찰 없이 세계인권선언을 대할 수 있었지만, 결과적으로 국가와 개인 간의 관계에 대해 근본적으로 사고를 재정립하는 데까지는 이르지 못하였던 것이다.[25]

다만 그가 귀국 직후 고대신보(高大新報)에서 마련한 한 좌담회에서 미국 학계의 총괄적인 인상을 질문 받고는,

> 자유와 통제에 관한 논의가 성행하고 있는데, 경제적 통제는 필요하지만 통제로 말미암아 결국 인민의 자유가 속박당한다는 이론이 복세합니다. 또한 이 문제는 각 학계, 헌법학계, 정치학계, 경제학계에 공통적인 논의점이기도 하지요.[26]

라고 대답한 적이 있는데, 이러한 점이 훗날 그가 강한 통제경제원칙에 대한 반성에 이르는 장기적인 한 원인이 되었던 것으로 보인다. 사실 미국 체류 중 쓰인 『新稿憲法解義』에서는 「자유와 계획」에 대한 풀러 교수의 미발표 원고를 길게 요약 인용하면서, "국가적 통제경제가 가진 몇 가지 결함은 대강 지적되어 있다고 본다"라고 논평을 가하고

朝光, 제5호, 1949. 5. 참조.
25) "세계인권선언의 역사적 의의", 『헌정의 이론과 실제』, 201, 212면.
26) "유진오 총장 환국좌담회: 최근의 구미동향", 고대신보, 1953. 10. 21.

있는 것을 볼 수 있다.[27] 또한 「세계인권선언의 역사적 의의」에서도 자유권과 수익권의 모순성에 대한 인식이 보다 더 예리하게 의식되고 있는 것을 감지할 수 있는데, 이런 점을 보아도 미국생활이 자유경제로의 변화를 향한 하나의 징검다리를 제공하였음은 분명해 보인다.

미국을 떠나 두 달에 걸친 유럽 시찰을 마치고 1953년 9월 서울 환도와 함께 귀국한 그는 주로 학교 재건 일에 다시 매달리게 된다. 그외 이 시기 대외적인 활동으로는 1953년 대한국제법학회를 조직하여 초대회장을 맡은 것과 1954년에 학술원 회원이 되고 대학교육심의위원회 위원으로 활동한 것 정도가 특기할 만하다.

이상에서 보아온 바와 같이 정부수립 후 1954년까지의 그의 생애는 대부분의 시간이 공적 활동으로 채워져 학문연구에 몰두할 수 있는 형편이 아니었다. 그럼에도 불구하고 다행스럽게도 우리 헌정사의 크고 작은 사건들에 대한 평론적 성격의 글들은 틈나는 대로 써서 발표하였는데, 이것들을 중심으로 그 당시 그의 헌법사상을 재구성하는 것이 불가능하지는 않을 것이다.

이 시기 그의 헌법사상을 이해하는 데는 무엇보다도 먼저 제헌과정에서 내각책임제의 가장 핵심적인 의회해산권과 내각불신임권이 삭제됨으로써 헌법상의 권력구조가 대통령제로 변화되었다는 점을 상기할 필요가 있다. 이러한 상황에서 그의 일차적 헌법적 과업은 해석에 의하여 헌법의 운영을 내각제적으로 이끄는 것이었다. 이러한 노력은 이미 헌법제정 직후 발표된 「헌법제정의 정신」에서부터 보이고 있다. 여기에서 그는 "우리 헌법상의 국무총리 임명에 대한 동의는 국무총리 임명에 대한 동의뿐 아니라 그에 따르는 다른 국무위원 선임 방침에

---

27) 『新稿憲法解義』, 256면. 풀러 교수의 이 미발표 원고는 후에 Harvard Law Review에 "Freedom: A Suggested Analysis"라는 제목으로 발표되었는데, 유진오는 1955년에 발표된 「자유와 권력」이라는 논문에서 풀러가 "Freedom: A Suggested Analysis"에서 행한 분석에 크게 힘입었다고 부기하고 있다. 『민주정치에의 길』, 129면.

대한 동의를 포함하는 것으로 해석"되므로, 헌법 제69조 제1항에 규정
된 총선거 후 신국회에 의한 국무총리 신임투표는 "절대로 국무총리 1
인에 대한 신임투표라고는 볼 수 없는 것이며, 그것은 당연히 내각 전
체에 대한 신임투표로 보아야"하고, "그러므로 이 경우에 만일 국회
의 동의를 얻지 못한다면 국무총리 1인만이 퇴임할 것이 아니라 당연
히 전 국무위원이 퇴임하여야 할 것"이라고 말했다. 그러나 내각책임
제적 해석의 가장 전형적인 예는 『憲法解義』에 보이는 다음의 다소 긴
설명일 것이다.

　　우리나라의 대통령중심제의 정부형태가 앞으로 어떠한 추이를
　보일까 하는 것은 지금 예단을 허락하지 않는 문제이나, 오직 지금
　단언할 수 있는 점은 국무를 원활히 수행하려면 의원내각제도에
　가까운 제도로 추이(推移)하지 않으면 안 된다는 점이다. ……대통
　령이 국무를 원활 강력하게 수행하려면 국회가 입법부로서 엄존하
　여 있는 만큼 그의 호불호(好不好)를 불구하고 국회의 다수의 지
　지를 받을 수 있는 자를 국무총리와 국무위원에 임명하지 않으면
　안 될 것이며, 또 극단의 경우를 생각한다면 만일 대통령의 반대파
　가 국회의 다수를 점령하고 있다면 대통령은 그의 반대파의 인물
　을 국무총리와 국무위원에 임명하지 않으면 아니 될 경우도 있을
　것이다. 더군다나 우리나라 헌법의 일대 결점은 대통령중심제를 채
　용하면서 대통령의 임기와 국회의원의 임기를 일치하도록 노력하
　지 않은 점인데……대통령의 임기 중에 국회의원의 개선(改選)이
　있어서 만일 대통령의 반대파가 국회의 다수를 점령한다면 대통령
　은 반대파의 인물을 국무총리와 국무위원에 임명하지 않을 수 없
　을 것이며, 따라서 그때에는 대통령은 정치의 중심으로부터 떠나
　정치에 초연한 입장에 서지 않으면 안 되는 것이다. 이 점은 헌법
　제69조 제1항에서 국무총리의 임명은 국회의 승인을 얻어야 하며
　또 국회의원 총선거 후에 신국회가 개회되었을 때에는 국무총리
　임명에 대한 승인을 다시 받아야 한다고 규정한 점으로 보아 수긍
　할 수 있을 것이다. 더군다나 우리나라에서는 대통령은……국민이
　직접 선거하지 않고 의회가 선거하게 되어 있으므로 그는 의회에

278

대하여 독립의 지위를 가지기 곤란한 점이 있으며, 따라서 우리나라는 현존 헌법을 가지고 자연히 의원내각제도로 추이할 가능성이 많은 것이다. 그리고 우리나라의 격심한 정쟁의 현상으로 보아서도 그를 완화 또는 조정하는 역할을 하는 인물이 절대로 필요하며, 그와 같은 인물이 없으면 정국은 파국적 단계에까지 이를 위험성이 있으므로, 실제적 견지로 보아서도 우리나라의 정부형태가 정쟁에 초연한 원수를 가질 수 있는 의원내각제도로 추이하는 것은 희구할 만한 일이라 아니할 수 없다.28)

이런 이유로 그는 우리나라의 정부형태는 '대통령책임제'라기보다는 오히려 '국무원책임제'라고 하는 것이 타당하며, 다만 대통령이 정치의 중심이 되어서 활동하는 만큼 '대통령중심제'라고 부르는 것은 무방할 것이라고 이야기하기도 했다.29)

그런데 그가 보기에 자신의 예견대로 우리나라의 정부형태가 의원내각제적으로 운영된다면, 정부가 국회해산권을 갖지 못하는 결과 "대통령은 임기 중 엄존하여 있더라도 국무총리와 국무위원의 경질이 심하여 불란서의 전철을 밟을 위험성이 농후하다"는 것이 오히려 큰 문제였다.30) 앞에서도 살펴보았듯이 그에게 있어 의원내각제의 실질적 이유는 정부를 안정시킬 수 있다는 데 있었고, 정부의 무조건적인 의회해산권은 의원내각제에 있어 정부의 안정을 보장할 수 있는 강력한 무기로 생각되었던 것이다. 그가 1952년의 개정헌법에서 국회에 국무원 불신임권을 부여하면서도 정부에 의회해산권을 부여하지 않은 데 대해 특히 "정당의 기초가 확립되지 못한 나라에" 있어서는 "국회의 전제와 횡포를 제래(齎來)할 위험성을 농후하게 가지고" 있다고 비판한 것도 이러한 맥락에서 이해될 수 있는 것이었다.31) 더군다나 비록 대통령의

28) 『憲法解義』, 123-124면.
29) 같은 책, 123면.
30) 같은 책, 124면.
31) 『新稿憲法解義』, 119면.

법률안거부권이 추가되었다고는 하나 자신이 의회의 전횡을 견제할 목적으로 구상하였던 양원제가 제정과정에서 폐기되었고, 또 실제 자신이 법제처장으로 있으면서 행정부의 입장에서 바라본 의회의 비능률과 지나친 정쟁 일변도의 행태 등도 고려되어야 했다. 이 때문에 이 시기는 그 어느 때보다도 상대적으로 의회를 견제하는 내용의 글이 많이 보인다.

우선 그가 국회의 비능률을 비판하면서 상임위원회 제도나 교섭단체 제도의 채택에 찬성을 표하고 영국의 의사일정을 소개하고 있는 것이나,32) 초대 국회의원에 한하여 임기가 2년으로 되어 있는 것을 4년으로 연장하려는 헌법개정 움직임에 대하여 헌법개정의 한계를 일탈한 것이라고 비판하고 있는 것33) 등은 그가 결코 의회지상주의자는 아니었음을 재확인시켜 준다. 그러나 여기까지는 일반적으로 할 수 있는 의회에 대한 권고 내지는 비판이라고 볼 수도 있을 것이다.

그런데 대통령의 법률안거부권의 법리를 둘러싸고 국회와 정부 사이에서 일어난 논쟁에서 보인 입장은 정부와의 관계에서 의회를 견제하려는 의도가 좀더 뚜렷이 부각되고 있다. 대통령의 법률안거부권에 대한 건국헌법의 규정은 "대통령은 이의서를 부(附)하여 국회로 환부(還付)하고 국회는 재의(再議)에 부(附)한다"라고 되어 있을 뿐으로, 거부권의 행사방식에 관해서는 처음부터 많은 논란의 여지를 남긴 것이었다. 그는 우선 우리 헌법상의 거부권의 근거에 대하여, 의원내각제적 성격도 갖고 있는 "우리 헌법의 정신으로 보면 정부는 될 수 있는 대로 대통령의 거부권에 의뢰하지 말고, 가능한 모든 방법을 통하여 이의를 가진 법률안의 국회통과를 사전에 저지하는 것이 옳다"고 말하면서도, 다른 한편으로는 "우리 국회가 단원제로 된 까닭에" 법률안거부권은 "대통령에게 다른 나라의 상원적 임무"까지 부여한 것이라는 의

---

32) "국회의 책무와 능률", 『헌법의 기초이론』, 161-167면.
33) "헌법개정의 한계", 『헌법의 기초이론』, 210-217면.

미에서 "미국의 그것보다도 더 강한 근거"를 가진 것이라고 말한다.[34] 이러한 입장에서 그는 대통령의 보유거부를 인정하는 것은 물론,[35] 효율성과 관행을 이유로 일부거부와 수정거부까지도 쉽게 인정하고 만다. 그 자신은 이러한 결론에 대해 "냉정한 입장에서",[36] "순이론적 견지로부터"[37] 고찰한 것임을 강조하고 있으나, 논리가 정부 측에 유리하게 전개되고 있다는 점을 부인할 수는 없다.[38]

그가 의원내각제에 있어서 정쟁을 초월하여 조정하는 대통령의 역할에 새롭게 주목하고, 대통령의 권한을 보다 강화하는 의원내각제의 가능성을 탐색한 것도 이러한 맥락에서 이해해 볼 수 있다. 제헌기 의원내각제 구상이 대통령을 상징적 존재로 두고 무조건적인 국회해산권을 통하여 정부의 안정을 꾀한 것이었다면, 이제는 여기에 더하여 대통령에게 어느 정도 실질적 권한을 부여함으로써 의회의 전횡에 방파제를 마련할 수도 있다고 생각했던 것이다. 그가 프랑스 제4공화국헌법에 있어서 대통령의 권한을 소개하고 있는 것은 그러한 이유에서였다. 그에 의하면 프랑스 대통령은 국무총리 임명에 있어서 결정적 역할을 하고, 국무회의에 출석하여 국책, 특히 외교정책 결정에 중요한 영향력을 가지며, 번잡한 내각의 경질에도 불구하고 정쟁에 초연하여 대내외로 정부 안정의 상징이 되고 있다는 것이다. "그러므로 정쟁의 와중에 서

---

34) "대통령의 법률안거부권", 『헌법의 기초이론』, 174, 175면.
35) 『憲法解義』, 102면. 후에 농지개혁법과 관련하여 보유거부가 문제되었을 때는 입장을 바꾸어 보유거부를 인정하지 않는 태도를 취하였다. 그러나 국회 폐회 후에 대통령이 법률안을 거부하면, 그 법률안은 그것으로써 폐안이 되는 것으로 보는 수밖에 없다고 함으로써, 결론은 보유거부를 인정하는 것이나 마찬가지에 이르고 있다. "보유거부의 문제", 『헌법의 기초이론』, 191면.
36) "대통령의 법률안거부권", 『헌법의 기초이론』, 184면.
37) "보유거부의 문제", 『헌법의 기초이론』, 185면.
38) "대통령의 법률안거부권", 『헌법의 기초이론』, 177-182면. 현행 헌법이 명문으로 일부거부와 수정거부를 금지함으로써, 유진오의 해석과는 반대의 입법적 결단을 내린 것은 이 점에서 시사하는 바가 크다.

서 몸으로써 국사처리의 난국에 당하고 일이 그릇되는 경우에는 깨끗
하게 책임을 지고 물러나는 일은 국무총리에게 내맡기면서, 정쟁을 초
월하여 국민의 정치적 통일의 상징이 되고 국민 숭앙의 적(的)이 될
수 있는 인물을 대통령으로 선출하여 국가의 안정을 꾀하는"프랑스식
제도는 "정치의 민주적 운영을 위하여 무한한 묘미를 가진 제도"라고
그는 말한다. 그래도 부족하다고 하면 프랑스식 제도의 "묘미를 살리
면서 얼마든지 이를 강화하는 제도를 안출할 수도" 있다는 것이 이때
의 그의 생각이었다.[39] 적어도 이 점에 있어서는 영국식 모델에 고정
되지 않고 프랑스식 모델에도 가능성을 열어 놓았다는 점이 이 시기
그의 의원내각제 사상의 특징이었다고 말할 수 있을 것이다.

  그렇다고 하여 이것이 그의 의원내각제 사상의 근본적 변화나 약화
를 의미하는 것은 아니다. 국회와 정부의 원활한 협조를 통하여 국가
의 안정을 이루어야 한다는 그의 기본 생각에 있어서는 조금의 변화도
없었다. 가령 초대 국무총리의 지명을 둘러싼 파동에 대한 그의 평가
에서 그러한 점을 볼 수 있다. 이승만이 원내 다수세력을 대표하는 김
성수나 신익희가 아닌 이윤영(李允榮)을 국무총리로 지명하였다가 국
회의 동의를 얻지 못하고 재차 정당 배경이 적은 이범석(李範奭)을 지
명한 데 대하여, 정부가 국회의 현실적 세력을 무시하고 초당초파(超
黨超派)의 입장에서 구성되어 국회를 통어하지 못한 것을 비판하는 동
시에, 국회 역시 자신이 대통령과 국무총리를 선거 승인하고 곧 "공격
에 광분"한 것은 잘못이라고 비판하고 있는 것이다.[40] 또한 1951년 봄
대통령직선제의 개헌논의가 일자, 그것은 대통령과 국회를 대립시키는
결과를 초래하고 직접민주주의를 도입하는 것이라는 이유로 명백히 반
대의사를 표시한 바 있고,[41] 1952년의 제1차 개정헌법에 대해서도 국

39) "개헌론 시비", 『헌정의 이론과 실제』, 136-137면.
40) "정계 1년의 회고", 『헌정의 이론과 실제』, 233면.
41) "개헌론 시비", 『헌정의 이론과 실제』, 141면.

무원에 대한 불신임권을 국회에 부여하면서도 대통령직선제를 취하는 것은 대통령으로 하여금 국회에 대한 의존을 버리게 하는 것이어서 모순이라고 비판하였던 것이다.[42] 또한 헌법이 개정된 이후에도 국무원의 조직으로부터 1년 이내에는 불신임 결의를 하지 못하도록 한 규정을 위반하여 국회가 불신임 결의를 한 데 대하여, 법적으로는 효력이 없더라도 정치적으로 책임을 지고 국무원을 개편하도록 촉구하고 있으며, 정부가 헌법상의 의원내각제적 요소를 무시하는 데 불만을 드러내기도 했던 것이다.[43]

이렇게 볼 때, 이 시기는 유진오가 법령 제정 작업과 헌법해석을 통해 자신의 헌법사상의 구체적 실현을 위하여 최대의 노력을 경주하였던 시기였다고 말할 수 있을 것이다. 과거 독일과 일본이 전체주의에 빠졌던 경험을 경계 삼으면서도, 최대한 국가작용의 통일성과 효율성을 도모하고 이를 통하여 국가의 주도적 형성력을 강화하고자 하는 의도가 이 시기에도 여전히 유진오의 사상을 지배하고 있었던 것이다. 특히 이러한 노력의 절정은 제헌과정에서 권력구조에 대한 변경이 있었음에도 불구하고, 제헌기 그의 헌법사상에서 중심적 위치를 차지하는 내각책임제적 해석을 고집하고 그렇게 운영되도록 촉구한 데서 찾아볼 수 있었다. 물론 달라진 사정에 맞추어 그의 내각책임제 사상에도 미묘한 변화가 엿보이기는 하지만, 행정부와 국회 사이의 밀접한 관련과 협조를 통하여 정부의 강력성을 확보하고 정부를 보다 넓은 정파적 기초 위에 세우려는 점에 있어서는 달라진 것이 없었던 것이다. 결론적으로 말하여 근본적인 점에 있어서 이 시기 헌법사상의 변화는 없었다고 보아도 좋을 것이다.

---

42) "민국헌법의 모순", 『헌정의 이론과 실제』, 125면.
43) "헌법과 그 해석", 『헌정의 이론과 실제』, 122, 123면.

2. 민주주의적 관점의 강화:
사사오입개헌부터 4·19 전까지

제2차 개헌인 1954년 11월 29일의 소위 사사오입(四捨五入) 개헌사
건은 유진오의 현실인식에 변화를 초래하는 계기가 된다. 헌법개정안
표결 당일의 부결 선언을 번복하여 이틀이나 지나 가결 선언이 되자
유진오는 일간지를 통하여 다음과 같이 개헌안의 부결 의견을 밝힌다.

> 헌법에 규정된 재적 3분지 2 이상이라는 말은 이번 경우에 있어
> 135.333……을 최저로 한 그 이상의 것을 의미하는 것이므로, 개헌
> 가표(可票)인 135는 3분지 2 최저선인 135.333……에 0.333……부
> 족, 즉 3분지 2가 못 되는 것이다. 법리상 0.0001이 부족이라 해도
> 부족은 부족인 것이다. ……결국 국회부의장이 선포한 대로 이번
> 개헌은 부결이다.[44]

첨예한 정치적 쟁점이 되어 있는 사안에 대하여 그가 이토록 즉각적
으로 명확하고 단호하게 자신의 입장을 밝힌 것은 이례적이었다. 이
짧은 글은 같은 난에 실린 김병로의 "숫자엔 외[에]누리 없다"와 함께
그 후로도 사사오입 개헌의 절차적 부당성을 지적하고자 할 때 대표적
으로 인용된 것 등으로 보아 일반에 미친 파급효과가 매우 컸던 것으
로 보인다.[45]

어쨌든 사안의 성격이 성격이었던 만큼 헌법을 기초하였던 헌법학자
로서 사사오입 개헌에 대해 그가 느꼈던 실망과 환멸감은 대단했던 것
같다. 이 사건으로 인해 그는 "우리 헌정이 종언을 고한 것으로 단정
하고" 개정판까지 내었던 자신의 헌법해설서인 『憲法解義』를 절판시켰

---

44) "개헌은 부결된 것이다", 동아일보, 1954. 11. 30.
45) 김운태, 『한국현대정치사2』(성문각, 1986), 105면.

다.[46) 물론 『憲法解義』의 절판이 헌정에 대한 실망에서만 비롯된 것은 아니었을 것이다. 대학총장으로서, 그 외에도 떠맡은 많은 업무들에 둘러싸여 학문적 연구가 더 이상 가능하지 않았던 상황이 절판의 보다 현실적 이유였을 것이다. 게다가 이때는 이미 박일경, 한태연 등 후세대 헌법학자들에 의해 활발히 헌법연구가 행하여지고 헌법교과서도 출판되고 있었기 때문에, 그의 『憲法解義』가 담당해야 했던 시대적 임무도 그다지 남아 있지 않은 시기이기도 했다. 그럼에도 불구하고 『憲法解義』의 절판이 그의 현실정치를 보는 관점의 변화를 보여 주는 상징적인 분수령을 이루고 있는 것만큼은 사실이다.

그러나 그의 태도 변화는 법적으로 명백한 부결이 가결로 선포되었다는 위법적 사실에 대한 실망에서만 촉발된 것은 아니었다. 거기에는 개정된 헌법의 내용에 대한 불만이 서서히 진행되어 온 현실에 대한 인식의 변화와 함께 어울려 상승작용을 일으킨 측면도 있어 보인다. 제2차 헌법개정은 1954년 5월 20일 총선거에 의하여 자유당이 압승하자 이승만 대통령의 3선을 가능케 하기 위하여 초대 대통령에 한하여 중임 제한을 철폐하도록 한 것을 비롯하여 국민투표제의 도입, 국무총리제 및 국무위원 연대책임제의 폐지 등 순수한 미국식 대통령제로의 변경, 경제조항에 있어서 통제경제에서 자유경제체제로의 대폭 수정 등을 내용으로 한 것이었다. 특히 권력구조에 있어서 미국식 대통령제로의 귀착과 자유경제체제의 도입은 내용적으로 유진오 자신이 기초한 원안과 개정헌법의 동일성을 파괴하는 근본적인 변경이었기 때문에, 자유당에 의해 개헌안이 국회에 정식 제출되기 이전부터 신문지상에 보도되는 내용을 중심으로 예민하게 반응하여 왔던 터였다.

그의 주된 논평의 대상이 된 것도 물론 그러한 부분이었다. 유감스럽게도 우리 개헌사의 불행의 한 단면이자 이 개헌의 정치적 의도의

---

46) 『민주정치에의 길』, 1면.

핵심을 이루는 초대 대통령의 중임제한 철폐 규정은 처음부터 그의 관심 밖이었다. 그러한 것은 "이론적으로는 검토할 여지조차 없는 순연한 정치적 문제"[47]라는 것이다. 이러한 무관심은 민주주의자이기에는 심각한 인식의 결여 혹은 현실정치에의 체념적 순응을 보여 준 것이라고도 할 수 있겠지만, 중임 제한의 문제를 순전히 기술적인 문제로 파악하는 사고는 이미 헌법제정 당시부터 나타나고 있다.[48] 따라서 이것은 그 연속선상에서 이해해야 할 문제이지 특별히 여기에서 새삼스럽게 검토해야 할 사항은 아니다. 따라서 이 시기 그의 사상의 변화와 관련해서는 그가 적극적으로 논평하고 있는, 특히 순수 대통령제의 채택을 어떻게 이해했는가 하는 점에서부터 그 단서를 찾아야 한다.

그는 우선 그동안의 자신의 내각책임제적 헌법해석 노력이 실패했음을 자인하면서, 그 이유를 정부가 국무의 원활·강력한 수행보다는 대통령의 호불호(好不好)에 의하여 국무총리와 국무위원을 임명하려 하였으며, 국회에서 선출된 대통령이 국회와 대립하는 또는 국회보다 우월한 권위를 가지려 하였고, 대통령이 정쟁에 초월하는 대신 정쟁의 와중에 흡수된 데서 찾고 있다.[49] 즉 내각책임제적 헌법 운용이 되지 않았던 것은 헌법 자체에 그 이유가 내재하고 있었던 것이 아니라 순리에서 벗어난 대통령의 독단적 행위에 그 원인이 있었다는 것이다. 순수 대통령제의 채택에 대해서도 역시 이러한 이해의 연장선상에서 비판을

---

47) "헌정 7년의 회고", 『민주정치에의 길』, 182면.
48) 대통령의 1차 중임조항에 대하여 그는 다음과 같이 설명하고 있다. "적임자가 있는 경우에는 반드시 다른 사람을 대통령을 내야겠다에 대해서 중임을 가져오지 아니할 필요도 없겠고, 한 사람을 세 번 네 번씩 선임하게 할 필요도 없다고 생각해서 1차 중임할 수가 있다고 이런 제도를 생각해 본 것입니다."(국회도서관, 『헌법제정회의록』, 헌정사자료 제1집, 1967, 169면). 물론 제2차 개헌에 있어 중임제한 철폐의 문제는 그 대상이 초대 대통령에 한정되어 평등의 원칙에 위배되는 규정이었다는 점에서 제헌 당시와는 다른 사정이 존재하고 있기는 하다.
49) "헌정 7년의 회고", 『민주정치에의 길』, 184면.

가하고 있다. 제2차 개헌으로 더 이상 내각책임제적 해석의 여지가 없어진 것을 기정사실로 받아들이면서도, 그 개헌의 본의는 개헌주창자들의 주장과 같이 삼권분립 정신의 구현이 아니라 "행정부를 입법부로부터 분리시키고 대통령의 독재적(전행적) 권한을 강화"[50]하려는 데 있다고 파악하였던 것이다.

내각책임제에 독재 방지의 의미를 부여한 것이 이때에 이르러 새삼스러운 것이 아님은 말할 것도 없다. 그러나 이전에 있어서의 보다 주된 문제의식은 독재의 문제가 아니라 자유방임주의에 기초한 18세기류의 삼권분립사상이었다. 즉 어떻게 하면 강력한 국가권력 체계를 갖출 것인가 하는 것이 이제까지의 그의 주된 관심사였다면, 이제는 어떻게 하면 대통령의 독재를 방지할 것인가 하는 문제의식이 그의 사상의 보다 전면에 나타나고 있다. 여기에는 명백히 드러나기 시작한 독재화의 경향이 헌법상의 대통령제에 의해 제도적으로 뒷받침되었다는 인식이 자리 잡고 있었던 것이다.

사사오입 개헌이 통과된 후 얼마 되지 않아 "책임정치란 무엇인가?"란 글이 발표된 것도 그러한 맥락에서 이해할 수 있다. 책임정치의 의미를 일반에 명확히 이해시키려는 의도에서 쓰인 이 글에서 그는 국무원의 국회에 대한 책임이 책임정치의 중심개념이라고 말하고, 그 책임의 내용과 특징을 일반 공무원의 책임과 비교하여 설명하고자 하였다. 그런데 역설적인 사실은 개헌으로 국무원의 국회에 대한 연대책임 조항이 삭제되고 개별적 책임만이 남아 있는 상황에서 민주정치란 곧 책임정치임을 역설하며,[51] 책임정치를 오히려 강조하고 있다는 사실이다. 그는 미국이 대표적인 민주국가일 수 있게 해 주는 강력한 여론, 헌법지상주의, 위헌법률에 대한 사법적 보장, 연방주의, 보통법의 전통, 2년에 한 번씩 시행되는 총선거, 양대 정당제도의 확립, 국회 각 분과위원

---

50) 같은 글, 187면.
51) "책임정치란 무엇인가?", 『민주정치에의 길』, 122면.

회의 활발한 활동, 국회의 강력한 조사 기능, 상원의 조약 및 인사에 대한 비준권 등 제반 조건 중 "어느 하나라도 결여된 국가에서 국무원을 없애고 행정각부 장관의 부답책(不答責)제도만을 모방한다 하면, 그 국가는 당장에 전제국가화하고 말 것"이며, "이것은 미국식 제도를 껍데기만 모방한 중남미 제국의 현실이 웅변으로 증명하고 있는바"라고 경고하기까지 하였다.[52]

이전 시기에 비하여 이 시기 유진오가 발표한 글 중에 나타나는 특징 중의 또 하나는 학문의 자유와 언론의 자유에 대한 강조이다. 대학 강연회에서 민주·공산 양 진영의 평화적 공존을 주장한 교수가 국가보안법 위반으로 구속되는 사건이 발생하자, 그는 강연이 일반에 대한 공개강연이 아니라 대학 내에서 행해진 것이고 또 그것이 검토와 연구의 범위 내에 그치는 한 자유로워야 한다는 견해를 피력하였다. 그리고는 "나는 너의 말에 반대한다. 그러나 네가 그 말을 하는 권리를 방위하기 위하여 나는 한사(限死)하고 싸울 것이다"라는 볼테르의 말을 인용하며, 평화적 공존 주장에는 찬성할 수 없으나 이를 이유로 구속한다면 연구의 자유가 침해될 수 있다는 우려를 표명하고 있다.[53] 또한 교수의 저서와 학생의 논문이 국시(國是)에 위배된다 하여 법적 문제가 된 데 대해서도 학문의 자유의 침해를 우려하는 글을 발표하기도 했다. 그는 법치국가에서 국시란 따로 존재할 수 없고, 법적 제재의 대상이 되기 위해서는 오직 국법의 형식으로 표현된 바에 위반된 경우뿐이라고 말한다. 다만 법적으로 보호되는 연구의 자유는 국정(國情)에 따라 그 범위에 차이가 있을 수밖에 없는데, 우리의 경우 순수한 연구라면 문제가 되지 아니하나 행동적 요소를 포함하고 있다면 법에 저촉하는 것으로 보아야 한다고 말한다. 그러면서 그 경계가 애매한 경우는 연구의 자유에 포함시켜야 할 것이라고 주장했다.[54]

---

52) 같은 글, 116-117면.
53) "연구의 자유", 『구름 위의 漫想』, 130면.

  언론의 자유에 관해 논한 한 글에서는 언론의 자유를 민주국가 성립의 기본이라고 강조한 다음, "언론자유에 대한 법적 한계는 여하한 경우에도 민법상 또는 형법상의 불법행위를 구성하는 언론의 범위를 넘어서 그어져서는 안 된다.", "만일 그 범위를 넘어서 언론자유에 대하여 제한을 가한다 하면 그것은 민주정치의 기본을 파괴하는 행위임을 면치 못할 것이다"라고 단호히 말하기도 했다.55) 광무 11년의 신문지법에 의한 광범위한 언론 단속을 옹호하고, 새로운 신문지법의 국무회의 통과와 관련하여 "형법 외에 신문지법 같은 법령을 제정하여 언론에 대한 정부정책을 시행"하는 것을 당연시하였던 이전 시기의 태도와 비추어 보면 확실히 변화된 태도를 보이고 있는 것이다.

  이 시기 유진오가 발표한 글 중에 가장 빈번히 나타나는 특징 중의 또 하나는 준법의 강조이다. 물론 이전에도 법을 하나의 도구 정도로만 생각하는 사고에 우려를 표시하며 준법을 강조하기는 하였지만, 사사오입 개헌 이후 특히 집중적으로 이를 강조하고 있으며, 민주주의 발전의 가장 핵심적인 요소로 준법을 들기도 했다. 사사오입 개헌 후 한 달여 후에 쓰인 「민주성과 비민주성의 교차」(1955)라는 글에서 그는 무엇보다도 준법을 민주주의의 척도로, 불법·폭력을 비민주주의적 척도로 제시하였다. 그리고는 "아, 우리나라의 민주주의는 위태롭도다"56)라고 매우 비관적 평가를 내렸던 것이다. 민주정치를 이성이 지배하는 정치로 정의한 한 글에서는, 법의 지배야말로 인간사회로부터 독단과 불합리와 폭력을 배제할 수 있는 유일한 방법이고, 동시에 정치에 있어서의 이성의 지배는 민주정치가 법의 지배임을 밑받침하는 기본조건이라고 말한다.57) 「민주정치의 전제조건」(1956)에서는 민주정치

---

54) "국시와 학문의 자유", 『젊은 세대에 부치는 書』, 97-101면.
55) "근대국가와 언론의 자유", 『민주정치에의 길』, 134면.
56) "민주성과 비민주성의 교차", 동아일보, 1955. 1. 6.
57) "이성이 지배하는 정치", 『민주정치에의 길』, 42-43면.

의 생명은 그 수단과 방법에 있는 것으로, 민주정치는 정권 획득의 방법이 평화적 설득에 의함에 반하여 독재정치는 폭력에 의하는 점에 있다고 이야기하고, 준법정신의 결여 내지 박약으로부터 나오는 일체의 행위와 태도가 모두 폭력이라고 경계하고 있다.[58] 그의 준법의 강조는 물론 일차적으로는 국민 전체의 의식을 염두에 둔 것이지만, 그는 특별히 민(民)에 대해서보다 관(官)에 대하여 한층 절실히 준법정신이 요구된다고 하였다. 그것은 일반 국민이 항법자의(抗法恣意)의 길로 나아가는 경우에는 국가가 이를 의법처단(依法處斷)할 수 있으므로 민주정치의 근본이 즉시로 파괴되는 것이라고 할 수 없으나, 국가권력을 담하(擔荷)하는 관(官) 자신이 위헌·위법을 자행하는 경우에는 의법처단의 길이 용이치 않아 민주정치의 근본이 직접으로 동요되기 때문이라는 것이다.[59] 이러한 준법의 강조를 법치국가 사상과 동일선상에서 비교할 수는 없지만, 법집행에 있어서 국가의 재량을 강조하던 이전에 비한다면 국가권력의 준법의 강조는 확실히 강조의 변화를 보이는 것이라고 할 수 있을 것이다.

그렇다면 사사오입 개헌을 전후로 해서 유진오의 사상은 오로지 권력의 제한과 자유의 확대에로만 향하여지고 그것을 제약하였던 국가적 민족주의의 계기는 완전히 불식되기에 이르렀는가? 혹은 민주주의적 계기와 국가적 민족주의의 계기는 서로 완전한 융화에 이르게 되었는가? 물론 그렇지는 않다. 반공주의를 통하여 국가적 민족주의는 그에게서 여전히 자유의 제한요소로서 작용하고 있었다. 그가 반공주의자가 된 이후로 민주주의를 위하여 반공을 후퇴한 적은 없으며, 우리나라의 민주 발전의 최대 장애요소로 국민의 무지와 함께 공산주의의 위협을 들고 있을 정도로 항상 그 대립성을 예리하게 인식하고 있었던 것이다. 따라서 사사오입 개헌에서의 순수 대통령제에 가까운 제도가

---

58) "민주정치의 전제조건", 『민주정치에의 길』, 38면.
59) "헌정 7년의 회고", 『민주정치에의 길』, 192-193면.

채택된 것에 대해 대통령의 독재적 권력을 강화하려는 의도라고 비판하면서도, 그러한 노력을 정당화할 수 있는 것은 "지금 우리나라가 전시 또는 준전시라는 비상사태에 놓여 있다는 그 하나뿐"[60]이라고 어느 정도는 양해를 표시하였던 것이다. 또한 앞에서 인용된 바와 같이 기본권 보장을 촉구하는 글에서조차 국정(國情)을 이유로 과도한 기본권 제약을 당연한 것으로 받아들이고 있음을 어렵지 않게 볼 수 있다.

결론적으로 말한다면 민주주의와 민족주의의 병존이라는 사상의 기본구조는 그대로 유지되었지만, 내각책임제 주장에 있어 정부의 안정 논리보다는 권력에 대한 견제기능의 강조, 언론 및 학문의 자유에 대한 상대적 강조, 국가권력에 대한 준법의 강조 등이 특히 역설되었다는 점에서 이 시기의 특징을 찾을 수 있다. 그러나 이러한 점이 그의 헌법이론이나 제도적 구상에 있어서의 어떤 명시적 변화를 수반한 것은 아직 아니었다. 다만 점증하는 독재화 경향에 대한 우려가 사사오입이라는 기형적인 개헌을 경험하면서, 그의 헌법사상에 내재해 있던 민주주의적 요소가 이전 시기에 비해 보다 전면에 나타난 것이었다고 말할 수 있을 것이다.

문제는 이러한 변화 가운데서 그의 민족주의와 민주주의의 실질 개념 역시 변화하였는가 하는 것일 것이다. 우선 민주주의와 관련해서 '권력의 정당성의 최종적 근원으로서 국민'이라는 민주주의의 본래의 이념이 그에게 있어서 종래 명목적인 것에서 실질적인 것으로 전화되어 갔는가 하는 문제는 뒤에서 4·19와 5·16에 대한 그의 태도를 고찰하는 중에 명확해질 것이다. 그러나 민족주의의 내용에 관해서는 여기에서 고찰해 볼 필요가 있다. 그것은 제헌 당시 민족주의의 대내적 내용으로서 중요한 위치를 차지하고 있던 경제적 동질성 확보라는 요소가 이 시기를 거치면서 현저히 후퇴하고 있는 것을 볼 수 있기 때문이다.

---

60) 같은 글, 『민주정치에의 길』, 187면.

사실 경제적 동질성의 가장 중요한 확보수단인 통제경제가 여러 가지 병폐를 드러내고 있다는 인식은 이미 6·25전란 중에서부터 나타나고 있다. 전쟁을 빌미로 부당하고 무원칙하게 사소유권이 침해당하는 상황에서, 그는 권력에 기생하여 각종 이권을 챙기는 각종 경제통제단체의 정비를 촉구하는 글을 발표하였는가 하면,61) 우리의 경제현실은 아직 전(前) 자본주의적 단계로 사소유권의 관념이 확립되지 아니하여 법률적 근거 없이도 행정처분이나 공무원의 사실상의 명령 등에 의하여 재산권이 침해되고, 공익심이나 애국심, 명령계통의 강화 등이 없이 국영·공영기업이 시작됨으로 능률 저하, 공무원의 부패, 매판자본가의 발호 등의 문제가 발생하고 있다고 날카롭게 비판하기도 하였다.62) 특히 이러한 비판에는 "자본가가 노동자를 착취 운운하지만 자유경쟁적 자본가는 자기 자본을 투하하여 스스로 위험을 부담하는 것이며, 다른 자본가와 자유롭게 경쟁하여 이윤을 올리는 것이므로, 그러한 자본가가 취득하는 이윤은 일률적으로 이를 반도덕적인 것이라 할 수 없다"63)는 새로운 인식에 의하여 뒷받침되고 있는 점은 주목할 만하다. 그러나 이것은 아직 경제헌법과 관련한 사상 변화의 첫 조짐에 불과한 것이었다. 강한 통제경제의 원칙 자체를 문제 삼고 있는 것이 아니라 원칙을 무시하고 자의적으로 운영되는 경제현실의 문제점을 지적하는 데 그치고 있기 때문이다.

좀더 진전된 반응은 경제조항의 개헌 움직임에 촉발되어 나타났다. 휴전이 성립하자 정부 측에서는 외국인의 투자를 적극 유치한다는 명목으로 1954년 1월 23일 자유경제의 비중 확대를 골자로 한 개헌안을 제출한 적이 있었다. 이 개헌안은 일단 동년 3월 9일에 철회되었다가

---

61) "경제통제단체의 정비를 단행하라", 『헌정의 이론과 실제』, 176-177면.
62) "헌법과 우리 경제의 현실", 『헌정의 이론과 실제』, 170, 172면.
63) 같은 글, 172면; 동일한 내용이 "경제통제단체의 정비를 단행하라", 『헌정의 이론과 실제』, 175면에서도 보인다.

제2차 개헌 시 다른 조항의 개정과 함께 개정헌법에 반영되었는데, 이 러한 일련의 개헌 움직임을 계기로 그는 다시 경제 문제에 대하여 자 신의 견해를 적극 표명하게 된다. 여기에서 그는 해석에 의해서도 충 분히 개정의 취지를 이룰 수 있고 또 그렇게 하는 편이 바람직하다고 주장하면서도, '자유경제의 비중을 확대한다'는 개헌안의 취지에는 일 단 동감을 표시하고 있다.[64] 일제강점기의 강력한 통제경제의 경험과 토착자본의 미약한 상태가 오히려 경제적 민주주의의 실현에 호조건이 되고 있다는 제헌 당시의 인식이 "그러한 경제적 조건 밑에서 민주주 의가 발달한다는 것은 거의 불가능"[65]하다는 인식으로 바뀐 것도 같은 맥락에서 이해될 수 있을 것이다. 구체적으로는 그가 여전히 "우리나 라의 경제가 발전하지 못하고 민주정신이 확립·보급되지 못한 원인은 결코 헌법의 경제조항이 지나치게 국가통제를 규정한 곳에 있는 것이 아니라"[66]고 헌법을 변호하면서도, 국영 또는 공영사업의 폐단과 약점 은 자신도 "뼈에 사무치게 느끼고 있으며", 따라서 금융·보험·가스 등까지 국영 또는 공영사업에 포함시킨 것은 지나친 일이었다고 고백 하고 있는 데서도 그러한 변화의 모습이 읽힌다.[67] 결국 그는 몇 년 후 한태연과의 대담에서 다음과 같이 말하고 있다.

> 그런데 이 경제조항의 말인데! ……지금 초안을 만든다고 하면 요, 그때와 생각이 아주 근본적으로 달라진 게 있어요. 가령 모든 국영사업 같은 것도 그때의 내 생각과 지금 생각과는 전혀 다릅니 다. ……사기업으로부터 나오는 그런 폐단은 국가통제로써 시정이 잘 될 줄 생각했던 것이 지금은 생각이 달라졌단 말입니다.[68]

---

64) 이 시기 경제개헌안과 관련한 유진오의 글로는 『헌정의 이론과 실제』에 수록된 "호헌과 개헌", "법과 사회생활", "경제개헌안의 검토"가 있다.
65) "교육과 민주주의", 새벽, 1955. 3., 23면.
66) "경제개헌안의 검토", 『헌정의 이론과 실제』, 158면.
67) 같은 글, 165면.
68) "대담: 우리 헌법의 복습문제", 239면.

물론 그렇다고 하여 그가 완전한 자유주의 경제체제로 돌아가야 한다고 생각했던 것은 아니다. 적어도 이념적으로는 자유와 실질적 평등의 조화의 문제를 일생 동안 포기하지 않았다. 그렇지만 강한 민족주의적 에토스에 의해 뒷받침되어 민족 내의 경제적 동질성을 확보한다고 하는 의미에서의 경제적 민주주의는 이후 탈색되고, 더 이상 그의 헌법사상 가운데서 예전 같은 추동력과 중요성을 갖지 못하게 된다. 현실의 구체적 정책에 적용하는 경우에 그것은 뒤에서 보게 되는 바와 같이 다른 맥락에서 원용되거나, 심지어 회의적이 되기까지 한다. 이로써 그의 민족주의는 사실상 반공과 국가발전이라는 매우 협소하고 변질된 형태로만 남게 된다.

어쨌든 국가의 경제 독점 내지는 간섭에 의한 민족구성원의 경제적 동질성의 추구는 국가경제 전체의 비효율성을 초래한다는 이유와 함께 민주적 발전을 저해하는 중대한 요소가 된다는 이유로 현저한 후퇴를 보였다. 이러한 변화가 비록 대단히 점진적으로 진행된 것이었지만, 이 시기 그에게서 전반적으로 보이는 민주주의적 경향과 궤도를 같이하고 있는 것은 결코 우연은 아닐 것이다. 이러한 민주주의적 관점의 강화 현상은 1960년 4·19를 정점으로 한 단락을 짓게 된다.

3. 민주혁명론과 질서유지론의 균열:
4·19와 제2공화국 시기

1960년 4·19의 직접적 도화선이 되었던 3·15 부정선거 바로 직전까지 유진오는 한동안 국내정치에 대한 직접적 관심으로부터 떠나 있게 된다. 일본의 재일한인북송 방침에 대하여 그해 3월 장택상(張澤相),

최규남(崔奎南)과 함께 〈재일한인 강제북송반대 국민대회〉의 국민대표
로 제네바에 있는 국제적십자위원회에 파견되어 국제적십자위원회의
북송문제 개입을 저지하기 위해 노력하고,[69] 8월에는 다시 정식 정부
대표로서 허정(許政), 장경근(張暻根), 이호(李澔)와 함께 직접 일본에
건너가 이듬해 3월 초까지 대일 교섭활동을 벌인다.

그의 귀국 직후 실시된 3월 15일의 정·부통령선거는 잘 알려진 대
로 사상 유례가 없는 부정선거로 막을 내리고 이에 항의하는 데모가
여기저기에서 심상치 않게 전개되고 있었다. 이런 와중에서 그 자신의
회고에 따르면, 선거 직후 정부로부터 다시 한일회담 대표로 나서줄
것을 부탁받았으나 "그러한 난장판에 더 이상 이박사의 사자 노릇을
할 생각이 없어" 거절했다고 한다.[70] 또 한번은 주한 미대사관에서 사
태수습에 관한 의견을 물어 와 재선거를 실시해야 할 것이라고 대답한
적도 있다고 한다.[71] 그러나 아직 그 자신이 어떤 적극적 자세를 취하
려 했다는 증거는 보이지 않는다.

그러나 드디어 4·19의 역사적 개막을 알리는 4월 18일의 고려대학
교 학생들의 시위가 시작되자, 고려대학교 총장으로서 유진오는 어떤
식으로든 4·19와 관련을 맺지 않을 수 없게 된다. 그런데 학생운동에
대한 그의 태도는 미묘한 것이지 않을 수 없었다. 굳이 앞의 그의 회
고에 의거하지 않더라도 사사오입 개헌에 대한 그의 태도와 그 후의
사상의 흐름에 비추어 볼 때, 노골적으로 자행된 불법선거는 묵과하기
힘든 성질의 것이었음이 틀림없다. 그러나 다른 한편으로는 학교의 총
책임자로서 학생들의 시위를 마냥 방관하고 있을 수만도 없는 처지였
다. 이승만 대통령의 하야성명으로 일단락되기까지 급박했던 며칠 동

---

69) 『민주정치에의 길』, 291-300면에 실린 "On the Mass Deportation Pro-
blem of Korean Residents in Japan to North Korea"라는 영문 연설문
은 이때 그가 연설한 원고이다.
70) 『養虎記』, 304면.
71) 같은 면.

안 그는 수차례의 연설을 통해 학생들의 명분에는 동감을 표시하면서
도 가능한 한 시위는 자제시키려고 하였고, 시위가 불가피해진 상황에
서는 최대한 평화적이고 질서정연한 방법에 의하도록 호소했다.[72] 이
때문에 그는 사태가 진행되는 내내 학생들로부터 어느 정도 신뢰를 유
지할 수는 있었으나, 이런 애매한 태도만으로 학생들을 만족시킬 수
없었음은 물론이다. 사태는 더 이상 걷잡을 수 없을 정도로 번지고 4
월 25일에는 급기야 교수들까지 데모에 합세하자, 그는 정권 퇴진과
새로운 제헌국회의 구성을 핵심 내용으로 하는 나름대로의 사태수습안
을 작성하여 다음날 동아일보를 통하여 발표한다. 공교롭게도 그의 수
습안이 발표되던 그날 이승만의 하야성명이 발표되고, 드디어 1주일간
의 격렬했던 시위와 궐기는 정권 퇴진으로써 일단 그 성공의 막을 내
리게 된다. 그는 곧 이 일련의 사태를 '우리나라 최초의 민주혁명'으로
규정하면서,[73] 그 정신을 고양하기 위해 노력하였다. 그의 민주혁명론
은 종래 명목상의 것에 불과하였던 민주주의가 실질적으로 우리의 것
이 될 수 있는 계기가 마련되었다는 점에 근거한 것이었으며, 앞으로
정치를 포함한 사회 각 분야에서 과감한 민주적 개혁을 추진하기 위한
근거 제공이라는 당위론적 요청에 의거한 것이었다.

곧 이어 시작된 개헌과정에는 직접적으로 관여할 기회가 주어지지는
않았지만,[74] 헌법안의 국회표결을 앞두고 발표한 한 글을 통해서 그는
헌법안에 대한 대체적인 지지를 표시했다.

우선 기본권 보장과 관련하여 개별적 법률유보 형식이 법률에 의하
기만 한다면 자유권을 얼마든지 제한할 수 있는 듯한 인상을 주었다는

---

72) 이 시기 유진오의 연설에 대한 이차자료로는 六一會 편, 『4월민주혁명
　　사』(제3세대, 1992), 71-80면을 참조할 것.
73) "폭풍을 뚫고 나선 학생 제군에게", 『젊은 세대에 부치는 書』, 207면.
74) 다만 당시 그가 공법학회 회장이었고 공법학회에서 마련한 헌법안이 헌
　　법기초 시 많이 참조되었기 때문에, 간접적이나마 다소간 그의 역할이
　　있지 않았을까 추측해 볼 수는 있다.

반성 아래, 일반적 법률유보 형식을 취한 개정 헌법안의 태도를 긍정
적으로 평가하였다. 또한 법률유보의 한계로서 "자유와 권리의 본질적
인 내용을 훼손하여서는 안 된다"는 내용을 첨가한 것과 언론·출판에
대한 허가 또는 검열 및 집회·결사에 대한 허가제를 금지한 것, 그리
고 정당 해산을 제한한 규정이 추가된 것 등에 대해서도 국민의 기본
권 강화를 위하여 진일보한 것으로 환영하였다. 권력구조와 관련해서
는 내각책임제의 채택을 지지한 것이 물론이지만, 대통령에게 어느 정
도 실질적인 권한을 부여하고 있는 데에 대해서도 다수당의 횡포를 방
지하기 위해, 또한 국가의 통일을 상징하고 비상시 정국의 안정과 조
정을 위해 바람직한 것으로 보았다. 다만 긴급재정명령이나 긴급재정
처분에 관해서는 독재자에 의해 악용될 우려가 있고, 또 과거의 경험
으로 보아 실제상의 필요도 별로 없다는 이유로 유감을 표명하였고,
조약의 비준 거부를 일괄적으로 정부에 대한 불신임결의로 간주한다는
규정에 대해서도 지나치다는 이유로 반대하였다. 양원제도에 찬성한 것
은 물론이지만, 그의 헌법기초 당시의 구상과는 다르게 양원 모두 선거
에 의하여 구성되도록 되어 있음에도 불구하고 별 이의 없이 받아들이
고 있다. 그 밖에도 대법원장과 대법관을 법관의 선거에 의하도록 하
고 기타의 법관을 대법원장이 임명하도록 한 것도 '사법의 독립과 민
주화를 위하여 좋은 구상'이라고 평가하고, 기존의 헌법위원회와 탄핵
재판소 기능을 통합한 헌법재판소 제도, 중앙선거관리위원회의 헌법기
관화 등에 대해서도 대체적으로 만족을 표하였다.[75]

한편 3·15 선거 부정행위자의 처벌과 반민주행위자의 공민권 제한
및 부정축재자의 처벌에 관한 소급입법 제정 근거를 마련하기 위하여
제4차 헌법개정안이 국회에 제출되었을 때에도 그는 바로 민주혁명론
을 근거로 하여 이를 지지하기도 했다.[76]

---

75) 이 헌법안에 대한 유진오의 견해는 "내각책임제 개헌과 정국의 장래",
『민주정치에의 길』, 140-149면에 잘 나타나 있다.

헌법안에 대한 이러한 태도는 제헌 당시 그가 구상했던 내용과는 확실히 확연한 차이를 드러내 보인 것이다. 그의 소위 경제적·사회적 민주주의에 대한 관심은 사라지고, 오로지 정치적 민주주의의 극대화만이 그의 사고를 지배하고 있는 듯이 보인다. 제1공화국의 헌정에 대한 반성으로부터 시작된 사고의 변화가 4·19라는 극적인 사건을 경험하면서 적어도 헌법 규정과 관련해서는 민주주의 논리에 철저한 입장으로 귀착되었던 것이다.

이상과 같은 그의 활동과 태도들이 4·19라는 사태의 진행과정에서 어떠한 그리고 어느 정도의 역할을 담당했는지 가늠하는 것은 쉽지 않다. 그러나 이승만 정권의 몰락 후 대부분의 대학총장들이 학생들의 민주화 요구에 부딪쳐 물러나는 와중에서도 그만이 제 자리를 유지할 수 있었다는 사실은 이 점과 관련하여 시사하는 바가 있다고 생각한다. 이뿐 아니라 그해 9월에는 자신이 참석하지도 않았던 대한교육연합회 총회에서 종래의 임원진이 모두 퇴진한 가운데서도 회장으로 선출되었고, 10월에는 다시 고려대학교 3기 총장으로 임명되기까지 했다. 그의 사후 그의 행적에 대한 역사적 평가를 둘러싸고 논란이 일었을 때, 그가 재직하였던 고려대학교의 한 대자보에서는 그를 '저 찬란한 4·18의 정신적 지도자'[77]로 일컫기도 했는데, 이러한 평가가 다소 과장된 측면이 있다 할지라도 사후의 일방적인 미화로만 치부할 수 없는 측면이 존재했던 것이다.

그러나 그가 4·19에 대하여 가장 열렬한 지지를 표하고 있을 때에 조차도 국민의 의사와 에너지를 실질적인 국가권력의 원동력으로 포착하는 데 대하여 주저를 보이고 있는 점은 흥미롭다. 가령 그가 4·19를 우리나라 최초의 민주혁명으로 규정하였을 때조차도, 그것은 4·19가 민중들에 의해 아래로부터 일어났다는 점이 아니라 '우리 민족 자

---

76) "5분간 스케치: 유진오 씨", 동아일보, 1960. 10. 24.
77) 김태익, "현민 빈소사건 시비", 월간조선, 1987. 10., 398면에서 재인용.

신의 힘'으로 이루어졌다는 이해에 바탕을 둔 것이었다. 그의 말을 빌리면, 해방 후 우리에게 주어진 민주주의는 "외부로부터의 선물이었으나 이번 일은 우리 민족의 주체적 역량에 의하여 이루어졌다"는 점에 그 중대한 의의가 있다는 것이다.[78] 그의 민주혁명론에는 이와 같이 국가 또는 민족을 카테고리로 한 '내부'와 '외부'의 구분 속에 '위'와 '아래'의 구분이 용해되어 있었다.

그가 이승만 정권에 항의하는 학생들의 시위를 자제시키고자 했던 이유도 단지 총장이라는 지위에서 부득이하게 행한 의례적인 것만은 아니었다. 학원의 정치화에 대하여 그가 항상 예민한 거부반응을 보여 왔던 사실은 이미 익히 살펴본 대로이거니와, 보다 근본적으로는 국가권력에 대항하는 시위나 데모에 대한 평소의 불신이 표출된 것이기도 했다. 굳이 시위나 데모를 하는 경우라도 의견표출에 그쳐야만 한다고 생각했다. 시위나 데모로 야기될 혼란과 유혈, 그로 인한 국가적 위기가 보다 큰 문제로 생각되었던 것이다.

그와 같은 점은 앞서 말한 당초 자신의 사태수습안을 후에 수정하고 있는 것을 보아서도 알 수 있다. 당초의 수습안은 과도내각의 수립, 국회의원의 총사퇴와 새로운 제헌국회의 선거, 책임내각제 개헌의 단행, 신헌법 절차에 의한 대통령선거 및 내각 조직, 과도내각의 사임의 순으로 정치일정을 제시한 것으로, 사태수습의 실마리를 국민으로부터 찾으려 했다는 점에서 그 민주적 발상의 의의가 인정되는 것이었다. 그러나 실제의 사태 진행이 자신의 제안과는 다르게 기존의 국회에서 그대로 개헌작업을 진행하는 것으로 되어 가자, 그는 '개헌 후 국회해산'으로 자신의 당초 제안을 공개적으로 수정하고, 기존 국회에서 마련된 헌법안의 조속한 국회통과를 촉구하였다. 이러한 절차의 변경이 갖는 정치사적 의미는 매우 심대한 것일 수 있었다. 4·19가 기존 질서에 따

---

78) "폭풍을 뚫고 나선 학생 제군에게", 『젊은 세대에 부치는 書』, 204면.

라 뒷수습이 이루어졌던 점에 대해서는 훗날, "4·19의 혁명적 정신을 불투명하게 하고", "결정적으로 4·19 이후 제2공화국의 건설과 그 순조로운 운항을 저해하고 정치체계의 능력을 약화시킨 반면, 정치사회적 혼란과 무질서를 초래한 원인이 되었던" 것으로 평가하는 소리가 나올 정도였던 것이다.[79)]

그런데 그는 입장을 바꾼 이유를, 당초에는 "현 국회 내의 다수당인 자유당 의원들이 반혁명을 획책하여 개헌안 통과를 방해할 우려가" 있었으나, "예상과 달리 시국이 급템포로 변전하여", "현 국회에 의한 내각책임제 개헌이 실현 직전에 놓이게" 되었기 때문이라고 안이하게 설명했다.[80)] 당시 일반 국민 사이에는 내각책임제 개헌을 지지하는 분위기가 압도적이었던 것은 사실이었지만, 그러한 설명은 적어도 그에게 있어 최대 관심사가 국민의 정치참여 보장이나 4·19 정신의 철저한 구현이 아니라 내각책임제로의 개헌이었다는 사실을 말해 주는 것으로 보인다. 그러나 보다 깊은 이유는 다시 몇 달 뒤에 그가 외국인들 앞에서 행한 한 연설에서 찾아진다. 그는 기존의 국회에서 개헌을 추진할 수밖에 없었던 상황을, "변화시켜야 한다. 그러나 질서는 유지되어야 한다"는 딜레마 상황으로 설명했다.[81)] 과도기적 상황에서 기존 국회의 해산과 새로운 국회를 구성함에 따르는 예상되는 혼란을 그는 가장 우려했던 것이다. 다시 말해서 내각책임제 개헌이 보장되는 한 헌법을 조속히 통과시킴으로써 불안정한 상황을 빨리 종결시키는 것이 최선의 방책이라고 생각했던 것이다.

그러나 실제 사태의 진전은 잘 알려졌듯이 그가 우려했던 방향으로 전개되었다. 오랫동안 억압되었던 국민들의 직접적 정치참여 요구의 폭발과 사회 각계에서 분출된 거센 민주화의 요구로 사회 전체가 커다

---

79) 양동안 외, 『현대한국정치사』(한국정신문화연구원, 1987), 183-184면.
80) "개헌안의 조속 통과를", 『민주정치에의 길』, 159면.
81) "The Present Situation in Korea", 『민주정치에의 길』, 72면.

란 혼란 속으로 빨려들어 갔고, 사실 이러한 상황은 당시와 같은 변혁
기에는 당연히 예견된 일이기도 했다. 이러한 상황에서 그는 1960년
10월 다시 한일회담 예비회담 수석대표로 임명되어 제2공화국의 마지
막까지 주로 일본에서 머무르게 된다. 일본에 가 있으면서도 "정신은
회담보다도 국내 일 걱정으로 가득 차"[82] 있던 그는 12월 9일 동경의
하버드클럽에서 행한 연설에서 4·19 이후 진행된 정치, 경제, 사회면
에서 일어난 혼란을 분석하고, "한국은 커다란 위험에 직면하여 있
다"[83]는 심각한 진단을 내렸다. 역시 동경의 국제기독교대학에서 행한
연설에서는, "국민들이 민주적 자유와 권리를 적절히 절제할 줄 아는
지혜를 여전히 결여하고 있는 것"이 가장 큰 문제이며, 특히 언론·출
판·결사의 자유를 언급하며 이와 관련한 "혁명 후의 완전한 자유가
공산주의자들에게 침투의 좋은 기회를 제공하기 시작했다"고 우려를
표명했다.[84] "대한민국의 기본이 밑뿌리부터 흔들리는"[85] 중립통일론
의 확산과 같은 '사상적 혼란'에 그가 극도의 경계감을 표현한 것은 당
연하였다. 그의 우려의 궁극적인 두려움은 공산화의 위험이었기 때문이
었다. 잠재해 있던 '정치의사 형성의 주체로서의 국민'에 대한 불신이
반공을 내용으로 한 그의 국가적 민족주의와 결합하여 표면화되었던
것이다.

　결국 유진오가 4·19를 민주혁명으로 예찬하고 그 결과인 제2공화국
헌법에 대하여 종전의 자신의 입장을 변경하면서까지 전폭적인 찬의를
보내었지만, 그 기초가 된 자유의 이념까지를 그대로 전부 받아들인
것은 아니었다는 사실을 보게 된다. 헌법의 규정이나 제도가 어떻게
변경되었든지 간에, 그것이 보장하는 국민의 자유, 특히 정치적 의사형

---

82) 『養虎記』, 309면.
83) "The Present Situation in Korea", 『민주정치에의 길』, 72면.
84) "The Student Movement in Korea", 『젊은 세대에 부치는 書』, 185면.
85) 『養虎記』, 309면.

성의 자유는 반공과 질서의 문제에 관계되는 한 그에게는 협소하게 이 해되어야 했던 것이다. 그가 민주혁명론을 이야기하고 기본권의 강화 를 외쳤어도 어디까지나 권력의 독재적·자의적 행사에 대한 반발을 의미했을 뿐, 국민의 정치적 에너지와 의사를 새로운 정치 창출에 연결 시키는 데까지는 이르지 못했다. 이와 같이 그의 민주혁명론과 제2공화 국헌법에 대한 지지는 보이지 않게 그의 헌법사상의 한 요소인 국가적 민족주의에 근원적으로 규정된 것이었고, 이러한 점이 5·16 발생 후 그의 태도에 코페르니쿠스적 전환이 일어나게 되는 결정적인 원인으로 작용하게 되었던 것이다.

4. 초헌법체제에 대한 지지에서 비판으로: 5·16부터 제3공화국 전반기까지

유진오가 5·16에 관한 소식을 들은 것은 한일회담대표로서 아직 일 본에 있을 때였다. 그 자신의 말에 의하면, 당일 새벽 급보를 전해 듣 고 파시스트의 조정에 의한 것이 아닌가 하는 의구심이 들었으나, 이 어 발표된 혁명공약을 듣고서는 오히려 "민주체제 부활에 대한 희망" 을 갖게 되었다고 한다.[86][87] 회담을 중단하고 그달 23일에 귀국한 그

---

86) "마지막 기회", 『민주정치에의 길』, 84면.
87) 혁명공약의 요지는 다음과 같다.
   1. 반공체제를 재정비한다.
   2. 유엔헌장을 준수하고 국제협약을 성실히 이행하며, 미국을 비롯한 자 유우방과의 유대를 더 한층 공고히 한다.
   3. 현 정권의 부패와 구악을 일소하고 퇴폐된 국민도의와 민족정기를 진작시킨다.
   4. 절망과 기아 속에서 허덕이는 민생고를 시급히 해결하고 국가자주경

는 군사정부로부터 교섭을 받고 국가재건최고회의 기획위원회의 최고 고문으로 발탁되고, 이어 6월 10일에는 재건국민운동본부장에 취임하게 된다. 재건국민운동본부는 군사정부의 주요 시책의 일환으로서 군사혁명의 이념 전파와 정통성 정립을 추구할 목적으로 설치된 것이었던 만큼,[88] 그의 본부장에의 취임은 단순한 지지를 넘어서 그 이념 및 필요성에 깊이 공감하고 적극적으로 참여하였음을 의미한다.[89] 사실 그는 이번이 우리나라가 민주주의를 이룩할 수 있는 '마지막 기회'라는 절박한 심정으로 글과 방송, 강연 등을 통하여 5·16의 정당성을 홍보하고 대국민 계몽에 열정을 쏟게 된다. 그러나 그의 재건국민운동본부장으로서의 활동은 8월 사임함으로써 2개월여라는 짧은 기간으로 끝나고 만다. 이 일로 인하여 그는 군사정부와의 사이에 일정한 거리를 두게 되나, 한동안은 군사정권에 대한 우호적 태도를 결정적으로 철회하지는 않았다.

어떻게 4·19의 지지자가 5·16의 이념 전파와 정통성 확립의 사명을 앞장 서 떠맡고 나서게 될 수 있었을까? 하기야 이러한 모순적 현상은 유진오 그에게만 독특했던 것은 아니고, 정도의 차이는 있을지언정 당시 식자층의 일반적 경향이기도 했다. 따라서 유진오의 입장은 현대 한국정치사상의 대체적 공통점을 드러내는 것으로 볼 수도 있다. 유진

제체제를 완성한다.
   5. 국토통일을 위하여 반공세력을 배양한다.
   6. 이와 같은 우리의 과업이 성취되면 새롭고 양심적인 정치인들에게 정권을 이양하고, 우리들 본연의 임무에 복귀할 것이다.
88) 한태연 외, 『한국헌법사(하)』(한국정신문화연구원, 1991), 120면.
89) 그는 후일 한 인터뷰에서 재건운동본부장으로서 혁명에 참가하게 된 동기를 묻는 기자의 질문에 "나는 5·16이 일단 일어났으니 사태를 어떻게 수습하느냐에 관심이 컸을 뿐 5·16을 긍정하는 것으로 국민운동본부장이 된 것은 아닙니다."("신동아 인터뷰: 유진오 씨", 신동아, 1966. 12., 180면)라고 말한 적이 있다. 그러나 이 인터뷰가 민중당의 대통령 후보로서 정계 투신을 결정하고 난 후에 이루어진 것임을 감안할 때, 다분히 정치적 고려를 한 발언으로 보아야 할 것이다.

오 자신의 논리구조에 의하면, 5·16 군사혁명은 "파산한 우리나라의
민주체제를 되찾으려는 데 근본목적이" 있는 것으로,[90] 4·19와 서로
대립하는 사건이기는커녕 오히려 4·19의 이념을 계승하여 완성하기
위한 것이었다. 그것은 "우선 민주주의를 기본으로 하고 있는 대한민
국헌법이 전적으로 폐기된 것이 아니라, 혁명과업 수행을 위하여 불가
피한 것만이 일시 정지되어 있음에 불과하다는 사실"[91]만 보아도 알
수 있다는 것이다.

그의 이러한 이해는 사실 이미 그의 4·19에 대한 민주혁명론의 내
용 가운데 준비되어 있었다. 앞서 말했듯이 혁명의 주체가 외부에 대
한 대립개념으로서 민족인 이상, 민족 내부에서 누가 주체가 되느냐는
지극히 부차적인 문제일 수밖에 없었다. 여기에 덧붙여 공산주의에 대
한 대항개념으로서의 민주주의 개념 역시 4·19와 5·16을 동일선상에
서 파악하는 데 역할을 하였다. 그에 의하면 4·19 혁명이나 5·16 군
사혁명은 동일한 목표를 추구하는 상이한 단계의 운동으로서, 가령
4·19 때 학생들이 질서유지를 외쳤던 것이나 혼란에 빠진 사회상태에
서 쿠데타를 일으킨 군인들이나, 무질서로 인한 공산주의의 위험으로
부터 국가를 구출했다는 점에서는 같다는 것이다.[92] 제2공화국의 혼란
이 결정적으로 국민들의 민주의식의 결여에서 기인하는 것으로 보았던
그에게 있어서는, 오히려 국가권력의 힘을 빌린 계몽된 소수에 의한
민주혁명의 추진이 보다 효과적 방법으로 생각되었을 것이 틀림없다.
다시 말하면 그 길이 공산주의의 위협으로부터 나라의 안정을 지키면
서 신속히 전 분야의 민주적 개혁을 완수할 수 있는 지름길이라고 여
겼던 것이다. 이러한 점은 5·16 이후 1년이 지난 시점에서 군사정권
하에서의 민주주의의 진척 정도를 평가하는 글 가운데서도 여실히 보

---

90) "국민운동의 기본이념", 『민주정치에의 길』, 79면.
91) 같은 면.
92) "멀고 험난한 민주화의 노정", 『젊은 세대에 부치는 書』, 224-225면.

이고 있다. 당시의 상황은 국가재건최고회의가 제정·공포한 국가재건
비상조치법에 의하여 헌법이 사실상 정지되어, 입법·사법·행정이 최
고회의에 통합되어 있었고, 모든 정당과 사회단체가 강제 해산되고, 언
론·출판·집회·결사의 자유 등 국민의 기본적 권리가 심하게 제약되
어 있던 상태였다. 이런 상황에서 그는 자유에 관해 "누구나 유형무형
의 구속을 느끼고 있는 것이 현실"이지만, "그것은 5·16 혁명이 자유
의 과잉에서 오는 파탄을 막기 위해 일어난 필연적 결과"였다고 수긍
하는 입장을 취했다. 문제는 그 구속이 민주적 기준에 비추어 보아 정
당한 것인가 아닌가에 있는 것인데, "만일 그 구속이 정당한 국가적
목적을 일탈해서 어떠한 특수한 집단이나 개인의 이익을 도모하기 위
한 것이라면, 그것은 부정당한 것 또는 비민주적인 것"이라 할 것이고,
"반대로 그것을 귀찮게 느끼는 이유가 자유에 당연히 수반되는 구속까
지를 거부하기 위한 것이라면, 그것은 민주적 훈련의 부족 내지는 민주
적 원리의 수락을 거부함을 의미하는 것"이라고 말하고, 그 자신의 판
단으로는 "현재의 구속감을 인내해 나가야 할 것"으로 생각된다고 말
하였다.93) 평등에 관해서도 그는 군사정권하에서 "실질적으로 증진"되
었고, 나아가 평등의 원칙은 "군사정권하에서 비로소 햇빛을 보았다고
하여도 과언이 아니다"라고 매우 긍정적인 평가를 하였다.94) 이 시기
에 이르러 비로소 법 앞의 평등을 무색케 하였던 특권의식이 깨뜨려지
기 시작했다는 것이다.

  물론 그렇다고 하여 계엄하의 비상상태가 지속되어도 좋다고 생각한
것은 아니었다. 자유에 관한 한 하루빨리 정상적인 상태로 되돌아가야
하고, 평등에 관해서도 법적 보장이 뒤따라야 함을 전제로 한 것이었
다. 그는 그것을 민정복귀로 보았다. 그러나 민정복귀 이전까지는 "혁
명지도자들[이] 추호도 사심 없는 애국심과 사물의 판단을 그르치지

---

93) "한국 민주주의를 진단한다", 『민주정치에의 길』, 60-61면.
94) 같은 글, 62, 63면.

않는 정확한 통찰력을 끝까지 견지"95)하는 것에 의존할 수밖에 없었다.

이와 같이 계몽된 권력자들의 선의에 의존하는 한, 그 이면에 존재하는 국민은 더 이상 개혁의 주체로서가 아니라 계몽의 대상으로 인식될 수밖에 없었다. 재건운동본부장으로서의 그 자신의 말을 빌리면, "전체주의적인 체제를 방불케 하는"96) 재건국민운동의 목표는 "가장 짧은 기간 내에 우리 국민에게 민주국가의 공민으로서 당연히 갖추어야 할 자질을 갖추게"97) 하는 것이었다. 이러한 목표에 비추어 볼 때, 이 시기 그가 '자유의 전제조건'으로서 책임과 의무를, 그리고 민족의 자주와 단결을 유난히 강조하였던 것은 결코 우연이 아니다. 지도층의 중요성에 대한 강조 역시 같은 맥락에서 이해될 수 있다. 민주화의 성패 여부는 지금과 같이 상부로부터의 혁명을 겪고 있는 단계에서는 "거의 전적으로 지도층의 두 어깨에 달려 있음"98)을 강조했던 것이다.

그러나 다른 한편으로 군사정부와 유진오 사이에는 갈등요소도 내재하고 있었다. 사실 양자 사이의 밀월은 군정기간 중에서도 극히 짧은 기간 동안의 일이었다. 그가 한때 의욕적으로 참여하였던 재건국민운동본부장의 직을 일찍 그만두게 된 것도 그러한 갈등이 원인이 되었던 것으로 보인다. 이에 대하여 후일 한 인터뷰에서는 민간인 본위로 개편을 해야 하겠다는 계획에 군인들과 뜻이 맞질 않았고, 당초에 단기 집권을 예상했었는데 소위 8·12 성명으로 장기집권을 선언하고 나서자 도저히 안 되겠다는 생각이 든데다가, 그 무렵 8·12 성명에 대한 논평을 요구받고 '군사통치 기간이 좀더 짧았더라면 좋았을 것'이라고 기자들에게 말한 것이 최고회의에서 말썽이 되어 그만두었다고 해명한 적이 있다.99)

---

95) 같은 글, 61면.
96) "국민운동의 기본이념", 『민주정치에의 길』, 80면.
97) 같은 글, 82면.
98) "우리나라 대학의 회고와 전망", 『젊음이 깃칠 때』, 260면.
99) "신동아 인터뷰: 유진오 씨", 180면.

유진오가 국가재건국민운동본부장을 사임하게 된 직접적 계기가 된
것으로 회상하고 있는 소위 8·12 성명은 1961년 8월 12일 박정희가
국가재건최고회의의장으로서 쿠데타정부의 정치일정과 구상을 제시한
것이었는데, 그 내용은 1963년 3월 이전에 신헌법을 제정하여 공포하
고, 동년 5월에 총선거를 실시하고 이후 헌법에 따라 정권을 이양하며,
정치활동의 허용은 1963년 초로 한다는 내용과, 정부형태에 관하여 대
통령책임제의 채택, 국회의 구성과 관련해서는 100-120명으로 구성되
는 단원제, 그 밖에 철저한 선거공영제 및 부정부패한 구정치인의 정
계 진출을 방지하기 위하여 입법조치한다는 것 등으로 되어 있었다.

유진오의 그러한 해명은 사실 박정희 정권에 대항하는 야당 대통령
후보의 입장에서 행해진 것이어서 얼마나 액면 그대로 받아들여야 할
지는 의문이다. 적어도 뒤의 유달영의 회고에서 볼 수 있듯이 그가 사
임 바로 직전까지도 자기 쪽에서 먼저 사임할 의사는 없었던 것 같다.
그러나 전후 맥락에서 볼 때 그가 군사정권의 독주와 속결주의에 상당
한 우려를 가지고 있었던 것만큼은 사실이었던 것으로 보인다. 다른
회고 중에서도 국민운동본부장에서 사임한 이유를 "군인과 기성정치인
의 중간에 서서 교량 역할을 해보려는" 취임 당초의 생각이 "과대망상
에 지나지 않는 것"임을 깨달았기 때문이라고 재차 확인하고 있거니
와,[100] 군사정부에 대한 지지를 완전히 철회하지 않고 있던 때에조차
"혁명정부가 좀더 흉금을 털어놓고 신구 민간인들과 접촉할 수 있는
여지"가 있었음에도 불구하고, "지나치게 결벽에 빠져서 할 일을 충분
히 못 해 왔다고" 비판하고 있는 것을 볼 수 있다.[101] 유진오의 후임
으로 제2대 국가재건국민운동본부장에 취임한 유달영 역시 유진오가
민간인 조력자의 필요성을 호소하며 자신의 도움을 요청한 바로 며칠
뒤, 박정희 당시 최고회의 의장이 별도로 자신을 불러 유진오에 대한

---

100) 『養虎記』, 312-313면.
101) "민정이양의 전망", 『민주정치에의 길』, 169면.

불만을 토로하며 국민운동본부장을 맡아줄 것을 요청하였다고 회고함
으로써 유진오의 진술을 뒷받침해 주고 있다.[102]

　이러한 점은 군사정부의 중요한 정치목표였던 정치인의 세대교체에 대
한 그의 미묘한 입장에서도 그대로 드러난다. 원래 세대교체는 그의
평소 지론이었다. 1956년에 쓰인 한 글에서 그는 "우리 사회는 아직도
몇 번 더 세대가 교체되어야 선진사회를 따라갈 수 있을 것 같다"[103]
고 세대교체의 당위성을 긍정하였다. 가까이는 5·16 군사정부의 초기
때만 해도 새로운 지도층 형성의 필요성에 공감을 표시하며 세대교체
주장에 우호적 견해를 보이기도 했던 것이다.[104] 그럼에도 불구하고
세대교체가 군사정부에 의해 인위적으로 거세게 추진되자,[105] 장유유
서(長幼有序)라는 전통윤리를 논하면서 배격되어야 할 것은 그 남용이
지 전통 자체가 아니며, 육체적 연령보다는 정신적 연령이 중요함을
역설함으로써 우회적으로 반대 입장을 표명하였다.[106] 그리고 군정에
대한 실망이 깊어 가던 군정 말기에 이르러서는 '인위적' 세대교체에
대한 보다 분명하고도 직접적인 반대의 의사를 표시하기도 하였다.[107]

　이렇게 볼 때, 이 시기 유진오의 생각은 다음과 같이 이중적이었다
고 말할 수 있을 것이다. 그가 과도기적으로 국민의 자유와 권리를 일
시 정지하고서라도 위로부터의 과감한 혁명적 개혁과 계몽을 추진해야

---

102) 유달영, "나의 인생노트(78): 재건국민운동본부장", 문화일보, 1997. 7. 24.
103) "교체되는 세대", 『젊은 세대에 부치는 書』, 30면.
104) "우리는 무엇을 하여야 할 것인가?", 『민주정치에의 길』, 17면.
105) 이를 위하여 5·16 군사정부는 8·12 성명에서 밝힌 바에 따라 1962년
　　3월 16일 정치활동정화법을 제정하고, 이 법에 근거하여 4363명을 심
　　판대상자로 삼아 최종적으로 3027명을 정치활동 부적격자로 확정하였
　　다. 그러나 이후 4차에 걸쳐 해금이 행해져 1963년 2월 27일경에는 거
　　의 모두가 해금되기에 이르러, 박정희 스스로 자인했듯이 정치인 세대
　　교체는 실패로 끝나고 말았다.
106) "기성세대는 물러가야 하는가", 『젊은 세대에 부치는 書』, 34면.
107) "민주개혁의 횃불을 고수하라", 『젊은 세대에 부치는 書』, 131면.

할 필요성에 전적으로 동감했던 것은 분명하지만, 다른 한편으로는 지식인, 그리고 구정치인 중에서도 양심적으로 생각되는 정치인들과의 협조 가운데서 추진되기를 기대했다는 것이다. 다시 말하면 군사정부의 강력한 추진력을 이용은 하되, 애국적 선의를 가지고 국가의 안정과 민주주의 사이의 균형추의 중심점을 잘 찾아낼 수 있는 분별력 있는 엘리트들의 참여에 의해 군인들만의 독단적 판단과 추진을 조금이라도 제어해 보고자 했던 것이다. 앞에서도 보았듯이 제헌기의 그의 내각책임제 사상은 엘리트들의 민주적 의사결정기관으로서의 성격을 띤 국회에 기반을 둔 것이었다. 그런데 여기에서도 정상적인 헌정이 중단된 관계로 비록 헌법제도적 형태로 주장되지는 못했지만, 그러한 엘리트 지향적 사고가 그대로 유지되고 있음을 확인하게 된다. 그리고 바로 유진오의 그러한 사고가 과거와의 철저한 단절과 신속한 정책 추진을 목표로 하였던 군인세력과의 갈등을 야기했던 것이다.

그가 소위 제3공화국헌법의 제정과정에 참여하게 된 것은 이상과 같이 5·16 군사정부에 대한 원칙적인 지지와 불만이 혼재한 상태에서였다. 최고회의는 8·12 성명에서 제시한 정치일정에 따라 1962년 7월 11일에 헌법심의위원회를 발족시켰는데, 유진오는 군정당국 측의 강력한 요청을 받고 21명의 전문위원 중 한 사람으로 참여하게 된다. 그리고 그 첫 회의에서 새 헌법의 문제점을 정리하기 위하여 구성된 9인소위원회의 위원장으로 선출되었다. 그리고 본격적인 심의가 진행되는 동안에는 기본권, 법원, 헌법재판소 부분을 다룬 제2분과위원회의 심의에 참여하였다. 이후 헌법의 심의는 공청회를 거쳐 각 분과위원회별 헌법요강 작성 및 전체 심의 후 10월 23일 헌법요강의 확정이 있었고, 이후 조문화 작업을 거쳐 국가재건최고회의에 넘겨지는데, 헌법개정작업의 중반 단계에서부터 자문역으로 참여하여 상당한 영향을 미친 것으로 평가되는 하버드대학의 루퍼트 에머슨(Rupert Emerson) 교수와 유진오 사이에 개인적인 활발한 의견교환도 있었던 것으로 보인다.[108)

그러나 심의의 전 과정을 통하여 볼 때, 그가 원로적 영향력에도 불구
하고 더 이상 건국헌법제정 당시와 같은 주도력을 발휘하지 못했음은
물론이다. 더 이상 유일한 공법학의 권위도 아니었을 뿐더러, 8·12 성
명에 의하여 이미 헌법의 주요 쟁점사항에 대한 천명이 있었기 때문이
었다.109) 또한 그 자신도 헌법심의위원회에의 참여를 처음 요청받았을
때 회의 때마다 반드시 참석하지 않아도 좋다는 양해를 받고 수락했을
정도로110) 심의에 그다지 큰 열성을 보이지도 않았고, 실제 심의회의
에 결석한 때도 많았다. 그러나 일단 출석한 때에는 쟁점사항에 대한
활발한 의견 개진을 하였다.

심의위원회에서 우선 가장 논란이 되었던 부분 중의 하나는 새로운
헌법을 '제정'으로 할 것이냐 '개정'으로 할 것이냐의 문제였다. 그런데
이 문제에 관한 한 그는 원래부터 개정 방식을 옹호하였다. 헌법의 존
엄성을 유지할 수 있다는 점이 가장 큰 이유였으나, 여기에는 물론
5·16의 법적 정당성에 대한 긍정이 당연한 전제로 되어 있었다. 유진
오의 말을 그대로 옮기면,

---

108) 에머슨은 유진오와 장기간 대담을 나누고, 유진오의 안내로 고려대학
교를 방문하기도 했으며, 10월 31일에는 유진오에게 헌법초안이 대체
로 잘 마련되고 있다는 편지를 보내기도 했다. "Emerson to Dong
Hwan Kim", 25 October 1962, "Emerson to Yu Chin-o", 31 October
1962, *Emerson Papers*, Harvard University Archives; 이완범, "제3공
화국헌법의 제정과정과 그 성격: '민정이양'과 '강력한 대통령제'", 한
국헌정사 심포지엄 자료집, 한국정치외교사학회·건국대학교 사회과학
연구소, 2000. 2. 12., 129, 130면에서 재인용.

109) 첫 전문위원회의 모두에 간사위원 이석제는 8·12 성명에 구애받지 말
고 가장 우리 현실에 맞는 헌법의 방침을 결정해 달라는 발언으로 자
유로운 분위기 조성을 유도했고[『헌법개정심의록』, 제1집(대한민국국
회, 1967), 15면], 실제로도 상당히 자유로운 토론이 전개되었다. 그러
나 어디까지나 심의위원의 의사 표명에 그쳤고, 개헌방향은 최고회의
에서 결정하였다. 송우, 『한국헌법개정사』(집문당, 1980), 200면.

110) "나의 소신은 지금도 반대: 현교수 소론에 대한 헌법심의위원회의
변", 사상계, 제13권 제1호, 1965. 1., 68면.

　　헌법의 폐기는 헌법제정권력에 변동이 있는 때에는 불가피할 것
이다. 그러나 현재 우리는 혁명과정에 있으면서도 국가의 동일성을
유지하고 있고, 국가재건비상조치법도 현행 헌법을 밀어내고 그 자
리에 대신 자리 잡고 있는 것이 아니라, 현행 헌법 위에 그대로
superimpose되어 있는 것이다. 뿐만 아니라 현재 개정이 문제되고
있는 것은 권력기구의 조직에 관한 것일 따름이고 국가나 헌법의
기본방향에 관한 것이 아니다.111)

　가장 큰 문제는 역시 절차의 문제일 것인데, 이에 대하여 그는 "헌
법개정절차를 밟는다 해서 반드시 국회의원선거를 먼저 하여야 한다고
주장하는 것"은 아니라고 말했다. "헌법개정의 제안권은 대통령에게도
있는 만큼, 혁명정부의 손으로 개정안을 작성하여 공고까지 해 놓고
그 후에 선거되는 국회로 하여금 이를 의결케 하는 방법"도 있다는 것
이다.112) 대통령과 혁명정부를 일치시키고 있는 것도 문제이지만, 그만
큼 그에게 있어 절차 문제는 어차피 형식상의 것에 불과한 문제였다.
그렇다고 이를 권력에 대한 무조건적인 아부로 볼 수는 없다. 그것은
이념만의 민주주의에서 실질적인 민주주의에로 나가는 과도기로 이 시
기를 이해하려는 희망 섞인 진지한 믿음의 표현이었던 것이다.

　그러나 헌법개정 과정에서 그의 가장 큰 관심은 역시 권력구조에 관
한 것이었다. 그리고 그 문제의식은 여기에서도 물론 어떤 제도가 강
력하고도 안정적인 정부를 확보하면서도 동시에 독재화를 방지하기에
적합한 제도인가 하는 것이었다. 이전에는 내각책임제를 취함으로써
그 두 가지 목표를 동시에 달성할 수 있다고 보았다. 그러나 그러한
낙관적 견해는 폐기되고, 이때에는 내각책임제가 정부의 독재화를 방
지할 수 있는 장점은 있으나 정부의 약체화를 초래할 우려가 있고, 대
통령제는 반대의 경향을 가지고 있다는 식의 생각의 수정이 발견된다.

---

111) "헌법개정의 방향", 『민주정치에의 길』, 162면.
112) 같은 면.

여기에는 물론 제2공화국 때의 내각책임제의 경험이 작용하였음은 말할 것도 없다. 따라서 이때의 그의 권력구조에 대한 생각은 단순히 내각책임제냐 대통령제냐의 이분법적 사고를 벗어나 어떻게 행정부와 입법부를 상호 협조와 견제의 관계에 놓아 앞의 두 목표를 최대한 동시에 달성할 수 있을 것인가 하는 데에 향하여져 있었다. 개정될 헌법의 중요한 문제점을 추출하기 위해 모인 9인소위원회에서 그가 행정부와 입법부 사이의 관계를 "제일 중요한" 그리고 "제일 어려운" 문제라고 문제제기를 했던 것은 그러한 의미에서였다.[113]

따라서 심의과정에서는 추세인 대통령제 채택을 일단 수긍하면서도, 정부의 권력의 비대화를 견제하고 정부와 국회의 대립을 조정할 장치가 마련된다는 조건하에서 찬성을 하였다. 대통령제가 독재화되는 것은 대통령이 강력한 권한을 갖기 때문만이 아니라 국회와 정부가 서로 대립함으로써 국정이 마비되기 때문이기도 하다고 보았기 때문이다.[114] 여기에서 다시 한번 그의 내각책임제의 논리가 그대로 작동하고, 최대한 내각책임제적 요소를 확보하려는 그의 노력을 엿보게 된다.[115] 실제 제5차 개정헌법에는 대통령제를 채택하면서 동시에 정부의 법률안제출권, 국회의 국무총리 및 국무위원에 대한 국회출석 요구권, 이들의 국회 본회의에서의 발언권 등 미국과는 다른 몇 가지 제도

---

113) 『헌법개정심의록』, 제1집, 69면.
114) 송우, 앞의 책, 202면.
115) 헌법심의위원회 제3차 전문위원회의에서의 그의 발언은 여전히 순수내각제에 대한 미련이 남아 있음을 내비치고 있다. 제2공화국 때의 헌법은 국회에 무조건적인 내각불신임 권한을 부여하면서도 정부에 대하여는 의회의 내각불신임 결의가 있는 경우에 한하여 의회해산권을 행사할 수 있도록 함으로써 국회우월주의 내각책임제를 취한 결과, 애초부터 정부가 강력한 정치를 할 수 없는 구조였다는 것이다. 따라서 여전히 이 점을 수정하여 의원내각제를 다시 한번 시험해 볼 여지는 있다고 말하였다. 다만 정당의 미발달이 엄연한 사실인 이상, 대통령제 채택 자체에는 반대하지 않는다고 발언하였던 것이다. 『헌법개정심의록』, 제1집, 223면.

들을 채택하고 있는데, 물론 이를 전적으로 유진오의 영향으로 돌릴
수는 없을 것이다. 그러나 그러한 발상 자체가 공론화되는 데는 그의
문제제기가 상당한 정도 유효했다고 보아도 좋다. 그러나 이런 정도로
는 그의 기대에 크게 못 미쳤음이 틀림없다. 실제로 그는 전문위원 전
체회의에서 내각제적 요소를 반영할 것을 주장하며 강력한 대통령제
채택에 반대했으나 소수 의견에 그치고 말았다.116) 헌법개정이 마무리
된 후에는 자신의 주장과 심의위원회에서의 의결에도 불구하고 국무회
의가 의결기관이 아닌 심의기관으로 낙착되게 된 것 등에 대하여 불만
을 표시하기도 했다.117) 유진오가 1961년 6월 1일에 있은 AP통신과의
회견에서 국가재건최고회의 고문 자격으로 드골헌법과 유사한 권력구
조로써 정권이양을 할지 모른다는 요지의 발언을 하고 있는 것으로 미
루어 볼 때, 이 시기 개인적으로는 프랑스 제5공화국 헌법의 이원집정부
제 같은 제도를 염두에 두고 있었던 것으로 생각된다.118)

기본권과 관련해서는 원칙적으로 확대 보장되어야 한다는 입장이지
만, 그가 더욱 관심을 가졌던 부분은 현실에 맞는 실효적인 것이 되도
록 하여야 한다는 것이었다.119) 이것은 주로 사회적 기본권에 해당되
는 것이기는 했지만, 자유권도 여기에서 반드시 배제된 것은 아니었던
것으로 보인다. 신체의 자유와 관련하여 비록 그 자신의 주장이 아니
라 군사정부 측의 의중을 헤아려 이야기하는 형식을 취하기는 했지만,
고문 금지를 헌법에 규정하는 것이 타당한가 하는 문제를 기본권 조항
의 실효화의 일례로 제기할 정도였다.120) 기본권 중에서 특히 문제가
되었던 언론·출판·집회·결사의 자유에 관해서도 제2공화국헌법의

---

116) 서병조, 『개헌시비』(현대문예사, 1986), 239면.
117) "나의 소신은 지금도 반대: 현 교수 소론에 대한 헌법심의위원회의
     변", 70면.
118) 조갑제, "내 무덤에 침을 뱉어라!: 박정희 생애", 조선일보, 1998. 11. 8.
119) 『헌법개정심의록』, 제1집, 62면.
120) 같은 책, 65면.

이상주의적 태도에 대한 반작용으로 법률유보가 불가피하다는 의견을
개진했다.[121] 물론 제2공화국헌법에 있어서도 언론·출판·집회·결사
의 자유는 사전검열이나 허가를 제외하고는 일반적 법률유보 조항에
의하여 제한이 불가능하였던 것은 아니다. 그러나 거기에 내재해 있는
4·19 이래의 정신은 국가에 의한 필요한 제한조차도 어렵게 되도록 작
용하였던 것이 사실이다.[122] 이러한 점을 감안하면 그의 발언은 이들
자유에 대한 제한의 근거를 좀더 분명히 하자는 것으로 이해된다.

그의 입장이 가장 확연한 변화를 보이고 있는 것은 지방자치에 관한
것이다. 헌법심의위원회 구성 이전에 쓰인 「헌법개정의 방향」에서 그
는 건국헌법의 기초 당시에는 "민주정치 발전에 대한 지방자치의 기여
가능성을 과소평가"하였음을 자인하며, "현대 국가의 기능의 다양성과
그에 따르는 전국적 행정의 범위 확대 및 행정처리의 신속성의 필요의
가중 등을 고려하지 않을 수 없"기는 하나, "가능한 최대한도로 지방
자치를 강화하는 것이 우리나라 민주정치의 기초를 굳히는 첩경의 하
나"라고 이전의 주장을 변개하였다.[123] 물론 이러한 변화는 민주주의
에 있어서의 지방자치 그 자체의 필연을 인정했기 때문이 아니라, 전
적으로 국민 계몽의 목적 즉, "우리나라와 같은 민주주의의 후진국에
있어서는", "국민의 민주의식의 각성과 함양을 위해 커다란 기여를 할
수 있다"[124]는 교육적 배려에 의한 것이었다. 이러한 사고는 그 자신이
1979년 10·26 사태 이후 다시 한번 지방자치의 중요성을 강조할 때

---

121) 같은 책, 118면.
122) 그가 언론·출판·집회·결사의 자유에 관해서, '법률에 의해서는 할
　　수 있다' 하는 것을 민주당 개헌 때에 '법률로도 못한다'라고 했다는
　　발언은 바로 그러한 점을 지적한 것일 것이다. 같은 책, 118면.
123) "헌법개정의 방향", 『민주정치에의 길』, 165, 166면. 헌법심의소위원회
　　에서도 "나는 15년 전 제헌 때에 지방자치에 관한 규정을 소홀히 해서
　　지방자치의 의미를 잘 몰랐습니다"라고 고백한 바 있다. 『헌법개정심
　　의록』, 제1집, 92면.
124) "헌법개정의 방향", 『민주정치에의 길』, 165-166면.

지나치듯 언급한 바와 같이, 그것이 반드시 지방자치일 필요는 없고 국민의 자치능력을 함양할 어떤 것이라도 좋다는 생각으로까지 발전될 수 있는 것이었다. 그럼에도 불구하고 어쨌든 그가 지방자치를 강조했다는 점은 주민자치 혹은 주민참여의 확대 필요성을 재인식했다는 것을 의미한다고 보아야 할 것이다. 그렇지만 국민계몽적 목적에서의 지방자치의 강조는 거꾸로 보면 국가 전체의 차원에서는 국민참여의 활성화가 아직은 시기상조라는 점을 전제로 한 주장이었다는 것을 기억할 필요가 있다.

이와 같이 새로운 헌법의 내용에 대한 그의 태도는 국민 편에서의 자유의 과잉이 초래되지 않도록 하는 한편, 정부의 안정성을 도모하되 독재에 빠지지 않도록 하는 데 집중되어 있었다고 말할 수 있다. 그중에서도 특히 현안은 독재의 사전방지책이지 않을 수 없었다. 자유의 과잉과 관련해서는 이미 5 · 16으로 이후 제2공화국 때와 같은 자유의 정신으로 헌법이 운용될 수 없음은 자명했고, 정부의 안정성도 대통령제의 채택으로 최소한의 안전판이 마련되었다고 판단했기 때문이다. 그러나 앞에서 본 대로 그의 입장에서 보면 실제 개정된 헌법의 내용은 독재의 우려를 불식시키기에는 충분하지 못한 것이었다.

민주주의의 장래에 대한 불안감은 민정복귀가 기대하였던 대로의 완전한 민정복귀가 아니라 5 · 16 주동세력의 참여하에 이루어질 가능성이 점쳐지면서 점차 공개적으로 표출되게 된다. 사실 5 · 16 주동세력의 민정참여는 5 · 16을 지지했던 많은 지식인들로 하여금 5 · 16의 순수성에 결정적으로 의심을 품게 하는 계기가 되었다. 유진오 역시 5 · 16 주동세력의 민정참여 움직임을 지켜보면서, 그 간의 군사정부의 독단이 과도한 열정에서 비롯된 선의의 오류로서 민정복귀와 함께 해결될 것으로 보았던 데서 벗어나, 그들의 집권 연장과 함께 지속적인 정치체제로 고착될 것을 심각히 우려했던 것 같다. 박정희가 1962년 12월 27일 처음 5 · 16 주체세력의 민정 참여를 공식 천명한 후 그는 완전한 민정복귀가 아닌 데 대한 실망감을 토로하고 있는데, 이와 같은 군사 정권에 대한 신뢰의 상실은 군사정부가 표방한 "급속한 근대화의 목표를 견지하면서 다른 한편으로는 진정한 민의에 기초를 둔다는 일종의 이율배반적 과업"의 실현가능성에 대한 회의로 이어지고, 건전한 야당의 출현에 대한 기대와 촉구로 결론을 맺고 있다.125) 그로부터 몇 달 후 고려대 학생들의 4·18 의거 3주년 기념연설에서는 "조직적인 전체주의[의] 대두"에 대한 예언자적인 경고를 발하기도 하였다.126) 여러 번의 우여곡절 끝에 7·27 성명으로 쿠데타세력의 민정참여가 확실히 된 후, 그는 민정이양의 마지막 관문인 대통령 및 국회의원 선거를 목전에 두고는 자신이 회장으로 있는 대한교육연합회를 대변하여 교육자치제의 실시를 촉구하기도 하였다. 비록 교육자치제가 교육의 정치적 중립성을 위한 그의 오랜 소신이기는 하지만, 특별히 선거 전 실시를 강조한 것은 민정이양 과정에서 교육이 선거에 이용당하는 것을 미리 차단하기 위한 것이었다.127) 또한 국가업무의 유기적 통일을 위하여 도 단위의 대교육구제를 배제하였던 제정 당시의 교육법의 태도와는 다르게 이때에는 대교육구제를 부르짖은 것도128) 정권에 대한 강한 경계심리의 발로였다고 보아야 할 것이다.

이 시기 그의 태도는 다음과 같이 요약할 수 있을 것이다. 즉 그는 국가적 안정 속에 민주주의를 효율적으로 정착시킬 수 있는 방안으로 5·16 군사정권의 헌정파괴적 권한 행사까지도 용인하며 이를 적극 지지하였다. 그러나 그러한 거의 무제한적인 권한이 독단적으로 행사되어도 좋다는 것은 물론 아니었다. 막강한 권한 그 자체는 지지를 하면서도, 그러한 권한 행사가 가능한 한 사회지도층이나 지식층의 합의

---

125) "민정이양의 전망", 『민주정치에의 길』, 169, 170면.
126) "민주개혁의 횃불을 고수하라", 『젊은 세대에 부치는 書』, 229면.
127) "교육자치제는 왜 필요한가?", 『구름 위의 漫想』, 439면.
128) 같은 글, 443면.

위에 기초할 것을 은연중 전제하고 있었다. 그러나 민정복귀 약속의 불완전한 이행으로 그러한 기대가 무너지게 되자 비판적 태도로 돌아서게 되었던 것이다.

5. 반독재 투쟁에서 침묵으로: 정치입문과 유신기

군인들의 민정 참여가 공식화된 후 오랫동안 헌정에 대한 발언을 자제해 오던 유진오가 정치 분야에서 다시 본격적으로 이름을 드러내기 시작한 것은 그 자신이 직접 정치인이 되어 등장하면서부터이다. 당시의 정국은 한일협정 반대투쟁의 여진이 채 가라앉지도 않은 상황에서 대통령선거를 앞두고 다시 급박하게 소용돌이치기 시작하고 있었다. 한일회담 반대투쟁 과정에서 분열한 보수야당은 대통령후보 단일화라는 국민적 여망을 뒤로 한 채, 각기 독자의 대통령후보를 모색하고 있었고, 이 과정에서 유진오는 마땅한 독자적 후보를 갖지 못하고 있던 민중당으로부터 백낙준, 이범석과 함께 대통령후보 수락 교섭을 받게 된다. 세 사람 모두 처음에는 야당이 분열된 상태임을 들어 후보직 수락을 거부했으나, 최종적으로 수락의사를 밝힌 유진오가 낙착되어 1966년 10월 21일 민중당에 입당하게 되고, 이어 다음날 전당대회에서 대통령후보로 지명된다. 그의 나이, 만으로 60세, 항상 자신의 뜻과는 어긋나게 전개되던 정치현실에 자신의 이상을 실현시켜 보겠다는 "예술적인 환상 속에 자신의 생애를 극적으로 종합할 정치생활"[129]에 힘찬 발걸음을 내디딘 것이다.

그러나 야당이 분열된 상태에서 선거에서의 패배는 처음부터 명확관화(明確觀火)한 것이었다. 이 때문에 야당통합은 야당을 지지하는 모

---

129) 최종고, 『위대한 법사상가들 Ⅲ』(학연사, 1985), 125면.

든 사람들의 여망이었다. 이에 부응이라도 하듯 1967년 2월 5일 유진
오를 포함하여 윤보선(尹潽善), 백낙준(白樂濬), 이범석(李範奭)이 모
인 4자회동에서는 불가능하리라는 일반의 예상을 뒤엎고 기적적으로
후보 단일화 합의를 도출해 낸다. 이 합의에 따라 유진오는 윤보선에
게 대통령 후보를 양보하고, 대신 2월 7일 발족하게 되는 통합야당인
신민당의 총재직을 맡게 된다. 그리고 그해 6월 8일에 치러진 국회의
원 선거에서 종로구에 출마하여 총 투표수의 70%에 가까운 압도적인
득표로 제7대 국회의원에 당선된다.[130]

그가 민중당에 입당하면서 내세운 명분은 합헌적 정권교체였다. 합
헌적 정권교체라는 당면 목표는 그가 야당 정치인으로 활동하는 동안
그 자신의 말이나 신민당의 정강정책을 통하여 거듭 확인되고 강조되
었다. 그러면서 자신이 추구하는 한국의 미래상을, 한동안 사용을 기피
했던 '정치적 민주주의와 경제적 민주주의의 토착화'라는 용어를 다시
끌어내어 표현했다.[131]

그가 자세히 체계적으로 설명한 것은 아니지만, 정치적 민주주의라는
용어는 이제까지와 다른 특별한 의미로 사용하고 있는 것은 아닌 것 같
다. 정치적 민주주의의 토착화를 말하면서 행정부에 의한 의회 기능의
침해를 비판하며 의회민주주의를 다시 강조하고 있을 뿐이다.

> 대중의 적극적인 정치 참여와 더불어 정당조직이 강화됨으로 인
> 해서 현대국가가 정당국가로 발전되어 감에 따라 행정부의 기능이
> 강화되는 경향이 일반적으로 두드러지게 나타나고 있는 사실을 모
> 르는 바는 아니다. 그러나 그 행정부의 우월이란 어디까지나 기능
> 면에 있어서의 우월성을 말하는 것이지, 의회민주주의의 기본인 의
> 회에 의한 정치적 통제를 침해하는 것을 의미하는 것은 아니다.[132]

---

130) 중앙선거관리위원회, 『역대국회의원선거상황』(중앙선거관리위원회, 1967),
    671면.
131) "민족통일국가 실현에의 길: 한국의 미래상", 신동아, 1968. 5., 81면.

그러나 경제적 민주주의의 의미는 이전의 그것과는 조금은 다른 의미로 사용되고 있다. 물론 경제 면에서의 균등을 그 이념으로 한다는 점은 동일하다. 그러나 이전의 그것이 자유주의 경제에 대결하는 의미에서의 국가의 개입을 이념적으로 뒷받침하기 위해 주장되었다면, 여기에서는 오히려 국가의 친재벌적 특혜경제정책을 비판하는 데 주안이 두어지고 있다. 여기에서 다시 확인할 수 있는 바는 제헌 당시 그가 강조했고 또한 그 이념적 과감성으로 주목을 끌기에 충분한 국가사회주의적 경제사상은 그의 헌법사상의 핵심은 아니라는 점이다.

어쨌든 그는 정권이 최소한의 의회의 통제기능조차 무시하고 권력과 금력으로써 자의적 정치를 행하는 한, 정치적 민주주의를 이룩하기 위한 당면 과제는 정권교체를 이루는 것밖에 없다고 생각하였다. 그런데 그는 '정권교체를 강조하였던' 만큼이나 정권교체의 '합헌성'을 강조하였던 것이다. 물론 공당의 대통령 후보로 나선다는 것 자체가 합헌적 정권교체를 전제로 한 것이므로, 새삼스러운 일은 아니다. 또한 그 자신이 강조해서 말하고 있는 바와 같이 4·19나 5·16과 같은 정변으로 정권이 교체되는 상황이 민주주의에 불행한 사태임은 틀림없다. 그러나 정상적인 헌법적 절차에 의하여 정권이 교체되어야 한다는 발언이 일반적 상황에서 일반론적 이야기를 한 데 그치지 않고, 그 자신도 인정한 바와 같이 선거 자체의 부정이 예견되는 상황에서 권력과 금력 정치를 자행하고 있다고 규정한 정권을 상대로 하여, 특별히 합헌성을 강조하는 것은 그의 정치적 노선을 분명히 해 주는 중요한 표지일 수 있다.

사실 이미 당시에는 독재정권을 상대로 선거에 의한 정권교체를 기대하는 것은 불가능하다는 소리가 적지 않았다. 그러나 유진오는 "부정부패가 있더라도 그 정권을 법질서로써 바꾸는 것이 민주주의"[133]라고 주장했다. "선거를 통한 정권교체가 불가능하다고 단념해 버린다면

---

132) 같은 글, 76면.
133) "심연섭 신춘대담②: 유진오", 세대 제5권2호, 1967. 2., 155면.

그것은 곧 민주주의를 부정하는 것"이며, "집권세력이 부정부패에 차
있고 선거가 부정하면 할수록", "어떻게 해서든지 민주역량을 믿고 길
러 기어이 평화적 정권교체를 실현시키려는 노력"이 민주주의 실현의
옳은 길이라고 보았다.[134]

　그가 민중당에 입당하게 된 이유도 바로 그 점에 있어 노선이 일치
했기 때문이라고 말하기도 했다.[135] 물론 민중당밖에 후보 교섭을 해
온 데가 없기 때문에 다른 선택의 여지가 그에게 있었던 것은 아니다.
그러나 그의 이러한 발언은 그의 의중을 좀더 분명히 짐작할 수 있게
해 준다. 당시의 집권당이었던 공화당은 논외로 하고, 민중당(民衆黨)
과 신한당(新韓黨) 사이에는 실질적인 면에서 어떤 근본적인 차이가
있는 것은 아니었다. 특히 신한당 역시 이미 대통령 후보로 윤보선을
내세우고 있었기 때문에 합헌적 정권교체라는 목표를 포기한 것은 더
더욱 아니었다. 양당의 분열과 차이는 한일협정 반대투쟁 과정에서의
투쟁방법의 차이에서 비롯되었다. 즉 한일협정 비준안이 공화당 단독
으로 강행 통과되자 야당이던 민중당 소속의원 전원이 의원직사퇴서를
제출하고 국회 출석을 거부하기에 이르렀는데, 여기서 더 나가 윤보선
을 중심으로 하는 당내 강경파는 당 해체를 주장하고, 이에 대해 주류
온건파는 헌정질서의 범위 안에서의 대정부 투쟁을 주장하며 서로 대
립하였던 것이다. 그러던 중 급기야 온건파가 국회복귀를 결정하자 윤
보선 등 강경파가 이에 반발하여 새로이 창당한 것이 신한당이었
다.[136] 물론 유진오는 여러 번에 걸쳐 한일회담 대표를 역임했던 사정
상 특별히 한일협정을 반대할 입장에 있지도 않았고, 또 사실 대체적
으로 긍정하는 입장이었다. 이런 이유 때문이기도 했겠지만, '합헌적

---

134) "신동아 인터뷰: 유진오 씨", 174면.
135) "민중당 입당인터뷰", 동아일보, 1966. 10. 20.; "신동아 인터뷰: 유진
　　오 씨", 174면.
136) 중앙선거관리위원회, 『대한민국정당사』, 1968년 증보판(중앙선거관리위
　　원회, 1968), 483면.

정권교체'라는 점에서 민중당의 노선이 자신과 일치한다는 그의 발언은 가능한 한 헌법의 정상적 운영의 테두리를 벗어나지 않으려는 자신의 성향을 민중당에 일치시켜 이야기한 것으로 생각된다. 그는 한일굴욕외교를 반대하는 4·19 이후 최대의 학생궐기였던 소위 6·3 사태에 대해서도 "학생은 학원으로"라고 쉽지 않은 소신을 피력한 바 있었다. 그러나 그로 인해 초래된 비상계엄에 대해서는 불가피한 일로 생각한 듯 아무런 비판도 행하지 않았다. 그는 권력에 의한 힘의 정치도 반대했지만, 대중들의 집단적 물리적 힘이 정치 전면에 나서는 것은 더더욱 동의할 수 없었다. 이와 같은 이중적 의미가 '합헌적 정권교체'라는 그의 캐치프레이즈에 함축되어 있었던 것이다.

그러나 실제 그의 정치활동은 그 자신의 뜻대로 전개된 것만은 아니다. 역설적이게도 그의 총재시절 동안의 신민당은 극한 투쟁기를 겪게 된다. 신민당이 대통령선거에서 패배한 지 한 달여 후에 그의 책임하에 치러진 소위 6·8 국회의원선거는 사전에 신민당의 전국구 후보가 구속되고 경리장부가 압수되는 등 강압적 분위기 속에서 광범위하게 부정이 자행된 선거였다. 그 결과 그 자신은 압도적 표차로 당선되었지만, 신민당은 호헌선(護憲線)인 59석에도 못 미치는 44석을 획득하는데 그치는 참패를 당하게 된다. 이에 유진오와 신민당은 6·8 선거를 선거쿠데타로 규정하고, 6개월에 가까운 기간 동안 국회 등원을 거부하며 선거무효화 투쟁을 전개하였다. 이듬해에도 이 부정선거 문제가 여전히 쟁점으로 남아, 공화당이 〈6·8 선거부정 특별조사위원회〉 구성을 거부하자 1968년 12월 31일 다시 전원 의원직 사직서를 국회에 제출하게 된다. 이 사직서는 1969년 6월 23일 국회 등원으로 자동 폐기되기에 이르지만, 처음부터 그 자신이 비판하던 투쟁일변도의 정치를 펼치지 않을 수 없게 되었던 것이다.

야당 총재로서 그의 활동은 삼선개헌 저지투쟁에서 절정을 이룬다. 그는 1969년 5월 21일 신민당 제3차 정기전당대회에서 정책기조연설을 통해 "3선개헌은 민주주의의 돌아오지 않는 다리이다.", "그 다리를 넘어서는 날에는 독재와 부패와 폭력과 유혈의 악순환이 있을 뿐"이라고 경고하고, "대통령의 연임 금지를 철폐하는 임기조항의 개헌은 민주체제로부터 독재체제로의 이행"이며, "실질적인 '국체의 변혁'을 의미하는 것으로 개헌의 한계성을 침범하는 것"이라고 결사저지를 선언했다.[137] 개헌안의 국회표결을 앞두고는 신민당의 세 의원의 변절로 부결 전망이 불투명해지자, 그는 세 의원의 의원직 박탈을 위해 "실정법의 테두리 안에서 가능한 모든 수단을 다 할 수밖에 없다는 결심"[138]으로 전격 당 해산을 결의하고, 만 14일 만에 다시 창당하는 과감한 일면을 보여주기도 했다. 그러나 그 과정에서 그는 과로를 이기지 못하고 뇌졸중으로 쓰러지게 된다. 그럼에도 불구하고 개헌안이 국회를 통과하고 이어 10월 17일에는 드디어 국민투표에서까지 가결되자, 그는 와병 중에도 "국민과 함께 반독재 투쟁"을 선언하며 전의를 새롭게 하였다.

그러나 정작 그 자신은 우유부단하다는 당(黨) 내외의 불만과 비판에 항상 시달려야 했다. 결국 1970년 1월 7일 일본 요양 중에 찾아온 유진산(柳珍山) 부총재와의 담판을 통해 그는 총재직 사퇴의사를 밝히고, 정계입문 3년 2개월여 만에 사실상의 정계은퇴를 하게 된다. 극한적 투쟁 가운데서도 줄곧 "감정과 물리적 힘만을 구사하지 말고 과학과 합리적 이론의 뒷받침을 얻어야 한다"[139]고 주장했던 그의 온건합리주의는 거센 정치의 풍랑 가운데서 역부족을 절감하며 끝내 좌초되고 말았던 것이다. 이후에도 신민당의 고문이라는 직함을 유지하고는 있었지만, 관심은 이미 현실정치를 떠나 다른 데로 향하게 된다.

사실 건강이 어느 정도 회복된 후 유진오의 시야는 현실정치의 구체

---

137) 동아일보, 1969. 5. 21.
138) "개헌은 역사의 공전", 월간중앙, 1969. 10., 73면.
139) "정치는 하나의 창조활동: 신민당 새총재 유진오박사 인터뷰", 동아일보, 1968. 5. 28.

적 현상에 머무르지 않고, 통일의 전망이라든가 민주주의의 장래 등을 보다 근원적인 관점에서 바라보고 사색하는 일에 기울어졌다. 세계적으로 전개되는 데탕트, 여기에 더하여 아시아와 아프리카의 여러 나라에서의 민주체제의 좌절과 공산주의의 확산이라는 사태에 직면하여, 누구보다도 반공정신에 투철했던 그 자신이 느꼈던 사상적 혼란을 정리해야 할 필요를 느꼈던 것 같다. 그는 이러한 혼란을 인간학적 관점에서 민주주의가 공산주의보다 우월하다는 점을 재확신함으로써 극복하려 했다.

이 시기 유진오에 의하면, "사람은 동물과 신의 중간적 존재, 또는 동물적 본능과 신적 이성을 공유하는 모순의 통일체로서 동물로부터 신으로, 본능으로부터 이성으로, 불완전으로부터 완전으로, 한없이 먼 길을 걸어가는 고달픈 나그네"[140]로 표현되었다. 따라서 "가치 실현을 위하여 인간이 이룩해 놓은 결과는 항상 목표 그 자체와는 거리가 있으며, 그 실현된 결과 자체 속에도 다시 허구와 실상의 괴리가 불가피"[141]하다는 것이다. 그에 의하면 이 점은 어느 사회, 어느 체제에서나 마찬가지인데, 민주주의라고 해서 예외가 아니다. 아무리 민주주의 선진국이라 하더라도 민주주의 이념의 완전한 구현은 불가능하며, 단지 그 이념에 얼마나 가까이 다가가 있느냐가 문제일 뿐이라는 것이다. 그러나 그렇다고 하여 어떤 체제를 취하거나 상관없다는 말을 하는 것은 아니다. "민주주의는 이성적 존재로서의 인간에 그 기초를 두는 사상·제도이기 때문에 이성과 함께 육체를 아울러 가진 인간으로서는 처음부터 이를 능숙하게 다루기 어려운 것이었지만, 이성의 덕택으로 동물세계를 떠나서 여태까지 살아온 인간이 여기서 원점으로 되돌아간다는 것은 있을 수 없는 일"인 반면에, "공산주의는 한때 이상주의의 정열로 짙게 물들여져 있었지만 혁명의 성공으로 하나의 지상질서로

---

140) "인간의 존엄", 『미래로 향한 窓』, 106면.
141) "민주정치에의 길", 『미래로 향한 窓』, 60-61면.

정착한 이후로는 그 본래의 유물주의가 그대로 노정되어 인간 이성을 정면으로 부정하는 힘 만능사상으로 타락하였기 때문"이라고 말하고 있다.[142]

그런데 이와 같이 민주주의의 실상과 허상을 인간학적으로 근거지우고자 하는 시도에는 민주주의 실현에 있어 '지금 여기에서' 실현되어야 한다는 규범주의적 태도보다는 역사를 통해 점진적으로 실현되는 것이라는 역사적 관점이 전면에 나타나게 된다. 민주주의의 실현이 이성의 육체에 대한 투쟁과 그 승리과정이라면 그 과정은 필연적으로 길고 험난한 과정이지 않을 수 없기 때문이다. 이러한 사고가 유진오에게 있어 새로운 것은 아니다. 그렇지만 이러한 인식이 그가 청년시절 깊게 체득했던 변증법적 역사관과 결합함으로써, 즉 역사는 이데를 향하여, 역사가 계속되는 한 결코 완전히는 도달할 수 없을지라도 끊임없이 점진적으로 전진한다는 혹은 전진해야 한다는 독특한 역사철학적 관점과 결합함으로써, 역사의 장기적 안목에서 현실의 불만을 인내하고 장래를 낙관하는 그의 사유방식이 보다 체계적으로 설명되고 있는 것이다.

이러한 설명은 나타난 대로 일차적으로는 공산주의와 민주주의의 대결을 염두에 둔 것이었다. 그러나 한편으로 그것은 유신체제에 대한 그의 태도를 함축하는 것이기도 했다. 유진오는 1974년 11월에 유신시절 민주화운동에 획기적 분기점을 이루는 것으로 평가되는 민주회복국민선언대회에 참석하여 그 국민회의의 자문위원으로 이름이 오른 적이 있었다. 그러나 그 이상 적극적인 활동은 전개하지 않았고, 유신시절을 통틀어 이때 외에는 유신헌법에 대한 논평조차도 삼갔다. 물론 현실에 대한 불만을 침묵으로 드러내는 모습이 그에게 있어 새삼스러운 일은 아니다. 하지만 여느 때와 달리 민주주의의 일반론에 대한 관심은 지속적으로 글을 통하여 표명하고 있음을 감안할 때, 국내의 민주주의 상황

---

142) "인류사회의 앞날을 모색해 본다", 『미래로 향한 窓』, 8면.

에 대한 의식적인 회피는 역시 비판이 허용되지 않는 강압적인 체제 분위기에도 크게 기인한 것이 아닌가 생각된다. 그럼에도 불구하고 민주주의의 재확신에 이르는 사유과정을 반추해 보면, 유신체제에 대한 그의 대응이 포착된다.

그는 우선 민주주의의 실현과정에 있어서 당연히 경험하게 되는 시행착오나 시련으로 인해 "리바이어던의 유혹"[143]에 빠지는 것을 강력히 경계했다. 선의의 독재라도 감시와 견제가 없는 한 반드시 악의의 독재로 전락하게 되기 때문이라는 것이다. 주지하듯이 유신체제를 정당화하는 논리 중의 하나가 서구의 민주주의가 아직 우리나라에는 적합지 않다는 것이었고, 거기에는 민주주의가 혼란과 비능률을 초래한다는 인식이 전제된 것이었다. 이에 대하여 바로 그런 점 때문에 리바이어던의 유혹에 빠져서는 안 된다는 경고는 출범한 지 얼마 안 되는 유신체제에 대한 하나의 우회적인 경고음일 수 있었다. 실제로 그는 곧이어 "특히 권력의 좌(座)에 있는 지도층"[144]을 거명함으로써, 그 주된 경계 대상이 누구인지를 보다 분명히 하였다.

그러나 동시에 그는 현실 민주주의에 대한 불만으로 인해 무정부 상태나 혁명이 초래되는 상황도 경계하는 것을 잊지 않는다. 도대체 한 번의 혁명으로 인간세계에 낙원을 건설하겠다는 생각 자체가 인간 본성에 대한 그릇된 낙관적 견해에 기초한 것이라고 그는 말한다.[145] 물론 이 말 역시 공산혁명을 일차적으로 염두에 두고 쓰인 것이기는 하다. 그렇지만 역으로 생각해 보면 유신체제가 아무리 불만족스럽다 하더라도 공산주의에 대항하는 한 역사의 보다 긴 안목을 가지고 인내하도록 권유하는 것으로 받아들여질 수도 있었다.

사실 앞에서 누누이 살펴본 대로 그는 혼란을 선천적으로 싫어했다.

---

143) "민주정치에의 길", 『미래로 향한 窓』, 52면.
144) 같은 글, 73면.
145) 같은 글, 52면; "교차로", 『미래로 향한 책』, 87면.

그가 민주회복국민선언대회에 참석한 것도, 직후의 인터뷰에 의하면 적어도 그 자신에게 있어서는 유신정권에 대한 반대나 저항이 아니었다.146) 아마도 국가를 걱정하는 시민의 건설적 건의나 의견표명으로 받아들여지기를 바랐던 것 같다. 사실 이때조차도 여전히 유신체제에 반대하는 학생들의 시위를 그는 못마땅하게 생각하였다.147) 비슷한 사고가 경제문제에 대해서도 나타난다. 그는 우선 유신정권이 경제건설을 위한 강력한 추진에 원칙적인 찬성을 표하면서, 그 정책 추진과정에서 일어난 빈부격차의 확대 등 여러 가지의 난문제에 대하여 "양심·현명·과감으로써 대처"하기를 촉구하고 있다.148) 그러나 건국헌법 기초 당시 사회적 기본권의 삽입을 자랑스러워했던 그가 노동운동을 통한 해결을 언급한 적은 한 번도 없었던 것이다.

그렇다면 민주주의의 허구와 실상의 괴리를 좁혀 나갈 수 있는 길은 무엇인가? 여기서 그는 다시 한번 국민 각자의 자각을 강조한다. 민주적 개혁이란 본래 국민 각 개인의 자각이 뭉쳐 그것이 원동력이 되어 이루어지는 것이지만, 우리와 같이 그 자각이 미흡한 소위 민주주의의 후진국의 경우에는 상부, 즉 민주적 자각이 되어 있는 지도층에 의하여 민주적 개혁이 추진되어야 한다는 것이 그의 생각이었다.149)

요약한다면, 사실상 현실에 대한 어떠한 비판이나 반대도 허용되지 않는 상황 속에서 민주주의에 대한 소망과 국가적 안정 모두를 포기할 수 없었던 딜레마적 입장이 민주주의에 대한 인간학적 역사철학적 방식의 고찰로 나타났으며, 그의 사고의 중심을 떠나지 않았던 지도층에 의한 민주적 개혁을 촉구하는 것으로 자신의 역사적 소임을 마치고자 했던 것이다.

---

146) "어떻게 지내십니까: 유진오 씨", 동아일보, 1974. 12. 11.
147) 같은 글.
148) "자주독립의 길", 『미래로 향한 窓』, 125면.
149) "민주정치에의 길", 『미래로 향한 窓』, 72면.

6. 그 이후

1979년 소위 10·26 사태가 발발한 후, 그는 원로적 지혜를 모으려는 최규하 대통령에 의해 국토통일고문과 국정자문위원에 위촉된다. 또한 대통령 직속으로 헌법개정심의위원회가 구성되자 그 특별고문에 위촉되기도 한다. 이때 그는 다시 한번 현실문제에 활발히 발언하는 기회를 갖게 된다. 그러나 1983년 12월 뇌혈전증으로 다시 쓰러져 44개월의 투병 끝에 1987년 8월 30일, 만 81세의 나이로 조용히 현대사의 무대에서 영원히 사라진다. 이때 그의 공식직함은 국정자문위원, 이 때문에 그의 사후 소위 현민빈소(玄民殯所) 사건이 일어난 것은 이미 말한 대로이다.

이 짧았던 시기 활발한 헌법개정 논의 가운데 그의 화두는 단연 의원내각제였다. 특히 제헌기 이후 그가 선호하였던 이원집정부적 형태, 즉 대통령에게 중요한 권한을 주면서 실제 정치는 내각에서 하도록 하는 정부형태를 강력히 제안했다.150) 그런데 이 시기 주목되는 점은 유신에 대한 반동에서 국민의 의사가 강조되고 있다는 사실이다. 무엇보다도 개헌논의에 있어서 전 국민적 콘센서스 도출 노력의 중요성을 실질적으로 강조한 데서 그러한 점을 엿볼 수 있다. 다양한 목소리를 수렴하기 위해 어느 정도의 혼란은 감수해야 할 것까지 이야기하며,151) 개헌논의의 국회 독점 움직임에 일침을 놓았다. 국회에서의 논의는 어디까지나 국민적 합의점을 찾는 과정의 일환일 뿐, 최종적인 개헌의 달성은 국민적 합의에 입각해야만 한다고 주장한 것이다.152) 4·19 직후에도 비슷한 주장을 했으나 결국 혼란을 이유로 기존의 국회에서의

---

150) "鼎談: 우리 헌법이 나아갈 방향", 신동아, 제185호, 1980. 1., 97면.
151) "유진오 박사에게 듣는다", 한국일보, 1980. 3. 28.
152) "鼎談: 우리 헌법의 나아갈 방향", 101면.

헌법개정에 찬성했던 사실과 비교하면, 확실히 진일보한 면모를 보여주고 있다. 또한 인권에 대한 강조도 이 시기 눈에 띄는 대목이다. 법률유보의 남용에 대한 경고, "인권이 극도로 제한되면 그것은 이미 민주주의가 아니"므로 "인권은 끝까지 주장해서 보호해 나가야" 한다는 주장들이153) 전혀 새로운 이야기는 아니지만, 사실상 기본권은 구체화과정에 방임될 수밖에 없다는 법적 체념이 강했던 이전과 비교하면, 그러한 주장은 기본권의 규범력에 대해 새로운 차원으로 발전해 나갈 수 있는 인식의 발판이 될 수도 있었다. 그러나 그가 더 이상 이론적전개를 하고 있지 않기 때문에, 이에 대해서는 더 이상 아무 것도 확정적으로 말할 수 없다. 더군다나 이 시기 여전히 자연권에 대해서는 "저항권 발동에 이르기 전에 사태를 해결해야 하는 것이 민주주의요 법치주의"라는 이유로, 그리고 극단적인 경향으로 흐르는 우리 정치문화에서 그 정치적 영향이 우려스럽다는 이유로 부정하고 있기 때문에,154) 국가와 개인의 관계는 그의 헌법사상 체계에서 여전히 지나치게 모호한 채로 남아 있을 수밖에 없다. 신군부 세력이 쿠데타를 감행하여 정권을 장악하고 제5공화국을 수립했을 때, 그가 결국 "박대통령 시해사건 이후엔 민주주의가 문제가 아니라 대한민국의 존립문제가 상당히 걱정"되었다는 인식에서155) 그 정당성을 추인하는 입장을 취한 것은, 국가와 개인의 관계에 있어서 한계설정이 여전히 그에게 있어 미해결의 과제로 남아 있음을 보여주는 것이라 할 수 있을 것이다.

---

153) "대담: 민주주의는 자아의 자각에서 출발한다", 월간조선, 1980. 4., 56, 58면.
154) 같은 글, 62면.
155) "대담: 헌정과 정치발전의 바른길", 광장, 제112호, 1982. 12., 159면.

제6장

결 론

제6장 결 론

– 한국헌법사상사에 있어서의 유진오의 역할과 한계 –

이제까지 우리는 유진오의 헌법사상이 어떻게 형성되고, 그 내용은 무엇이며, 그리고 헌정의 전개에 따라 어떠한 모습으로 드러나게 되었는지 하는 것을 민족주의와 민주주의의 관련성이라는 관점에서 살펴보았다. 여기에서는 마지막으로 그동안 밝혀진 유진오 헌법사상의 기본골격과 그 핵심을 다시 한번 정리하고, 이를 우리 근현대 법사상사의 입장에서 평가하는 것으로 이 연구의 결론을 대신하고자 한다.

해방 후 우리 헌법사상의 현황은 개화기 이후 줄곧 우리 헌법사상을 규정해 왔던 두 요소, 즉 민족주의와 민주주의가 정치적 이념에 따라 다양한 쟁점과 모습으로 얽혀 혼란스럽게 주장되는 상황이었다. 이러한 상황에서 신국가의 헌법을 산출해야 하는 헌법학은 그처럼 다양한 요구를 토해내는 민족주의와 민주주의 사상을 일관된 논리로 담아내야 하는 역사적 요청과 대결해야만 했다. 유진오는 해방 이전의 사상적 편력과 연마된 학문적 역량으로 인해 그러한 과제에 준비된 거의 유일한 인물이었다.

그런데 유진오에게 있어 민족주의는 제헌기에 이르면 이미 국가적 민족주의로 그 성격을 분명히 할 계기가 성숙되어 있었다. 그것은 국가의 자주독립과 번영을 추구한다는 점에서뿐만 아니라, 국가의 번영을 위해 한편으론 국가권력의 주도적 역할을 인정하고, 다른 한편으론 국민의 단결을 요구한다는 점에서 국가주의적 요소가 강하게 내포된 것이었다. 따라서 헌법적 판단의 구체적 영역에서 국가적 가치를 요구하는 민족주의와 개인적 가치를 그 출발점으로 삼는 민주주의가 서로 충돌하는 것은 불가피했다. 그럼에도 불구하고 그는 양자의 이상적 조화를 추구하였는데, 무엇보다도 각 개인의 자각(自覺)을 통하여서 이를 근본적으로 실현할 수 있을 것으로 생각했다. '자아의 자각'은 유년 시절 이래 일생 동안 유진오를 가장 근원적으로 규정한 근대성 추구의 핵심 내용이었다. 이것이 오다까(尾高朝雄)의 협성단체론(協成團體論)의 영향을 받아 국가와 개인을 결합시키는 국가철학적 기초를 확고히 획득하게 되었던 것이다.

그런데 서로 상충하는 민족주의와 민주주의의 요구가 제헌기 유진오의 헌법학에 서 동시에 고려될 수 있도록 발판 구실을 한 것은 '경제적·사회적 민주주의'라는 개념이었다. 그는 경제적·사회적 민주주의와 정치적 민주주의의 조화를 자신의 헌법학의 최대 과제로 삼았는데, '경제적·사회적 민주주의'라는 개념으로써 그는 단순히 표면적으로 나타나는 경제적 균등만이 아니라 개인에 대립하는 국가라는 가치를 근거지울 수 있었던 것이다. 다시 말하면 경제적·사회적 균등을 실현하기 위해 필연적으로 부수되는 개인의무의 확대와 그에 비례하여 증대되는 국가의 적극적 역할이 그가 생각하는 여타 민족주의의 제반 요구들을 실현하는 데도 활용되었던 것이다.

그러나 상호 충돌하는 국가적 가치와 개인적 가치의 조화와 관련하여서는 그는 그 조화의 접점이나 내용적 기준을 명확히 제시하지는 않았다. 대신에 그 양자의 조화로운 추구를 거의 전적으로 의회의 기능에 위임하는 방식으로 해결을 모색하였다. 가령 기본권과 관련하여서는 과도한 법률유보 사상으로 인하여 어느 정도로 기본권이 국가목적을 위하여 제약될 수 있는지가 사실상 거의 전적으로 국회의 권한에 속하게 되었으며, 법률의 범위 안에서도 국가적 가치의 효율적 실현을 위하여 행정의 재량을 최대한 허용하면서도, 그로 인하여 개인의 권리가 자의에 의해 무제약적으로 침해당할 수 있다는 우려에 대해서는 행정부에 대한 의회의 감시와 통제를 강화함으로써 해결하고자 하였다. 경제질서와 관련해서도 국가목적을 위하여 광범위한 기업의 국영화 내지

공영화를 실시하고, 거의 무제한적인 사영특허나 특허 취소를 허용함
으로써 국가적 합목적성을 달성하기 위한 국가의 권한을 광범위하게
인정하고 있는데, 경제영역에 있어서의 이러한 광범위한 국가권한이
개인의 자유 및 권리와 양존할 수 있는 조건을 그는 양자 사이에 어떤
내용적 한계를 설정하는 것보다는 의회의 감시 및 통제권한 강화에서
찾았던 것이다. 이와 같이 그의 헌법사상이 전 영역에서 의회의 기능
으로 수렴되는 구조는 통치구조에 관한 사상에서도 그대로 이어졌다.
그의 내각책임제 사상은 행정부와 의회 사이의 밀접한 관련을 통해 국
가권력의 효율성 및 강력성을 목적으로 하는 한편, 국가권력의 행사가
의회에서의 합리적 민주적 의사결정에 바탕을 두도록 함으로써 국가권
력의 자의적 행사를 방지함을 목적으로 한 것이었고, 사법부에 관한
구상에서 볼 수 있는 사법부에 대한 불신 역시 의회중심주의를 관철시
키기 위한 방편이었던 것이다. 이렇게 볼 때 유진오의 내각책임제 사
상은 실은 그의 전 헌법사상에 있어 중핵적 위치를 차지하는 것이라고
말할 수 있을 것이다. 단순히 표면적으로 판단한다면 경제적·사회적
민주주의의 핵심이어야 할 경제조항이나 사회적 기본권에 대한 그의
생각이 후에 근본적 변화를 겪은 반면, 의회중심주의는 제헌기 이후에
도 그런대로 일관되게 지속되었다는 점 역시 그러한 사실을 뒷받침하
는 강력한 논거라고 할 수 있겠다.

　이런 점에서 그의 내각책임제 사상의 성격을 이해하는 것은 민족주
의와 민주주의 사상이 교차한 그의 헌법사상 전체의 성격을 규명하는
데 중요한 의미를 지닌다. 그의 내각책임제 사상과 관련하여 우선 말할
수 있는 것은 그것이 국가의사를 결정함에 있어 국민으로부터의 상향
식 결정이라는 민주주의의 이념을 관철시키기 위한 것은 아니었다는
점이다. 그렇게 보기에는 그가 국민의 정치참여에 대해 지나칠 정도로
심한 거부감을 보이고 있을 뿐만 아니라, 그의 내각책임제의 논거에도
국민의사의 반영이라는 측면은 아예 무시되거나 부차적으로만 고려되

었기 때문이다. 그의 제헌기 헌법사상은 이론적으로 직접민주주의를 매우 높게 평가했으면서도, 실제 헌법기초 시에는 대통령의 직선제나 헌법개정안에 대한 레퍼렌덤조차도 기피하는 등 일체의 직접민주제의 채택을 회피하였고, 지방자치와 관련해서도 가능한 한 중앙집권의 강화를 도모함으로써 주민의 정치참여 기회를 최소화하고자 하였다. 또한 같은 맥락에서 국민의 정치적 의사형성에 중요한 언론·출판·집회·결사의 자유에 대해서도 그 자유보다는 법률유보에 의한 제한의 측면을 강조하였던 것이다. 무엇보다도 국민의 자각에 대한 불신이 뿌리 깊게 자리잡고 있었기 때문이었다. 대신에 그는 항상 자아의 자각이 그래도 앞서 있다고 생각한 사회지도층이나 지식층의 역할을 강조하였는데, 이러한 측면이 헌법제도적으로 구체화된 것이 내각책임제였던 것이다. 즉 그에게 있어 국회는 의식적이었든 무의식적이었든 국민의 대표기관으로서의 성격보다는 민족주의와 민주주의 조화의 문제를 합리적이고 애국적 견지에서 판단할 엘리트들의 민주적 의사결정기관으로 생각된 측면이 강했다는 것이다. 그의 양원제 구상에 나타나는 상원의 구성방법은 바로 그와 같은 엘리트적 의사결정기관으로서의 국회의 기능에 대한 기대가 잘 나타난 것이었다. 이런 점에서 굳이 표현한다면, 그의 헌법사상에서 민족주의와 민주주의 사상의 충돌은 '엘리트 민주주의[1]'라는 형식에

---

1) '엘리트 민주주의'라는 용어는 물론 독창적인 것은 아니고, 정치학이나 사회학에서 널리 사용되는 용어를 차용한 것에 불과하다. 그러나 분명히 밝혀 둘 것은 여기에서 '엘리트 민주주의'란 유진오의 헌법사상의 독특성을 표현하기 위해 임의로 그 용어만을 차용할 것일 뿐. 그 이론적 연관성까지 염두에 둔 것은 결코 아니라는 사실이다. 그럼에도 불구하고 만일의 오해를 피하기 위해 당장 눈에 띄는 두 가지 차이점만을 들어 본다면, 첫째로 기존의 엘리트이론은 어느 정치사회든 엘리트의 출현을 피할 수 없다는 경험적 연구의 결과로부터 출발한다. 따라서 그것이 민주주의와의 관계에서 바람직한지 않은지에 대한 평가는 엘리트이론의 중요한 관심사 중의 하나이긴 하지만, 차후의 별개의 문제로 취급될 뿐이다. 그 반면, 유진오의 경우는 처음부터 엘리트들의 정치적 역할을 기대하고, 그

서 타협점을 찾은 것이라고 말할 수 있을 것이다.

유진오의 제헌기 헌법사상이 우리 근현대 헌법사상사에서 차지하는 의의도 여기에 있는 것으로 생각된다. 다시 말하면 근대 이래 우리 헌법사상을 규정해 왔던 두 요소, 즉 민족주의와 민주주의를 자신의 헌법사상 안으로 수렴함에 있어 그는 상부로부터의 개혁이라는 근대 이래의 전통을 이어받고 있으면서도, 다른 한편으로는 반독재라는 민주주의적 가치를 우리의 현대 헌법사상에 남겨 놓았다는 것이다. 그의 내각책임제 또는 의회중심사상은 한편으로는 민주적 자각이 덜 된, 따라서 자유의 이기적 추구로 인해 국가의 위기와 혼란을 초래할 수 있는 국민들의 직접적인 정치참여에 대한 제한이자, 다른 한편으로는 독단적 권력 행사에 대한 견제라는 이중적 의미를 갖는 것이기 때문이다. 이렇게 본다면, 유진오의 헌법학은 전광석이 지적한 대로 국민에게서 끊임없이 권력의 정당성을 구하는 동적 과정이 결여되었다는 점에서 민주주의적이라고 말하기는 어렵지만, 반독재라는 점에서는 이후 보다 실질적인 민주주의로 이행해 가는 역사적 흐름에 기여한 바가 있다고 평가할 수 있을 것이다.

그렇다면 민족주의와 민주주의의 이러한 식의 결합, 즉 국가적 가치와 개인적 가치의 조화를 국회의 엘리트적 판단과 활동을 통해 해결하려는 방식은 하나의 독자적 사상체계로서 과연 성공적이었다고 평가할 수 있을 것인가? 여기에 대해서는 제헌기 이후 그의 헌법사상이 국가적 가치와 개인적 가치로 분열하고 있는 데서 볼 수 있듯이, 긍정적인

것을 정치구조적으로 확보하기를 내심 희구하였다는 점에서 근본적인 차이를 보인다. 둘째로 엘리트의 자질과 관련하여서도, 기존의 엘리트이론은 한 사회의 결정에 영향력을 행사하는 사람들을 선별하여 그 조건을 탐구하는 데 주력하는 반면, 유진오는 지성적 측면이나 도덕적 측면에서 신뢰할 만한 사람들이 정치의 중심적 역할을 맡아줄 것을 기대하였다. 앞서 말한 바대로 유진오에게 있어 '자아의 자각'이란 그러한 자질을 통틀어 지칭하는 말로 이해해도 좋을 것이다.

답을 내리기가 어렵다. 이에 대한 사상내재적 이유를 찾는다면, 우선 다음과 같은 한계를 지적할 수 있다.

첫째는, 그의 헌법학이 민족주의와 민주주의 사상을 동시에 수렴하면서도 그 각각이 요구하는 국가와 개인 상호간의 내용적 한계를 명확히 하는 작업은 방기한 한계이다. 여기에는 그의 법철학적 입장에서 본 바와 같은 변증법적 역사관과 결합한 사실의존적 존재로서의 법 관념이 큰 영향을 미쳤다. 변증법적 역사관은 개인과 국가 혹은 부분과 전체와 같이 대립하는 이념들의 상호한계를 미리 구체적으로 정해 놓을 수 없다는 생각으로 그를 이끌었다. 또한 법은 사실에 의존할 수밖에 없다는 사고로 인하여 헌법은 가능한 한 현실의 변화에 신축적으로 대응할 수 있도록 포괄적 원칙의 규정에 그쳐야 생각하였다. 그리고 이러한 식의 사고는 제헌 당시의 국제적 국내적 정세가 극히 유동적이라는 그의 현실인식과 결합하여 더욱 강화되었다. 이것이 헌법을 기초함에 있어 대강주의(大綱主義)의 태도로 나타나게 되었고, 헌법이론적인 측면에서도 자신의 헌법이론을 보다 민주주의의 이념에 따라 예리하고 정치하게 정련하고자 하는 정신적 노력을 쉽게 방해했다. 국회가 만일 기본권을 아주 인정하지 않는 법률을 제정한다면, 헌법상 기본권보장을 강화한다 하더라도 무슨 실효가 있을 것인가라는 회의적 태도에서 단적으로 볼 수 있는 바와 같이, 가치의 충돌이 일어나는 곳에서 사실력에 대한 체념은 이론적으로 그것을 끝까지 규명하기보다는 쉽게 집권자의 성의와 노력에 의존하곤 했던 것이다. 이러한 점이 입헌주의의 의의를 현저히 감퇴시킨 것은 말할 것도 없다.

물론 굳이 그의 말을 빌지 않더라도, 법규범 자체가 추상적 일반적 성격을 가질 수밖에 없는 한 모든 구체적인 사항을 일일이 규정하는 것은 불가능하고, 특히 기본법으로서의 헌법의 경우는 더더욱 추상적 성격을 띨 수밖에 없다는 점은 인정하지 않을 수 없다. 그러나 오랜 식민지 경험에 대한 반발로서 폭발하는 자유의 요구와 국가 우선의 요구가 충돌하는 상황에서 그 두 요구를 일관된 한 이념 안에서 정서(整序)했어야 할 당시의 헌법사상적 과제에 비추어 본다면, 유진오의 헌법사상이 그에 대한 충분한 해답이 되지 못했음은 부인할 수 없는 사실이라고 하겠다.

어쨌든 그의 헌법사상에 보이는 그러한 미확정성으로 인하여 그의 헌법사상이 포용할 수 있는 현실의 범위가 과도하게 넓어지는 것이 불가피했다. 제헌기 이후 헌정의 전개과정에서 반복적으로 그 자신의 헌법적 논의들이 극에서 극으로 변해 갔던 것은 바로 이러한 사정에서 연유한다. 철저히 자유의 이념에 기초했던 4·19 및 그 결과로서의 제2공화국헌법에 대한 열렬한 지지로부터 5·16 후 국가재건최고회의체제에의 적극적인 참여에로, 다시 야당 당수로서의 반독재 투쟁의 선봉적 위치에서 이어 등장한 유신체제에 대한 침묵으로, 그리고 소위 10·26 사태 이후의 국민적 콘센서스에 대한 강조와 신군부의 정권장악에 대한 추인 등 우리 헌정사의 격변기에 그가 보인 정치적 태도와 그때마다 보이는 헌법적 논의의 변화는 그 자신의 헌법사상이 충분히 통합적이지 못했음을 자인하는 것이라 볼 것이고, 이는 그의 헌법학이 우리의 헌정사에 있어 현실을 규제하는 의미 있는 좌표를 제시하는 데 실패했음을 의미하는 것이라고 볼 수 있을 것이다.

둘째는, 그의 국가법인설적 사고가 끼친 한계이다. 이미 주권론에서 살펴보았듯이 그는 국민주권을 주창하면서도 국가법인설적 색채를 완전히 불식하지 못하고 있었다. 그것은 국가법인설과 국가주권설이 원래 태동하게 된 독일에서 국민주권과 군주주권 사이의 타협으로 나온 것처럼, 그가 국가권력의 독재화를 허용할 수 없으면서도 동시에 국가권력의 존립근거와 통제를 실질적으로 국민에게 일치시키는 데도 주저하는 한 불가피한 일이었다. 즉 그의 구상은 국민의 국가권력에 대한 복종과 국가권력의 비독재적 행사라는 상호의무적 관계로 맺어진 국가권력과 국민과의 조화로운 통합을 의도한 것이었는데, 이는 헌법시스

템이 정상적으로 작동하는 한에서만 가능한 것임은 물론이다. 국가주권설이 군주주권과 국민주권이 서로 충돌할 때는 전혀 해답이 될 수 없는 것처럼, 유진오의 헌법사상 역시 국가권력과 국민이 서로 충돌하는 비정상적 헌정사태에 있어서는 아무런 헌법적 해답도 제공할 수 없었다. 이러한 비정상적인 사태가 빈번했던 우리 헌정사에 있어서 그의 태도가 결정적인 국면에서 사실력에 대한 체념으로 항상 기성사실에 대한 추인 내지 정당화로 그치고 만 것은 이러한 사상적 한계의 당연한 결과였다고 볼 수 있을 것이다.

세 번째로 지적할 것은 보다 근본적인 한계로서 '자아의 자각'이라는 비법적 계기를 동원하여 국가주의적 민족주의와 개인주의적 민주주의 사이의 안이한 결합을 시도한 점이다. 이 점은 그의 헌법학적 논의에 비법적 요소가 과다하게 침투하는 통로 역할을 하였다. 유교적 정치이상에 보다 가까운 권력에 대한 낙관, 즉 '자각된'(?) 소수의 엘리트들과 권력의 선의에 의존하는 사고구조는 이로부터 초래되었다. 물론 우리의 정치가 반드시 서구적 사고에 따를 때에만 겨우 바람직한 상태에 도달할 수 있는 것은 아닐 것이다. 그러나 우리의 헌정사가 입증하듯 유진오에게 보이는 낙관적 요소가 당시 우리의 정치도덕 현실에서 기대하기에는 과도하게 지나친 것이었다는 점은 변명할 수 없다.

이렇게 볼 때, 유진오 헌법사상의 한계는 수용사의 측면에서 중요한 점을 시사해 준다. 그것은 그와 같은 한계가 모두 일본 법사상의 영향과 관계가 있다는 점이다. '법의 사실에의 의존성'이나 국가법인설적 사고가 옐리네크(G. Jellinek)로부터 미노베(美濃部達吉)를 거쳐 영향을 미친 요소들이라면,[2] 자아의 자각이 국가철학적 사고로까지 발전하게

---

2) 권력에 대한 낙관 역시 미노베 헌법사상의 한계이기도 했다[家永三郎, 『美濃部達吉の思想史的硏究』(岩波書店, 1964), 98-124면 참조]. 유진오가 미노베를 통하여 처음 헌법적 개념들과 사고를 훈련했다는 점을 감안하면, 이 점 역시 중요한 의미를 갖는다고 하겠다.

된 것은 오다까의 협성단체론의 영향이었다. 즉 그의 헌법사상의 한계
는 그 자신의 노력과 또 상당한 성과에도 불구하고 가장 근원적인 부
분에서 전전(戰前)의 일본 헌법학의 영향으로부터 완전히 탈각되지 못
한 데서, 혹은 경제적·사회적 민주주의를 이론적 바탕으로 전전의 일
본 헌법학을 차용한 데서 비롯된 것이라는 점을 발견하게 되는 것이다.

결론적으로 유진오의 헌법사상은 민족주의와 민주주의 사상의 결합
이라는 역사적 임무에 진지했지만, 일본 헌법사상의 영향에서 완전히
벗어나지 못함으로써 독자적 사상체계를 정립하는 데는 실패했다고 말
할 수 있다. 강경근은 유진오의 헌법학을 '역사성 없는 보편헌법학'으
로 평가한 바 있다.[3] 그 이유로 그는 유진오사안에 친일파 처단 규정
이 미비한 점 등 민족의 정통성을 확보하려는 의지가 약했던 점을 들
었다. 물론 친일파의 문제가 결코 무시되어야 할 사소한 문제는 아니
다. 그러나 이 점을 제외하고 판단한다면, 유진오는 민주주의적인 국가
의 신속한 재건이라는 당시의 요구에 나름대로 진지하게 대응하였다고
생각된다. 나아가 문제의 조항도 그의 내심의 의사가 어떠했든지 간에
유진오가 참석하였던 헌법기초위원회에서 이의 없이 통과되어 결국 건
국헌법에 반영되었다는 점도 어느 정도는 고려되어야 하리라고 생각한
다. 이런 점에서 그의 헌법학적 노력은 오히려 '성공하지 못한 역사성
의 추구'로 평가되어야 하지 않을까 생각해 본다.

---

3) 강경근, 『헌법학』(법문사, 1998), 967면.

참고문헌

[유진오 저작]

〈부록 Ⅱ〉 참조

[일차 자료]

고려대학교 중앙도서관, 『고려대학교도서관 현민문고목록』, 고려대학교
　　출판부, 1991.

국사편찬위원회, 『자료 대한민국사 Ⅰ-Ⅸ』, 1968-1998.

국회도서관, 『헌법제정회의록』, 헌정사자료 제1집, 1967.

국회도서관, 『대한민국임시정부의정원문서』, 1974.

국회도서관, 『임시약헌제정회의록』, 1968.

대한민국국회, 『헌법개정심의록』, 제1집, 1967.

대한민국국회, 『국회회의록(제1대, 제7대)』

동아일보사, 『동아일보』, 1945.-1987.

법정사, 『법정』, 1945.-1948.

새한민보사(편), 『임시정부수립대강: 미소공위 자문안 답신집』, 1947.

서울대학교법과대학동창회(편), 『서울법대 백년사(자료편)』, 법문사, 1987.

서울대학교, 『유진오 학적부』

조선일보사, 『조선일보』, 1945.-1987.

국회보편집위원회(편), "헌법이 제정되기까지의 제 자료", 국회보, 제20
　　호, 1958. 7.

USAMGIK, HQ, *Selected Legal Opinion of the Department of Justice; Opinion rendered in the role of Legal Adviser to the Military Government of Korea, and covering a period from March 1946 to August 1948*, 1948. 12.

U.S. Dept. of State, *Records of the U.S. Dept. of State Relating to the Internal Affairs of Korea*(895 씨리즈).

Emerson Papers, Harvard University Archives.

Jacobs, "Analysis of Replies of Korean Political Parties and Social Organizations Regarding the Formation of a Provisional Korean Government", 국사편찬위원회, 『대한민국사자료집』, 제 24권, 주한미군정치고문문서 7(1947. 10.-1948. 5.), 1995.

[이차 문헌]

〈단행본: 국내서〉

강경근, 『헌법학』, 법문사, 1998.

고재욱(편), 『인촌 김성수전』, 인촌기념회, 1976.

구병삭, 『의원내각제의 연구』, 화성사, 1991.

고려대출판부(편), 『고려대학 70년지』, 고려대학교, 1975.

권영성, 『신판 헌법학개론』, 법문사, 1999.

김도형, 『대한제국기의 정치사상』, 지식산업사, 1994.

김동혁, 『미 군정하의 입법의원』, 범우사, 1970.

김운태, 『한국현대정치사 2』, 성문각, 1986.

김영수, 『대한민국임시정부 헌법론』, 삼영사, 1980.

김철수, 『한국헌법사』, 대학출판사, 1988.

김철수, 『헌법학개론』, 제11전정신판, 박영사, 1996.

김철수, 『헌법개정, 회고와 전망』, 대학출판사, 1986.

김효전 편역, 『독일헌법학설사』, 법문사, 1982.

김철수편역, 『법치국가의 원리』, 법원사, 1996.

대한민국국회사무처, 『국회사: 제헌국회·제2대국회·제3대국회』, 대한
　　민국국회사무처, 1971.

민족정경문화연구소 편, 『친일파 群像』, 삼성문화사, 1948.

박찬표, 『한국의 국가형성과 민주주의』, 고려대학교 출판부, 1997.

백낙청(편), 『민족주의란 무엇인가』, 창작과비평사, 1981.

서병조, 『개헌시비』, 현대문화사, 1986.

성낙인, 『프랑스헌법학』, 법문사, 1995.

송남헌, 『한국현대정치사 1』, 성문각, 1986.

송 우, 『한국헌법개정사』, 집문당, 1980.

양동안 외, 『현대한국정치사』, 한국정신문화연구원, 1987.

유병용 외, 『한국현대사와 민족주의』, 집문당, 1996.

六一會(편), 『4월민주혁명사』, 제3세대, 1992.

윤길중, 『이 시대를 앓고 있는 사람들을 위하여: 청곡 윤길중 회고록』,
　　호암출판사, 1991.

이충우, 『경성제국대학』, 다락원, 1980.

임종국, 『친일문학론』, 평화출판사, 1966.

정종섭, 『헌법연구 I』, 철학과현실사, 1994.

정종휴, 『역사속의 민법』, 교육과학사, 1994.

정한숙, 『현대한국문학사』, 고대출판부, 1982.

조남현, 『한국 지식인소설 연구』, 일지사, 1984.

344

중앙선거관리위원회, 『대한민국정당사』, 1968년 증보판, 중앙선거관리위원회, 1968.

중앙선거관리위원회, 『대한민국선거사』, 제1집(1948. 5. 10.-1972. 10. 16.), 중앙선거관리위원회, 1973.

차기벽, 『한국 민족주의의 이념과 실태』, 까치, 1986.

최대권, 『헌법학강의』, 박영사, 1998.

최종고, 『한국의 서양법수용사』, 박영사, 1982.

최종고, 『위대한 법사상가들 Ⅲ』, 학연사, 1985.

최종고, 『한국의 법학자』, 서울대출판부, 1989.

최종고, 『한국법사상사』, 서울대출판부, 1989.

최종고, 『법사상사』, 전정판, 박영사, 1992.

최창규, 『근대한국정치사상사』, 일조각, 1972.

한국정신문화연구원 현대연구소(편), 『한국현대사의 재인식 2: 정부수립과 제헌의회』, 오름, 1998.

한태연, 『헌법과 국민』, 고시연구사, 1995.

한태연 외, 『한국헌법사(상)/(하)』, 한국정신문화연구원, 1988. / 1991.

허 영, 『한국헌법론』, 박영사, 1999.

현민 유진오박사 고희기념논문집 간행위원회, 『헌법과 현대법학의 제문제』, 玄民 兪鎭午博士 古稀記念論文集, 일조각, 1975.

홍선희, 『조소앙의 삼균주의 연구』, 한길사, 1982.

황동준, 『민주정치와 그 운용』, 한일문화사, 1958.

〈단행본: 일본서〉

家永三郎, 『美濃部達吉の思想史的研究』, 岩波書店, 1964.

京城帝國大學創立50周年記念誌編纂委員會, 『紺碧遙かに』, 京城帝國大學同窓會, 1974.

高橋勇治, 『中華民國憲法』, 有斐閣, 1948.

弓家七郎, 『比較憲法論: 議會政治と獨裁政治』, 興文社, 1940.

今中次麿, 『ファッシズム運動論』, 獨裁政治論叢書 第1卷, 大畑書店, 1932.

今中次麿, 『現代獨裁政治概論』, 獨裁政治論叢書 第2卷, 大畑書店, 1932.

今中次麿, 『現代獨裁政治史總說』, 獨裁政治論叢書 第3卷, 大畑書店, 1932.

今中次麿, 『民族的 社會主義論』, 獨裁政治論叢書 第4卷, 大畑書店, 1932.

尾高朝雄, 『國家構造論』, 岩波書店, 1936.

宮澤俊義 / 田中二郎, 『中華民國憲法確定草案』, 中央大學, 1936.

宮澤俊義 / 田中二郎, 『立憲主義と三民主義・五權憲法の原理』, 中央大學, 1937.

大石眞, 『日本憲法史』, 有斐閣, 1996.

美濃部達吉, 『日本憲法』, 有斐閣, 1922.

美濃部達吉, 『憲法撮要』, 訂正4版, 有斐閣, 1926.

美濃部達吉, 『逐條憲法精義』, 有斐閣, 1927.

野田良之・碧海純一(編), 『近代日本法思想史』, 近代日本思想史大系(7), 有斐閣, 1979.

奧平康弘 외, 『日本の法學者』, 日本評論社, 1975.

淸宮四郎, 『國家作用の理論』, 有斐閣, 1968.

〈단행본: 서양서〉

C. A. Beard, *American Government and Politics*, 4th ed., The Macmillan Co., 1925.

A. V. Dicey, *Introduction to the Study of the Law of the Consti-tution*, 8th., Macmillan and Co., 1915 / 안경환・김종철 공역, 『

헌법학입문』, 경세원, 1993.

A. V. Dicey, *Lectures on the Relation Between Law and Public Opinion in England During the Nineteenth Century*, 2ed., London: Macmillan, 1914.

L. Duguit, *Le droit social, le droit individuel et les transformations de lEtat*, Conférences faites à lEcole des Hautes-Etudes à Paris, 1911. / 木村常信 譯, 『國家變遷論』, 大鐙閣, 1930.

M. Friedrich, *Geschichte der deutschen Staatswissenschaft*, Duncker & Humbolt, 1997.

E. R. Huber, *Deutsche Verfassungsgeschichte seit 1789*, 7Bde., Verlag W. Kohlhammer, 1957-84.

G. Jellinek, *Allgemeine Staatslehre*, Verlag Dr. Max Gehlen, 1966 / 김효전 역, 『일반국가학』, 태화출판사, 1980.

G. Jellinek, *System der subjektiven öffentlichen Rechte*, 2 Aufl., Tübingen, 1905.

A. Katz, *Staatsrecht*, 12 aufl., C.F.Müller Juristischer Verlag, 1994

H. Kelsen, *Allgemeine Staatslehre*, Springer, 1925 / 민준기 역, 『일반국가학』, 민음사, 1990.

O. Koellreutter, *Deutsches Verfassungsrecht: ein Grundriss*, 2. durchgesehene u. erg. Aufl., Junker und Dunnhaupt, 1936.

A. Headlam-Morley, *The Democratic Constitutions of Europe*, Oxford Uni. Press, 1928. / 山之內一郎, 『歐洲新憲法論』, 有斐閣, 1932.

H. Lee Mcbain, *The Living Constitution*, The Macmillan Company, 1927.

Mcbain and Rogers, *The New Constitutions of Europe*, Page & Company, 1922.

C. F. Menger, *Deutsche Verfassungsgeschichte der Neuzeit. Eine Einführung in die Grundlagen*, 4 Aufl., Heidelberg: Müller Juristischer Verlag, 1984. / 김효전 외 역, 『근대 독일헌법사』, 교육과학사, 1992.

G. Parry / 진덕규 역, 『정치엘리트』, 이화여대출판부, 1991.

G. Radbruch / 최종고 역, 『법학의 정신』, 종로서적, 1983.

G. Radbruch / 최종고 역, *Vorschule der Rechtsphilosophie*, Heidelberg, 1948. / 엄민영 · 서돈각 역, 『법철학입문』, 범조사, 1958.

C. F. Strong, *Modern Political Contitutions*, Sidgwick & Jackson, 1930.

D. Wyduckel, *Ius Publicum*, Duncker & Humbolt, 1984.

J. T. Young, *The New American Government and its Work*, 4ted., The Macmillan Company, 1940.

〈국내논문〉

강삼희, "서구 교양주의에서 동양적 세계로: 유진오론", 외국문학, 1994. 12.

강수웅, "원로와의 대화, 현민 유진오 박사", 『민사재판의 해부』, 사법행정학회, 1982.

고지훈, "주한미군정의 점령행정과 법률심의국의 활동", 서울대 석사논문, 1999.

국회보편집위원회, "헌법기초 당시의 회고담", 국회보, 제20호, 1958. 7.

권영설, "국가와 경제: 경제질서의 헌법적 기초", 공법연구, 제16집, 한국공법학회, 1988.

김문현, "사회적 시장경제질서: 한국헌법상 경제질서로서의 적실성과 관련하여", 이화여대 사회과학논집, 제13집, 1993. 12.

김영상, "헌법을 싸고도는 국회풍경", 신천지, 1948. 7.

김윤식, "해방 후 남북한의 문화운동", 김윤식(편), 『해방공간의 민족 문학연구』, 열음사, 1989.

김창록, "일본에서의 서양 헌법사상의 수용에 관한 연구", 서울대 박사 학위논문, 1994.

김철수, "유진오의 헌법초안에 나타난 국가형태와 정부형태", 한국사시 민강좌, 제17집, 1995.

김철수, "[자료] 유진오의 기본권론", 한국법학교수회(편), 『법학교육 과 법학연구』, 故鄭光鉉博士追慕論文集, 길안사, 1995

김철수, "제헌헌법의 경제조항의 해석: 미국변호사의 견해", 『법과경제 (하)』, 典岡 李鍾元博士 古稀記念論文集, 일신사, 1996.

김태익, "현민 빈소사건 시비", 월간조선, 1987. 10.

김홍우, "제헌국회에 있어서의 정부형태론 논의", 한국정치외교사학 회·건국대학교 사회과학연구소, 『한국헌정사 심포지엄 자료집』, 2000. 2. 12.

김효전, "한국헌법과 바이마르헌법", 공법연구, 제14집, 한국공법학회, 1980.

김효전, "게오르크 옐리네크의 헌법론", 동아논총, 제16호, 1979.

박광주, "헌법제정과정과 대통령선거", 한국정신문화연구원 현대연구소 (편), 『한국현 대사의 재인식 2: 정부수립과 제헌국회』, 오름, 1998.

박은정, "한국 법철학의 반성과 과제", 법과사회, 제10호, 1994 하반기.

박찬표, "제헌국회의 의정활동: 분단·냉전체제하의 정치사회와 대의 제 민주주의", 한국정신문화연구원 현대연구소(편), 『한국현대 사의 재인식 2: 정부수립과 제헌국회』, 오름, 1998.

백남운, "보전학회논집에 대한 독후감 (1)-(4)", 동아일보, 1934. 5. 1.-5. 4.

법정 편집부, "미국사법제도시찰 보고서", 법정, 제2권 제9호, 1947. 9.

봉 래, "5·16 후 개헌절차에 문제 있다", 사상계, 1969. 6.

서주실, "한국의 의원내각제의 이론과 실제", 한일법학연구, 제10집, 한
일법학회, 1991. 4.

성낙인, "한국헌법상 권력구조의 변천", 국회보, 제345호, 1995. 7.

성낙인, "헌법상 경제질서의 연구", 서울대 석사논문, 1980.

손희두, "미군정기의 입법제도와 법령의 성격", 한국정치외교사학회·
건국대학교 사회과학연구소, 『한국헌정사 심포지엄 자료집』,
2000. 2. 12.

송 복, "민주주의와 민족주의", 신동아, 1982. 7.

심희기, "미군정법령 제176호 형사소송법 개정", 법사학연구, 제16호, 1995.

안재영, "헌법의 정당성에 대한 일고찰: 한국헌법사를 중심으로", 서울
대 석사논문, 1987. 유달영, "나의 인생노트(78): 재건국민운동
본부장", 문화일보, 1997. 7. 24.

이명연, "유진오 당수의 정계투신 1년", 세대, 1967. 12.

이법열, "세계인권선언의 의의", 朝光, 제5호, 1949. 5.

이상기, "미국시찰 소감의 일단", 법정, 제3권 제1호, 1948. 1.

이선중, "대학시절의 회상", 서울법대동창회(편), 『진리는 나의빛』, 경
세원, 1994.

이영록, "애국계몽운동기 자연법사상의 구조와 특징", 『현대 법학의 이
론(Ⅲ)』, 이명 구박사화갑기념논문집, 고시연구사, 1996.

이완범, "제3공화국헌법의 제정과정과 그 성격: '민정이양'과 '강력한
대통령제'", 한국정치외교사학회·건국대학교 사회과학연구소,
『한국헌정사 심포지엄 자료집』, 2000. 2. 12.

이종구, "대한민국헌법이 제정되기까지", 신동아, 1965. 8.

이춘삼, "국정자문회의", 월간조선, 1985. 10.

전광석, "헌법학자 유진오", 연세법학연구, 제2집, 1992. 8.

정종섭, "대의제에 관한 비판적 연구", 연세대 박사학위논문, 1989.

정종섭, "기본권의 개념과 본질에 대한 이론적 논의의 전개", 『한국에서의 기본권이론의 형성과 발전』, 정천 허영교수화갑기념논문집, 박영사, 1997.

조갑제, "내 무덤에 침을 뱉어라!: 박정희 생애", 조선일보, 1998. 11. 8.

조남현, "동반자작가", 『한국민족문화대백과사전』, 제7권, 한국정신문화연구원.

최대권, "우리나라 공법사 이해의 한 시도: 막스 웨버의 임페리움 및 공법 개념을 중심으로", 법학, 제17권 제1호, 서울대 법대, 1976. 6.

최대권, "민족주의와 헌법", 법학, 제25권 제1호, 서울대 법대, 1984.

최종고, "한국 최초의 법학통론", 법학, 제22권 제4호, 서울대 법대, 1981.

최종고, "한국의 법률가상: 유치형(상)(하)", 사법행정, 한국사법행정학회, 1983. 2. / 3.

최종고, "한국의 법률가상: 유성준(상)(하)", 사법행정, 한국사법행정학회, 1985. 1. / 2.

최종고, "일본과 한국에 있어서 라드브루흐 법철학의 수용", 법학논총, 제1집, 숭전대, 1985. 6

최종고, "한국법의 근대화와 한미법률교류", 법사학연구, 제10호, 1989.

최종고, "해방 후 한국 기본법제의 정비", 『한국법사학논총』, 박병호교수화갑기념 II, 박영사, 1991.

최종고, "한국법의 근대화와 서양법의 수용", 한국법학교수회, 『한국법학 50년: 과거·현재·미래(I)』, 대한민국 건국 50주년 기념 제1회 한국법학자대회 논문집, 한국법학교수회, 1998.

추헌수, "삼균주의", 『한국민족문화대백과사전』, 제11권, 한국정신문화연구원.

한상범, "한국에서의 헌법사상의 전개와 과제", 헌법연구, 제4집, 한국 헌법학회, 1979.

한상범, "한국 헌법학 40년", 법학연구 제16집, 전북대법학연구소, 1989.

한상범, "한국 법학계를 지배한 일본법학의 유산", 역사비평, 1991년 겨울호.

한웅길, "제헌비화", 자유춘추, 1962. 8.

한태연, "제1공화국 헌법의 회고", 고시계, 1961. 12.

한태연, "한국헌법의 발전과정", 법정, 제23권 제9호, 1968. 9.

한태연, "제헌헌법의 신화", 동아법학, 제6호, 동아대법학연구소, 1988.

홍기태, "해방 후의 헌법구상과 1948년 헌법성립에 관한 연구", 서울대 석사논문, 1986.

황성수, "여명기 1-13", 법률신문, 1982. 8. 16-11. 8.

〈외국 논문〉

高田敏, "戰後わが國における「法治主義と法の支配」論爭序說", 『法と政 治の現代的課題』, 大阪大學法學部, 1982.

國分典子, "日獨憲法史における國家法人說の意義", 比較法研究, 1994.

山下威士, "ハンス・ケルゼンと日本の憲法學", 公法研究, 第44卷, 日本 公法學會, 1982.

三谷太一郎 / 임성모 역, "다이쇼 데모크라시", 『브리태니커』, 제4권, 한 국브리태니커회사, 1993.

小林直樹, "美濃部達吉", 法學セミナ 第50号, 1960. 5.

松尾敬一, "尾高法哲學の形成", 神戸法學雜誌, 제15권 제1호, 1965. 6.

矢崎光國, "尾高朝雄の法哲學", 法哲學年報, 1979, 80면.

352

原秀男, "新カント學派", 野田良之・碧海純一(編), 『近代日本法思想史』, 有斐閣, 1979.

李京柱, "日韓の占領管理體制の比較憲法的考察", 一橋大學博士論文, 1997.

泉靖一 / 김윤식 역, "舊植民地帝國大學考", 김윤식, 『한일문학의 관련 양상』, 일지사, 1974.

淸宮四郞, "私の憲法學の二師・一友", 公法硏究, 日本公法學會, 1981.

和田小次郞, "デュギー", 『法律思想家評傳』, 日本評論社, 1950.

H. Boldt, "Staat und Souveränität", Geschichte Grundbegriffe Historisches Lexikon zur politisch-sozialen Sprache in Deutschland, Bd. 6. St-Vert, Klett-Cotta, 1990.

J. Highly, "Elite theory", The Encyclopedia of Democracy, vol. 2., London: Routledge, 1995.

J. Highly, "Elite, Political", The Encyclopedia of Democracy, vol. 2., London: Routledge, 1995.

K. Loewenstein, "Der Staatspräsident: Eine rechtsvergleichende Studie", Archive des öffentlichen Rechts, Bd.75., 1949. / 김효전 역, 『비교헌법론』, 교육과학사, 1991.

〈부록 Ⅰ〉 유진오 연보

* 유진오박사 고희기념논문집인 『헌법과 현대법학의 제 문제』에
  실린 연보를 토대로 보완하였음.

1906. 5. 13.	한성부(漢城府) 가회방(嘉會坊) 재동계(齋洞契) 맹현동(孟峴洞) 제12통 제12호에서 부 유치형(兪致衡) 모 밀양 박씨(密陽朴氏) 사이에서 장남으로 출생
1914. 4.~1918. 3.	재동공립보통학교
1919. 4.~1924. 3.	경성제일고등보통학교
1919. 10.	성진순(成辰順)과 결혼
1924. 4.~1926. 3.	경성제국대학 예과
1926. 4.~1929. 3.	경성제국대학 법문학부 법학과(법학사)
1926.~1929.	좌익 성격의 독서모임인 경제연구회를 조직하여 활동함
1926. 5.	부인 성진순 여사 별세
1928. 10.	박복례(朴福禮)와 결혼
1929. 4.~1931. 3.	경성제국대학 법문학부 형법연구실 조수
1929.	여름 일본여행을 통하여 각 분야의 대가들 수십여 명과 면담
1931. 4.~1932. 3.	경성제국대학 예과 강사
1931. 4.~1933. 3.	경성제국대학 법문학부 법리학연구실 조수
1931. 9.~1932. 6.	좌익단체인 조선사회사정연구소를 설립하여 활동하다 강제 해산당함.
1932. 4.~1933. 3.	보성전문학교 강사

1933. 4.~1936. 3.	보성전문학교 전임강사
1934. 10.	동아일보 객원위원에 위촉
1936. 4.~1944. 5.	보성전문학교 교수
1939. 4.~1944. 5.	겸임 보성전문학교 법과과장
1940. 11.	국민총력조선연맹 산하 문화위원에 위촉
1942. 11.	대동아문학자대회 참석
1943. 4.	조선문인보국회 상임간사
1944. 5.~1945. 3.	보성전문학교가 경성척식경제전문학교 (京城拓植經濟專門學校)로 바뀜에 따라 동교 교수 및 척식과과장
1945. 8.~1946. 8.	보성전문학교 환원으로 동교 교수 겸 법과과장
1945. 9.	한국민주당 발기인
1945. 10.~1946. 4.	경성대학 법문학부 교수 겸임
1945.	미국교육원조 한국위원회 위원
1945.~1948.	교육심의회 위원
1946.~1948.	변호사시험 위원
1946. 9.~1966. 10.	고려대학교 교수
1946. 9.~1949. 8.	겸임 고려대학교 정법대학장
1947. 6.~1948. 9	과도정부 사법부 법전기초위원회 위원
1948. 6.~1948. 8.	헌법 및 정부조직법 기초위원회 기초전문위원
1948. 8.~1949. 6.	대한민국 법제처장
1948. 9.	법전편찬위원회 위원에 위촉
1949. 9.~1952. 8.	고려대학교 대학원장
1949.~1950.	중앙노동조정위원회 위원
1949.~1955.	고등고시 위원
1950. 10.~1951. 7.	고려대학교 임시관리책임자
1950.~1954.	중앙선거위원회 위원

1951. 4.~1951. 8.	전시연합대학 총장
1951. 8.~1952. 8.	고려대학교 총장서리
1951. 9.~1952. 5.	한일회담 대표
1951.~1958.	외교위원회 위원
1952. 9.~1965. 9.	고려대학교 총장
1952. 9.~1953. 6.	미국 하버드대학 객원연구원,
	유엔한국대표단 법률고문
1953.~1968.	대한국제법학회 회장
1954. 5.	학술원 종신회원
1954. 6.	부인 박복례 여사 별세
1954.~1956.	대한조사위원회 위원
1954.~1958.	교육심의회 위원
1955. 4.	명예법학박사(연희대학교)
1955.~1956.	중앙교육위원회 위원, 부장
1955.~1957.	교육특별심의위원회 위원, 부의장
1955.~1960.	서울특별시교육회 부회장, 회장
1956. 5.	이용재(李容載)와 결혼
1956.~1958.	유네스코한국위원회 부위원장
1956. 5.	재단법인 한국연구원 이사 취임
1957. 10.~11.	영국정부 초청으로 영국의 교육·문화·지방
	행정·국회 운영 등 시찰
1957.~1958.	한국국제법률가협회 회장
1957.~1961.	한국공법학회 회장
1957.~1965.	한국법철학회 회장
1957.~1965.	동아문화연구위원회 위원, 위원장
1959. 3.~4.	국제적십자위원회에 대한 재일교포북송
	반대 민간사절로 스위스에 파견

1960. 10.~1961. 5.	한일회담 수석대표
1960. 9.~1965. 11.	대한교육연합회 회장(제7대, 제8대, 제9대)
1961. 6.~1961. 9.	국가재건국민운동본부장
1961.~1965.	유엔한국협회 회장
1962. 7.~8.	세계교육자대회 참석(스웨덴)
1962. 7.-11.	헌법심의위원회 위원
1966. 5.	명예문학박사(경희대학교)
1965. 7.~8.	세계교육자대회 참석(에티오피아)
1966. 10.	민중당 대통령후보 지명
1967. 6.~1970. 1.	신민당 총재
1968.~1987. 8.	국제법학회 명예회장
1967. 6.~1971. 6.	국회의원
1970.	신민당 고문
1974. 11.	민주회복국민선언대회 참석
1975.	재단법인 고려중앙학원 이사 취임
1980. 3.-9.	헌법개정심의위원회 특별고문
1980.~1984.	국토통일고문
1981.~1987. 8.	학술원 원로회원(헌법)
1980.~1987. 8.	국정자문위원
1987. 8. 30.	별세

〈부록 II〉유진오 저작목록

[단행본]

『兪鎭午 短篇集』, 학예사, 1939.

『봄』, 漢城區書, 1940.

『華想譜』, 漢城區書, 1941.

『窓』, 정음사, 1948.

『나라는 어떻게 다스리나』, 일조각, 1949.

『憲法解義』, 명세당, 1949.

『헌법의 기초이론』, 일조각, 1950.

『헌법입문』, 조문사, 1952.

『新稿憲法解義』, 일조각, 1953.

『헌정의 이론과 실제』, 일조각, 1954.

『헌법강의(상)』, 일조각, 1956.

『滄浪亭記』, 정음사, 1963.

『民主政治에의 길』, 일조각, 1963.

『젊은 세대에 부치는 書』, 고대출판부, 1963.

『구름위의 漫想』, 일조각, 1966.

『마차』, 범우사, 1976.

『젊은 날의 자화상』, 박영문고, 제115권, 박영사, 1976.

『養虎記: 普專高大 35년의 회고』, 고대출판부, 1977.

『서울의 異邦人』, 범우사, 1977.

『젊음이 깃칠 때』, 휘문출판사, 1978.

『미래로 향한 窓: 역사의 분수령에 서서』, 일조각, 1978.

『헌법기초회고록』, 일조각, 1980.

『다시 滄浪亭에서』, 창미사, 1985.

[단행본 외]

* 단행 저작집에 수록되어 있는 글의 서지사항은 단행본에 표기된 대로 따르는 것을 원칙으로 하되, 오류가 확인된 경우에 한하여 정정 표기하였다.
* 최초 발표연도가 확인되지 않은 자료는 목록 마지막에 위치시켰다.
* 현존 여부 및 정확한 서지사항이 미확인된 경우는 끝에 〈@〉로 표시하였다.
* 일제시대 목록은 서울대학교 국문학과 박사과정에 있는 윤대석의 도움을 받았다.

〈일제시대〉

"국화", 동아일보, 1924.@

"뮤즈를 찾아서", 淸凉, 1924.@

"S와 빠사회", 文友, 1926.@

"여름밤", 文友, 1927. 2.

"復讐", 朝鮮之光, 1927. 4. / 『滄浪亭記』, 261-267면.

"스리", 朝鮮之光, 1927. 5. / 『滄浪亭記』, 268-272면.

"뻐틀러孃과 그의 책상"(번역), 新興, 1927. 7.

"把握", 朝鮮之光, 1927. 7.-9.

"生活의 斷想", 文友, 1927. 11.

"披露宴" 朝鮮之光, 1927. 11.

"여름밤 一景", 신문춘추, 1928.@

"박군과 그의 누이", 朝鮮之光, 1928.@

"三面鏡" 朝鮮之光, 1928. 1.

"넥타이의 沈澱", 朝鮮之光, 1928. 3.-4.

"甲洙의 戀愛", 現代評論, 1928. 9.-10.

"眞理의 二重性: 將來할 文化科學方法論의 隨想式 素材 羅列", 朝鮮之
　　光, 1928. 11.·12.

"條約 批准論", 朝鮮之光, 1929. 4.

"學生層 其他", 진생, 1929. 3.

"삘딩과 黎明", 朝鮮文藝, 1929. 6.

"英國勞動黨과 大英世界帝國"(번역), 新興, 1929. 7.

"唯物史觀斷章", 新興, 1929. 7.

"無技巧의 技巧 其他", 朝鮮之光, 1929. 8.

"大阪의 印象", 동아일보, 1929. 8. 9.-20.

"五月의 求職者", 朝鮮之光, 1929. 9./『滄浪亭記』, 219-245면.

"文藝時感", 朝鮮之光, 1929. 12.

"民族的 文化와 社會的 文化", 新興, 1929. 12.

"小說의 핀트", 朝鮮之光, 1930./『구름 위의 漫想』, 377-382면.

"家庭敎師", 大衆公論, 1930./『滄浪亭記』, 398-402면.

"우편국에서", 朝鮮之光, 1930.

"니그로를 죽여라", 象聲, 1930.@

"破婚顚末", ?, 1930.@

"朝鮮社會運動 去勢槪跡과 今年의 趨勢", 동아일보, 1930. 1. 1.-10.

"「一月 創作評」筆者 咸君의 階級的 正體를 暴露함", 동아일보, 1930. 2.
　　6.-8.

"歸鄕", 別乾坤, 1930. 4.-6.

"藝術派의 擡頭 其他", 大衆公論, 1930. 6.

"馬賊", 朝鮮之光, 1930. 6.

"末帝", 大衆公論, 1930. 7.

"私有財産權의 基礎", 新興, 1930. 7.

"宋君男妹와 나", 조선일보, 1930. 9. 4.-17.

"法律에 在한 社會民主主義 批判: 牧野法學 批判의 序說", 新興, 1931. 1.

"열네살 째에", 新光, 1931. 1.

"女職工", 조선일보, 1931. 1. 2.-22.

"間島中共黨 適用法의 疑點: 治安維持法 適用", 동아일보, 1931. 2. 9.-14.

"兄" 朝鮮之光, 1931. 2-5.

"밤중에 거니는 者", 東光, 1931. 3.

"第二回 綠鄕展의 印象", 조선일보, 1931. 4. 15.-18.

"O씨의 인상", 東光, 1931. 8.

"첫경험", 東光, 1931. 11.

"上海의 記憶", 文藝月刊, 1931. 11. /『滄浪亭記』, 314-325면.

"戰爭論", 批判, 1931. 11.

"抽象과 唯物辨證法", 新興, 1931. 12.

"文學과 性格: 作品製作과 批評에 對한 한 提唱", 文藝月刊, 1931. 12.

"마르크스의 剩餘價値說", 批判, 1931. 12.

"푸로文學과 戀愛" 東光, 1931. 12.

"評論界에 대한 希望: 文藝界에 對한 新年希望", 文藝月刊, 1932. 1.

"朴僉知", 時代公論, 1932. 1.

"志士討伐論", 批判, 1932. 1.

"S선생을 쫓아내던 날", ?, 1932. 1. /『다시 滄浪亭에서』, 11-13면.

"文藝時評: 小說의 핀트, 力量있는 作家와 評價" 文藝月刊, 1932. 3.

"괴에테와 나", 文藝月刊, 1932. 3. /『다시 滄浪亭에서』, 28-30면.

"하이듸와 괴테", 三千里, 1932. 3.

"沈痛한 文學 其他", 東方評論, 1932. 4.

"餞別", 三千里, 1932. 4.

"剝製된 學問", 조선일보, 1932. 11. 26.

"新聞論", 批判, 1933. 1.

"勞動問題: 八方으로 본 農村問題", 동아일보, 1933. 1. 1.

"朝鮮文人에게 勸告하고 싶은 말씀", 조선중앙일보, 1933. 1. 3.

"文壇에 對한 希望 二三: 文藝人의 새해宣言(二)", 조선일보, 1933. 1. 3.

"和協과 勸告: 國際聯盟規約 第十五條를 中心으로", 동아일보, 1933. 1. 30.-2. 1.

"慰藉料 千圓也", 문학타임스, 1933. 2.

"勸告와 制裁: 國際聯盟規約 第十五條와 第十六條와의 關係", 동아일보, 1933. 2. 15.-20.

"國際聯盟과 國際社會: 二十世紀에 在한 神聖同盟", 조선일보, 1933. 4. 26.-28.

"C에게 보내는 片紙", 동아일보, 1933. 6. 13.

"虎孤의 辯, 其他: 文壇時評(1,2)", 동아일보, 1933. 10. 3.-4.

"평론계의 SOS", 조선일보, 1933. 10. 3.

"海外文學派의 再出發: 文壇時評(3)", 동아일보, 1933. 10. 5.

"張赫宙氏의 近作: 文壇時評(3)", 동아일보, 1933. 10. 6.

"文藝의 擁護: 文壇時評(4)", 동아일보, 1933. 10. 7.

"思索과 讀書" 學燈, 1933. 12.

"創作의 危機 其他", 中央, 1933. 12.

"平和의 終焉: 去益多事한 歐洲政界"(전6회), 동아일보, 1933. 12. 16.-12. 23.

"實證法學의 現代的 意味", 普專校友會報, 1934.

"中世に於ける正義思想: 法律理念史の一節", 普成學會論集, 1934.

"破産에 直面한 國際聯盟의 機構", 동아일보, 1934. 1. 1.-1. 4.

"沒落途上의 國際聯盟", 신동아, 1934. 2.

"中世自然法論에 對한 若干의 補足的 說明: 白南雲氏의 論評에 對한 答辯을 兼하 야", 동아일보, 1934. 5. 5.-5. 8.

"張赫宙氏의 文學的 行程: 小說集 『權이라는 사나이』를 읽고", 동아일보, 1934. 7. 4.-7.

"行路", 개벽, 1934. 11.-1935. 1.

"劇作者와 舞台", 藝術, 1934. 12.

"少年時代의 記憶", 영화시대, 1935. 1. / 『구름 위의 漫想』, 139-143면; 『다시 滄浪亭에서』, 66-70면.

"金講師와 T敎授", 신동아, 1935. 1.; 三千里, 1935. 3. / 『滄浪亭記』, 36-64면.

"當來文學의 特徵은 沈痛의 一色일까", 동아일보, 1935. 1. 1.

"軍縮을 싸고도는 列强의 世界政策", 동아일보, 1935. 1. 1.-1. 4.

"猶太人의 길", 藝術, 1935. 3.

"作家와 文學硏究室 動向", 新人文學, 1935. 4.

"五月二題", 朝鮮文壇, 1935. 5. / 『滄浪亭記』, 273-276면.

"最近歐洲 國際政局의 鳥瞰", 동아일보, 1935. 6. 26.-7. 8.

"여자와 허영심", 신가정, 1935. 9. / 『다시 滄浪亭에서』, 14-18면.

"民族文學이냐, 階級文學이냐: 階級文學의 길로", 三千里, 1935. 10.

"看護部長", 신동아, 1935. 12. / 『滄浪亭記』, 326-334면.

"辭令狀", 文章, 1936. / 『滄浪亭記』, 296-301면.

"黃栗: 都會의 한 스케치", 三千里, 1936. 1. / 『滄浪亭記』, 311-313면.

"外國作品의 水準엔 到達: 朝鮮文學의 世界的 水準觀", 三千里, 1936. 4.

"文學靑年에게 주는 글: 섯불니 뜻 두지마라", 風林, 1936. 12.

"文學問題座談會" 조선일보, 1937. 1. 1.

"지이드의 蘇聯旅行記", 조선일보, 1937. 2. 10.-14. / 『구름 위의 漫想』, 368-376면.

"人蔘과 밥과 阿片: 李無影氏 創作集 「醉香」을 읽고", 조선일보, 1937. 3. 19.-20.

"個性擁護의 限界: 現代 휴머니즘의 社會的 背景", 조선일보 1937. 4. 18.-23.

"新刊評:『좁은門』女性版", 조선일보, 1937. 5. 8.

"〈대담〉文壇打診即問即答記: 現文壇의 通弊는 레알리즘의 誤認", 동
    아일보, 1937. 6. 3.

"文化擔當者의 使命", 조선일보, 1937. 6. 2. /『구름 위의 漫想』,
    361-363면.

"作品 以前과 以後", 동아일보, 1937. 6. 26.

"葉書評論: 樂觀하라", 동아일보, 1937. 7. 1.

"〈대담〉朝鮮文學의 傳統과 古典", 조선일보, 1937. 7. 16.

"문학대화", 조선일보, 1937. 7. 16.-18.

"황새가 아니라 뱁새", 조선문학, 1937. 8.

"내일을 기다리는 마음", 조선일보, 1937. 8. 13.-19.

"熱鬧巷中의 鬪署三日記", 동아일보, 1937. 8. 22.-26.

"〈좌담〉小說家會議: 作家短篇自敍傳", 三千里文學, 1938. 1.

"〈대담〉散文情神과 리얼리즘", 조선일보, 1938. 1. 1.

"〈좌담〉朝鮮語와 朝鮮文學", 동아일보, 1938. 1. 3.

"말은 文學의 生命: 遺産語彙의 攝取가 必要", 동아일보, 1938. 1. 3. /『
    구름 위의 漫想』, 364-367면.

"批評과 豫言: 金文輯君에게", 동아일보, 1938. 1. 26.

"舊正前後: 日記抄", 동아일보, 1938. 2. 9.-11. /『구름 위의 漫想』,
    157-162면.

"作家의 눈과 現實構成", 조선일보, 1938. 3. 2. /『구름 위의 漫想』,
    333-335면.

"「大地」와 「地下村」: 作家日記", 三千里文學, 1938. 4.

"滄浪亭記", 동아일보, 1938. 4. 19.-5. 4. /『滄浪亭記』, 5-22면.

"봄은 왔건만" 여성, 1938. 5. /『구름 위의 漫想』, 137-139면.

"文壇事業의 意義를 社會事業家에게 一言", 동아일보, 1938. 5. 22.

"六月創作一人一評(1): 生에 對한 情熱로서의 文學-鄭飛石 作 「憧憬」",

조선일보, 1938. 5. 29.

"茶房論議", 朝光, 1938. 6. /『구름 위의 漫想』, 154-156면.

"叡智的 行動과 知性", 조선일보, 1938. 7. 3.-5.

"『文學과 知性』: 崔載瑞氏의 新著", 동아일보, 1938. 7. 9.

"文學과 戀愛", 四海公論, 1938. 8. /『구름 위의 漫想』, 140-143면.

"「椿嬉」와 갈보의 名技", 삼천리, 1938. 8.

"서울 富者의 辯: 百萬長者로붙어의 顚落記", 三千里, 1938. 8.

"제재의 비속성 시비", 조선일보, 1938. 8. 11.-13.

"獨逸國家學의 最近動向: 所謂 〈指導者國家〉에 對하야", 동아일보,
        1938. 8. 16.-19.

"作家와 批評家: 創作의 理論과 實際", 동아일보, 1938. 10. 5.

"作品評의 任務: 創作의 理論과 實際", 동아일보, 1938. 10. 9.

"文學論管見: 創作의 理論과 實際", 동아일보, 1938. 10. 11.

"作家와 文學魂: 創作의 理論과 實際", 동아일보, 1938. 10. 13. /『구름
        위의 漫想』, 336-339면.

"어떤 夫妻", 朝光, 1938. 10. /『滄浪亭記』, 163-176면.

"手術", 野談, 1938. 11. /『滄浪亭記』, 122-134면.

"西歐問題는 곳 朝鮮問題", 批判, 1938. 11.

"吳之湖, 金周經, 二人畵集을 보고", 동아일보, 1938. 11. 23.

"讀書二題", 동아일보, 1938. 12. 1. /『구름 위의 漫想』, 147-149면.

"現代 朝鮮文學의 進路", 동아일보, 1938. 12.

"受難의 記錄", 三千里, 1938. 12.

"癡情", 朝光, 1938. 12. /『滄浪亭記』, 177-193면.

"李箕永氏의 印象", 朝鮮文學, 1939. 1.

"朝鮮文學에 주어진 샛길: 世界文學의 系列에로", 동아일보, 1939. 1.
        10.-13. /『구름 위의 漫想』, 349-360면.

"離婚", 文章, 1939. 2. /『滄浪亭記』, 403-428면.

"文學의 永遠性과 歷史性: 『大河』가 보여준 우리 文學의 新世紀", 동
　　아일보, 1939. 2. 2.

"全體主義 法理論의 輪廓", 조선일보, 1939. 2. 25.

"文藝時評: 「大河」의 歷史性", 批判, 1939. 3.

"哀愁와 感古: 林學洙氏의 新著 『候鳥』", 동아일보, 1939. 3. 23.

"貴重한 努力: 「朝鮮作品年鑑」의 刊行", 조선일보, 1939. 3. 30.

"새 礎石 하나: 金南天氏의 新著 『少年行』", 동아일보, 1939. 4. 6.

"가을, 또는 杞壺의 散步", 文章, 1939. 5.

"新進에게 갖는 期待: 新進作家를 論함", 朝光, 1939. 5. / 『다시 滄浪亭
　　에서』, 19-23면.

"平凡人の世界", 國民新報, 1939. 5. 7.

"우슴과 文學", 동아일보, 1939. 5. 9.

"文化의 危機와 그 超克", 조선일보, 1939. 5. 10.-12.

"모랄·性·靈魂: 李孝石氏의 『聖畵』", 동아일보, 1939. 5. 19.

"文人道", 동아일보, 1939. 5. 27.

"無影의 文學", 作品, 1939. 6.

"純粹에의 志向: 特히 新人作家에 關聯하야", 文章, 1939. 6. / 『구름 위
　　의 漫想』, 342-348면.

"六月 創作의 收穫", 동아일보, 1939. 6. 2.

"文壇의 新人群: 新世代論", 조선일보, 1939. 6. 28.

"가을", 文章, 1939. 5. / 『滄浪亭記』, 135-162면.

"早老와 大成", 동아일보, 1939. 6. 30.

"나비", 文章, 1939. 7. / 『滄浪亭記』, 97-121면.

"浪漫의 精神: 「백지」 창간호 독후감", 조선일보, 1939. 7. 17.

"新秩序 建設과 文學", 三千里, 1939. 7.

"山中獨語", 人文評論, 1939. 10. / 『구름 위의 漫想』, 95-100면; 『다시
　　滄浪亭에서』, 38-43면.

"故園日記", 新世紀, 1939. 10. /『구름 위의 漫想』, 150-153면.

"걸어온 길: 作家生活의 回顧", 博文, 1939. 10.

"歐羅巴的 敎養의 特質과 現代朝鮮文學", 人文評論, 1939. 11.

"再登 白雲臺記", 朝光, 1939. 11.

"현상은 불완전하나: 시나리오를 문학의 장으로 보냐", 映畵演劇, 1939. 11.

"華想譜", 동아일보, 1939. 12. 8.-1940. 5. 3.

"第三型의 女性: 내가 取扱하기 조아하는 女主人公의 타잎", 朝光,
　　　　1940. 1.

"편지: 李孝石의 편지에 대한 답장", 太陽, 1940. 1.

"봄", 人文評論, 1940. 1. /『滄浪亭記』, 65-96면.

"〈좌담〉文學의 諸問題", 文章, 1940. 1.

"나의 文靑時代: 나의 文學 十年記", 文章, 1940. 2.

"나의 pensées", 文章, 1940. 2. /『다시 滄浪亭에서』, 24-27면.

"對立보다 協力을 要望: 김동리씨에게", 每日申報, 1940. 2. 23.

"내가 만일 시인이라면: 정신적 깊이를", 人文評論, 1940. 3.

"〈좌담〉新聞小說과 作家의 態度", 三千里, 1940 .4.

"文人詩客書翰: 毛允淑 先生에게", 三千里, 1940. 6.

"〈좌담〉畿湖出身 文士의 「鄕土文化」를 말하는 座談會", 三千里, 1940. 6.

"酒朋", 文章, 1940. 7. /『滄浪亭記』, 283-295면.

"聖戰記念文章: 所感", 大東亞, 1940. 7.

"夏", 文藝, 1940. 7.

"표어의 함정: 비평의 개념적 경향", 每日申報, 1940. 7. 29.

"시정편력의 정체: 인간적 진실의 파악", 每日申報, 1940. 7. 30.

"방황하는 비평: 탁청과 추수의 중간", 每日申報, 1940. 7. 31.

"해바라기", 人文評論, 1940.8. /『구름 위의 漫想』, 109-113면;『다시 滄
　　　　浪亭에서』, 52-58면.

"소설과 기교: 고전창조에의 길", 每日申報, 1940. 8. 1.

"독창의 문학으로: 수이출 문학에 관련하야", 每日申報, 1940. 8. 2.

"문학과 의상", 每日申報, 1940. 10. 7.

"문학과 권투", 每日申報, 1940. 10. 8.

"문학과 세대", 每日申報, 1940. 10. 9.-10.

"憂愁의 뜰", 女性, 1940. 8.-12.; 新世紀, 1941. 4.

"文士部隊와 志願兵: 一絲紛亂의 그 訓練", 三千里, 1940. 12.

"〈좌담〉 新體制下의 朝鮮文學의 進路", 三千里, 1940. 12.

"文豪의 代表作과 그 人格: 지-드의 「좁은 門」", 三千里, 1940. 12.

"汽車の中", 國民總力, 1941. 1.

"山울림", 人文評論, 1941. 1. /『滄浪亭記』, 23-35면.

"馬車", 文章, 1941. 2. /『滄浪亭記』, 358-383면.

"젊은 안해", 春秋, 1941. 2. /『滄浪亭記』, 246-260면.

"文人이 본 南北 十六都市의 印象: 國境의 新義州", 三千里, 1941. 3.

"福男伊", 週刊朝日, 1941. 5.

"瞥見의 北支", 朝光, 1941. 6.

"時局下我が愛讀書", 三千里, 1941. 11.

"環境", 每日申報, 1942. /『구름 위의 漫想』, 163-165면.

"南谷先生", 國民文學, 1942. 1.

"鄭선달", 春秋, 1942. 2. /『滄浪亭記』, 384-397면.

"知識人의 表情", 國民文學, 1942. 3.

"作家 李孝石論", 國民文學, 1942. 7. /『구름 위의 慢想』, 383-394면.

"李孝石과 나: 學生時代 新進作家時代의 일들", 朝光, 1942. 7. /『다시
      滄浪亭에서』, 31-37면.

"李孝石君의 마지막 날", 大東亞, 1942. 7.

"李朝の實學派について", 文獻報國, 1942. 8.

"新京", 春秋, 1942.10. /『滄浪亭記』, 335-357면.

"主題から見た朝鮮の國民文學", 朝鮮, 1942. 10.

"國民文學といふもの", 國民文學, 1942. 11.

"食母難", 放送之友, 1943. /『滄浪亭記』, 205-218면.

"가마", 春秋, 1943. /『滄浪亭記』, 277-282면.

"入學前後", 放送, 1943. /『滄浪亭記』, 302-310면.

"동양과 서양: 동아문예부흥에 관한 일단상", 每日申報, 1943. 1. 9.-13.

"幻滅", 新時代, 1943. 6. /『구름 위의 漫想』, 101-104면;『다시 滄浪亭
　　　　에서』, 44-47면.

"〈좌담〉 戰爭と文學", 國民文學, 1943. 6.

"逆說", 新時代, 1943. 7. /『구름 위의 漫想』, 105-108면;『다시 滄浪亭
　　　　에서』, 48-51면.

"扶桑見聞記", 新時代, 1943. 10.

"兵役은 곳 힘이다", 每日申報, 1943. 11. 19.

"金浦아주머니", 放送之友, 1944. /『滄浪亭記』, 194-204면.

"祖父の屑鐵", 國民總力, 1944. 3.

"我等必ず勝つ", 新世代, 1944. 9.

"車中所見"@

"조선범죄의 동향"@

〈해방 후〉

"社會와 法律", 법정, 1946. /『헌법의 기초이론』, 218-224면.

"讀書論", 협동, 1946. 10. /『젊은 세대에 부치는 書』, 147-155면;『젊음
　　　　이 깃칠 때』, 270-277면.

"權力分立制度의 檢討: 特히 美國憲法을 中心으로 하여", 법정, 1947.
　　　　4. /『헌법의 기초이론』, 60-75면.

"大學의 使命", 대학신문, 1947. 7. /『젊은 세대에 부치는 書』, 66-71면;
　　　　『젊음이 깃칠 때』, 245-249면.

"우리 憲法의 輪廓: 十八世紀憲法과 二十世紀憲法", 법정, 1947. 9. /『

헌법의 기초이론』, 76-95면.

"人民의 基本權", 고대 경상학보, 1947. 10. /『헌정의 이론과 실제』,
110-113면.

"法과 힘", 고대신문, 1947. 11. /『헌법의 기초이론』, 225-230면; 『젊음
이 깃칠 때』, 309-318면.

"所謂 五大強國의 拒否權", 고대신문, 1947. 11. /『헌정의 이론과 실제』,
213-219면.

"나의 豫科時節", 청량리, 1948. /『다시 滄浪亭에서』, 71-73면.

"大學의 危機", 조선교육, 1948. 2. /『젊은 세대에 부치는 書』, 72-84면.

"選擧의 基本觀念", 자유신문, 1948. 3. /『헌법의 기초이론』, 139-160면.

"國家의 社會的 機能", 법정, 1948. 3.-6. /『헌법의 기초이론』, 13-59면.

"學問의 自主獨立", 국제정보, 1948. 4. /『젊은 세대에 부치는 書』,
102-106면.

"新刊評: 申南澈의 「歷史哲學」", 동아일보, 1948. 4. 8.-11.

"고대신문 인터뷰", 고대신문, 1948. 6. 18.

"大韓民國憲法 提案理由 說明", /『헌법의 기초이론』, 115-126면; 『젊
음이 깃칠 때』, 385-396면.

"憲法制定의 精神", 법정, 1948. 8., 1949. 3.; 三千里, 1948. 7. /『헌법의
기초이론』, 96-114면; 『젊음이 깃칠 때』, 397-413면.

"國會의 責務와 能率", 국회보, 1949. /『헌법의 기초이론』, 161-167면.

"國民의 權利義務", 법률평론, 대한법리연구회, 1949. 3.

"保有拒否의 問題: 國會 閉會中의 大統領의 法律案拒否權", 경향신문,
1949. 5. 30, 31, 6. 1, 2. /『헌법의 기초이론』, 185-193면.

"두 가지 付託: 高麗大學校 第1回 卒業生에게", 고대신문, 1949. 6. /『
젊은 세대에 부치는 書』, 245-246면.

"遵法精神", 민주경찰 3권4호

"大統領의 法律案拒否權", 법정, 1949. 6. /『헌법의 기초이론』, 168-184면.

"憲法理念의 具體化過程", 법정, 1949. 9. /『헌법의 기초이론』, 127-138면.

"大法院長 任命 問題", 동아일보, 1949. 9. 20. /『헌법의 기초이론』, 194-199면.

"地方自治의 意義", 民聲, 1949. 9. /『헌법의 기초이론』, 200-209면.

"敎育基本法의 理念", 고대신문, 1949. 9. /『젊은 세대에 부치는 書』, 323-327면.

"敎育法에 대한 管見", 동아일보, 1949. 11. 18.

"憲法 改正의 限界", 동아일보, 1949. 11. 21. /『헌법의 기초이론』, 210-217면.

"法治國家의 基本構造: 古典的 法治國家의 槪念", 법률평론, 1949. 12. /『헌정의 이론과 실제』, 60-71면.

"新刊評: 韓國行政法總論을 읽고", 동아일보, 1949. 12. 5.

"幸福感", 태양신문, 1949. 12. 28. /『구름 위의 漫想』, 144-146면.

"民主政治와 法의 支配", 신경향, 1950. 1. /『헌정의 이론과 실제』, 99-109면.

"學生과 學園", 『학생과 학원』, 수도문화사, 1950. /『젊은 세대에 부치는 書』, 125-138면: 『젊음이 깃칠 때』, 290-304면.

"綜合行政의 原理: 政府組織法中 改正法律案에 關聯하여", 서울신문, 1950. 1. /『헌정의 이론과 실제』, 72-98면.

"世界와 韓國", 자유신문, 1950. 1. /『헌정의 이론과 실제』, 220-224면.

"政界 1年의 回顧: 混亂에서 整頓으로", 학생연감, 1950. 1. /『헌정의 이론과 실제』, 225-240면.

"지꾸진 作亂", 白民, 1950. 3.

"無國會狀態 可能한가", 동아일보, 1950. 4. 3. /『헌정의 이론과 실제』, 114-118면.

"서울 脫出記", 『苦難의 90일』, 수도문화사, 1950. /『젊음이 깃칠 때』, 315-345면: 『구름 위의 漫想』, 3-35면.

"改憲論 是非", 전시과학, 1951./『헌정의 이론과 실제』, 129-142면.

"經濟統制團體의 整備를 斷行하라", 한국일일신문, 1951. 5./『헌정의 이론과 실제』, 174-177면.

"民主政治와 指導者", 한국일일신문, 1951. 5./『헌정의 이론과 실제』, 178-179면.

"指導者와 識見", 한국일일신문, 1951. 5./『헌정의 이론과 실제』, 180-181면.

"民主政治와 與論", 한국일일신문, 1951. 5./『헌정의 이론과 실제』, 182-183면.

"指導者와 與論", 한국일일신문, 1951. 5./『헌정의 이론과 실제』, 184-185면.

"權力과 暴力", 한국일일신문, 1951. 5./『헌정의 이론과 실제』, 186-188면.

"官尊民卑" 한국일일신문, 1951. 5./『헌정의 이론과 실제』, 189-190.

"共産主義와 官僚主義" 한국일일신문, 1951. 5./『헌정의 이론과 실제』, 191-192면.

"주먹九九의 政治", 한국일일신문, 1951. 5./『헌정의 이론과 실제』, 193-195면.

"서울을 다녀와서", 한국일보, 1951. 6./『구름 위의 漫想』, 58-69면.

"對日講和條約 草案의 檢討", 동아일보, 1951. 7. 25-8. 1./『민주정치에의 길』, 271-289면.

"知識階級論", 한국일일신문, 1951. 7./『젊은 세대에 부치는 書』, 18-26면.

"日本의 學生", 고대신문, 1952. 6./『젊은 세대에 부치는 書』, 139-146면.

"憲法과 우리 經濟의 現實", 주간경제, 1952. 8./『헌정의 이론과 실제』, 169-173면.

"미국에서의 편지(1952. 10. 26.)", 고대신문, 1952. 11. 15.

"〈좌담〉最近의 歐美動向", 고대신문, 1853. 10. 21.

"Give us our Campus", 고대신문, 1953. 10. 28.

"敎育의 基本精神", 신천지, 1953. 11.

"親切과 卑屈", 警專新聞, 1954. 1. /『헌정의 이론과 실제』, 196-199면.

"새해에 생각나는 사람", 신천지, 1954. 1. /『구름 위의 漫想』, 275-278면.

"世界人權宣言의 歷史的 意義", 고시, 1954. 1. /『헌정의 이론과 실제』, 200-212면.

"護憲과 改憲: 法과 法의 運用", 서울신문, 1954. 2. /『헌정의 이론과 실제』, 143-145면.

"法과 社會生活: 解釋에 依한 憲法의 變遷", 고대신문, 1954. 2. /『헌정의 이론과 실제』, 146-151면.

"經濟改憲案의 檢討", 동아일보, 1954. 2. 7.-11. /『헌정의 이론과 실제』, 157-168면.

"韓國法學界의 回顧와 展望", 고대신문, 1954. 2. /『민주정치에의 길』, 223-227면;『젊음이 깃칠 때』, 425-429면.

"헌법개정은 옳은가", 법률과경제, 1954. 3.

"主權理論", 법률과경제, 1954. /『헌정의 이론과 실제』, 13-59면.

"眞理·正義와 傳統: 一九五四年度 新入生 歡迎辭", 고대신보, 1954. 4. /『젊은 세대에 부치는 書』, 272-277면.

"高麗大學校의 傳統과 使命: 創立 第四十九周年 記念式上에서", 고대신보, 1954. 5. 10. /『젊은 세대에 부치는 書』, 281-284면.

"民國憲法의 矛盾: 우리 憲法에 있어서의 大統領制와 議會制의 關係", 경향신문, 1954. 7. /『헌정의 이론과 실제』, 124-128면.

"改憲問題 所感", 조선일보, 1954. 7. /『헌정의 이론과 실제』, 152-156면.

"制憲節 有感", 고대신문, 1954. 7. /『민주정치에의 길』, 202-204면.

"憲法과 그 解釋: 國務院 信任否決을 보고", 한국일보, 1954. 9. /『헌정의 이론과 실제』, 119-123면.

"混亂 克服의 길", 고대신보, 1954. 9. /『젊은 세대에 부치는 書』, 234-238면. "外國의 大學과 外國留學", 한국일보, 1954. 9. /『젊

은 세대에 부치는 書』, 119-122면.

"私立學校 財政確立 問題" 교육사조, 1954. 9. /『젊은 세대에 부치는
　　書』, 336-340면.

"잃어진 權威를 도루 세우자: 大學의 理想과 現實", 고대신보, 1954.
　　10. 6.

"學問과 生活", 사상계, 1954. 10.

"改憲은 否決된 것이다", 동아일보, 1954. 11. 30.

"新春偶感", 부산민주신보, 1955. 1. /『구름 위의 漫想』, 134-136면; 『다
　　시 滄浪亭에서』, 217-219면.

"南北統一問題", 비판신문, 1955. 1. /『민주정치에의 길』, 35-36면.

"〈좌담〉 世界의 將來와 韓國의 進路", 새벽, 1955. 1.

"上下 모두 遵法", 한국일보, 1955. 1. /『민주정치에의 길』, 154-156면.

"責任政治란 무엇인가?", 조선일보, 1955. 1. /『민주정치에의 길』,
　　110-122면.

"民主性과 非民主性의 交叉: 憲政 1年의 回顧와 展望", 동아일보, 1955.
　　1. 6.-7.

"教育者 仁村", 경향신문, 1955. 2. 24. /『구름 위의 漫想』, 279-282면.

"仁村의 문화족적", 동아일보, 1955. 2. 24.

"法科大學 改編을 위한 試論", 법정, 1955. 3. /『구름 위의 漫想』,
　　445-449면.

"教育과 民主主義", 새벽, 1955. 3.

"步行者와 自動車와", 천자춘추, 1955. 4. 2. /『구름 위의 漫想』,
　　115-117면.

"入學波動", 천자춘추, 1955. 4. 4. /『구름 위의 漫想』, 114-115면.

"마음의 平安", 천자춘추, 1955. 4. 18. /『구름 위의 漫想』, 117-118면;
　　『젊음이 깃칠 때』, 305-306면.

"韓日會談에 대하여", 천자춘추, 1955. 4. 25. /『구름 위의 漫想』,

118-120면.

"現行 敎育制度의 是非" 서울신문, 1955. 5. /『젊은 세대에 부치는 書』, 341-344면.

"高麗大學校 創立 第50周年 記念辭", 고대신보, 1955. 5. /『젊은 세대에 부치는 書』, 285-292면.

"面會難의 病理", 천자춘추, 1955. 5. 2. /『구름 위의 漫想』, 120-122면.

"向學熱의 淨化", 천자춘추, 1955. 5. 9. /『구름 위의 漫想』, 122-123면.

"꽃과 거북", 천자춘추, 1955. 5. 16. /『구름 위의 漫想』, 123-125면; 『젊음이 깃칠 때』, 307-308면.

"特權意識과 交通規則", 천자춘추, 1955. 5. 24. /『구름 위의 漫想』, 125-126면.

"自由 · 眞理 · 正義의 깃발 아래로", 고대신보, 1955. 5. /『젊은 세대에 부치는 書』, 278-280면.

"六 · 二五의 敎訓", 코메트, 1955. 6. /『젊은 세대에 부치는 書』, 47-52면.

"思考의 限界", 천자춘추, 1955. 6. 2. /『구름 위의 漫想』, 127-128면.

"硏究의 自由" 천자춘추, 1955. 6. 7. /『구름 위의 漫想』, 129-130면.

"觀光客 誘致問題", 천자춘추, 1955. 6. 21. /『구름 위의 漫想』, 130-132면.

"旅行者의 印象", 천자춘추, 1955. 6. 28. /『구름 위의 漫想』, 132-133면.

"面會 · 便紙 · 雜文", 경향신문, 1955. 6. /『구름 위의 漫想』, 166면.

"學問의 길", 사상계, 1955. 6. /『젊은 세대에 부치는 書』, 161-168면; 『젊음이 깃칠 때』, 283-289면.

"憲政 七年의 回顧", 동아일보, 1955. 7. 18-23. /『민주정치에의 길』, 179-193면.

"制憲節 記念의 意義", 조선일보, 1955. 7. 17. /『민주정치에의 길』, 197-201면.

"自由와 權力", 조선일보, 1955. 8. /『민주정치에의 길』, 123-129면.

"法制에 골몰한 十個月" 서울신문, 1955. 8. /『민주정치에의 길』,

219-222면.

"顚倒된 價値觀", 고대신보, 1955. 10. / 『젊은 세대에 부치는 書』,
　　242-244면; 『젊음이 깃칠 때』, 156-157면.

"萬年野黨", 동아일보, 1955. 10. 8.

"民主政治의 前提條件", 동아일보, 1956. 1. / 『민주정치에의 길』, 37-41면.

"交替되는 世代", 한국일보, 1956. 1.; 문리대학보, 1956. 3. / 『젊은 세대
　　에 부치는 書』, 27-30면; 『젊음이 깃칠 때』, 158-161면.

"政治는 좀더 效果的으로 運營될 수 없을가", 조선일보, 1956. 1. 1.

"이 해에 하고픈 것" 동아일보, 1956. 1. 5.

"나의 雅號 유래", 고대신문, 1956. 2. 12. / 『구름 위의 漫想』, 167-168
　　면; 『다시 滄浪亭에서』, 136-137면.

"너 自身을 알라: 一九五六年 三月 第四十八回 卒業式上에서", 고대신
　　보, 1956. 3. / 『젊은 세대에 부치는 書』, 247-251면.

"多讀과 精讀", 사상계, 1956. 4. / 『젊은 세대에 부치는 書』, 156-160면;
　　『젊음이 깃칠 때』, 278-282면.

"大學의 理念과 現實", 고대신문 1956. 4. / 『젊은 세대에 부치는 書』,
　　55-65면.

"여름과 學生", 고대신보, 1956. 7. / 『젊은 세대에 부치는 書』, 176-178면.

"問題는 實踐의 意思", 조선일보, 1956. 7. 17. / 『민주정치에의 길』,
　　194-196면.

"〈좌담〉 건전한 사회는 어떻게 건설할 것인가?", 사상계, 1956. 9.

"運動精神의 確立", 고대신보, 1956. 10. / 『젊은 세대에 부치는 書』,
　　239-241면.

"理性이 支配하는 政治", 동아일보, 1957. 1. / 『민주정치에의 길』, 42-48면.

"近代國家와 言論의 自由", 조선일보, 1957. 1. / 『민주정치에의 길』,
　　130-136면.

"轉換期와 精神의 方向", 한국일보, 1957. 1. / 『젊음이 깃칠 때』,

150-155면.

"仁村先生 追記念", 동아일보, 1957. 2. 17. /『구름 위의 漫想』, 287-289면.

"明日에의 透視를 지니라: 一九五七年 三月 第五十回 卒業式上에서",
　　　고대신보, 1957. 3. /『젊은 세대에 부치는 書』, 251-255면.

"韓國의 法制와 法學", 유네스코한국총람, 1957. 4. /『민주정치에의 길』,
　　　228-240면;『젊음이 깃칠 때』, 414-424면.

"유네스코韓國總覽을 내면서", 조선일보, 1957. 5. 17.-5. 20.

"長期的·科學的인 計劃을", 코메트, 1957. 8. /『민주정치에의 길』,
　　　54-58면.

"暴風과 繁迫", 고대신문, 1957. 9. 9. /『구름 위의 漫想』, 249-250면.

"나의 交友錄", 산업경제, 1957. 9. /『구름 위의 漫想』, 251-254면.

"英國의 敎育制度", 동아일보, 1957. 12. /『젊은 세대에 부치는 書』,
　　　345-348면.

"法制處 創設 前後" 법제월보, 1958. 1. /『민주정치에의 길』, 210-218
　　　면;『젊음이 깃칠 때』, 430-438면.

"國際社會의 一員으로서", 조선일보, 1958. 1. /『젊은 세대에 부치는 書』,
　　　37-42면.

"英國의 大學", 한국일보, 1958. 1. /『젊은 세대에 부치는 書』, 107-118면.

"英國의 印象", 조선일보, 1958. 1. 17.-1. 24. /『젊음이 깃칠 때』,
　　　346-364면;『구름 위의 漫想』, 38-57면;『다시 滄浪亭에서』,
　　　245-264면.

"法治國家의 基本構造", 법정, 1958. 1.-3.

"書評: 湯武博士 著『中國與國際法』", 국제법학회논총, 1958. 3.

"不屈의 意志로써 運命을 開拓하자", 고대신보, 1958. 3. /『젊은 세대에
　　　부치는 書』, 255-263면.

"내가 보고 온 英國", 희망, 1958. 3.

"國是와 學問의 自由", 사조, 1958. 6.; 체신문화, 1963. 8. /『젊은 세대

에 부치는 書』, 97-101면.

"〈대담〉憲法起草 當時의 回顧談", 국회보, 1958. 7.

"敎育大學의 新設을", 새교육, 1958. 8. /『젊은 세대에 부치는 書』,328-335면.

"生生한 歷史敎訓: 蔣總統의 「中國 안의 蘇聯」을 읽고", 동아일보, 1958. 10. 26.

"椅子", 세계일보, 1959. 1. 7. /『구름 위의 漫想』, 169-170면: 『다시 滄浪亭에서』, 215-216면.

"西方化와 民主化", 조선일보, 1959. 1. /『민주정치에의 길』, 49-53면.

"參議院의 機能", 한국일보, 1959. 1. /『민주정치에의 길』, 152-153면.

"愛情관계의 經書格: 朴花城 著「사랑」에 대하여", 동아일보, 1959. 2. 10.

"On the Mass Deportation Problem of Korean Residents in Japan to North Korea", The International Committee of the Red Cross 연설문, 1959. 3. /『민주정치에의 길』, 291-300면.

"書評: 크라임스 저「英國憲政史」", 동아일보, 1959. 5. 31.

"文庫는 文化의 基礎: 陽文文庫를 보고", 동아일보, 1959. 6. 27.

"憲政 十一年의 敎訓", 조선일보, 1959. 7.: 법정, 1959. 9. /『민주정치에의 길』, 205-209면.

"잊을 수 없는 스승", 새교육, 1959. 7. /『구름 위의 漫想』, 262-267면.

"韓國憲法의 理念과 現實", 국제평론, 1959. 7.

"〈대담: 한태연〉우리 憲法의 復習問題", 사상계, 1959. 7.

"國運 開拓의 先鋒돼라: 一九六○年 三月 第五十三回 卒業式上에서", 고대신보, 1960. 3. /『젊은 세대에 부치는 書』, 263-267면.

"非常事態收拾 私案", 동아일보, 1960. 4. 26. /『민주정치에의 길』, 157-158면.

"暴風을 뚫고 나선 學生 諸君에게", 고대신문, 1060. 5.: 사상계, 1960. 6. /『젊은 세대에 부치는 書』, 203-217면.

"書評: 學園社 刊 英文版「韓國文化大鑑」", 동아일보, 1960. 5. 29.

378

"改憲案의 早期通過를", 동아일보, 1960. 6. 3. /『민주정치에의 길』, 159-160면.

"內閣責任制 改憲과 政局의 將來", 고대신문, 1960. 6; "第2共和國의 憲法: 內閣責任制의 問題點", 세계, 1960. 7; "改憲憲法과 政局의 將來", 법정, 1960. 8. /『민주정치에의 길』, 137-151면.

"書評: 吳宗植 著「硯北漫筆」", 동아일보, 1960. 9. 24.

"5分間 스케치: 俞鎭午氏", 동아일보, 1960. 10. 24.

"The Present Situation of Korea", Harvard Club 연설문, 1960. 12. /『민주정치에의 길』, 64-76면.

"韓日關係와 우리의 態度", 동아일보, 1961. 1. 1. /『민주정치에의 길』, 242-248면; 『젊음이 깃칠 때』, 215-220면.

"民族의 反省", 1961. 1. /『젊은 세대에 부치는 書』, 43-46면.

"The Student Movement in Korea", 1961. 1. 27. /『젊은 세대에 부치는 書』, 179-200면.

"Korea Democracy under Overlapping Attacks", Korean Affairs, 1961.

"韓日會談의 回顧", 시사, 1961. 2. /『민주정치에의 길』, 249-259면.

"革命完遂의 役軍이 돼라: 一九六一年 三月 高麗大學校 第五十四回 卒業式上에서", 고대신문, 1961. 3. /『젊은 세대에 부치는 書』, 267-271면.

"正義의 칼을 輕率히 빼지 말라: 四·一八記念塔 除幕式典에서", 고대신문, 1961. 4. /『젊은 세대에 부치는 書』, 218-221면.

"國民運動의 基本理念", 동아일보, 1961. 7. 15. /『민주정치에의 길』, 78-82면.

"마지막 機會", HLKA방송, 1961. 7. /『민주정치에의 길』, 83-87면.

"自由와 責任", HLKA방송, 1961. 7. /『민주정치에의 길』, 88-92면.

"民族의 自主와 團結", HLKA방송, 1961. 7. /『민주정치에의 길』, 93-97면.

"旣成世代는 물러가야 하는가?" 조선일보, 1961. 10. /『젊은 세대에 부치는 書』, 31-34면.

"아카데미즘의 總本山 돼라", 대학신문, 1961. 10. / 『젊은 세대에 부치
는 書』, 296-298면.

"우리는 무엇을 하여야 할 것인가?", 조선일보, 1962. 1. 7. / 『민주정치
에의 길』, 15-19면.

"韓國의 將來", 동아일보, 1962. 1. / 『민주정치에의 길』, 30-34면.

"나의 文壇交友錄", 사상계, 1962. 2. / 『구름 위의 漫想』, 268-274면.

"仁과 知의 指導者: 仁村先生 七週忌를 맞이하여", 동아일보, 1962. 2.
18. / 『구름 위의 漫想』, 283-286면.

"哭 芝隱 李民熙兄", 1962. 3. 3. / 『구름 위의 漫想』, 300-302면.

"3·1精神과 民族의 進路", 미사일, 1962. 3. / 『민주정치에의 길』, 20-29면.

"敎育救國의 建學精神", 고대신문, 1962. 3. / 『젊은 세대에 부치는 書』,
293-295면.

"「正午의 太陽」을 찾아서", 『현대인강좌』, 제1권, 1962. 4. / 『젊은 세대
에 부치는 書』, 35-36면.

"憲法改正의 方向", 최고회의, 1962. 3.; 한국일보, 1962. 7. / 『민주정치
에의 길』, 161-166면.

"한일회담을 가로막고 있는 것(What Prevents the Successful Conclu-
sion of the Korea-Japan Conference)", Korean Affairs, 1962.
4. / 『민주정치에의 길』, 260-270면.

"革命家, 東庵 徐相日 先生", 1962. 4. 24. / 『구름 위의 漫想』, 303-306면.

"우리나라 大學의 回顧와 展望", 사상계, 1962. 4. / 『젊은 세대에 부치
는 書』, 85-96면; 『젊음이 깃칠 때』, 250-260면.

"멀고 험난한 民主化의 路程", 고대신문, 1962. 4. / 『젊은 세대에 부치
는 書』, 222-225면.

"名譽學位 授與를 祝함", 1962. 5. / 『젊은 세대에 부치는 書』, 302-305면.

"韓國 民主主義를 診斷한다", 고대신문, 1962. 5. / 『민주정치에의 길』,

380

59-63면.

"暗夜의 太陽, 義菴 孫秉熙 先生", 고대신문, 1962. 5. 26. /『구름 위의 漫想』, 293-296면.

"우리나라 憲政이 걸어온 길", 해군, 1962. 7. /『민주정치에의 길』, 172-178면.

"내가 본 淑大生", 숙대학보, 1962. 7. /『젊은 세대에 부치는 書』, 299-301면.

"民族의 繁榮과 우리의 任務", 양지, 1962. 8. /『민주정치에의 길』, 98-107면.

"文化賞 授賞式 祝辭", 1963. /『구름 위의 漫想』, 327-330면.

"民政의 思想的 據點", 서울신문, 1963. 1. /『민주정치에의 길』, 10-14면.

"民政移讓의 展望", 경향신문, 1963. 1. /『민주정치에의 길』, 167-170면.

"새로운 敎育理念과 民族의 近代化", 새교육, 1963. 2. /『젊은 세대에 부치는 書』, 313-322면; 『젊음이 깃칠 때』, 261-269면.

"나와 思想界: 創刊 10周年에 부쳐서", 사상계, 1963. 4.

"民主改革의 횃불을 고수하라", 고대신문, 1963. 4. 18. /『구름 위의 漫想』, 428-434면; 『젊은 세대에 부치는 書』, 226-233면.

"革命은 이제부터다", 동아일보, 1963. 4. 19. /『구름 위의 漫想』, 435-437면.

"延大와 高大" 연세춘추, 1963. 6. /『젊은 세대에 부치는 書』, 306-309면.

"敎育自治制는 왜 필요한가?", 사상계, 1963. 8. /『구름 위의 漫想』, 438-444면.

"눈날리는 회색빛 하늘: 다섯 살 때의 기억", 동아일보 1964. 1. 1. /『구름 위의 漫想』, 192-193면; 『다시 滄浪亭에서』, 64-65면.

"孤高한 節介, 街人 金炳魯 先生", 1964. 1. 9. /『구름 위의 漫想』, 307-309면.

"公正·溫厚, 梵山 金法麟 先生", 1964. 3. 18. /『구름 위의 漫想』,

322-324면.

"李甲·李鍾浩 兩先生을 追悼함", 1964. 4. 26./『구름 위의 漫想』,
310-313면.

"學生은 學園으로", 고대신문, 1964. 7. 1./『구름 위의 漫想』, 411-416면.

"日記: 젊은날의 自畵像(1927. 1. 1.-12. 31.)", 사상계, 1964. 9./『구름
위의 漫想』, 194-238면.

"天衣無縫의 一梧 具滋均兄", 1964. 12. 19./『구름 위의 漫想』, 314-317면.

"나의 所信은 지금도 反對: 玄敎授 所論에 대한 憲法審議委員의 辯",
사상계, 1965. 1.

"民族의 鬪士, 維石 趙炳玉 先生", 1965. 2. 14./『구름 위의 漫想』,
318-321면.

"指導者로서의 仁村", 1965. 2. 16./『구름 위의 漫想』, 290-292면.

"새벽의 두 訪問客", 신동아, 1965. 3./『구름 위의 漫想』, 255-259면.

"錦繡江山인가 먼지의 나라인가", 고요한 기대, 1965. 3. 15./『구름 위
의 漫想』, 86-92면;『다시 滄浪亭에서』, 281-286면.

"말의 差인가 實質의 差인가?", 국민신문, 1965. 4. 12./『구름 위의 漫
想』, 171-172면.

"풋나기 敎員", 문학춘추, 1965. 5./『구름 위의 漫想』, 244-248면.

"民族文化의 反省", 대한일보, 1965. 5. 4./『구름 위의 漫想』, 417-421면.

"十柱의 젊은 靈魂에게", 1965. 7. 14./『구름 위의 漫想』, 325-326면.

"總長 離任辭", 1965. 10. 7./『구름 위의 漫想』, 472-477면.

"戀愛와 結婚에 관하여", 이대학보, 1965. 11. 15./『구름 위의 漫想』,
173-176면.

"女性美에 관하여", 이대학보, 1965. 11. 22./『구름 위의 漫想』,
176-178면.

"敎養에 관하여", 이대학보, 1965. 11. 25./『구름 위의 漫想』, 178-181면.

"구름 위의 漫想", 교양, 1965. 12./『구름 위의 漫想』, 77-85면;『다시

滄浪亭에서』, 272-280면.

"旅行落穗帖", 교양, 1965. 12. / 『젊은 날의 자화상』, 187-198면.

"幸福에 관하여", 이대학보, 1965. 12. 6. / 『구름 위의 漫想』, 181-184면.

"敎員勞組騷動", 서울교육, 1965. 12. 29. / 『구름 위의 漫想』, 260-261면.

"開放體制와 主體性 確立", 동아일보 1966. 1. 1. / 『구름 위의 漫想』,
       450-454면.

"世代交替論 再論", 고대신문, 1966. 1. 1. / 『구름 위의 漫想』, 422-427면.

"旅愁", 女像, 1966. 1. / 『구름 위의 漫想』, 36-37면; 『다시 滄浪亭에서』,
       243-244면.

"어머니의 記憶", 여원, 1966. 1. / 『구름 위의 漫想』, 187-191면; 『다시
       滄浪亭에서』, 59-63면.

"리스본의 印象", 경기, 1966. 1. / 『구름 위의 漫想』, 70-76면; 『다시 滄
       浪亭에서』, 265-271면.

"憲法의 法的 特質", 법정, 1966. 1.-2.

"韓日會談이 열리기까지", 사상계, 1966. 2. / 『구름 위의 漫想』, 455-471면.

"大學敎育의 目的과 價値", 『대학생과 교양』, 세계사, 1966. / 『구름 위
       의 漫想』, 395-410면.

"사람의 손", 국민신문, 1966. 9. 19. / 『다시 滄浪亭에서』, 210-211면.

"사람의 의지", 旬刊經濟, 1966. 10. 3. / 『다시 滄浪亭에서』, 212-214면.

"신동아인터뷰: 兪鎭午氏", 신동아, 1966. 12.

"〈대담〉 兪鎭午", 세대, 1967. 2.

"나의 대학생활", 정치학보, 1967. 9. / 『다시 滄浪亭에서』, 74-91면.

"分界線上의 憲政秩序", 월간중앙, 1968. 4.

"民族統一國家 實現에의 길: 韓國의 未來像", 신동아, 1968. 5.

"鄕土豫備軍法改正案에 대한 野黨側 反對理由", 사상계, 1968. 6.

"民心·政治·野黨", 월간중앙, 1968. 10.

"改憲은 歷史의 空轉", 월간중앙, 1969. 10.

"나의 心境", 동아일보, 1970. 1. 20. /『미래로 향한 窓』, 302-307면.

"夫琓嫌 學兄前", 사상계, 1970. 2.

"4・19에 드리는 묵념", 1970. 4. /『다시 滄浪亭에서』, 220-222면.

"韓國과 日本", 신동아, 1970. 12. /『미래로 향한 窓』, 192-207면.

"讀書有感", 월간중앙, 1971. 7. /『젊은 날의 자화상』, 271-274면.

"歲暮隨想", 조선일보, 1971. 12. 31. /『다시 滄浪亭에서』, 223-225면.

"나의 愛誦詩", 1972. 1. /『다시 滄浪亭에서』, 226-228면.

"이데와 이데올로기", 월간중앙, 1972. 2. /『미래로 향한 窓』, 29-48면.

"韓半島를 둘러싼 國際情勢", 한국정책연구회 연설문, 1972. 3. 2. /『미래로 향한 窓』, 177-191면.

"〈인터뷰〉민족을 위한 나의 염원", 창조, 1972. 7.

"仁村 金性洙論", 고대문화, 1972. 8. /『미래로 향한 窓』, 269-287면.

"〈좌담〉南北共同聲明을 어떻게 볼 것인가", 월간중앙, 1972. 8.

"7・4 南北共同聲明 이후", 신동아, 1972. 9. /『미래로 향한 窓』, 134-155면.

"취직운동 안하고 지낸 이야기", 여성동아, 1972. 9. /『다시 滄浪亭에서』, 198-202면.

"나의 독서 遍歷", 월간중앙, 1972. 10. /『다시 滄浪亭에서』, 140-150면.

"法의 支配와 法意識의 確立", 월간법전, 1972. 2. /『미래로 향한 窓』, 245-251면;『젊음이 깃칠 때』, 438-442면.

"나의 硏究室時節" 새법정, 1972. 10.-1973. 8.

"民主政治에의 길", 월간중앙, 1973. 6. /『미래로 향한 窓』, 49-73면.

"九岩日記抄", 문학사상, 1973. 12. /『다시 滄浪亭에서』, 203-209면.

"芳名錄", 書通, 1974. 1. /『다시 滄浪亭에서』, 195-197면.

"葵傾向日", 1975. 1. /『다시 滄浪亭에서』, 229-230면.

"文化傳承", 여성동아, 1975. 3. /『다시 滄浪亭에서』, 190-194면.

"변하는 人心", 農園, 1975. 11. /『다시 滄浪亭에서』, 156-158면.

384

"서울의 異邦人", 1975. 12. /『다시 滄浪亭에서』, 151-155면.

"韻致", 1976. /『서울의 이방인』, 119-124면.

"나의 健康法", 동아일보, 1976. 2. 9. /『다시 滄浪亭에서』, 138-139면.

"한 가지 祈願", 현대인, 1976. 4. /『다시 滄浪亭에서』, 159-160면.

"人類社會의 앞날을 摸索해 본다", 월간중앙, 1976. 5. /『젊음이 깃칠
    때』, 221-242면;『미래로 향한 窓』, 3-28면.

"張勉博士 10週忌", 한국일보, 1976. 6. 4. /『미래로 향한 窓』, 288-291면.

"統一政策의 根本方向", 통일정책, 1976. 7. /『젊음이 깃칠 때』, 194-204
    면;『미래로 향한 窓』, 156-169면.

"長壽의 작가", 1976. 7. /『다시 滄浪亭에서』, 236-242면.

"李承晩大統領: 在日僑胞北送反對 때의 回想", 뿌리 깊은 나무, 1976.
    8. /『미래로 향한 窓』, 252-268면.

"人類의 運命", 한국문학, 1976. 9. /『젊음이 깃칠 때』, 139-149면;『미
    래로 향한 窓』, 89-101면.

"京城帝國大學의 回顧", 서울대학교 동창회보, 1976. 12. /『미래로 향한
    窓』, 292-30면. "詩心", 1976. 12. /『다시 滄浪亭에서』, 231-235면.

"自主獨立의 길", 신동아, 1977. 1. /『젊음이 깃칠 때』, 162-176면;『미
    래로 향한 窓』, 115-133면.

"나라를 사랑한다는 것", 신동아, 1977. 1.

"文學과 歷史에 관한 斷想: 杜甫와 王維", 월간중앙, 1975. 1. /『젊음이
    깃칠 때』, 177-193면;『다시 滄浪亭에서』, 172-189면.

"新聞의 使命", 신문연구, 1977. /『미래로 향한 窓』, 235-244면.

"民族性의 形成과 變遷", 고대신문, 1977. 2. 3. /『젊음이 깃칠 때』,
    205-214면;『미래로 향한 窓』, 211-223면.

"民族과 民族主義", 고대신문, 1977. 3. /『미래로 향한 窓』, 224-234면.

"駐韓美軍撤收 問題", 동아일보, 1977. 5. 18. /『미래로 향한 窓』,
    170-176면.

"交叉路", 전경련회보, 1977. 7. / 『미래로 향한 窓』, 74-88면.

"人間의 尊嚴", 중앙일보, 1978. 1. 1. / 『미래로 향한 窓』, 102-112면.

"K君에게 보내는 편지", 소설문예, 1978. 1. / 『젊은 지성인들에게』, 195-199면.

"〈대담: 최정호〉 사람답게 키운다는 것", 신동아, 1978. 4.

"文化의 폭: 亞流文化의 탈피", 소설문예, 1978. 10. / 『젊은 지성인들에게』, 184-188면.

"〈鼎談: 유진오, 양호민, 박권상〉 南北對話와 韓半島平和", 신동아, 1979. 4.

"법은 사람 위에 있다", 씨올의소리, 통권 제88호, 1979. 10.

"〈鼎談: 유진오, 윤길중, 남시욱〉 우리 憲法이 나아갈 方向", 신동아, 1980. 1.

"企業家 精神의 定立: 80년대 새 次元의 기업윤리", 전경련, 1980. 2. / 『젊은 지성인들에게』, 189-194면.

"兪鎭午 박사에게 듣는다: 民主主義란 시끄러운게요", 한국일보, 1980. 3. 28.

"〈좌담〉 順理와 逆理", 월간중앙, 1980. 4.

"〈대담: 권영성〉 民主主義는 自我의 自覺에서 출발한다", 월간조선, 1980. 4.

"무엇이 통일을 더디게 하는가", 신동아, 1981. 4.

"헌법개정에 관한 의견", ?, 1980. 4.

"〈대담: 천관우〉 分斷의 克服: 統一政策을 말한다", 馬山商議, 1981. 11.

"〈대담: 최명희〉 統一敎育이 先行돼야 할 때", 통일, 1981. 12.

"〈대담: 김이열〉 憲政과 정치발전의 바른길", 광장, 1982. 12.

"해", ?, 1983. / 『다시 滄浪亭에서』, 287-288면.

"〈대담〉 玄民 兪鎭午 博士를 찾아서", 고시연구, 1983. 4.

"한글로 판서한 첫 수업의 감동", 문학사상, 1983. 8.

"〈대담〉 채널마다 특성 살렸으면", 방송연구, 1983. 9.

"〈대담: 김혜기〉 王道는 없어도 活路는 있다", 통일한국, 1983. 12.

"이박사의 고집", 정경연구소 편, 『추적 의원내각제: 40년 논쟁사의 전
　　　모와 오늘의 시각』, 정경연구소, 1986.

"爲堂의 情熱", ? /『구름 위의 漫想』, 297-299면.

"學生과 敎養" ? /『젊은 세대에 부치는 書』, 169-175면.

· 저자 ·

이영록　· 약　력 ·
서울대학교 법과대학 졸업
서울대학교 대학원 법학석사
서울대학교 대학원 법학박사
조선대학교 법과대학 조교수

· 주요논저 ·
「개항기 한국에 있어 영사재판권: 수호조약상의 근거와 내용」
「수도 및 국기에 관한 관습헌법론 검토」
「제1공화국 헌법위원회제도의 형성: 사법제도 형성의 한 단면」
「제주도민 살해사건과 일본영사재판」
「제헌과정에서의 권력구조 논의에 나타난 대립의 전개과정과
　결과에 관한 연구」
「권승렬안에 관한 연구」
「유해성원칙, 후견주의, 자유주의」
「제헌국회의 '헌법 및 정부조직법 기초위원회'에 관한 사실적 연구」
「유진오의 법철학사상」
외 다수

유진오 헌법사상의 형성과 전개

· 초판 인쇄　2006년 10월 30일
· 초판 발행　2006년 10월 30일

· 지 은 이　이영록
· 펴 낸 이　채종준
· 펴 낸 곳　한국학술정보㈜
　　　　　　경기도 파주시 교하읍 문발리 526-2
　　　　　　파주출판문화정보산업단지
　　　　　　전화　031) 908-3181(대표) · 팩스　031) 908-3189
　　　　　　홈페이지　http://www.kstudy.com
　　　　　　e-mail(출판사업부)　publish@kstudy.com
· 등　　록　제일산-115호(2000. 6. 19)
· 가　　격　25,000원

ISBN　89-534-5758-0 93360 (Paper Book)
　　　　89-534-5759-9 98360 (e-Book)